贵州省高校人文社会科学研究项目"贵州职业教育高质量发展研究"（课题编号：2024RW250）

九州文库

职业教育高质量发展研究

以贵州旅游业的产教融合发展为例

蒋光辉 著

九州出版社

JIUZHOUPRESS

图书在版编目（CIP）数据

职业教育高质量发展研究：以贵州旅游业的产教融合发展为例 / 蒋光辉著 . -- 北京：九州出版社，2025.2. -- ISBN 978-7-5225-3669-9

Ⅰ . G719.2

中国国家版本馆 CIP 数据核字第 2025JE2638 号

职业教育高质量发展研究：以贵州旅游业的产教融合发展为例

作　　者	蒋光辉　著
责任编辑	沧　桑
出版发行	九州出版社
地　　址	北京市西城区阜外大街甲 35 号（100037）
发行电话	（010）68992190/3/5/6
网　　址	www.jiuzhoupress.com
印　　刷	三河市华东印刷有限公司
开　　本	710 毫米×1000 毫米　16 开
印　　张	22.75
字　　数	413 千字
版　　次	2025 年 2 月第 1 版
印　　次	2025 年 2 月第 1 次印刷
书　　号	ISBN 978-7-5225-3669-9
定　　价	99.00 元

前　言

　　职业教育高质量发展是当今研究热点，贵州省作为与教育部共建"技能贵州"推动职业教育高质量发展的主战场，深化产教融合已成为推动高质量发展和经济转型的重要路径，既是职教高质量发展的关键命题，也是围绕"四新"、主攻"四化"的重要突破口，以贵州旅游业的产教融合发展为例，对职业教育高质量发展展开研究具有重要意义。本书聚焦职业教育与旅游产业深度耦合的机制构建与路径创新，系统解构产教融合对区域经济高质量发展的赋能效应。基于基础理论，构建包含"创新、协调、绿色、开放、共享"在内的五维分析框架和双系统测评指标体系。运用熵权法（TOPSIS）、耦合协调度模型（CCDM）及同步性分析方法，通过整合2018—2023年贵州省29所旅游类高职院校的面板数据及全省旅游产业经济指标，实证分析贵州省高等职业教育与旅游业各自高质量发展水平、两者的耦合协调发展水平和同步发展水平，揭示二者协同发展的动态特征与结构性矛盾，旨在为产教融合提供理论范式与实践方案。

　　本书的主要研究内容有以下方面。第一，厘清我国产教融合的制度背景，明确职业教育与旅游产业耦合协调发展的理论基础和分析框架。第二，构建职业教育发展与旅游产业发展的测评指标体系。第三，测量贵州省各地区职业教育发展指数、贵州省旅游产业发展指数和二者发展耦合协调发展水平。第四，结合测量结果分析，基于原始数据采集，以新发理念为指导，从各维度分析影响贵州省职业教育高质量发展的因素、贵州省旅游产业高质量发展的因素和二者耦合协调发展的影响因素，据此提出相应的对策建议。

　　本书的研究思路为以下几点。首先，基于新发展理念、人力资本理论、三螺旋理论和多元共治理论，构建职业教育与旅游产业的耦合协调发展水平的二维分析框架。其次，运用头脑风暴法、德尔菲法法等方法，从五大维度分别构建职业教育测评指标体系和旅游产业测评指标体系。再次，运用熵权法、耦合协调度等模型，对贵州省的样本数据和案例进行测评和分析，验证研究假设。

最后，从创新、协调、绿色、开放、共享五大维度分析贵州职业教育高质量发展与旅游业的耦合协调水平影响因素，并提出对策。

　　本书从创新、协调、绿色、开放、共享五大维度入手，构建的指标体系具有科学性和可操作性，适用于测量贵州省及各地区职业教育与旅游产业的双系统高质量发展水平，以及旅游业产与教耦合协调发展水平。通过实证研究，对贵州高等职业教育高质量发展、贵州旅游业高质量发展双测评系统的指数发展水平、影响因素与对策建议展开了全面而深度的梳理和分析研究。同时，研究假设检验的结果表明，贵州省高等职业教育整体发展水平为低发展阶段；贵州旅游产业发展处于中等发展水平阶段；贵州省高等职业教育与旅游产业的耦合协调发展水平较低、协调性不强；贵州省高等职业教育与旅游产业的耦合协调发展水平存在地区异质性；贵州省高等职业教育教育与旅游产业的同步发展水平较低，属于教育滞后型。

　　围绕五大维度，进一步系统分析旅游高职教育和旅游业在耦合协调发展过程中面临的挑战与障碍，掌握二者协同发展的关键影响因素，贵州省职业教育与旅游产业耦合协调发展水平较低的原因可以归纳为以下几点：创新驱动不足导致教育内容滞后于产业需求，协调发展不均衡限制了区域间资源共享，绿色技能培训缺乏导致生态旅游与教育融合不深，国际化合作不力影响了学生的全球视野，旅游企业对职业教育反哺不足阻碍了产教融合。要提升贵州省职业教育与旅游产业的耦合度，必须针对性地在这五个维度上采取有效的对策，研究提出从推动专业创新与技术升级、区域协调与资源优化配置、推动生态旅游与职业教育的融合、加强国际化与对外合作、缩小城乡差距与促进公平发展等五大方面，实施包含课程设置与产业需求的紧密对接、推动产教融合的创新模式、职业教育资源的城乡共享等18个方面的措施。通过精准施策，有望进一步提高职业教育与旅游产业的耦合协调发展水平，推动职业教育与产业的深度融合，实现职业教育高质量发展，助力贵州省经济社会的可持续发展。

目　录
CONTENTS

第一章

绪　论

在全球经济转型升级的大背景下，职业教育作为提升人力资源素质、推动区域经济高质量发展的重要力量，越发受到各方重视。贵州省作为中国西南地区的重点发展省份，近年来积极探索职业教育与产业发展的深度融合，特别是在以旅游产业为主导的领域中，逐步形成了"产教融合"的特色发展模式。如何实现职业教育与旅游产业的耦合协调发展，提升区域竞争力，成为贵州职业教育高质量发展的重要课题。本书旨在通过系统分析贵州职业教育与旅游产业的耦合协调发展水平，探讨产教融合背景下职业教育高质量发展的路径和实践，为未来的职业教育改革与产业升级提供科学依据和实践指导。

随着中国经济结构的转型升级，职业教育作为推动区域经济高质量发展、提升劳动者素质的重要途径，正逐渐成为国家战略的核心组成部分。贵州省作为西部大开发的重要地区，其独特的旅游资源和产业优势，使得职业教育与旅游产业的耦合协调发展具备广阔的前景。在产教融合的大背景下，如何通过科学的政策设计与实践路径，实现职业教育与旅游产业的深度融合，进而推动地方经济和职业教育高质量发展，成了亟待解决的关键问题。本章将概述研究的背景、目的及意义，明确研究思路与方法，为全书的后续研究奠定理论基础。

第一节　研究背景

在中国高质量发展战略的引领下，职业教育作为服务区域经济社会发展的重要支撑，逐步走向前台。贵州省作为中国旅游资源最为丰富的省份之一，其经济发展高度依赖旅游产业的拉动作用。然而，旅游产业的可持续发展不仅需要高素质的专业人才，更需要职业教育与产业的深度融合，以满足产业转型升级的需求。近年来，国家大力倡导产教融合发展模式，将其作为优化教育资源配置、提升人才培养质量的重要手段。因此，探索职业教育与旅游产业的耦合协调发展，已成为推动贵州职业教育高质量发展的现实需求，也为构建区域经济新优势提供了重要契机。

一、产教融合在中国职业教育中的重要性

近年来，随着全球经济的快速发展和产业结构的不断升级，中国职业教育面临着前所未有的机遇与挑战。在此背景下，产教融合作为推动职业教育高质量发展的关键举措，越发显得重要和紧迫。首先，产教融合有助于提升职业教育的实用性与针对性。传统的职业教育往往存在课程内容与实际工作需求脱节的问题，导致毕业生在就业市场上难以迅速适应岗位要求。而通过与产业界的紧密合作，教育机构能够及时了解行业发展的最新动态和技能需求，进而调整和优化课程设置，确保教学内容紧贴实际，培养出符合市场需求的高素质技能型人才。其次，产教融合能够促进教育资源的共享与优化。职业教育资源相对有限，单一的教育模式难以全面满足各行业对多样化人才的需求。通过与企业、行业协会等产业主体的合作，教育机构可以获得更多的实践教学资源，如实习基地、企业导师、最新设备与技术等，从而丰富教学手段，提升教学质量。同时，企业也可以通过参与教育过程，提升自身的人才培养能力和企业形象，实现双赢。再次，产教融合是推动区域经济发展的重要动力。以贵州省为例，作为一个正在快速发展的内陆省份，旅游产业是其支柱性产业之一。职业教育与产业的深度融合，不仅可以为旅游业提供源源不断的人才支持，推动旅游服务质量和管理水平的提升，还能促进教育机构与企业的共同发展，带动区域整体经济的协调发展。特别是在当前"十四五"规划和"双循环"新发展格局的指引下，深化产教融合已成为提升区域竞争力、实现经济高质量发展的必然选择。此外，产教融合也是实现教育现代化的重要途径。随着信息技术和智能化技术的迅猛发展，职业教育必须与时俱进，积极融入最新的教育理念和技术手段。产教融合为职业教育引入先进的教学资源和管理模式提供了契机，推动教育模式的创新与转型，例如，利用大数据、人工智能等技术优化教学管理，开发智能化教学平台，提升教育的个性化和精准化水平，从而更好地满足学生的多样化学习需求和行业的动态变化。最后，产教融合有助于增强职业教育的社会认可度和吸引力。随着社会对高素质技能型人才需求的增加，职业教育的重要性日益凸显。然而，传统观念中对职业教育的认知不足，导致其社会地位和吸引力相对较低。通过与产业界的深度合作，展示职业教育在推动产业发展和技术创新中的关键作用，可以有效提升职业教育的社会认可度，吸引更多优秀学生选择职业教育，从而形成良性循环，促进职业教育的可持续发展。所以，产教

融合在中国职业教育中的重要性体现在提升教育质量、优化资源配置、推动区域经济发展、促进教育现代化以及增强社会认可度等多方面。尤其在旅游产业高度发展的贵州省，深化产教融合不仅是提升职业教育自身水平的必要举措，更是推动区域经济高质量发展的战略选择。因此，深入研究产教融合背景下贵州职业教育的高质量发展，基于旅游产业的耦合协调发展水平分析，具有重要的理论意义和实践价值。

二、贵州省旅游业与职业教育的特殊背景

贵州省地处中国西南地区，以其独特的地理位置、丰富的民族文化和优美的自然景观闻名于世。作为一个经济基础相对薄弱的省份，贵州在推进现代化进程中面临着诸多挑战，尤其是在经济结构单一、区域发展不平衡等方面。然而，贵州省也拥有丰富的旅游资源和深厚的文化底蕴，为其旅游产业的发展提供了强有力的支撑。职业教育作为人力资源的重要培养途径，逐渐显现出其对旅游产业发展的关键支撑作用。通过产教融合，贵州省正在积极探索一条将职业教育与产业紧密结合的创新路径，以推动区域经济的高质量发展。

（一）产教融合为贵州省高质量发展注入新动能

作为一个拥有丰富民族文化和独特自然资源的省份，贵州省在全国现代化进程中占据着特殊的位置。长期以来，贵州因其地理位置、历史文化和自然条件的独特性，在发展过程中既具备优势，也面临挑战。一方面，贵州省拥有广袤的山地、高原，蕴藏着丰富的自然资源和民族文化遗产，形成了独具特色的旅游资源和文化氛围。贵州的多民族文化、独特的风土人情、历史悠久的少数民族传统节庆，都是发展旅游产业的重要基础，对维护国家统一、增强民族团结、推动区域经济社会发展具有重要意义。另一方面，受限于交通不便、经济基础薄弱、教育资源匮乏等因素，贵州在现代化进程中面临诸多挑战，区域发展不平衡、经济结构单一、产业转型升级难度大等问题依然存在。随着国家对西部大开发战略的推进和乡村振兴战略的实施，贵州省加快了现代化发展的步伐，旅游业成为贵州省经济社会发展的重要引擎。然而，贵州要实现可持续的高质量发展，必须在发展旅游产业的同时，提升区域内的职业教育水平。职业教育作为人才培养的重要途径，能够为旅游业的发展提供充足的人力资源和智力支持，而旅游业的发展则为职业教育提供了广阔的实践平台和发展空间。产教融合作为一种有效的教育和产业协同发展模式，正逐渐成为贵州省实现经济社会高质量发展的新动能。推动职业教育与产业的深度融合，不仅是提升职业教育质量的重要举措，也是推动旅游产业创新发展的重要路径。党的十八大以来，国家高度重视教育与产业的融合发展，并从国家层面进行了一系列重大部署，贵州省也紧跟步伐，不断探索产教融合的新模式。通过将教育教学、实习实训、就业创业等多个环节的教育体系，与旅游产业的生产经营、产品研发、市场推广等环节紧密结合，贵州省的职业教育正在向着更为实用、更具针对性的方向发展。

产教融合不仅能够提升贵州省职业教育的服务能力，促进教育资源的优化配置，还能推动旅游产业的转型升级，增强其市场竞争力。例如，在贵州的许多职业院校中，通过引入当地的旅游企业资源，开展校企合作，实现了教育资源与产业需求的有机对接，帮助学生获得更多的实践机会和就业渠道，也为旅游企业带来了新鲜的人才和创新的思路，推动了企业的技术升级和服务提升。此外，产教融合在贵州省的推广与应用，还为解决区域发展不平衡、不充分的问题提供了新思路。在推动产教融合的过程中，贵州省充分考虑了各地的资源禀赋和发展条件，因地制宜地开展了多样化的产教融合实践。比如，依托当地丰富的民族文化资源，部分职业院校开设了具有民族特色的旅游管理、民族文化传承等专业，不仅满足了市场对特色旅游人才的需求，也为保护和传承贵州的优秀民族文化做出了贡献。由此可见，贵州省的职业教育与产业在产教融合的推动下，正逐步形成良性互动，共同促进区域经济社会的发展。通过融合发展模式，贵州省有望在未来的城镇化和现代化进程中取得更大突破，培育和壮大新经济增长点，推动区域经济社会实现更高质量的发展。因此，抓住产教融合的战略机遇，充分发挥贵州的资源优势和产业潜力，将是贵州实现现代化和高质量发展的重要路径。

（二）贵州省职业教育与产业发展受限，产教融合有助于形成发展合力

贵州省的职业教育事业在推动区域发展和满足当地群众教育需求中扮演着至关重要的角色。保障职业教育的质量是加快建设教育强省的基础，更是回应贵州省广大群众对优质教育期盼的重要举措。在贵州省经济社会发展的进程中，职业教育的重要性愈加突出。通过解决人才数量不足、人才素质不高和人才流动性强的问题，贵州省的职业教育能够为当地旅游产业发展提供强有力的智力支持；通过培养学生对本土民族文化的认同感和自豪感、增强文化传承与创新能力，职业教育能够为传承和发扬贵州丰富的民族文化贡献智慧与力量；通过转变教育观念、优化课程设置、服务产业需求、加速科技与教育的成果转化，职业教育能够为贵州省经济社会的发展营造新的格局。然而，贵州省的职业教

育在质量与水平上依然面临诸多挑战，既来源于教育系统内部的问题，如课程设置与产业需求的脱节、师资力量的不足、教育资源分配的不均衡，也受限于外部环境，如贵州省整体经济发展水平相对滞后、自然地理条件复杂、经济结构单一等因素。尽管近年来贵州省职业教育取得了显著进步，但与全国整体水平相比，依然存在较大的差距，特别是在教育均衡发展和教育资源的有效利用方面问题尤为突出。

贵州省的旅游产业作为地方经济的重要支柱产业，近年来发展迅速，但其可持续发展离不开职业教育的支持与产业结构的优化。旅游产业在推动贵州省经济增长的同时，也面临着产业层次较低、内容单一、结构不合理等问题。要实现旅游产业的可持续发展，提升产业的层次和水平，必须依赖高素质高技能人才的培养和产业链的延伸。职业教育作为培养高素质技能型人才的重要基地，其发展对贵州省旅游产业的提升至关重要。然而，贵州省旅游产业的快速发展也带来了诸多挑战。首先，旅游产业对外依赖性强，抗风险能力不足。旅游产业涉及旅行社、景区管理、交通运输、酒店餐饮等多个领域，这些环节的协调与发展对整个产业的稳定至关重要。疫情、洪流等外部冲击暴露了贵州省旅游产业在国际市场依赖性上的脆弱性。其次，旅游产业对高素质高技能人才的需求与现有人才供给之间存在显著不匹配现象，人才流失、结构失衡等问题制约产业高质量发展。最后，在旅游项目的规划和开发中，贵州省部分地区存在规划性不强、保护意识不足的问题，导致在追求短期经济利益的同时，忽视了对本土文化和自然资源的保护，造成环境和文化损失。为了解决贵州省职业教育与产业发展中遇到的问题，产教融合提供了一条有效路径。通过将职业教育与产业紧密结合，贵州省能够在现有条件下形成更强的发展合力。产教融合不仅可以改善职业教育的实践性和适应性，提升教育的服务能力，还能够通过产业与教育的有机结合，优化资源配置，提升产业技术水平，推动产业链的延伸与升级。因此，在贵州省职业教育与产业发展条件相对受限的情况下，产教融合无疑是相互促进、形成发展合力的最佳路径。通过融合发展模式，贵州省职业教育与产业将能够在高质量发展的道路上相辅相成、共同进步。

（三）贵州省职业教育与产业的融合互动增加，但融合不佳的现象仍然存在

贵州省职业教育与产业之间的互动日益增加，二者之间的融合趋势逐渐显现并加速推进。例如，随着贵州省旅游业的快速发展，各大职业院校积极调整教育方向，围绕产教融合这一关键环节，采取了多项措施，以更好地服务旅游产业的转型升级。通过改革育人机制、优化课程体系、建立产教融合教学团队

以及创新教学模式等举措，贵州职业教育逐步实现与旅游产业的深度对接。特别是在一些旅游资源丰富的地区，如黔东南苗族侗族自治州和铜仁市，当地的职业院校与旅游企业紧密合作，开展了订单班、现代学徒制、工学结合等多种形式的产教融合实践，为当地培养了大批高素质高技能旅游服务和管理人才。人才培养不仅满足旅游企业的需求，也为贵州省旅游业的可持续发展提供坚实的智力支持。然而，尽管贵州省职业教育与产业融合取得一定进展，但仍存在不少问题与挑战，融合不佳的现象依然普遍存在。从全省范围来看，职业教育与产业在实际操作中的匹配度并不高，二者之间的关联性也较为薄弱。例如，在产教融合的目标设定上，职业教育的传统教学模式往往侧重于单一技能的培训，与旅游产业对复合型、全链条人才的需求存在较大差距。目标上不一致，使得职业教育所培养的人才在进入旅游行业后，难以迅速适应复杂多变的工作环境和市场需求，从而制约了二者的深度融合。此外，贵州省内各地区的发展不平衡问题也在一定程度上影响了职业教育与产业的有效融合。贵州省地处西南山区，各地的经济基础、文化背景、自然资源差异较大，导致一些地区在开展产教融合时，难以借鉴其他地区的成功经验。地区间的差异性，使融合模式在推广应用时，无法完全适应当地的实际情况，导致融合效果不尽如人意。

在融合规划与实践方面，贵州省职业教育与产业面临着一定的滞后性。旅游产业作为对市场和环境变化反应敏感的产业，其发展速度通常较快，市场需求变化非常迅速。然而，职业教育系统由于其稳定性和传统性，往往无法在短时间内迅速调整教育内容和教学模式，以适应旅游产业的快速变化。这导致职业教育在服务旅游产业方面效率降低，人才结构和素质无法完全满足行业的实际需求。同时，贵州省在推动产教融合过程中，还面临着资源配置不合理、制度保障不足的问题。尽管政府在政策上给予了支持，但在实际操作中，教育经费、教学资源、实习平台等方面的保障仍然存在不足。此外，各领域、各部门间的协调配合不够密切，也影响产教融合深度和广度。最后导致职业教育与产业融合在一些地区和领域停滞不前，未能充分发挥应有的作用。总体而言，贵州省职业教育与产业融合发展虽然取得初步成效，但仍面临诸多困境与挑战。要进一步深化产教融合，提升融合效果，贵州省需要在政策引导、资源配置、模式创新等方面持续发力，以确保职业教育能够更好地服务旅游产业，实现二者的良性互动与共同发展。

（四）高水平耦合协调是贵州省职业教育与产业融合发展的理想状态，相关研究有待深化

"耦合"在多个学科领域中被广泛应用，在人文社会科学领域，耦合指两个

或多个系统之间的相互影响、相互依赖和相互制约。当这些系统和要素之间形成了和谐、良性且有序的共生关系，即可称为实现耦合协调。耦合协调水平的高低，直接反映了系统间耦合状态的优劣。学者们对产教融合中的耦合特征进行广泛的研究。例如，刘波等人认为，产教融合的本质是一种教育与产业合作关系，教育部门与产业部门之间的要素关联性形成了耦合机制，使产教融合具有多元的合作内容、完整的合作体系、灵活的合作模式和协调的合作机制等耦合特征①。在德国的学习工厂研究中，学习工厂将教育、研究和工业生产功能在同一场所内进行耦合，以满足产业界和教育界对人才的需求，这种跨界功能耦合成为产教融合的重要特征②。此外，闫新波提出，通过在产教融合中构建产业、企业与专业之间的耦合共生生态链环机制，可以从宏观层面解决理念、技术、知识、平台和人才等整体性与战略性的问题③。在贵州省，推动职业教育与产业的融合发展，其最终目标是实现二者的高质量融合。而高水平的耦合协调，则是高质量融合的理想状态。耦合协调能够确保职业教育与产业在多方面、多环节和多重功能上相互配合、共同发展。不仅能优化教育资源配置，提升教育服务产业的能力，还能推动旅游产业的持续创新与升级。

尽管产教融合在理论上取得较为丰富的研究成果，但在实际应用中，特别是针对贵州省这样具有特殊背景的区域，相关研究仍然相对薄弱。贵州省的职业教育与产业在制度背景、耦合协调的指标体系构建、测量结果的解读等方面，仍存在许多亟待探讨的问题。比如，在贵州省特有的经济社会环境中，新发展理念如何促进职业教育与产业各自的发展和两者的深度融合？如何构建科学合理的耦合协调发展评价体系，以精准反映二者的融合质量？目前，针对贵州省职业教育与产业耦合协调发展的研究尚未深入，许多关键问题如耦合协调发展的制度背景、指标体系构建、测量与解读等，仍缺乏系统性的研究与讨论。这些问题的解决，不仅有助于深化产教融合的理论研究，还能为贵州省的经济社会发展提供重要的实践指导。因此，加强对贵州省职业教育与产业耦合协调发展的研究，不仅具有重要的学术价值，也具有显著的实践意义，为推动贵州省高质量发展，助力区域经济的转型升级，提供坚实的理论基础和决策支持。

---

① 刘波，欧阳恩剑. 职业教育产教融合的本质、特征与价值取向：基于耦合理论的视角 [J]. 职教论坛，2021，37（8）：60-67.

② 陈正，秦咏红. 德国学习工厂产教融合的特点及启示 [J]. 高校教育管理，2021，15（4）：64-71.

③ 闫新波. 产业—企业—专业多维耦合共生机制的探索与实践：以客户信息服务专业为例 [J]. 中国职业技术教育，2021（24）：91-96.

三、研究意义

在国家大力推动产教融合的背景下，多民族的贵州省亟须通过整合本地资源和发展需求，实现教育与产业的高水平耦合协调，以助力区域的现代化发展。但是，现有的理论体系和实践经验在支持贵州省职业教育与旅游产业融合方面仍存在不足，特别是在高水平耦合协调的研究上较为薄弱。因此，在理论上对产教融合的理解与应用进行深化，在实践上为贵州省职业教育高质量发展提供切实可行的指导，具有重要的创新意义。

（一）理论意义

首先，有利于完善贵州职业教育与旅游产业耦合协调发展水平的评价体系。耦合协调是职业教育与旅游产业融合发展的重要目标，评价职业教育与旅游产业的耦合协调发展水平则是职业教育与旅游产业耦合协调发展研究的重要内容。本研究在深入分析新时代贵州职业教育与旅游业高质量发展的内涵与特性的基础上，采用新发展理念为指导，涵盖"创新、协调、绿色、开放、共享"五大维度，选择相关指标因子，分别构建了贵州职业教育与旅游产业的测评指标体系，明确贵州职业教育与旅游产业耦合协调发展水平的评价模型，完善贵州职业教育与旅游产业耦合协调发展水平的评价体系。其次，有利于提升贵州省职业教育与旅游产业耦合协调发展实践的理论水平。对贵州省职业教育与旅游产业耦合协调发展的系统研究，有助于对相关实践进行凝练和升华，从而提升其理论水平。最后，有利于推动产教融合理论的发展。目前，我国产教融合理论虽然日渐丰富，但是贴合贵州职业发展实际的相关研究较少。本研究能够以贵州职业教育与旅游产业的耦合协调发展为抓手，进一步厘清职业教育和产业之间的关系，梳理产教融合制度的发展脉络，探寻职业教育和旅游产业高质量融合的影响因素，从而补充和丰富产教融合理论的内涵，推动产教融合理论向前发展。

（二）实践意义

截至 2024 年 6 月，贵州职业院校共 52 所①，其中在 2024 年高考中招生旅游大类专业的有 29 所②。本研究选取开办旅游类专业的 29 所职业高校（含高职专科、职业大学，均是贵州省旅游产业相关专业的学校），和贵州省旅游产业为

---

① 全国高等学校名单［EB/OL］. 中华人民共和国教育部官网，2024-06-21.
② 根据贵州省招生考试院编制的《贵州省 2024 年高考高校招生专业目录（历史类）》《贵州省 2024 年高考高校招生专业目录（物理类）》，进行人工筛选统计。

研究对象，具有较强的代表性，在实践中的意义体现在：第一，促进贵州职业教育与旅游产业的耦合协调发展。有效评价贵州职业教育与旅游产业的耦合协调发展水平是进一步优化贵州职业教育与旅游产业的耦合协调发展策略、提升产教双方融合质量的重要前提。本研究能够为贵州职业教育与旅游产业的融合实践活动提供真实数据和行动依据，促进双方朝着高水平耦合协调的方向有序前进。第二，为贵州省高质量发展提供指导。本研究对贵州省职业教育与旅游产业耦合协调发展进行关注的出发点与落脚点均在于对贵州省高质量发展诉求的回应。通过对贵州职业教育与旅游产业融合发展的实证分析，本研究能够从贵州省实际出发，支撑贵州省职业教育与旅游产业占据高质量发展的有利地位，激活并释放贵州省高质量发展的新潜能，为贵州省高质量发展建设提供职业教育与旅游产业高水平耦合协调的实践方案。第三，为贵州省制定产教融合制度、指导产教融合实践提供参考。产教融合虽已成为贵州省高质量发展的重要举措，但是如何提升制度与实践的匹配度仍有待深入探索。本研究聚焦于贵州职业教育与旅游产业融合的实际状况，能为贵州省产教融合提供具有较高针对性和操作性的建议，拓展相关实践服务贵州省高质量发展的空间，为贵州省制定产教融合制度、指导相关实践提供借鉴和参考。

四、研究问题

在当前推动职业教育高质量发展的背景下，产教融合被视为增强职业教育适应性的重要途径。对于具有特殊地理的多民族的贵州省，如何通过推动贵州职业教育与旅游产业深度融合，实现区域经济的高质量发展，是一个亟待深入探讨的课题。本研究以产教融合为背景，并以贵州职业教育与旅游产业的耦合协调发展为切入点，试图为贵州省现代化提供一条产教融合的发展路径，解决以下三个核心内容。

一是分析贵州职业教育与旅游产业耦合协调发展的背景和基础，明确贵州省在推动职业教育与旅游产业融合过程中的政策和理论支持。

（1）贵州职业教育与旅游产业耦合协调发展的产教融合制度背景是什么？

（2）贵州职业教育与旅游产业耦合协调发展的理论基础与分析框架是什么？

二是研究贵州职业教育与旅游产业耦合协调发展的耦合协调发展水平，为贵州省职业教育与旅游产业的融合发展提供量化分析和科学依据。

（1）如何构建贵州职业教育与旅游产业耦合协调发展的测评指标体系？

（2）贵州职业教育与旅游产业各自发展水平如何？

（3）贵州职业教育与旅游产业的耦合协调发展水平如何？

（4）贵州职业教育与旅游产业的同步发展水平如何？

三是提出提升贵州职业教育与产业耦合协调发展水平的建议，旨在为贵州省提供切实可行的发展路径，助力区域经济的全面振兴和现代化进程。

（1）造成贵州职业教育与旅游产业耦合协调发展水平差异的原因有哪些？

（2）如何有效提升贵州职业教育与旅游产业的耦合协调发展水平？

第二节　研究设计

本研究以产教融合为大背景，聚焦贵州省地区，尤其是贵州省职业教育与旅游产业的耦合协调发展，旨在通过系统的文献梳理和实证分析，探索如何在产教融合的框架下提升贵州省职业教育质量和旅游产业的发展水平。

一、研究目标与假设

具体而言，本研究拟达成以下四个目标：

第一，厘清产教融合制度背景，结合产教融合现有的理论基础与实践经验，明确贵州省职业教育与旅游产业耦合协调发展的理论基础和分析框架。

第二，根据理论支撑，通过分析国内外相关指标体系，进行系统筛选、借鉴和修正，涵盖"创新、协调、绿色、开放、共享"五大维度构建贵州省职业教育与旅游产业的指标体系。

第三，结合贵州省29所高等职业教育院校和贵州旅游产业样本数据，运用相关模型测量得出贵州省职业教育与旅游产业的相关性和耦合协调发展水平。

第四，结合贵州省职业教育与旅游产业的耦合协调发展水平测量结果，分析贵州省职业教育与旅游产业耦合协调发展水平的影响因素，为提升贵州省职业教育与旅游产业的耦合协调发展水平提出建议。

基于文献综述和研究目标，本研究提出以下五项假设，并将在后续研究中对这些假设进行检验。

假设 H1：贵州省高等职业教育发展属于低等发展水平。

假设 H2：贵州省旅游产业发展属于中等发展水平。

假设 H3：贵州省高等职业教育与旅游产业的耦合协调发展水平较低。

假设 H4：贵州省高等职业教育与旅游产业的耦合协调发展水平存在地区异质性。

假设 H5：贵州省高等职业教育与旅游产业的发展不同步。

本研究将通过系统的数据分析和模型构建，对这些假设进行实证检验，并基于研究结果提出相应的政策建议，以推动贵州省职业教育与产业的深度融合与协同发展。

二、研究方法

为了实现研究目标并验证研究假设，本研究采用了多种研究方法，包括文献研究法、田野调查法、计量研究法和案例研究法。通过各方法相互补充，确保研究的全面性、科学性和创新性。

（一）文献研究法

本研究通过文献研究法，系统梳理和分析了有关贵州职业教育与产业耦合协调发展的理论基础、政策背景和实践案例。具体如下：

国内外权威数据库的检索与分析：本研究广泛检索了国内外大型数据库，如中国知网（CNKI）、中文社会科学引文索引（CSSCI）、Web of Science 核心合集、Science Direct 等，以确保对贵州职业教育与产业耦合协调发展研究的全面覆盖。这为构建理论框架和研究模型提供了坚实的文献支持。

制度文本的历史制度主义分析：通过收集新中国成立以来的产教融合相关制度文件，如政策意见、法律法规、规划纲要等，本研究采用历史制度主义的分析思路，梳理产教融合在多民族的贵州省发展的历史脉络和阶段性特点，从而为理解当前的耦合协调发展提供制度背景支持。

贵州职业教育及旅游业数据的收集：本研究广泛搜集贵州职业教育院校2023 年教育质量报告及贵州省旅游业数据的年鉴、统计报告、地方志、教育年鉴等，全面掌握案例地的发展情况，为贵州职业教育与产业耦合协调发展水平的测量和影响因素分析奠定基础。

（二）田野调查法

为深入理解贵州职业教育与旅游产业的耦合协调发展现状，本研究在文献研究的基础上，开展了实地田野调查。田野调查法的应用包括：

实地访谈与观察：研究团队在旅游产教融合地区进行了实地调研，通过与当地政府官员、教育工作者、旅游产业从业者等的深度访谈，获取了第一手资料。这些资料弥补了文献研究的不足，确保了研究数据的真实性和及时性。

问题聚焦与释疑：田野调查不仅帮助聚焦了研究问题，还通过对调研结果的分析，为解释和解决研究中的关键问题提供了新的视角和参考。

（三）计量研究法

本研究运用了多种计量分析方法，对贵州职业教育与旅游产业的耦合协调发展水平进行了定量分析：

熵权法：用于确定各项指标的权重，并计算贵州职业教育与旅游产业的综合评价指数，确保了指标体系的科学性和客观性。

耦合协调度分析：通过耦合协调度模型，评估职业教育与产业在不同区域的融合程度，判断二者在发展中的协调性。

同步性分析：用于分析职业教育与产业的发展是否同步，为制定区域协调发展政策提供依据。研究使用 Excel 进行数据处理和图表制作，以确保数据分析的准确性和可视化效果。

（四）案例研究法

为深入探讨贵州职业教育与旅游产业耦合协调发展的具体影响因素，本研究选择旅游产教融合作为案例研究对象：

案例选择与分析：通过对旅游产教融合的深入案例研究，本研究探讨贵州职业教育与产业耦合协调发展的具体表现、影响因素及其实现路径。

理论与实践的结合：通过案例研究，本研究不仅解答"耦合协调发展水平是什么""为什么存在""如何实现"等关键问题，而且研究成果提炼为理论概括，为其他地区的类似研究和实践提供了参考。

综合运用研究方法，确保研究的科学性、创新性和可行性，有助于全面理解贵州省职业教育与旅游产业的耦合协调发展，为区域经济社会的高质量发展提供理论支持和实践指导。

三、研究思路与技术路线

本研究围绕贵州省职业教育与旅游产业的耦合协调发展问题，结合产教融合的背景，通过系统化的研究思路和技术路线，探索如何有效提升贵州省职业教育与旅游产业耦合协调发展的融合水平，推动区域经济的高质量发展。具体研究思路如下：

文献梳理与理论构建。系统查阅并梳理国内外关于贵州职业教育与产业耦合协调发展的现有研究成果与最新进展，结合新发展理念、耦合协调理论、人力资本理论、三螺旋理论和多元共治理论，明确本研究的理论框架，确定研究目标并提出研究假设，为研究的理论基础和分析框架奠定坚实基础。

历史制度主义分析。在此基础上，应用历史制度主义的分析框架，对我国产教融合制度的发展历史进行梳理，分析制度演变的关键节点及其对贵州职业教育与产业耦合协调发展的影响。通过探讨制度变迁的脉络和各阶段的主要特征，为贵州省产教融合提供历史借鉴和启示。

指标体系构建。结合前期文献综述和理论框架，对国内外贵州职业教育与旅游产业的测评指标体系进行梳理，并根据数据收集与处理的需求，筛选并构建符合贵州地区实际情况的测评指标体系。该体系将包括教育发展水平、旅游产业发展水平及二者耦合协调度等多项指标，为后续实证分析奠定基础。

数据收集与实证测量。基于构建的指标体系，收集29所贵州高等职业教育院校和贵州省旅游产业样本数据，应用熵权法、耦合协调度模型和同步性模型，测量贵州职业教育与旅游产业的耦合协调度、同步性，检验研究假设。此过程将为揭示贵州省职业教育与旅游产业的互动关系提供实证支持。

影响因素分析。结合原始样本数据、田野调查资料和相关文本资料，对测量结果进行深入分析。从政策支持与制度保障、资源配置与资金投入、校企合作与产教融合、师资力量与人才培养、区域经济协调与市场需求和信息化与智能化建设等方面探讨影响贵州职业教育与产业耦合协调发展水平的关键因素，旨在揭示影响耦合协调发展的深层次原因，为后续政策建议提供依据。

政策建议与案例分析。根据旅游产教融合职业教育与产业的耦合协调发展水平测量结果及其影响因素，结合贵州地区的具体案例和相关政策，提出切实可行的政策建议。有助于提升贵州职业教育与旅游产业的耦合协调发展水平，推动区域经济的高质量发展。

研究结论与展望。基于以上分析，总结本研究的主要结论，提出研究过程中发现的不足，并对未来研究方向进行展望，为后续研究提供指导，也为进一步完善相关理论和实践奠定基础。

具体的研究技术路线如图1-1所示。

四、研究重难点与创新点

本研究的重点在于以下几方面。一是理论框架的构建。基于不同学科领域的理论成果，特别是产业集聚理论、人力资本理论和多元共治理论，构建出适用于贵州地区的职业教育与旅游产业耦合协调发展水平的分析框架，为后续的实证分析和政策建议提供理论依据。二是制度背景的明确。本研究将通过历史制度主义的分析方法，梳理我国产教融合制度的发展脉络，明确其在贵州职业教育与旅游产业耦合协调发展中的作用，探讨制度背景对教育与产业耦合协调发展的影响。三是测评指标体系的构建。在系统梳理和比较国内外现有的测评

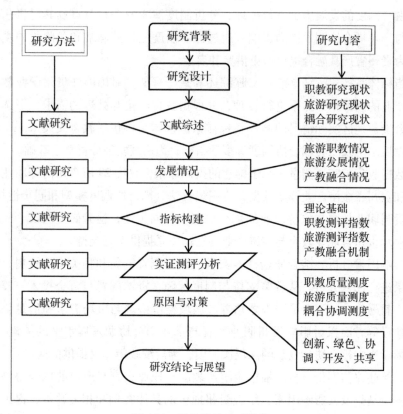

图 1-1　研究的技术路线图

指标体系的基础上，本研究将结合贵州省实际情况，筛选并构建出适合贵州职业教育与旅游产业耦合协调发展的测评指标体系，为定量分析提供科学的工具。四是耦合协调度的实证分析。运用熵权法、耦合协调度模型等工具，针对29所贵州高等职业教育院校与旅游产业样本数据进行分析，测量和评价贵州职业教育与旅游产业之间的耦合协调度，从而为制定区域经济发展策略提供实证依据。五是政策建议的提炼。根据实证分析的结果，研究将提炼出具有实践价值的结论，为贵州职业教育制定相关政策和开展产教融合实践活动提供借鉴和指导。

本研究面临的主要难点包括以下几方面。

第一，资料获取的挑战。尽管我国在产教融合领域的研究较为丰富，但涉及贵州地区，特别是职业教育与旅游产业耦合协调发展的研究相对稀缺。这导致本研究在文献资料的获取和参考案例的选择上存在一定困难，需要研究者在前期工作中投入更多精力和时间。

第二，指标体系构建的复杂性。贵州职业教育与旅游产业的测评指标体系涉及面广、层次复杂，既要考虑代表性和认可度，又要确保其具备操作性和针对性。研究者需具备扎实的理论基础和调研能力，才能构建出符合贵州地区实际情况的评价体系。

第三，区域差异的考量。在分析贵州职业教育与旅游产业耦合协调发展水平的影响因素时，必须充分考虑不同区域在历史、地理、生态、文化和风俗等方面的差异，这既增加调研和数据分析的难度，也对研究者提出更高的要求，需要在有限的时间和资源内，完成大量的实地调研和数据处理工作。

本研究的创新点体现在以下几方面。

首先，研究视角的创新。本研究在产教融合的大背景下，首次将贵州职业教育与旅游产业的耦合协调发展作为研究的核心问题，采用新发展理念为指导，涵盖"创新、协调、绿色、开放、共享"五大维度，构建全新的分析框架，丰富现有的产教融合理论和实践研究，具有重要的理论和实践意义。

其次，研究内容的创新。现有文献对贵州地区的产教融合关注度较低，尤其缺乏关于贵州省旅游职业教育与旅游产业耦合协调发展的系统研究。本研究通过构建测评指标体系和实证分析，以贵州省在2024年高考中招生旅游类专业的29所高等职业教育院校（含高职专科、职业大学）以及贵州省旅游产业为研究对象。充实了这一研究领域，为提升贵州省职业教育与产业的耦合协调发展水平提供了科学依据和实践指导。

最后，研究方法的创新整合。本研究在方法论上进行了创新整合。通过定量与定性相结合的分析手段，既破解了在区域层面直接测量产教融合水平的难题，也为特定产业的产教融合水平提供了更为精准的数据支持。所使用的耦合协调度测量方法，不仅适用于旅游产业，还可以通过调整指标体系和数据，应用于其他行业的产教融合水平测量。此外，研究采用的定性分析方法，能够深入探讨影响贵州职业教育与旅游产业耦合协调发展水平的具体因素，从而为提升耦合协调度找准着力点。

通过上述研究重点、难点和创新点的综合考虑，本研究不仅在理论和方法上有所突破，也在实践中具有广泛的应用前景，为贵州地区乃至其他地区的产教融合发展提供重要参考。

第三节　概念解释

一、产教融合

在我国职业教育领域，产教融合是推动教育与产业共同发展的重要策略和理论框架，尤其是在促进区域经济与社会发展的背景下，其意义尤为突出。贵州作为我国西部少数民族聚居地区，具备独特的地理、文化和产业特点，如何通过产教融合实现职业教育的高质量发展，是当前研究的重要议题。产教融合这一概念的内涵历经多年发展，不同学者从各自的研究视角提出了丰富的见解。刘波等学者指出，产教融合是通过法律、经济、行政等手段，促使政府、行业、企业与教育机构之间形成的一种合作关系，其目的是实现产业链与人才链的深度对接和高效融合，从而推动职业教育与产业发展的协同效应。在这一框架下，贵州的职业教育需要紧密结合本地的支柱产业，尤其是旅游业，才能充分发挥产教融合的优势，提升教育质量和产业竞争力。从范畴角度出发，沈绮云等人提出，产教融合涵盖了宏观、中观和微观三个层次的协同发展：宏观层面侧重于区域经济与教育系统的整体协调；中观层面则强调校企合作模式和产教融合型组织的构建；微观层面集中在教育教学活动与产业实践的紧密结合。在贵州的背景下，产教融合应从这三个层次出发，以旅游产业为突破口，推动职业教育与产业的全面对接，实现高质量的发展目标。

贵州的特殊性决定了其产教融合的模式与路径必须具备区域适应性和灵活性。孔宝根将产教融合分为广义和狭义两种内涵：广义上是指教育与产业的全面融合发展，狭义上则聚焦于高校与企业在人才培养、技术研发、职业培训等方面的协同合作。对贵州而言，广义的产教融合不仅要解决职业教育与旅游产业的对接问题，还要考虑如何通过这一融合促进地方经济、社会和文化的整体进步。在表现形式上，产教融合在贵州的具体实践包括校企合作、校内外实训基地的建设等。杨克瑞强调，产学合作、校企合作等形式在不同区域有着各自的实践特征。贵州的职业教育与旅游产业融合，需要探索适合地方发展的合作模式，建立紧密的产教协作机制，以满足旅游产业对高素质技能型人才的需求，并通过这一过程推动地方职业教育的高质量发展。因此，产教融合在贵州的职业教育与旅游产业发展中，既是理论框架也是实践路径。其核心在于通过多方协作，推动职业教育与旅游产业的耦合协调发展，从而提升区域经济、社会和文化的整体水平。产教融合的实现不仅需要教育与产业的共同努力，还需各级政府的政策支持与多部门的协调合作，以确保贵州职业教育的高质量发展能够真正服务于地方经济与社会的长远发展目标。

二、旅游职业教育

根据教育部发布的《普通高等学校高等职业教育（专科）专业设置管理办法》和《普通高等学校高等职业教育（专科）专业目录（2015 年）》的通知（教职成〔2015〕10 号），旅游专业大类有旅游类、餐饮类、会展类①。而《普通高等学校高等职业教育（专科）专业目录（2021 年）》② （2024 年 1 月更新)③，高职（专科）旅游专业大类有旅游类和餐饮类，另外据查询的教育部官网信息显示，中职旅游专业大类也只有旅游类和餐饮类。在本研究中涉及的旅游专业系指最新的旅游大类中包含的专业（如表 1-1 所示），相关发展数据是基于以上专业的汇总。

表 1-1　中国职业教育（高职专科、中职）旅游专业目录（2024 年 1 月更新）

高职（专科）旅游大类		
序号	旅游类专业代码 5401	专业名称
1	540101	旅游管理
2	540102	导游
3	540103	旅行社经营与管理
4	540104	定制旅行管理与服务
5	540105	研学旅行管理与服务
6	540106	酒店管理与数字化运营
7	540107	民宿管理与运营
8	540108	葡萄酒文化与营销
9	540109	茶艺与茶文化

① 中华人民共和国教育部. 教育部关于印发《普通高等学校高等职业教育（专科）专业设置管理办法》和《普通高等学校高等职业教育（专科）专业目录（2015）》的通知 ［EB/DL］. 中华人民共和国教育部官网，2015-10-28.

② 中华人民共和国教育部. 教育部关于印发《职业教育专业目录（2021 年）》的通知 ［EB/DL］. 中华人民共和国教育部官网，2021-03-17.

③ 中华人民共和国教育部. 对十四届全国人大一次会议第 7627 号建议的答复 ［EB/DL］. 中华人民共和国教育部官网，2023-08-29.

续表

高职（专科）旅游大类		
序号	旅游类专业代码 5401	专业名称
10	540110	智慧景区开发与管理
11	540111	智慧旅游技术应用
12	540112	会展策划与管理
13	540113	休闲服务与管理
序号	餐饮类专业代码 5402	专业名称
14	540201	餐饮智能管理
15	540202	烹饪工艺与营养
16	540203	中西面点工艺
17	540204	西式烹饪工艺
18	540205	营养配餐
中职旅游大类		
序号	旅游类专业代码 7401	专业名称
1	740101	旅游服务与管理
2	740102	导游服务
3	740103	康养休闲旅游服务
4	740104	高星级饭店运营与管理
5	740105	茶艺与茶营销
6	740106	会展服务与管理
序号	餐饮类专业代码 7402	专业名称
7	740201	中餐烹饪
8	740202	西餐烹饪
9	740203	中西面点

《国家旅游局、教育部关于加快发展现代旅游职业教育的指导意见》① 指出发展现代旅游职业教育任务是：加强对旅游职业教育改革发展的统筹指导和综合保障，大力改善旅游人才观念，优化旅游职业教育育人环境，强化行业企业

---

① 国家旅游局、教育部关于印发《加快发展现代旅游职业教育的指导意见》的通知 [EB/OL]．中华人民共和国教育部官网，2015-10-26.

的支持和参与度，加快建立适应旅游产业发展需求、产教深度融合、中职高职有机衔接、布局结构更加合理、行业培训更加完善的现代旅游职业教育体系，显著提升旅游专业学生和行业从业人员的人文素养、职业道德、职业技能和可持续发展能力。包含涉旅方面的学历教学、教育，技能培训，专题讲座，技术指导等都属于旅游职业教育范畴。

旅游职业教育是职业教育体系中的重要组成部分，主要培养旅游产业所需的技能型人才。它不仅承载着为行业输送人才的任务，还肩负着推动区域经济发展和提升产业竞争力的重任。作为一种以职业技能为核心的教育类型，旅游职业教育在促进贵州全省旅游业发展、改善就业结构和助推区域经济转型升级方面具有至关重要的作用。

贵州省作为中国的旅游大省，拥有丰富的自然资源和多样的文化背景。近年来，随着旅游业的快速发展，贵州对高素质技能型人才的需求愈加迫切，旅游职业教育也因此面临着加快改革和升级的要求。与全国其他地区相比，贵州的旅游产业不仅要在市场化和产业化方面加速发展，还需要通过职业教育的有效支撑，形成与产业需求高度契合的人才培养模式，助推旅游业向更高质量方向迈进。贵州旅游职业教育的核心任务是培养适应旅游产业发展所需的高技能人才。为此，旅游职业教育需要紧密围绕产业需求，开设与旅游业发展相关的专业课程，尤其是在酒店管理、旅游服务、文化创意等领域，通过培养学生的实践操作能力和服务意识，提升他们的就业竞争力和职业素养。同时，旅游职业教育必须具备前瞻性，不断跟随市场变化和旅游行业的发展趋势，培养复合型人才，以应对旅游业的多样化和多元化需求。在政策层面，《国务院办公厅关于深化产教融合的若干意见》[①] 明确要求，职业教育与地方经济发展要紧密结合，推动旅游职业教育与地方旅游产业的深度融合。对贵州而言，这意味着旅游职业教育不仅需要满足旅游企业对技能型人才的需求，还要充分挖掘和利用当地的文化、自然资源，助推地方经济的可持续发展。

贵州的旅游职业教育通过校企合作、实训基地建设等多种形式，与旅游产业形成了深度联动。通过与旅游企业的合作，职业教育机构能够更好地了解市场需求，进而调整课程设置和教学内容，确保培养出的学生能够迅速适应岗位需求。同时，校企合作还为学生提供了宝贵的实习机会，让他们在实践中提升技能和经验，为日后就业奠定坚实基础。此外，旅游职业教育在推动旅游产业发展的同时，还承担着提升区域竞争力的重任。贵州作为一个生态资源和文化

---

① 国务院办公厅关于深化产教融合的若干意见 [EB/OL]. 中国政府网，2017-12-19.

资源丰富的省份，旅游业的发展离不开特色旅游产品的打造与创新。旅游职业教育可以通过培养具有创新意识和文化创意能力的人才，推动旅游产品的研发与推广。通过整合贵州丰富的自然和文化资源，提升旅游产业的市场竞争力，助力贵州成为国内外游客的重要旅游目的地。综上所述，旅游职业教育不仅是贵州省职业教育体系的重要组成部分，更是推动旅游产业持续发展的关键引擎。通过深化产教融合、优化课程设置和创新人才培养模式，贵州的旅游职业教育将在服务地方经济、提升旅游业竞争力以及实现旅游产业高质量发展方面发挥重要作用。

三、"旅游产业化"

"旅游产业化"是指旅游活动及其相关服务从单一的旅游功能逐渐演变为一个多层次、多维度的产业体系，并成为推动区域经济社会发展的重要力量。贵州作为少数民族聚居的省份，其"旅游产业化"进程在全省经济转型升级中占据着关键地位，尤其在推动当地职业教育高质量发展方面，"旅游产业化"与产教融合的协同效应更为明显。贵州省第十三次党代会将围绕"四新"主攻"四化"确立为贵州实现高质量发展的主战略①，贵州的"四化"战略是全省经济社会发展的总体布局，而在这一布局中，"旅游产业化"被视为实现区域经济高质量发展的重要路径。"旅游产业化"不仅仅是扩大旅游业的经济规模，更是通过产业链的延伸与深化，推动相关行业的同步发展，促进产业结构的优化升级。在贵州，旅游产业与文化、生态的深度融合，赋予了其独特的产业特征，也为产教融合的发展提供了丰富的实践场景。

2021年贵州省全省"旅游产业化"推进大会在贵阳召开，围绕资源、客源、服务三大要素，再次为推动"旅游产业化"和高质量发展明确行动方向。大会提出，大力实施旅游市场主体培育、大力实施旅游业态升级、大力实施旅游服务质量提升、大力实施盘活闲置低效旅游项目攻坚"四大行动"②，奋力推动旅游大提质，以旅游业高质量发展助推全省高质量发展。

---

① 2015年6月，习近平总书记考察贵州时，对贵州提出"四化"的重要要求，要求贵州坚持新型工业化、新型城镇化、农业现代化、旅游产业化"四个轮子一起转"，走出一条有别于东部、不同于西部其他省份的发展新路。2022年4月，贵州省第十三次党代会将围绕"四新"主攻"四化"确立为贵州实现高质量发展的主战略。

② 曹雯，方亚丽，梁圣，等. 为实施"四大行动"提供有力支撑：全省"旅游产业化"推进大会引发热烈反响 [N]. 贵州日报，2021-06-09 (1).

四、耦合协调发展

"耦"字源于中国古代农耕文化，意指两人并肩使用农具进行耕作，象征着将两个或多个劳动力联合起来以提高生产效率。在现代科学与社会发展领域中，耦合这一概念被引申为两个及以上的系统或要素，通过相互作用共同实现特定目标的现象。耦合不仅强调各系统间的相互影响和作用，还注重它们在特定条件下所形成的协同效应。

在产教融合的语境下，耦合协调发展是实现产业与教育深度融合的重要路径和目标。翁钢民等学者认为，耦合是基于两个或多个产业在运行过程中，关键要素、机制之间存在的关联性和相互作用，通过这些要素的联合与影响，最终形成紧密配合、相互依赖的状态。在这种状态下，耦合不仅包括子系统内部结构和功能之间的关系，还涉及系统之间、要素之间的相互促进和制约。这种相互作用的强度和质量通常用耦合协调度来衡量，以描述系统之间的关联性和一致性。耦合协调发展理论整合了耦合研究与协调发展研究的核心理念，强调系统之间的良性关系和协同互动。在区域经济与社会发展的背景下，耦合协调发展提供了一种可行的路径，通过优化资源配置和调整产业结构，推动区域的现代化和高质量发展。

在贵州职业教育高质量发展研究中，耦合协调发展概念被用于分析贵州高等职业教育系统与旅游产业系统之间的互动关系。本研究将贵州职业教育与旅游产业的耦合协调发展定义为：在贵州省产教融合发展的背景下，职业教育发展要素与旅游发展要素之间通过有效互动和协同配合，实现系统间的互促互进，驱动贵州职业教育与旅游产业的协同发展，进一步优化区域资源要素的配置，推动区域产业结构的调整与升级，最终实现贵州省高质量与现代化发展。通过这种耦合协调发展，贵州的职业教育能够更好地服务于旅游产业的需求，培养出适应产业发展的高素质人才，同时贵州经济与社会进步提供有力的支持。体现产教融合的内在要求，更为贵州持续发展和文化传承提供新的动力和路径。

第二章

研究综述

通过对全球职业教育与旅游业发展的研究进展进行梳理，归纳全球相关领域的前沿趋势和新兴挑战，并结合贵州的实际情况，探讨全球研究对贵州职业教育与旅游产业发展的启示。在此基础上，本章深入剖析旅游业高质量发展的理论与实践研究，涵盖国内旅游高质量发展研究进展、内涵解析及其时代特征，加深对贵州职业教育与旅游产业融合发展的理解。最后，通过对耦合协调发展的研究现状与挑战系统分析，结合具体案例探讨贵州职业教育与旅游产业耦合协调发展的模式与路径，为未来的研究创新方向提供重要参考和指导。

第一节 职业教育发展趋势与热点分析

在当前全球化加速和技术革命，尤其是人工智能、大数据和信息技术迅猛发展的背景下，职业教育成为连接教育与经济、提升就业能力和促进社会公平的关键桥梁。全球政府、教育机构和学术界高度重视职业教育的角色，特别是在经济和技术环境快速变化的当下，高质量的职业教育不仅需培养符合产业需求的高技能人才，更应成为推动个人持续发展的动力。职业教育的研究涵盖广泛，包括课程设计的相关性、教学方法的创新、行业合作的深度、学生动机的激发、性别差异的探讨及就业等多方面。在数字化转型和绿色经济的大背景下，课程设计需要与行业标准及未来趋势保持一致，尤其在数字化转型和绿色经济背景下尤为重要。有效的教学方法不仅包括传统的理论教学和实践培训，还涉及在线教育和混合学习模式，以适应不断变化的技术环境和学生需求。强有力的行业合作能够为毕业生提供真实的工作经验和就业机会，这些连接对于完善的职业教育体系至关重要。

尽管职业教育的重要性日益凸显，但该领域的研究仍面临诸多挑战。职业教育研究领域缺乏系统性和全面性，跨学科的研究方法和数据整合尚待完善。

此外，不同国家和地区职业教育的发展水平和研究重点存在较大差异，亟须通过全球视角进行综合分析。针对这些挑战，本研究采用基于 Web of Science 数据库的文献计量分析方法，系统性地分析了1992年至2024年5月全球职业教育领域的发表文献。本研究旨在揭示职业教育研究的全球发展趋势、主要研究热点及其演变。通过引文计量和可视化工具，我们为职业教育研究的影响力和发展提供了结构化的评估，特别关注研究空白与未来趋势的预测。这些努力旨在为政策制定者、教育工作者和研究人员提供全面的信息支持，帮助他们制定战略，提升教育成果，适应不断变化的工作需求。通过本文的研究，我们不仅期望填补现有文献的空白，还希望为全球职业教育体系的改进提供实际的见解和参考。

一、数据清洗与选择标准

本研究选择 Web of Science 核心合集数据库进行文献检索，该数据库自1985年以来收录了包括科学引文索引扩展版（SCIE）、社会科学引文索引（SSCI）和艺术与人文引文索引（A&HCI）在内的多个世界级索引。由于其强大的参考文献追踪和引文报告功能，该数据库能够有效地识别和追踪职业教育领域内的研究输出和趋势。在搜索策略中，我们采用"职业教育"和"高等职业教育"作为主要搜索词，目的是覆盖这一领域内尽可能广泛的文献，确保研究的全面性。搜索时限定了1992年至2024年6月的时间范围，初步筛选出了9245篇文献。进一步的数据清洗包括去除重复记录文献、非英语文献，以及缺乏关键词的文献，最终保留2574篇文献用于详细分析。Web of Science 虽然提供了广泛的学术资源，但它可能未能完全覆盖所有地区性或新兴期刊，可能导致一些地区或新兴主题的研究被低估。

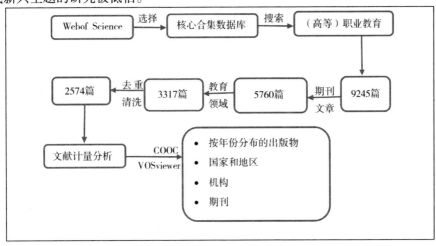

图2-1 筛选职业教育研究文献的方法流程图

二、方法学

为了深入分析职业教育的研究趋势和网络关系，本研究使用了文献计量学方法。特别采用了 Co-Occurrence14.5（COOC）和 VOS viewer 工具进行数据的可视化分析。COOC14.5 能够分析国家、作者和机构间的合作网络和中心性，帮助揭示各研究节点在全球职业教育研究网络中的地位和重要性。VOS viewer 用于创建基于引文和共现关系的科学地图，通过网络、叠加和密度视图，直观展示职业教育研究的关键主题和研究热点。此外，利用 WPS Office Excel 进行数据导入、排序和制表，以生成出版物趋势图、合作网络图和研究热点图。这些工具的结合不仅展示了职业教育的主要研究主题，也揭示了全球范围内的研究合作关系，如图 2-1 所示。此外，文献计量工具如 COOC 和 VOS viewer 虽然能有效展示文献之间的关系和趋势，但它们依赖于文献中的关键词频率，可能未能完全捕捉到所有新兴或边缘的研究主题。这些局限性可能影响研究结果的解释，因此在使用这些分析结果指导政策制定或研究方向时需谨慎。

三、分析结果

（一）出版物数量的年份分布

图 2-2 展示了 1992 年至 2024 年 5 月期间职业教育研究的文献发表数量。从图中可以看出，按年份分布的出版物数量显示出逐年增长的趋势。从 1994 年至

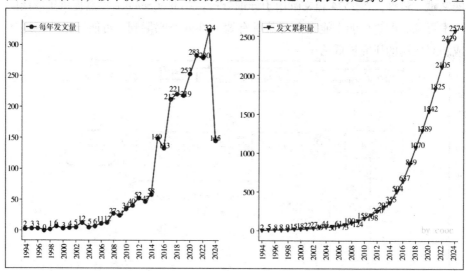

图 2-2　1992 年至 2024 年 5 月职业教育研究发文量趋势图

2014 年，发文量增长缓慢。自 2015 年至 2022 年，发文量开始显著增加，尽管此后发文量有所波动，但总体趋势依然向上，年均达到 218 篇。特别是 2023 年，文献数量达到了峰值，达到 324 篇，这表明职业教育研究在教育学领域中受到了广泛关注，反映了全球对职业教育重要性认识的提升，以及对职业教育质量的深入研究需求。研究数量的增长也表明了该领域的学术活动日益活跃，更多的研究者和机构开始投入职业教育质量的研究中。

（二）国家或地区分析

职业教育研究涉及 109 个国家和地区，通过图 2-3 的国家合作网络图谱，我们可以观察到德国、英国、澳大利亚和美国在职业教育研究领域中占据了核心地位。这些国家不仅发表的文献数量多，而且在国际合作的广度和密度上也显著高于其他国家。图中的密集连线表明这些国家在职业教育研究和实践方面有着深入的合作关系。结合表 2-1 可知，德国是发表文献数量最多的国家（n = 241，占 9.36%），其次是美国（n = 220，占 8.55%）、英国（n = 193，占 7.50%）和中国（n = 191，占 7.44%）。英国与最多国家合作（39 个），度中心性最高（0.42），表明其在全球职业教育研究合作中的中心地位。相比之下，中国虽然文献发表量位居前列，但其国际合作程度较低（度中心性＝0.19），主要与美国和亚洲邻国如泰国、俄罗斯和马来西亚有较为频繁的合作，但与欧洲国家的合作较少，显示中国在职业教育研究中的国际合作潜力尚未充分发挥。基于分析结果，建议加强国际合作机制，特别是促进低度中心性国家的国际合作，如建立多边合作平台或双边交流项目。此外，鼓励国家间的政策学习和技术转移，尤其是在职业教育的数字化和绿色转型方面，可以借鉴德国和英国的成功经验，以提高全球职业教育的整体质量和效率。

表 2-1　发文量前 11 国家论文影响力分析

排名	国家	发文量	度中心性	国家合作数
1	德国（Germany）	241	0.24	26
2	美国（USA）	220	0.30	32
3	英国（England）	193	0.36	39
4	中国（Peoples R China）	191	0.19	21
5	俄罗斯（Russia）	190	0.15	16
6	西班牙（Spain）	176	0.22	24

排名	国家	发文量	度中心性	国家合作数
7	澳大利亚（Australia）	173	0.26	28
8	荷兰（Netherlands）	137	0.18	20
9	土耳其（Turkey）	111	0.14	15
10	中国台湾（Taiwan）	98	0.10	11
11	印度尼西亚（Indonesia）	94	0.07	8

度中心性：反映了一个节点连接到其他节点的数量。如果一个节点具有更高的度中心性，意味着它与更多的节点直接相连

（三）研究机构分析

根据 COOC 的分析，全球共有 2569 个机构参与了职业教育研究。设提取单元频次为 3，有 334 个机构达到了分析阈值。数据显示（表 2-2），阿姆斯特丹大学以 25 篇文献的发表量和 653 次被引用次数双双位列第一，显示出其在职业教育研究领域的卓越贡献和显著影响力。马来西亚敦胡先翁大学虽也发表了 25 篇文献，但仅有 69 次被引用，排名第 13，反映出其学术影响力相对较弱。俄罗斯国立职业教育师范大学和印度尼西亚教育大学的发文量分别为 23 篇和 20 篇，但被引用次数相对较少，分别为 103 次和 62 次，显示出其在学术界的中等影响力。值得注意的是，莫纳什大学和于韦斯屈莱大学虽发表文献数量较少，但其被引用次数分别达到 248 次和 371 次。尤其是于韦斯屈莱大学，以 17 篇文献获得了高达 371 次的引用，表明其研究成果的高质量和广泛认可度。总体而言，这些机构在职业教育研究领域的贡献和影响力各具特色。阿姆斯特丹大学在文献数量和被引用次数上均表现出色，显示了其研究的广泛影响力和学术权威。马来西亚敦胡先翁大学尽管发文量较高，但引用次数偏低，表明其研究在国际学术界的认可度有待提升。莫纳什大学和于韦斯屈莱大学的高引用率则表明了其研究成果的高质量和深远影响。

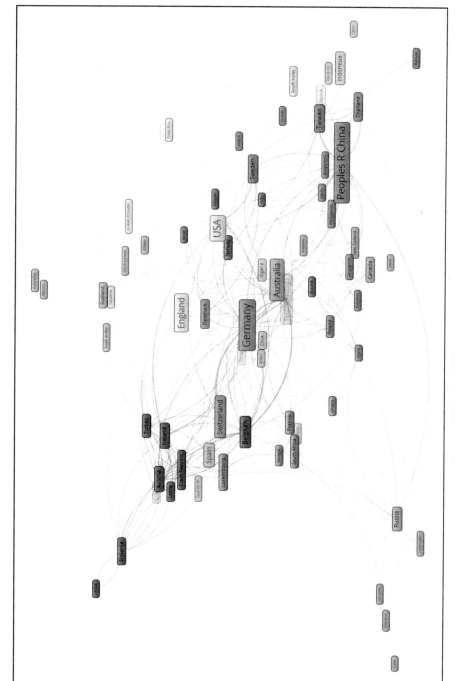

图2-3 职业教育文献发表国家合作网络图谱

　　中国职业教育的研究体系中，尽管已有301个研究机构参与，但从合作网络的现状来看，整体合作水平仍处于较低阶段。图2-4所展示的国内研究机构之间的合作松散且缺乏紧密联系，导致职业教育领域的研究广度和深度受限，难以实现真正的知识积累与创新。这种低水平的合作不仅影响了职业教育研究成果的质量，也在一定程度上阻碍了中国职业教育在全球化时代的高质量发展，学术研究的国际合作尤为重要，它不仅能够促进不同国家和地区的知识共享，还能引入先进的研究方法和理念，推动研究视角的多元化与前沿化。中国的职业教育研究机构在这一点上显得较为孤立，合作网络分散，未能与国际顶尖机构建立起稳定且紧密的合作关系。这样的现状使得国内研究资源相对分散，重复性研究较多，难以在国际舞台上取得具有重要影响力的突破性成果。要推动中国职业教育研究的进一步发展，特别是实现职业教育高质量发展的目标，必须加强国内机构之间的合作。通过构建更为紧密的国内合作网络，可以有效整合研究资源，避免重复劳动，提高研究效率。同时，国际合作的深化也是提升研究质量的关键路径。德国、英国、美国等国家在职业教育研究领域处于全球领先地位，与这些国家的顶尖研究机构合作，将有助于引入更多先进的教育理念和研究方法，为中国职业教育研究注入新的活力。

表2-2　发文量前17研究机构论文影响力分析

发文排名	中文名称	发文数量	占比	被引频次	引用排行	国家
1	阿姆斯特丹大学	25	0.97%	653	1	荷兰
2	马来西亚敦胡先翁大学	25	0.97%	69	13	马来西亚
3	俄罗斯国立职业教育师范大学	23	0.89%	103	11	俄罗斯
4	印度尼西亚教育大学	20	0.78%	62	15	印度尼西亚
5	格拉纳达大学	19	0.74%	64	14	西班牙
7	莫纳什大学	18	0.70%	248	6	澳大利亚
6	台湾师范大学	18	0.70%	97	12	中国台湾
8	于韦斯屈莱大学	17	0.66%	371	4	芬兰
9	马斯特里赫特大学	16	0.62%	420	2	荷兰
14	乌得勒支大学	14	0.54%	378	3	荷兰
15	牛津大学	14	0.54%	313	5	英国
12	诺丁汉大学	14	0.54%	206	7	英国
13	林雪平大学	14	0.54%	154	9	瑞典

发文排名	中文名称	发文数量	占比	被引频次	引用排行	国家
16	科隆大学	14	0.54%	117	10	德国
11	北京师范大学	14	0.54%	41	16	中国
17	墨尔本大学	13	0.51%	159	8	澳大利亚

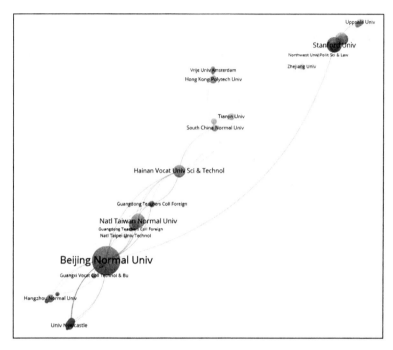

图 2-4　研究职业教育中国机构合作共现图

（四）职业教育研究期刊分析

从 1994 年至 2024 年 6 月 15 日，职业教育相关的研究成果发表在 834 种期刊上。通过对这些期刊的分析，我们可以识别出该学术领域的主要期刊。表 2-3 展示了发文量排名前 19 的期刊及其影响因子（IF）和 CiteScore。影响因子（IF）是一种定量指标，用于评估期刊在某一年的引用频率和影响力①，CiteScore 用于评估期刊的学术影响力和引用情况。其中所列期刊的影响因子范围从 0.5 到 3.6，平均影响因子为 2.1。发文量最多的期刊是 Journal of Vocational Education and Training，共发表了 82 篇文章，影响因子为 1.9，CiteScore 为 5.2，

---

① 评估网址：https：//clarivate.com/webofsciencegroup/essays/impact-factor/

被引用次数为915次。紧接着发文量排名前三的期刊分别是 Journal of Technical Education and Training 和 Obrazovanie I Nauka-Education and Science，分别发表了79篇和72篇文章。这些期刊在职业教育研究领域中具有较高的学术影响力和引用频率。从影响因子和 CiteScore 来看，Economics of Education Review 和 Education and Training 的影响因子分别为2.2和3.6，Cite Score 分别为6.1和7.2，显示出其较高的学术影响力。而从发文量和引用次数来看，Journal of Vocational Education and Training 是最具影响力的期刊。Journal of Vocational Education and Training 在总论文数量（82篇）和职业教育相关论文数量（82篇）方面均排名第一，显示出其在该领域的高生产力和高接受度。通过这些主要期刊的分析，我们更好地了解职业教育研究的出版趋势和学术影响力，从而为未来的研究提供指导和参考。

表 2-3 职业教育发文量排名前 19 的期刊

期刊	发文量	是否开源	IF	CiteScore	Citations
Journal of Vocational Education and Training	82	否	1.9	5.2	915
Journal of Technical Education and Training	79	否	0.7	2.1	744
Obrazovanie I Nauka-Education and Science	72	是	0.7	2.3	707
Economics of Education Review	43	否	2.2	6.1	1222
Education and Training	37	否	3.6	7.2	669
Vocations and Learning	33	否	2.3	5.3	663
Empirical Research in Vocational Education and Training	32	是	1.3	3.4	324
Higher Education Skills and Work-Based Learning	31	否	1.8	3.8	287
International Journal for Research in Vocational Education and Training-ijrvet	27	是	1.3	3.5	147
Education Sciences	27	是	3	4.8	260
International Journal of Training Research	27	否	0.5	1.4	173

期刊	发文量	是否开源	IF	CiteScore	Citations
Zeitschrift Fur Erziehungswissen-schaft	24	否	1.4	2.1	336
Sustainability	24	是	3.8	6.8	894
Journal of Education and Work	24	否	1.4	2.7	293
Frontiers in Psychology	23	是	3.7	5.3	896
Nurse Education Today	21	否	3.9	6.9	395
International Journal of Emerging Technologies in Learning	20	是	0	5.0	529
International Journal of Educational Development	19	否	2.5	4.2	330
Research in Post-Compulsory Education	19	否	0.7	1.3	139

（五）职业教育研究热点及前沿分析

研究热点是指在某一领域中，一组文献在特定阶段共同探讨的具有内在联系的科学主题。从文献计量学的角度看，在某一研究领域内被引频次最高的研究型论文通常是该领域热点的集中体现。同时，关键词是对论文主题的高度凝练，出现频次高的关键词可以被视为该领域的研究热点。基于 Web of Science 的文献计量分析显示，全球职业教育研究呈现出多个热点领域。通过 COOC 软件对原始数据进行关键词同义合并，文献关键词中共提取了 7003 个关键词，设关键词提取单元频次为 7，其中 206 个关键词达到了阈值。利用 VOS viewer 软件对相关文献关键词进行共现和聚类分析，发现课程（curriculum）、学徒制（apprenticeship）、就业（employment）和技能（skills）是频次最高的关键词。其中课程出现 57 次，学徒制出现 52 次，就业出现 52 次，技能出现 51 次，并在图谱（如图 2-5）中与其他关键词关系密切，这表明课程、学徒制、就业和技能是职业教育研究的关键和热门主题。

1. 绿色聚类群

绿色共聚类图展示了职业教育研究中多个关键主题及其相互关联，以学生为培养对象，主要围绕课程（curriculum）、技能（skills）、能力（competences）的维度进行。此外，动机（motivation）、培训（training）和教学（teaching）也是研究的核心焦点。具体来说，课程是职业教育研究的核心主题之一，与培训、

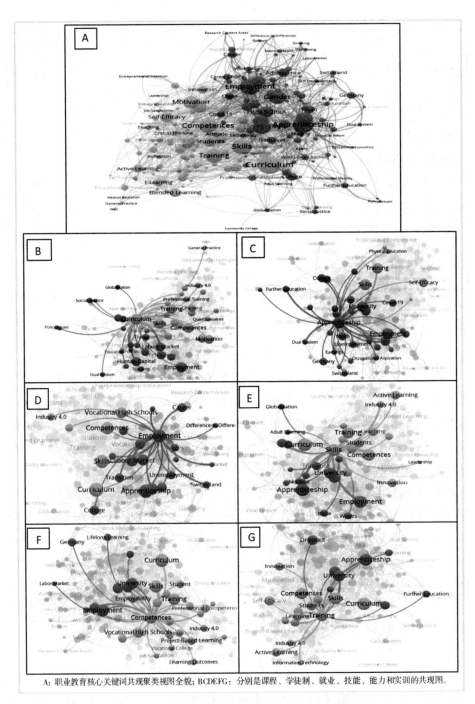

A: 职业教育核心关键词共现聚类视图全貌；BCDEFG：分别是课程、学徒制、就业、技能、能力和实训的共现图。

图 2-5　职业教育核心关键词共现聚类视图

技能发展、学习（learning）和教学方法紧密相关，反映出对通过课程设计和创新来提升教育质量和学生学习效果的高度重视。同时，技能的培养与课程、培训和学习密切相关，展示了研究者对于通过职业教育提升学生技能的关注。同样，培训在职业教育研究中占据重要地位，不仅与课程和技能相互关联，还与教师培训和职业培训紧密联系，强调了通过有效的培训方法提升教师和学生的专业能力与教学效果的重要性。职业教育的主要受众是学生，研究主要聚焦于如何通过教育和培训提升学生的学习效果和职业能力。相关研究主题包括学生满意度、学生参与度和学习策略。同时，混合学习与课程、在线学习和教育技术等主题的紧密联系，反映出职业教育在应用现代教学方法和技术方面的创新与发展。此外，教学质量与课程设计、教学方法以及教师培训紧密相关，显示了研究者对提升职业教育教学质量的关注，进一步涵盖了教学评估和学习成果。电子学习与混合学习、在线学习和教育技术的相关性显示了其在现代职业教育中的核心作用。同时，创新创业教育与课程设计、技能培养和职业指导等主题的关联，强调了职业教育在培养学生创新能力和创业精神方面的重要性。

2. 紫色聚类群：就业（employment）

紫色共聚类图清晰展示就业及其他主题相互联系，"就业"作为职业教育研究的中心，主要关注通过职业教育提升就业率和就业质量。它与劳动力市场（labour market）、性别（gender）、青年（youth）、社会不平等（social inequality）以及其他相关领域紧密相连，共同探讨如何满足市场需求并帮助学生融入劳动力市场。特别地，性别主题在职业教育中占有显著地位，探讨性别如何影响职业选择和教育成果，与"教育不平等"和"社会不平等"等主题交织，强调推动性别平等的重要性。青年作为主要受众，研究焦点包括青年失业、技能培养以及心理健康，旨在通过职业教育促进青年的社会整合和职业发展。此外，"社会不平等"作为一个重要主题，涉及如何通过职业教育促进更广泛的社会公平，与"社会正义"和"包容性"主题相连。技术教育则强调职业教育在技术技能培养中的关键作用，与就业和劳动力市场需求紧密关联。而对"心理健康"的探讨显示，关注学生的心理福祉同样重要，与教育质量和职业指导直接相关。高等职业教育关注职业发展和职业指导，与劳动力市场紧密相连，突出其在支持学生职业生涯中的作用。教育政策则与教育不平等和教育改革紧密相关，强调通过政策改革提升教育的质量和公平性。终身学习重视成人教育和继续教育，关注在职人员通过持续学习提升竞争力，以应对职业环境的变化。这些主题的综合分析不仅揭示了职业教育对提升就业能力的作用，也体现了其在处理更广泛的社会主题，如社会公平和性别平等中的作用。这种多维度的研究途径有助于职业教育更全面地满足社会和经济发展的需求，促进个人和社会的全面发展。

3. 蓝色聚类：学徒制（apprenticeship）

蓝色聚类为学徒制作为核心主题，主要关注学徒制和双元制教育模式，结合实际工作经验与理论学习，培养学生的职业技能，显著提升其就业能力和职业素质。在成人教育领域，本研究集中于如何为成年人提供灵活且有效的学习模式，强调继续教育和终身学习的重要性。这些教育模式支持在职人员通过持续学习来提升职业技能，以应对不断变化的职业需求。学院和社区学院在支持地方经济和社区发展中起到关键作用，特别是在提供灵活的教育和培训机会方面。此外，教育改革和教育经济学的研究强调了通过改革和创新提升职业教育的质量及其对经济发展的贡献。总之，蓝色聚类图揭示了职业教育在提升就业能力、促进终身学习和支持社会经济发展方面的多方面作用，强调了教育模式和政策的创新及其在不同文化和国际环境中的应用。

4. 未来研究热点

职业教育研究关键词排行前 19 的分析显示（图 2-6），未来职业教育领域的研究将围绕多个核心主题展开，这些主题彼此紧密关联，共同推动职业教育的发展。职业高等学校（vocational high school）作为职业教育的首要关注点，研究将重点优化课程设置、提升教育质量以及促进学生全面发展。这与课程（curriculum）设计和创新密切相关，通过改进课程内容和引入混合学习（blended learning）模式，职业教育可以更好地适应行业需求和未来趋势，提升学生的学习效果和参与度。性别（gender）差异及其在职业选择和教育效果中的影响将成为重要主题，通过政策支持和性别平等的教育实践，确保所有学生都能公平地获得教育资源和机会。这与提升就业能力（employability）和技能（skills）密切相关，通过性别平等的教育实践，学生能够更好地适应多样化的职业需求和快速变化的劳动力市场。就业（employment）作为职业教育的核心目标，与劳动力市场的需求密切相关。职业教育需要不断调整和优化课程设置和培训内容，以提升学生的就业机会和就业质量。学徒制（apprenticeship）作为一种有效的职业教育模式，通过实际工作经验和理论学习的结合，有效提升学生的职业技能和就业能力。学生（students）的教育和发展问题将继续成为研究热点，特别是如何通过职业教育提升学生的学习体验和职业能力。教师培训（teacher training）在提升教育质量中至关重要，有效的教师培训可以提升教师的教学能力和自信心，从而提高整体教育质量。这与自我效能（self-efficacy）密切相关，提升教师和学生的自我效能感可以显著改善教育成果。

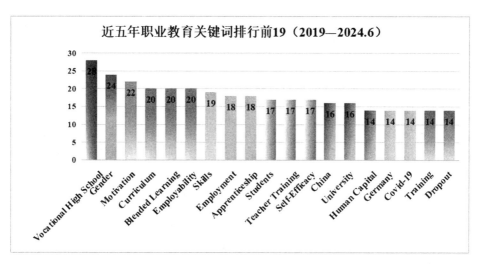

图 2-6 近五年职业教育关键词排名前 19 图

中国（China）的职业教育发展及其对全球职业教育的影响将继续受到关注，探讨中国教育改革和政策实施的效果，及其成功经验对其他国家具有借鉴意义。大学（university）在职业教育中的角色也将成为研究重点，特别是通过高等教育提升职业技能的研究。职业教育在提升人力资本（human capital）方面的作用是未来研究的重点，通过职业教育培养高素质人才，可以显著提升国家的经济竞争力。研究将继续关注德国（Germany）的职业教育体系及其成功经验，探讨双元制教育模式对其他国家的借鉴意义和实施策略。新冠疫情对职业教育的长期影响将成为研究热点，研究疫情防控期间和后疫情时代的教育模式变化和适应性措施，为未来职业教育的发展提供宝贵的经验和启示。培训（training）的重要性在职业教育中将持续受到关注，研究如何通过有效的培训提升学生和教师的职业能力。辍学（dropout）问题也是未来研究的关键，通过改进教育方法和提供支持措施，减少辍学率，确保学生顺利完成学业。通过这些综合性的研究方向，职业教育可以更好地适应全球化和技术快速发展的需求，推动教育质量的全面提升，促进学生职业能力的全面发展，为经济和社会的可持续发展提供强有力的支持。通过分析这些关键词，我们可以看出职业教育研究的多样性和广泛性，其涵盖了教育对象、教学方法、核心能力、师资建设、外部因素以及地域和教育层次等多方面。这些研究热点不仅反映了职业教育的现状，也为未来研究提供了方向。通过持续关注和研究这些热点，职业教育可以更好地适应社会和经济发展的需求，促进教育质量的提升和学生职业能力的全面发展。

四、研究展望和对贵州职教的启示

面对全球化加速和科技迅猛发展的现实，职业教育正站在新的历史节点上。这一领域必须适应劳动力市场的持续变化，不断提升教育的灵活性和包容性。随着经济全球化的深入，职业教育的国际合作越发重要，这不仅是为了应对科技变革带来的挑战，更是为了确保培养的学生能够胜任全球化的劳动力市场需求。国际组织和各国政府都已经认识到，优质的职业教育对于社会稳定、经济增长和就业发挥着至关重要的作用。未来，职业教育将继续深化技术整合、创新教学法，并进一步扩展国际合作。尤其是对贵州这样的少数民族地区，职业教育的发展必须结合地方产业特点，如旅游产业的独特需求，在实现区域经济转型升级的过程中发挥积极作用。首先，随着数字化转型的加速，人工智能、虚拟现实和大数据等前沿科技正在迅速重塑各行各业，职业教育领域也不例外。通过引入这些技术，教育机构能够大幅提升教学的灵活性和实用性，在线课程、虚拟实训平台等创新手段为学生提供了更为丰富的学习体验和实践机会，尤其是在旅游产业相关的实训课程中具有广泛的应用前景。在数字化背景下，贵州的职业教育可以通过建设现代化的教学基础设施，借助数字技术提升教学效率，突破地域限制，为更多学生，尤其是偏远地区的学生，提供高质量的学习资源。其次，面对多变的劳动力市场，职业教育必须不断强化与行业的联系，确保课程设计与未来的就业需求保持紧密联系。贵州作为中国重要的旅游省份，职业教育应当与旅游产业保持深度对接，注重培养符合市场需求的高技能人才。教育政策制定者和职业教育机构应与当地旅游企业和行业协会合作，定期评估并更新课程内容，确保学生掌握的技能与行业标准保持同步。这不仅能够提升学生的就业竞争力，也为贵州的旅游产业提供了源源不断的人才支持，进一步促进了该产业的可持续发展。此外，推动教育公平和包容性是未来职业教育发展的关键课题。贵州作为一个少数民族聚集地区，其职业教育发展过程中不可忽视边远地区和弱势群体的教育需求。教育的普惠性不仅在于解决职业技能培训的公平分配，还应通过政策支持、资源倾斜等手段，缩小不同区域之间的教育差距。特别是旅游产业，作为贵州经济的重要支柱，需要各层次技能人才的共同参与。通过针对性地开发适合不同群体的职业教育项目，我国可以有效提升少数民族地区的职业教育质量，带动整体社会和经济的平衡发展。国际合作将在职业教育领域中发挥不可或缺的作用。建立国际教育合作网络，不仅能够共享全球的教育资源和最佳实践，还能够引入国际领先的教育理念和技术手段，从而加快职业教育的创新和知识转移。在此过程中，与德国、英国和美国等职业教育研究领先国家的合作尤为重要。德国的双元制职业教育模式已经被全球广泛认可，贵州职业教育可以借鉴这一模式，通过校企合作、订单式培养等方式，进一步提升学生的实操能力和就业竞争力。与此同时，与其他国际教育机构的合作也能为贵州职业教育注入更多的国际化元素，帮助培养出具有全球竞争力的人才。综上所述，贵州职业教育的未来发展需要以技术创新为驱动，以教育公平和国际合作为支柱。通过深化产教融合，尤其是与旅游产业的耦合协调发展，贵州能够实现职业教育的高质量发展，不仅为本地经济提供强有力的人才支持，还能够推动学生的全面发展，提升其在全球劳动力市场中的竞争力。

第二节 旅游业研究进展：基于 COOC 的分析

随着全球旅游经济规模的不断扩大，旅游业的发展质量和效率逐渐成为需要重点关注的议题。特别是在党的十九大报告中提出"高质量发展"战略后，中国旅游业的高质量发展成为学术界热议的研究主题，相关研究逐步增多并呈现出多样化趋势。为全面了解国内关于旅游业高质量发展的研究现状、前沿热点以及未来发展趋势，本研究选取中国知网（CNKI）作为数据来源，检索关键词"旅游高质量发展"，限定中文核心期刊、CSSCI、AMI、CSCD 来源的文献，文献类型为学术期刊，搜索时限定为 2018 年至 2024 年 8 月 31 日范围，初步筛选出 641 篇文献，以 Refworks 格式导出，通过 Co-Occurrence14.5（COOC）软件提取数据和清洗，包括去除重复记录和关键词缺乏的文献，最终保留 638 篇文献用于详细分析。并通过 VOS viewer 软件进行可视化分析，揭示旅游业高质量发展研究的知识结构、发展脉络、前沿热点及未来趋势，形成"科学知识图谱"。通过 COOC 和 VOS viewer 软件对文献进行系统性分析，本研究从发文作者分布、合作机构、研究主题、热点分布等多个维度，绘制出核心作者、发文机构及关键词的共现和聚类，全面展示国内旅游业高质量发展研究的现状、前沿热点和演进趋势，帮助更清晰地把握当前中国旅游业高质量发展的研究态势，并关注了后疫情时代的旅游业复苏。

一、文献计量分析

从发文年份来看，国内旅游业高质量发展研究的年度发文数量如图 2-7 所示。

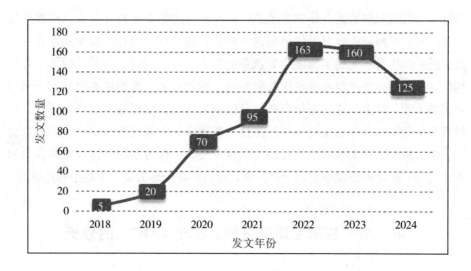

图 2-7　2018 年至 2024 年 9 月 18 日国内旅游业高质量发展研究发文量

2018 年，国内旅游业高质量发展相关研究发文量仅为 5 篇，2019 年增长至 20 篇，2020 年进一步上升至 70 篇。这表明从 2018 年开始，学术界开始逐步关注旅游业高质量发展的相关问题，这与国家政策推动旅游业高质量发展的新战略方向有关。2020 年的 70 篇反映了上升趋势逐步加速，尤其是在疫情初期，学者们开始探索旅游业复苏的可持续发展路径。到 2021 年，发文量迅速增长至 95 篇，并在 2022 年达到 163 篇的顶峰。这可能是由于疫情持续影响下，旅游业的复苏和转型成为热点话题。学术研究的重点可能集中在数字化转型、智慧旅游，以及如何通过创新模式提升旅游业的抗风险能力和可持续发展水平。2023 年发文量略微下降至 160 篇，2024 年（截至 9 月）下降至 125 篇。这表明该领域的研究逐步趋于成熟，部分热点议题的讨论已经取得一定的研究成果，因此发文量有所减少。此外，研究焦点转向其他与旅游业相关的前沿问题，如绿色旅游、旅游管理的创新模式等。反映了中国旅游业从关注数量扩张到质量提升的战略转变，同时也体现了学术界对这一转型过程中出现的挑战和机遇的深入探索。

二、研究机构分析

根据 COOC 的分析，国内共有 503 个机构参与研究。从图 2-8 可以看出，国内旅游业高质量发展研究的发文量排名前 19 名的研究机构中，以中国旅游研究院和湖南师范大学的发文量占比最高，各占 9%，表明这两个机构在该领域具有重要影响力。紧随其后的是北京第二外国语学院，占比为 8%，中国社会科学院财经战略研究院和西北大学则各占6%，也在旅游业高质量发展研究中占据较大份额。郑州大学、海南大学等多个机构的发文量占比为5%，显示出这些机构的积极研究贡献。而其他如中南财经政法大学、贵州财经大学等机构的发文占比在3%~5%之间，虽然相对较少，但同样体现了学术界对该领域的广泛参与。总体来看，虽然少数机构的发文量较为突出，但整体分布较为均衡，反映出国内众多学术机构对旅游业高质量发展的高度关注与研究投入，这对于推动行业发展和提供政策建议具有重要意义。

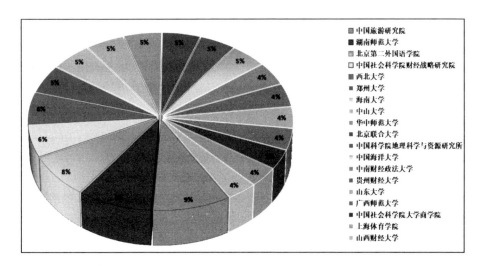

图2-8 发文量排名前19名的研究机构

设提取单元频次为4，有78个机构达到分析阈值（见表2-4），使用 VOSviewer 工具进行研究机构合作数据的可视化分析（见图2-9）。从图表中可以观察到不同研究机构之间的合作网络，其中一些研究机构在旅游业高质量发展领域内具有较强的合作关系，从合作核心合作节点来分析，北京第二外国语学院旅游科学学院和中国科学院地理科学与资源研究所是合作网络中的核心节点。这两个机构与多个其他研究机构保持紧密联系，说明它们在旅游业高质量发展领域的研究中扮演了重要的合作领导角色。华中师范大学城市与环境科学学院同样在网络中占据较为突出的地位，与多个高校和研究所保持紧密的合作。同时图中显示合作网络中的研究机构呈现出明显的集群化现象，例如，北京联合大学旅游学院与湖南师范大学旅游学院等多个机构形成了一个合作集群，表明这些高校在共同进行旅游业相关的课题研究。

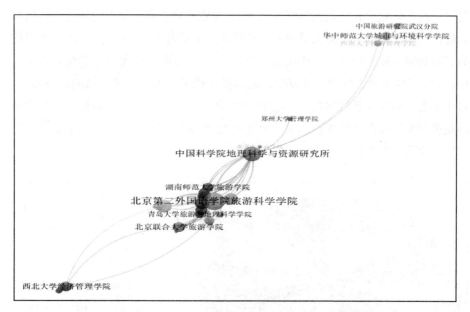

图 2-9　研究机构合作共聚网络图

西北大学经济管理学院相对独立，与少数几所机构形成合作，表明该学院在特定研究方向上可能拥有独特的研究资源或专长。从区域合作分析，合作网络中也能看到跨区域合作的趋势，如华中、华北和华南地区的高校和科研机构通过合作提升了在旅游业高质量发展研究中的影响力。这种跨区域的学术合作有助于将不同地区的旅游资源、政策和发展经验相结合，从而推动整体研究的多样性和广泛性。

从合作网络的中心化分析，研究合作的网络图呈现出一定的中心化趋势，部分机构（如中国科学院地理科学与资源研究所）处于网络的核心位置，吸引了来自其他研究机构的合作。这可能是由于这些机构在旅游业高质量发展研究领域拥有较为丰富的资源和学术影响力，从而成为合作的重点对象。总的来说，图中的合作网络显示了国内旅游业高质量发展研究机构之间的紧密合作关系，部分核心机构在这一领域的研究中具有主导作用，同时也表明了学术研究逐渐趋向跨机构、跨区域的合作模式，以推动旅游业高质量发展的全方位研究。

表 2-4　研究机构发文数量和占比

研究机构	发文数量	占比	研究机构	发文数量	占比
中国旅游研究院	26	4.08%	广西大学	7	1.10%
湖南师范大学	25	3.92%	北京师范大学	7	1.10%

研究机构	发文数量	占比	研究机构	发文数量	占比
北京第二外国语学院	22	3.45%	中南民族大学	6	0.94%
中国社会科学院财经战略研究院	17	2.66%	新疆大学	6	0.94%
西北大学	16	2.51%	南宁师范大学	6	0.94%
郑州大学	15	2.35%	桂林旅游学院	6	0.94%
海南大学	15	2.35%	贵州民族大学	6	0.94%
中山大学	14	2.19%	福建师范大学	6	0.94%
华中师范大学	14	2.19%	东北财经大学	6	0.94%
北京联合大学	14	2.19%	北京体育大学	6	0.94%
中国科学院地理科学与资源研究所	13	2.04%	安徽师范大学	6	0.94%
中国海洋大学	13	2.04%	浙江大学	5	0.78%
中南财经政法大学	12	1.88%	云南师范大学	5	0.78%
贵州财经大学	12	1.88%	湘潭大学	5	0.78%
山东大学	11	1.72%	西藏民族大学	5	0.78%
广西师范大学	11	1.72%	同济大学	5	0.78%
中国社会科学院大学商学院	10	1.57%	四川大学	5	0.78%
上海体育学院	10	1.57%	首都体育学院	5	0.78%
山西财经大学	10	1.57%	沈阳体育学院	5	0.78%
中国传媒大学	9	1.41%	陕西师范大学	5	0.78%
云南财经大学	9	1.41%	内蒙古大学	5	0.78%
西南民族大学	9	1.41%	南京农业大学	5	0.78%
辽宁大学	9	1.41%	吉首大学	5	0.78%
河南大学	9	1.41%	吉林体育学院	5	0.78%
北京旅游发展研究基地	9	1.41%	华侨大学	5	0.78%
重庆交通大学	8	1.25%	湖南工商大学	5	0.78%
中央民族大学	8	1.25%	湖南大学	5	0.78%
新疆财经大学	8	1.25%	复旦大学	5	0.78%

续表

研究机构	发文数量	占比	研究机构	发文数量	占比
西藏大学	8	1.25%	安徽大学	5	0.78%
南京大学	8	1.25%	中国社会科学院大学	4	0.63%
华东师范大学	8	1.25%	浙江工业大学	4	0.63%
中国人民大学	7	1.10%	武汉大学	4	0.63%
云南大学	7	1.10%	厦门大学管理学院	4	0.63%
西南大学	7	1.10%	青岛大学	4	0.63%
武汉体育学院	7	1.10%	江西农业大学	4	0.63%
兰州大学	7	1.10%	江苏理工学院	4	0.63%
哈尔滨体育学院	7	1.10%	湖南财政经济学院	4	0.63%
贵州大学	7	1.10%	湖北大学	4	0.63%
广西大学	7	1.10%	河北工业大学	4	0.63%
东北师范大学	4	0.63%			

在 503 个研究机构中，虽然有部分高校和研究所开展了旅游业高质量发展的研究，但整体来看，合作仍然十分有限，导致了资源整合和知识共享的不足。各高校、研究所等科研单位之间的合作程度较低，使得不同地区、不同学科的研究成果难以有效结合，形成系统性和跨学科的研究成果。缺乏合作不仅阻碍了研究效率的提升，也影响了创新成果的转化和应用，尤其是在应对区域旅游差异化发展、文化与生态旅游结合等复杂问题时，单一机构的力量显得不足。此外，缺少合作还可能导致重复研究的现象，浪费了宝贵的科研资源。要真正实现旅游业的高质量发展，推动科研机构之间的协作与资源共享，提升研究成果的实际应用价值，显得尤为重要。

三、研究热点分析

关键词反映了一篇文献的研究重点和核心内容，对文献关键词进行分析有助于准确了解一个领域的核心话题、发展动向和研究热点。通过 COOC 软件对原始数据进行关键词同义合并，文献关键词中共提取了 1712 个关键词，设关键词提取单元频次为 3，其中 144 个关键词达到阈值。利用 COOC 软件和 VOSviewer 软件对相关文献关键词进行共现和聚类分析，如图 2-10 所示，关键词共现知识图谱中共有 145 个节点，7 种聚类关系（具体统计见附录一）。根据附录一的统计表中关键词单元频次大于等于 3 的网络指标，可以从多个维度分析这些关键词在旅游业高质量发展研究中的重要性和影响力。首先，高质量发展是最重要的关键词，拥有最高的中间中心性（0.619）接近中心性（0.917）和特征向量中心性（0.436），说明它在整个网络中处于核心位置，具有较强的连接性和影响力。它的权重也远高于其他关键词（131），表明学术界对高质量发展在旅游业中的关注度非常高。其次，旅游业和文旅融合也是重要的关键词，分别具有较高的接近中心性（0.597 和 0.571）和特征向量中心性（0.222 和 0.203），说明它们在网络中的连接性强，参与了多个主题的讨论。文旅融合的聚集系数（0.207）较高，表明该概念在多个研究领域有集中讨论。同时，黄河流域和文化产业等关键词显示出区域性和产业性的研究趋势，这些主题虽然特征向量中心性较低（0.177 和 0.153），但其在特定领域内的重要性不容忽视。而且，中国式现代化和新质生产力虽然频次相对较低（22），但它们的接近中心性和聚集系数较高，意味着这些概念在网络中有一定的桥梁作用，连接了不同的研究群体。体育产业、生态旅游、文化旅游等关键词的聚集系数较高（0.208 和 0.535），说明这些领域的研究较为集中，并且可能与特定的主题或地区密切相关，尤其是与国家政策和地区发展战略相关。而且，路径和实践路径等与实践相关的关键词，尽管中间中心性较低（0.002 和 0.001），但它们的接近中心性和聚集系数较高（0.514 和 0.525），表明这些关键词在实际应用和政策制定中的尤为重要，尤其是对于探索旅游业高质量发展路径的研究。由此可见，关键词的网络指标分析反映了旅游业高质量发展研究中的几个重要趋势：高质量发展是研究的核心，多个领域的研究（如文旅融合、生态旅游、区域发展）通过这些核心主题相互联系。同时，区域性（如黄河流域）和产业性（如文化产业、体育产业）的研究也逐渐成为热点。

此外，图 2-10 同样显示，高质量发展作为核心关键词，在整个网络中处于最中心的位置，且与多个领域和主题有广泛的联系。结合图中的节点大小和连接数量，核心主题是高质量发展。图中最大节点为"高质量发展"，说明该主题在旅游业研究中占据绝对的主导地位。与之紧密相关的关键词包括"乡村振兴""文旅融合""旅游业"等，这些节点都紧密围绕在高质量发展周围，说明在当前的旅游业研究中，围绕高质量发展的讨论是跨学科、多维度的，涵盖了从政策导向到产业融合的多方面。同时，网络中出现了多个与文旅融合、乡村旅游、体育产业等紧密连接的关键词，这表明高质量发展的研究中，重点涉及文旅产业、乡村振兴和产业融合。这些领域的研究之间有着密切的交互作用，反映出旅游业的发展与文化产业、乡村振兴、生态保护等主题的紧密结合。较次中心的主题关键词如"黄河流域""中国式现代化""新质生产力"虽然不如"高质量发展"核心，但也在网络中占据重要位置，显示了其对旅游业高质量发展的区域性影响和理论支撑作用。例如，"黄河流域"反映了特定区域在高质量旅游发展中的实践和政策影响。较为边缘的主题是"旅游目的地""公共文化服务"等节点，说明这些主题在高质量发展的研究中虽然存在，但讨论度相对较少，可能在特定语境或应用场景中才会涉及。这些关键词的出现，表明旅游业高质量发展不仅仅局限于宏观政策和大区域讨论，也包含了具体的行业应用和区域性研究。

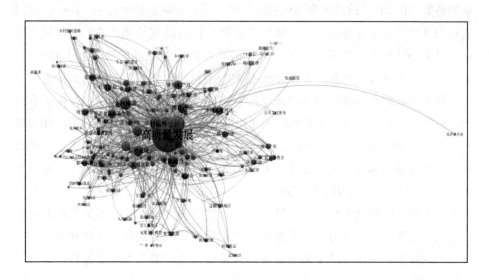

图 2-10　关键词聚类图谱

同时从图 2-10 中可以看到，关键词之间的连接线数量和粗细也反映了它们之间的关系强度。例如，"文旅融合"与"高质量发展"之间的连接线较粗，说明在文旅融合的背景下，如何推动高质量发展的研究非常活跃，研究内容丰富并且较为系统。而相对较细的连接线则说明这些主题之间的关系较为间接或较为初步。图中的网络结构展示了旅游业高质量发展研究中多个重要关键词的相互关联，尤其是围绕"高质量发展"的核心主题，形成了一个广泛而紧密的研究网络。这一研究趋势涵盖了从区域发展、产业融合到具体的行业应用等多个层次，反映出旅游业在向高质量发展迈进过程中的复杂性和多样性。研究者应关注这些密切相关的领域，以推动更具创新性和实践意义的研究。

结合关键词共现图谱、关键词权重、中心度以及聚类结果分析，本研究将国内旅游业高质量发展研究分为四个主要领域：旅游业高质量发展的基础理论研究、区域旅游业高质量发展研究、特定旅游领域的高质量发展研究以及旅游业高质量发展的实现路径研究。

　　首先，新时代旅游业高质量发展基础理论研究聚焦"新时代""旅游业""高质量发展"等高频关键词，探讨旅游业高质量发展的内涵、理论逻辑、体制机制、制约因素及战略选择等方面。如何建民认为，旅游业高质量发展是一个由多种要素相互作用形成的复杂系统，其战略基础和选择问题是推动旅游业发展的关键①。张洪昌进一步分析了新时代背景下旅游业高质量发展的治理逻辑和实践困境，提出了系统性设计旅游治理机制的理论路径②。夏杰长和顾方哲对习近平关于旅游业发展的重要论述进行了系统梳理，深入探讨了其理论内涵和实践价值，为新时代背景下的旅游业高质量发展提供了思想指引③。戴斌等对"十四五"期间中国旅游业高质量发展的时代要求、动能转换和重点任务进行了系统论述，提出了新时代旅游业高质量发展的新动能和新任务④。黄震方等通过"双循环"新发展格局，构建了多维推动旅游高质量发展的机制，提出应从产业效率、综合效应、平衡协调和游客满意等维度全面理解旅游业高质量发展的内涵⑤⑥⑦。胡静等在分析旅游业高质量发展的科学内涵时，强调了该过程中的关键要素与核心要义⑧。虽然已有不少研究为旅游业高质量发展的理论框架奠定了基础，但总体来看，该领域的系统性研究仍然相对薄弱，需要更多地深入探讨。其次，区域旅游业高质量发展研究则围绕"黄河流域""旅游产业""区域差异"等关键词，构建了多个指标体系，用以评估不同地区旅游业的高质量发展水平。这类研究通常结合创新、协调、绿色等测评指标，对中国不

① 何建民. 新时代我国旅游业高质量发展系统与战略研究［J］. 旅游学刊，2018，33（10）：9-11.

② 张洪昌. 新时代旅游业高质量发展的治理逻辑与制度创新［J］. 当代经济管理，2019，41（9）：60-66.

③ 夏长杰，顾方哲. 习近平关于旅游业重要论述的理论内涵与实践指引［J］. 学习与探索，2020（4）：122-129.

④ 戴斌，李鹏鹏，马晓芬. 论旅游业高质量发展的形势、动能与任务［J］. 华中师范大学学报（自然科学版），2022，56（1）：1-8，42.

⑤ 黄震方，陆林，肖飞，等. "双循环"新格局与旅游高质量发展：理论思考与创新实践［J］. 中国名城，2021，35（2）：7-18.

⑥ 王兆峰. "双循环"背景下旅游业高质量发展的实现路径［J］. 企业经济，2022，41（2）：41-47，2.

⑦ 徐紫嫣. 旅游业融入"双循环"新发展格局：实施路径与政策思路［J］. 企业经济，2021，40（10）：143-150.

⑧ 胡静，贾垚焱，谢鸿璟. 旅游业高质量发展的核心要义与推进方向［J］. 华中师范大学学报（自然科学版），2022，56（1）：9-15.

同区域的旅游业发展进行定量分析。尽管区域研究尚处于初期阶段，但其关注点涵盖了区域旅游经济的时空格局差异及高质量发展的内在机制，逐渐成为研究热点。例如，刘英基和韩元军通过构建旅游经济效率、旅游产业结构及旅游环境质量的综合指标体系，对2003年至2016年中国省际旅游经济高质量发展水平进行了测算分析①。唐业喜等则构建了包含创新、协调、绿色、开放、共享等在内的六大类二级指标和十八类三级指标，用以评价湖南省各市（州）旅游经济的高质量发展状况②。肖黎明等③以黄河流域为研究对象，基于乡愁视角，检验了该区域乡村旅游高质量发展的空间差异及演变。孙晓等④基于旅游效率视角，对中国不同区域的旅游经济高质量发展差异进行了测量，结果显示，区域发展水平的差异较大。张新成、李志远和夏赞才等⑤则从时空格局的角度，对黄河流域和长江经济带的旅游业高质量发展进行系统分析。这些研究尽管为区域旅游业高质量发展提供了定量分析的基础，但现有文献仍然较少，尚处于初步阶段，未来需要更多样化的研究视角来推动这一领域的发展。特定旅游领域高质量发展研究涵盖了"乡村旅游""入境旅游""文旅融合""全域旅游"等关键词。这些研究不仅关注理论层面的探讨，还涉及具体领域的实践路径。例如，乡村旅游高质量发展不仅涉及理论思考⑥、内涵特征的分析⑦，还涉及影响因素与推动路径的研究⑧。在入境旅游领域，研究者关注城市入境客源国匹

---

① 刘英基，韩元军. 要素结构变动、制度环境与旅游经济高质量发展 [J]. 旅游学刊，2020，35（3）：28-38.

② 唐业喜，左鑫，仇招妃，等. 旅游经济高质量发展评价指标体系构建与实证：以湖南省为例 [J]. 资源开发与市场，2021，37（6）：641-647.

③ 肖黎明，王彦君，郭瑞雅. 乡愁视域下乡村旅游高质量发展的空间差异及演变-基于黄河流域的检验 [J]. 旅游学刊，2021，36（11）：13-25.

④ 孙晓，刘力钢，演克武等. 旅游产业高质量发展水平测度和区域差异分析 [J]. 统计与决策，2022，38（19）：92-97.

⑤ 张新成，梁学成，宋晓，等. 黄河流域旅游产业高质量发展的失配度时空格局及成因分析 [J]. 干旱区资源与环境，2020，34（12）：201-208. 李志远，夏赞才. 长江经济带旅游业高质量发展水平测度及失配度时空格局探究 [J]. 南京师大学报（自然科学版），2021，44（4）：33-42.

⑥ 舒伯阳，蒋月华，刘娟. 新时代乡村旅游高质量发展的理论思考及实践路径 [J]. 华中师范大学学报（自然科学版），2022，56（1）：73-82.

⑦ 于法稳，黄鑫，岳会. 乡村旅游高质量发展：内涵特征、关键问题及对策建议 [J]. 中国农村经济，2020（8）：27-39.

⑧ 王瑞峰. 乡村产业高质量发展的内涵特征、影响因素及实现路径-基于全国乡村产业高质量发展"十大典型"案例研究 [J]. 经济体制改革，2022（1）：73-81.

配度入境旅游高质量发展问题，并通过时空格局、影响因素①以及政策效应等多维度进行了深入探讨②。全域旅游的研究则主要关注其对高质量旅游发展的促进机制及具体路径，以及全域旅游理论的实践与案例分析③。文旅融合方面，崔凤军等④从机构改革角度分析了文旅融合高质量发展的动力机制，侯兵等⑤则提出了文旅深度融合的内外因，包括生产互融、技术支持与产业升级，并进一步探讨了其对旅游业高质量发展的重要作用⑥。这些特定领域的研究虽然各自聚焦于不同的旅游领域，但都为推动中国旅游业整体高质量发展提供了丰富的理论和实践支持。最后，旅游业高质量发展实现路径研究聚焦于如何通过"实践路径""对策""发展路径"等关键词推动旅游业的转型升级。相关研究强调了供给侧结构性改革和旅游产业结构优化的重要性，并提出了多项政策建议，如技术创新、区域合作、文旅融合以及入境旅游市场的开发等。此外，研究者还探讨了新时代背景下，如何通过提升旅游治理能力和完善外部环境来实现高质量发展目标。例如，刘佳等⑦认为，优化旅游产业结构、改善旅游环境质量是中国旅游经济高质量增长的必经之路。夏杰长⑧则提出，供给侧结构性改革是推动旅游业高质量发展的核心任务。戴斌⑨从共建共享、文旅融合、深化改革等方面提出了政策建议，强调通过创新与改革提升旅游治理能力的必要性。宋子千⑩则通过科技引领，优化旅游内外部环境。余超等⑪提出新质生产力调整

① 刘军胜，马耀峰. 中国主要旅游城市与入境客源国匹配度及演化格局 [J]. 经济地理，2021，41（4）：158-165.

② 曹翔，张双龙，余升国. 入境旅游免签政策的游客吸引效应及其异质性 [J]. 人文地理，2021，36（4）：177-184.

③ 戴学锋，杨明月. 全域旅游带动旅游业高质量发展 [J]. 旅游学，2022，37（2）：6-8.

④ 崔凤军，徐鹏，陈旭峰. 文旅融合高质量发展研究：基于机构改革视角的分析 [J]. 治理研究，2020，36（6）：98-104.

⑤ 侯兵，杨君，余凤龙. 面向高质量发展的文化和旅游深度融合：内涵、动因与机制 [J]. 商业经济与管理，2020（10）：86-96.

⑥ 黄细嘉. 鄂湘赣文化和旅游高质量协同发展突破点与机制构建 [J]. 中国旅游评论，2021（4）：13-15.

⑦ 刘佳，王娟，奚一丹. 中国旅游经济增长质量的空间格局演化 [J]. 经济管理，2016，38（8）：160-173.

⑧ 夏杰长. 高质量发展是实现现代旅游强国的唯一选择 [N]. 中国经济时报，2018-03-22（5）.

⑨ 戴斌. 高质量发展是旅游业振兴的主基调 [J]. 人民论坛，2020（22）：66-69.

⑩ 宋子千. 科技引领"十四五"旅游业高质量发展 [J]. 旅游学刊，2020，35（6）：10-12.

⑪ 余超，李泉宏，刘英基. 新质生产力、消费结构与旅游业高质量发展 [J]. 河南师范大学学报（自然科学版），2024，52（5）：19-29，2.

消费结构、管理创新实现旅游业高质量发展。此外，文旅融合作为高质量发展的重要手段，其发展共识的凝练和体系的建设对于扩大旅游业的溢出效应起到了关键作用①。厉新建和宋昌耀等则进一步提出了以科技赋能、文旅融合、入境旅游市场开发等为核心的实现路径，强调通过现代科技、产业协同和开放政策，推动旅游业高质量发展②。国内旅游业高质量发展的研究已经逐步形成了一个较为庞大而综合的体系，涵盖了从基础理论、区域发展、特定领域到实现路径的多维度探讨。这些研究不仅推动了学术界对旅游业高质量发展的深入理解，也为政策制定者提供了科学依据，具有重要的理论和实践价值。

四、后疫情时代的旅游业复苏与重构

新冠疫情的全球蔓延对旅游产业造成了前所未有的打击。由于封锁、航班取消、景区关闭等严格的防疫措施，全球旅游业几乎陷入停滞。根据世界旅游及旅行理事会（WTTC）的统计，2020 年全球旅游业的经济贡献较 2019 年下降了超过 50%。这个数字清楚地反映了疫情对全球旅游产业的冲击之深。然而，随着疫苗接种的普及和各国防疫政策的逐步放松，全球旅游市场正在经历逐渐复苏的过程。世界旅游组织发布的 2024 年首份《世界旅游业晴雨表》指出，截至 2023 年年底，国际旅游业恢复至疫情前水平的 88%，预计 2024 年国际旅游业将完全恢复到疫情前水平③。后疫情时代的旅游业正在经历结构性重构，新的旅游需求、技术创新以及游客健康与安全的关注推动了产业的变革与创新。面对这些变化，旅游企业和从业人员必须迅速适应新的市场环境，迎接机遇和挑战。

（一）健康与安全——新常态下的核心关注点

疫情之后，健康与安全已经成为旅游业复苏的核心议题，旅游企业在重启运营的过程中必须优先考虑如何为游客提供更高标准的卫生防疫服务。游客的健康意识显著增强，他们对旅游目的地的卫生条件、公共空间的清洁消毒、从业人员的健康状况等问题提出了更高的要求。为了适应这一变化，旅游企业必须加强人员健康监测，提高清洁消毒频率，并提供紧急医疗支持。这一趋势促使全球各地的旅游企业迅速调整经营模式，特别是酒店、餐饮和景区等旅游相

---

① 马波，张越. 文旅融合四象限模型及其应用［J］. 旅游学刊，2020，35（5）：15-21.

② 厉新建，宋昌耀，殷婷婷. 高质量文旅融合发展的学术再思考：难点和路径［J］. 旅游学刊，2022，37（2）：5-6.

③ 资料来源：世界旅游组织网站、联合国新闻.

关企业，已将卫生标准的提升作为吸引游客的关键因素。例如，全球许多酒店推出了"无接触服务"，包括自动化入住、线上点餐、房间自动清洁等，以减少人与人的接触，提升游客的安全感。医疗旅游和康养旅游作为疫情后的新兴业态得到快速发展，成为后疫情时代的重要市场。游客对自身健康的关注推动了他们寻找健康、安全且能够改善身心健康的旅游体验。全球许多国家和地区都在积极推动健康旅游，尤其是东南亚国家，以温泉疗养、草药疗法、传统医学为核心的康养旅游项目广受游客青睐。例如，泰国和马来西亚等国家的温泉疗养和草药疗法结合了现代医学与传统护理手段，为游客提供了一种舒适、安全且具有疗愈作用的度假方式。随着全球老龄化加速，康养旅游不仅仅是应对疫情的短期产物，还可能成为未来旅游业发展的主流之一。

（二）虚拟旅游与线上旅游——科技驱动的旅游新模式

后疫情时代，技术创新成为旅游业重构的重要推动力。疫情防控期间，由于旅游活动的全面中断，虚拟旅游和线上旅游迅速兴起，成为满足游客需求的替代方案。借助虚拟现实（VR）和增强现实（AR）等技术，游客可以足不出户"参观"全球各大著名景点，从而弥补了疫情防控期间旅行空白。虚拟旅游为全球的旅游业提供了新的可能性，尤其是在未来的危机管理和市场拓展中具有重要的应用前景。通过虚拟现实技术，游客可以在家中享受沉浸式的旅游体验，提前感受旅游目的地的风貌，甚至参与一些互动式的文化活动。除虚拟旅游，人工智能（AI）、大数据、物联网（IoT）等技术在旅游产业的广泛应用，使得旅游企业能够更好地应对疫情带来的挑战，并推动行业的数字化转型。大数据和人工智能帮助旅游企业更精准地了解市场需求，预测游客行为，并为游客提供个性化服务。通过对游客的行为数据进行分析，旅游企业能够提前预判市场趋势，优化资源配置。例如，许多航空公司和酒店通过大数据分析调整价格策略和服务标准，以便在需求波动时保持市场竞争力。智能化服务的应用同样为旅游业的复苏提供了助力。疫情防控期间，无接触服务成为保护游客健康的重要手段，智能机器人、自动化入住系统、无人餐厅等服务方式逐渐普及。这不仅提升了游客的安全感，还有效降低了人工成本，优化了旅游企业的运营效率。尽管疫情过后，实体旅游需求强劲复苏，但线上旅游的潜力依然不可忽视。旅游企业顺应这一趋势，积极探索线上与线下结合的全新商业模式。未来，随着虚拟现实技术的进一步发展，虚拟旅游有望成为旅游业的重要组成部分，推动行业的数字化升级。

（三）旅游业的重构——更加多元化与灵活性

后疫情时代的旅游产业正在经历深刻的结构性调整，旅游需求的变化、市场的不确定性以及各国政策的变化都在推动旅游业的重构。首先，旅游需求正在变得更加多元化和个性化。疫情之前，大规模的团队游、商务游和跨境游是旅游市场的重要组成部分，而疫情后，游客更加倾向于小规模、个性化、区域性的旅游方式，强调健康、安全和私密性。家庭旅游和本地旅游成为疫情后最受欢迎的旅游形式之一。由于跨境旅行的限制和健康风险，许多游客选择在本国进行短途旅行，探索本地的自然风光和文化景点。这种转变促使许多国家和地区的旅游部门加大了对本地旅游资源的开发和推广力度，推出了众多适合家庭出游和个性化旅游的产品。例如，日本国内旅游市场在疫情后迅速恢复，各地方政府和旅游企业通过推出区域性优惠券、推广本地文化和特色旅游线路等措施，刺激了国内旅游需求的增长。与此同时，灵活性成为后疫情时代旅游企业必须具备的重要竞争力。游客在旅游规划过程中更倾向于选择能够提供灵活退改政策、简化预订流程以及具有即时沟通服务的旅游产品。这一变化不仅要求旅游企业在产品设计上更加灵活，也要求旅游从业者能够快速响应市场变化。旅游企业通过加强与保险公司合作，推出针对疫情的旅游保险产品，为游客提供更加安全的出行保障，这在一定程度上增强了游客的信心，推动了旅游市场的复苏。

疫情的长期影响不仅改变了旅游业的运行模式，也深刻影响了全球旅游市场的结构。在疫情之前，国际旅游以发达国家和热门旅游目的地为中心，但随着疫情的重创，许多传统的旅游强国正在努力恢复其市场吸引力，而新兴市场则抓住机会，加快了旅游基础设施的建设和国际推广活动。这意味着国际旅游市场的重构将是未来一段时间内的主要趋势。旅游企业不仅需要重新评估目标市场，还需要根据市场的变化调整业务策略。例如，东南亚、非洲等新兴旅游目的地在疫情后通过提供更具吸引力的优惠政策和创新服务，吸引了大量国际游客。与此同时，发达国家的旅游市场复苏相对缓慢，国际游客的重心可能发生转移，旅游企业必须紧跟市场变化，抓住新兴市场的机遇。国际旅游产业正面临前所未有的复杂挑战，全球疫情的长期影响、技术进步带来的适应压力、可持续发展的责任以及全球化背景下的跨文化管理，都对旅游企业提出了更高的要求。与此同时，游客需求的多样化与个性化进一步推动了旅游产品和服务的创新，旅游企业必须通过技术创新、市场敏锐性以及国际合作来应对这些挑战。在这一背景下，旅游产业必须重新思考其未来的发展路径，不仅要在经济上追求增长，还要在环境保护、社会责任和文化交流方面进行深度反思。通过推动数字化转型、加强国际合作、履行可持续发展承诺，旅游企业将能够在充满挑战的全球旅游市场中抓住机遇，实现长远的发展目标。

第三节　职业教育与旅游业融合发展的研究现状

职业教育与旅游业的融合发展是推动产业创新和人才培养质量提升的重要路径。随着全球旅游产业的迅猛发展和经济结构的持续升级，各国旅游产业对高素质专业人才的需求日益增加，职业教育作为培养这些人才的核心载体，必须与产业紧密结合，才能更好地满足市场需求。旅游业是贵州地方经济的支柱产业，如何通过深化职业教育与旅游业的融合发展，培养出适应市场需求、具有国际竞争力的高技能人才，成为当前亟待解决的关键问题。研究现状表明，职业教育与产业融合的成功实践不仅依赖于校企合作模式的创新，还在于构建一个具有动态适应性的耦合协调机制，以推动职业教育和产业发展的同步提升。

一、职业教育与产业融合的关键路径分析

职业教育与产业融合是当前职业教育改革的核心议题之一。通过深化校企合作、调整课程设置和强化实践教学，职业教育能够与产业需求形成高度契合，为产业发展提供源源不断的人才支持。针对贵州旅游业这一特色产业，职业教育与产业融合的关键路径分析可以从以下几方面进行深入探讨。

一是校企合作的深化与优化。校企合作是职业教育与产业融合的核心路径。通过校企合作，企业与职业院校能够建立起紧密的协作关系，确保教育与产业需求的无缝对接。对贵州的旅游产业来说，校企合作的深化不仅能够提高人才培养的针对性，还能够增强学生的操作能力，使其在毕业后能够快速适应岗位需求。首先，校企合作的深化需要体现在教学内容的设计和实施上。职业院校应与旅游企业紧密合作，根据企业的用人需求设置课程，确保课程内容能够与实际工作场景相匹配。例如，在智慧旅游、生态旅游等新兴领域，学校应与企业合作开发相关课程，涵盖旅游信息化管理、绿色旅游发展等前沿主题。企业则可以通过提供具体的行业案例、参与课程设计以及讲授行业最新发展趋势，确保学生能够获得与时俱进的知识。其次，校企合作的优化还应体现在学生的实践教学环节。企业应为学生提供更多的实习和见习机会，尤其是在重要的旅游节点和旺季，学生可以通过参与真实的旅游项目，了解旅游产业的运行模式，提升其实践能力。同时，学校与企业可以共同设立产学研实践基地，使学生在学习的过程中不断积累实践经验，并在实战中提升职业素养和应对能力。

二是课程设置与产业需求的联动调整。课程设置的灵活性和及时调整是职业教育与产业融合的关键。在旅游业快速发展的背景下，市场需求的变化速度往往快于教育内容的更新，这就要求职业院校必须具有动态调整课程设置的机制，以保证教育能够实时适应产业的变化。首先，课程内容的设计必须以市场需求为导向。旅游业的快速发展和多元化需求使得从业人员不仅要掌握传统的旅游服务技能，还需要具备跨文化沟通能力、数字化管理能力和创新服务能力。因此，职业院校在课程设置上需要超越传统的服务技能培训，增加更多如文化解读、数字化技术应用和跨文化管理等内容。其次，课程内容的更新应依托产业的最新动态。例如，随着智慧旅游的快速发展，贵州的旅游企业逐渐引入了更多智能化的管理系统和服务平台。对此，职业院校应及时调整课程，增设智慧旅游管理、旅游大数据分析等课程模块，确保学生在校期间掌握这些新兴技术，提升其未来的就业竞争力。

三是实践教学的强化与创新。实践教学是职业教育的核心环节，也是产业融合的重要内容。传统的理论教学往往无法满足产业的复杂需求，而实践教学则能够通过真实的工作场景，使学生在学校阶段就获得行业所需的实操技能。因此，职业院校应当积极拓展实践教学的渠道，创新教学模式。首先，贵州的职业院校可以借鉴德国"双元制"教育模式，将理论教学与实践教学紧密结合。通过在企业中设立长期实训基地，学生可以在校期间参与企业的实际工作，深入了解行业操作流程，提升其在旅游接待、服务管理和数字化应用等方面的实际操作能力。同时，企业也可以通过与学校的长期合作，及时发掘和储备适合的高素质人才。其次，职业教育的实践教学还可以通过项目化教学模式进行创新。学校可以与企业共同开发真实的旅游项目，学生以小组为单位参与项目策划、执行和管理，从中积累实战经验。这种项目化教学模式不仅增强了学生的团队协作能力，还让他们在实际项目中提升了创新能力和解决问题的能力，为其未来职业生涯奠定了坚实的基础。

四是产学研一体化的深化。产学研一体化是职业教育与产业融合的高级形式，尤其在旅游产业中，科研与实践的结合能够为产业的发展提供强有力的智力支持。通过产学研一体化，学校、企业和科研机构能够共同探索解决行业难题，推动旅游产业的创新与发展。贵州的职业院校可以通过与旅游企业和科研机构合作，设立联合实验室或研究中心，开展与旅游产业相关的技术研发和创新。例如，在智慧旅游领域，学校可以与相关技术企业合作，开发适合贵州旅游市场的智慧管理平台，并通过校企联合进行推广和应用。学生在参与这些研发项目的过程中，不仅能够提升实践能力，还能够为企业提供创新解决方案。通过产学研一体化的深化，职业院校不仅能够为学生提供更高水平的实践平台，还能够推动贵州旅游产业的创新发展，提升产业的整体竞争力。

职业教育与旅游产业的深度融合，是贵州实现旅游产业高质量发展的关键路径。通过深化校企合作、动态调整课程、强化实践教学以及推动产学研一体化，职业院校能够为贵州旅游业培养出具备专业素养和实践能力的高素质人才，推动旅游产业在全球市场中的竞争力不断提升。在这一过程中，职业教育与旅游产业的耦合协调发展，不仅能够为贵州经济提供强大的动力支持，还能够为地方人才的培养和区域经济的可持续发展提供重要保障。

二、旅游业高质量发展与职业教育支撑的关联研究

旅游业的高质量发展是指通过提升服务水平、优化产品结构、强化创新能力以及增强可持续发展能力，推动旅游产业向更加规范、科学、生态友好的方向发展。这一过程不仅需要依赖先进的管理技术和完善的基础设施，更重要的是要有一支高素质的专业人才队伍。旅游业作为高度依赖人力资源的服务性行业，员工的职业技能和服务水平直接决定了整个行业的竞争力。因此，职业教育在旅游业高质量发展中具有不可或缺的战略支撑作用。

（一）人才支撑与高质量旅游服务的关联性

高质量的旅游服务是推动旅游业发展的基础，而高素质的旅游人才是确保旅游服务质量的关键。随着游客需求的多样化、个性化和高端化趋势不断增强，旅游从业者不仅需要掌握传统的服务技能，还必须具备跨文化交流、数字化管理、市场分析等多领域的知识和能力。因此，职业教育需要通过培养综合素质高、实践能力强的旅游人才，推动旅游服务水平的整体提升。在贵州，旅游资源丰富，尤其是少数民族文化、自然景观等为其旅游业的发展提供了独特的优势。然而，如何通过高质量的服务将这些优势转化为持久的经济增长点，成为贵州旅游业亟须解决的问题。研究表明，贵州的旅游从业者在服务专业性、文化解读能力、语言技能等方面与发达地区仍存在较大差距。这就要求贵州的职业教育体系必须加强对旅游从业者的职业技能培训，提高其对高端市场和国际市场的适应能力。通过设立针对性强的课程和培训项目，职业院校能够为贵州旅游业输送一批批具备国际视野、创新能力和文化敏感度的高素质人才，从而推动旅游服务的专业化和高质量发展。此外，旅游业的高质量服务不仅体现在旅游接待和基础服务上，还包括游客体验的优化和满意度的提升。职业教育通过引导学生参与实际的旅游项目和实习，能够培养学生的实际操作能力和客户服务意识，使他们在未来的工作中能够有效应对游客的需求，提升服务满意度。

同时，职业院校还可以通过产教融合，与企业联合开发服务标准和培训体系，确保旅游服务在规范性、统一性和高标准上达到国际水平。

（二）产业创新与职业教育的互动关系

旅游产业的高质量发展离不开产业创新，而创新的核心驱动力则是人才。随着旅游业的数字化转型和智慧旅游的发展，旅游企业越来越依赖新技术和新理念的应用，如大数据分析、人工智能导览、虚拟现实（VR）和增强现实（AR）技术等。这些创新不仅能够极大提升游客的体验感，还能够优化企业的运营效率。因此，旅游业的高质量发展需要职业教育为其培养一批具备创新思维和技术应用能力的高素质人才。贵州的旅游产业正处于转型升级的关键期，传统的旅游开发模式已经难以满足现代游客对个性化、智能化旅游体验的需求。为此，职业教育必须顺应产业的变化趋势，通过调整课程设置和教学内容，培养适应智慧旅游发展的创新型人才。例如，职业院校可以开设智慧旅游管理、旅游数据分析、智能服务系统等课程，帮助学生掌握最新的科技应用和管理模式。同时，学校还可以通过与科技企业合作，推动科研项目的开发和应用，将前沿的创新技术引入旅游产业中，从而推动贵州旅游产业的创新发展。在实际操作中，职业院校还应积极鼓励学生参与旅游产业的创新项目，通过项目化教学和实践活动，培养学生的创新能力和团队合作精神。例如，贵州可以通过校企合作，设立智慧旅游体验实验室，让学生参与智慧景区管理、数字化营销等实际项目，积累创新经验。此外，学校可以通过举办创新大赛、创业项目孵化等活动，激发学生的创新意识，推动旅游业的创业发展。

（三）旅游管理现代化与职业教育的协同发展

旅游业的高质量发展不仅体现在服务和产品的提升上，还表现在管理模式的现代化进程中。现代旅游管理要求旅游企业具备高度的组织协调能力、数据分析能力以及市场应变能力，而这些能力的提升依赖于现代管理人才的培养。职业教育作为管理人才的培养基地，必须通过系统的教学与实践，培养出一批具备现代化管理思维和执行能力的高素质管理人才。贵州的旅游管理水平近年来取得了显著进展，尤其是在智慧旅游平台的建设、游客流量的智能化管理、在线营销的精准投放等方面表现突出。然而，随着全球旅游市场竞争的加剧，贵州的旅游管理还需进一步向国际化、精细化和数字化方向发展。这就要求贵州的职业教育在旅游管理人才培养中，必须注重国际先进管理理念的引入，强化学生的战略思维、风险管理、数字化营销等现代管理技能。职业教育在旅游管理现代化进程中的作用，可以通过多层次、多渠道的校企合作实现。例如，职业院校可以与国际知名旅游企业合作，引进其先进的管理经验和运营模式，培养学生的国际化视野。同时，学校可以邀请行业专家、企业高管举办讲座或授课，使学生能够了解行业的最新动态和管理趋势。此外，职业院校还可以通过与企业联合设计管理实践项目，让学生在实际工作场景中锻炼管理能力，提升其职业素养和应对复杂局面的能力。

（四）文化保护与职业教育的协调作用

贵州的旅游业在其发展中依赖于丰富的少数民族文化资源，这些文化资源不仅是吸引游客的重要因素，更是贵州旅游业实现可持续发展的核心竞争力。因此，职业教育在推动贵州旅游业高质量发展的过程中，必须注重文化保护与旅游发展的协调，确保在旅游开发过程中，少数民族文化得以传承和发扬。职业教育在文化保护与旅游开发中的作用可以体现在多个层面。首先，职业院校可以通过设置相关课程，培养学生对少数民族文化的深刻理解和尊重，使其在旅游项目开发和运营中能够有效平衡文化保护与经济效益之间的关系。例如，学生可以通过学习文化遗产管理、文化旅游策划等课程，了解如何在开发旅游资源的同时，保护少数民族的传统文化和生活方式。其次，职业院校可以通过与文化遗产保护机构合作，开展实地考察和实践活动，让学生深入了解贵州少数民族文化的多样性和独特性，从而增强其文化敏感度和责任感。同时，职业教育还可以通过开展跨文化交流项目，让学生与国际旅游专家和学者进行互动交流，学习其他国家在文化保护与旅游发展中的成功经验。例如，贵州职业院校可以通过与国际文化遗产组织、旅游院校合作，推动文化保护课程的国际化，培养具备全球视野的文化旅游人才。这不仅能够提升贵州旅游业在文化保护领域的国际竞争力，还能够为贵州的旅游产业带来更多的国际市场机会。

职业教育与旅游业的融合发展，是推动贵州旅游产业高质量发展的重要路径。通过深化产教融合，职业教育不仅能够为旅游产业输送高素质的专业人才，还能在服务、创新、管理和文化保护等多个维度，为旅游业的高质量发展提供有力支撑。贵州作为拥有丰富旅游资源的省份，应积极借鉴国际经验，推动职业教育与旅游业的深度耦合，实现旅游产业的可持续、创新发展，为地方经济和文化保护做出更大的贡献。

三、贵州职教与旅游产业融合的双向影响研究

职业教育与产业的融合不仅是一种单向的促进关系，而是通过双向的作用力推动双方的协同发展。贵州作为中国的旅游大省，职业教育与旅游产业的融

合对于推动地方经济、提升教育质量和增强旅游产业的国际竞争力具有重要意义。研究贵州职业教育与旅游产业之间的双向影响，能够更好地理解两者如何相互作用，并为其进一步融合提供理论和实践指导。

（一）职业教育对旅游产业发展的影响

职业教育作为人才培养和产业发展的核心支撑，对贵州旅游产业的高质量发展起到了至关重要的推动作用。通过深化产教融合，职业教育不仅为旅游企业输送了大批高素质人才，还在技术推广、创新引领、文化传承等方面发挥了积极作用。贵州的旅游业具有丰富的自然资源和少数民族文化，职业教育在推动当地旅游产业转型升级的过程中，既要注重人才的全面培养，又要紧密结合地方特色和国际趋势，确保旅游业能够在激烈的市场竞争中保持强劲的竞争力。

1. 旅游人才培养

旅游人才的培养是贵州旅游产业发展的首要任务。职业教育作为培养旅游业高素质人才的摇篮，直接影响着旅游服务的质量和产业竞争力。在贵州这样一个以民族文化和自然风景闻名的旅游大省，旅游业的发展需要大量具备民族文化背景、跨文化沟通能力和创新服务意识的专业人才。职业教育通过提供系统的理论知识与实践训练，为贵州旅游产业发展奠定了人才基础。职业院校在课程设计中应当紧密结合贵州的地方特色，培养既具备服务技能，又懂得文化传播的专业人才。例如，贵州的职业教育不仅关注常规的旅游管理与服务技能培训，还通过课程设置涵盖少数民族文化、生态保护等内容，使学生能够深刻理解并应用本地的文化资源。这种定制化的教育项目，有助于学生在毕业后为游客提供具有文化深度的旅游体验，进一步推动贵州文化旅游的内涵式发展。此外，职业院校在培养人才时强调"双向融合"，即培养学生的国际视野与本土文化敏感性相结合。在旅游全球化的趋势下，贵州旅游产业的国际化发展需要具备跨文化交流能力的人才，而职业院校通过外语课程、国际交流项目、跨文化管理培训等方式，确保学生不仅掌握本地文化，还能够有效应对国际游客的需求与期待。

2. 旅游产业技术推广与创新引领

旅游产业的技术进步和创新引领是推动产业现代化发展的关键。职业教育通过技术课程的设置和实践创新，推动了贵州旅游产业的智慧化转型。随着全球旅游产业进入数字化时代，智慧旅游、虚拟现实（VR）、增强现实（AR）等新兴技术的应用极大地提升了游客体验，同时也优化了企业的管理流程与服务模式。在这一背景下，贵州的职业教育积极顺应产业需求，加强技术类课程的设置，推动智慧旅游的普及和应用。贵州的职业院校通过与本地科技企业合作，开发了诸如智慧旅游管理平台、数字化营销工具等项目，不仅提升了学生的技术应用能力，还为旅游企业提供了技术支持。例如，智能导览系统的开发为游客提供了个性化的语音讲解服务，使其在游览过程中能够深入了解景点的历史文化与背景信息。而虚拟现实技术的应用则使得游客在旅行前能够"提前体验"景区风光，这种创新产品不仅增加了游客的旅行参与感，还为旅游企业带来了巨大的市场机会。职业教育通过实践教学和项目合作，将创新理念融入学生的日常学习中。例如，贵州的职业院校与地方旅游企业联合开发智慧旅游产品，如智能服务机器人、数字化景区管理系统等，帮助旅游企业提高运营效率，降低运营成本。这些技术的推广不仅推动了贵州旅游服务的现代化，还为旅游产业的数字化升级注入了创新动力。学生在这一过程中既获得了前沿的技术培训，又通过实践项目提升了职业竞争力。

3. 提升旅游业的综合竞争力

职业教育对贵州旅游产业综合竞争力的提升起到了至关重要的作用。高素质的旅游从业人员不仅能够提供优质的服务，还能通过创新思维帮助旅游企业提升品牌价值，开拓新市场。在贵州，职业教育通过培养具备文化敏感性、创新能力和实践经验的旅游人才，有效推动了当地旅游企业的品牌化和市场扩展。随着旅游业的国际化发展，贵州的职业教育不断改革创新，培养出一大批既懂得民族文化又具备全球视野的复合型人才。这些人才在为贵州旅游产业注入活力的同时，也增强了企业的竞争力。在激烈的市场环境中，职业院校通过推动产教融合，帮助学生积累实践经验、增强市场适应力，使得他们在进入职场后能够快速融入旅游企业的运作中，从而推动企业服务质量和竞争力的整体提升。职业教育对贵州旅游产业的影响还体现在市场开拓和品牌提升方面。贵州拥有独特的自然景观和文化资源，职业教育通过培养创新人才，帮助企业开发具有地方特色的旅游产品。例如，贵州的民族村寨旅游、生态旅游等项目在职业教育的支持下，通过创新营销手段和文化展示形式，吸引了大量国内外游客。这些创新产品不仅提升了贵州旅游的市场吸引力，还增强了贵州旅游品牌的国际影响力。同时，随着职业教育的不断发展，越来越多的贵州本土人才愿意留在当地，为旅游业的发展贡献力量。职业院校通过与企业深度合作，不仅为学生提供丰富的实习和就业机会，还帮助他们在职业生涯中找到长远的发展方向。这种良性循环不仅推动了贵州旅游业的可持续发展，也为地方经济提供了稳定的人才供给。

4. 推动贵州旅游产业的国际化发展

随着贵州旅游产业不断向国际化方向发展，职业教育在这一过程中起到了桥梁作用。国际游客对服务的要求往往高于国内游客，尤其是在文化理解、服务标准和沟通能力方面，这对从业者提出了更高的要求。贵州的职业教育通过培养具备跨文化服务能力和国际沟通技巧的人才，帮助旅游企业提升其国际竞争力。职业院校通过外语教学、跨文化交流课程以及国际实习机会，使学生能够在实践中学习国际化的服务标准与操作流程。例如，通过与国际知名旅游企业合作，贵州的职业院校为学生提供了去欧洲、日本等地实习的机会，让他们在真实的工作环境中提升服务能力和跨文化沟通技巧。与此同时，贵州的旅游企业通过引入这些国际化人才，能够更加自信地接待海外游客，并逐步提升品牌的国际影响力。贵州职业教育的国际化改革不仅提升了学生的全球视野，还为贵州旅游企业开辟了更广阔的市场。通过引入国际先进的管理理念和服务标准，贵州的旅游企业在国际旅游市场中的竞争力不断增强。这种国际化发展战略不仅为贵州旅游产业带来了新的增长点，还为地方经济和文化的发展注入了新的动力。

职业教育对贵州旅游产业发展的影响是多维度且深远的。通过人才培养、技术推广、创新引领和国际化发展，职业教育不仅提升了旅游服务的质量和水平，还推动了贵州旅游产业的转型升级和市场扩展。贵州的职业教育在培养本地化人才的同时，还积极引入国际化理念，推动了旅游企业的品牌提升与市场竞争力增强。随着贵州旅游产业的不断发展，职业教育的作用将进一步深化，为地方经济和社会的可持续发展提供强大的智力支持和人才保障。

（二）旅游产业对职业教育发展的影响

在贵州，旅游产业作为地方经济发展的支柱产业之一，推动了职业教育的变革与创新。旅游业的持续扩展不仅加速了当地劳动力市场的变化，还促进了职业教育的课程改革、教学方法更新以及校企合作模式的深化。研究表明，旅游产业的多样化发展为职业教育带来了新的需求和机会，使得教育机构必须不断适应市场变化，通过优化课程设置、增强实践性教学内容和引进国际化的管理理念来培养高素质的旅游人才。以下从教育需求、教育理念、教育功能和教育内容四方面，探讨旅游产业对职业教育发展的深远影响。

1. 教育需求的多样化与提升

旅游产业的发展对民族地区的职业教育产生了深刻影响，首先体现在对教育需求的多样化和提升上。随着旅游产业的迅猛发展，游客的需求日益多样化，这促使当地劳动力市场对旅游从业人员提出了更高的要求。旅游业不仅需要掌握基本服务技能的劳动力，还需要具备管理、营销、文化传播、外语能力等综合素质的高层次人才，这对职业教育提出了新的挑战。职业教育作为培养专业技术人才的主要途径，必须不断调整和更新其课程设置，以适应旅游产业的需求。例如，在对西双版纳州勐景来村的研究中，随着边境旅游业的发展，当地居民尤其是傣族妇女意识到传统农业劳动力所需技能与现代旅游产业的需求不相匹配，从而激发了她们参与各类职业培训和再教育的需求。这种新的教育需求促使职业教育机构开设更多与旅游管理、文化解读、跨文化沟通等相关的课程，确保学生能够满足现代旅游业的多样化需求。旅游产业的蓬勃发展还促进了多层次职业培训体系的形成，特别是在服务技能、外语能力、文化传播等方面的需求显著增加。例如，随着贵州旅游业的发展，职业教育机构必须根据市场需求不断优化教学内容，培养能够在接待国际游客、管理景区和策划文化活动等领域具有实际操作能力的综合型人才。这一趋势要求职业教育从传统的技能培训模式逐步转向多学科、多技能的融合教育，为地方旅游产业的长远发展提供强有力的人才支撑。

2. 职业教育理念的转变与调整

旅游产业的发展还促使民族地区的职业教育理念发生了显著变化。在旅游产业高速发展的背景下，当地居民逐渐意识到职业教育不仅仅是获取生存技能的途径，更是个人职业发展和生活水平提高的重要手段。职业教育在当地的影响力和重要性大大提升，居民对教育的期望值也随之提高。与此同时，旅游产业的快速收益性也为职业教育带来了一定的矛盾。由于旅游业的迅速发展，当地劳动力市场中出现了大量低门槛的就业机会，部分年轻人被诱惑提前进入劳动力市场，放弃继续接受职业教育。研究表明，在一些少数民族地区，旅游业的繁荣为年轻人提供了快速致富的机会，许多青年选择在小学毕业后直接进入旅游业打工，忽视了继续接受职业教育的重要性。这一现象在一定程度上影响了职业教育的长期规划和可持续发展。面对这种现象，职业教育机构必须加强对教育价值的宣传，明确职业教育在长期职业生涯中的重要性，并通过灵活的教育模式和多样化的课程设置，吸引更多的年轻人继续接受教育。例如，职业教育可以通过设置灵活的课程时间和线上学习平台，方便已经进入旅游业的年轻人继续接受教育。同时，职业院校可以与旅游企业合作，设计专门针对在职人员的进修项目，使他们能够在不影响工作的情况下提升专业水平和职业竞争力。

3. 教育功能的拓展与延伸

随着旅游产业的蓬勃发展，旅游业的社会功能逐渐增强，特别是在文化传承、社会教育和地方经济发展等方面，旅游产业发挥了重要的作用。这种功能的拓展对职业教育的内容、方法以及目标都提出了新的要求。旅游产业的文化传播功能与职业教育的传承和创新功能逐渐融合，推动职业教育发挥更广泛的社会效能。通过旅游业的发展，贵州省这样多民族地区的文化、历史、传统习俗等得到了更广泛的传播，职业教育机构也在这一过程中逐渐承担起了文化传承和保护的责任。例如，贵州的职业院校通过开设民族文化课程，培养学生对本地文化的深刻理解，使他们在从事旅游工作时能够准确、深入地向游客传递民族文化的精髓。这样的教育模式不仅提升了学生的专业能力，还增强了他们的文化自信，推动了地方文化的传承与保护。此外，旅游产业还推动了职业教育的社会教育功能。现代旅游业不仅是经济增长的引擎，还是社会教育的重要平台。通过与旅游产业的深度融合，职业教育能够更好地发挥其社会教育功能。例如，职业院校可以通过与当地景区合作，设立旅游实训基地，让学生在实践中学习如何向游客展示地方文化，增强他们对社会教育的理解和能力。这一过程中，职业教育不再仅仅是传授知识的场所，更是成了社会文化传播和地方文化传承的重要平台。

4. 教育内容的更新与创新

旅游产业的发展促使职业教育的内容不断更新和创新。随着旅游产业对文化传承、生态保护、服务创新等方面的需求增加，职业教育的课程设置和教学方法必须与时俱进，才能为旅游产业提供具有实际操作能力的高素质人才。首先，旅游业的发展推动了民族文化在职业教育中的重要地位。在许多如贵州省这样的多民族地区，文化是旅游产品的重要组成部分，而这种文化内容也逐渐成为职业教育课程的一部分。例如，在赫哲族地区，随着旅游业的兴起，职业院校通过将河灯节、萨满舞、鱼皮画等民族文化内容融入教学体系，确保学生在学习过程中能够深刻理解并掌握这些文化元素，进而在未来的工作中向游客展示并传递文化内涵。其次，旅游产业的创新需求推动了职业教育内容的技术化与数字化。随着全球旅游产业进入数字化时代，智慧旅游、智能导览、虚拟现实等技术的应用越来越广泛，职业教育必须跟上这一潮流，培养具备数字化操作技能的学生。职业教育通过与科技企业合作，开发了诸如智慧旅游管理、智能导览系统等课程，使学生在校期间就能够掌握这些前沿技术，从而在未来旅游产业的运营中发挥关键作用。旅游产业的多样化需求还促使职业教育内容的跨学科融合。例如，随着生态旅游的兴起，职业院校必须开设与生态保护相关的课程，培养学生在生态旅游规划、资源保护等领域的能力。这种跨学科融合的教育模式，这不仅提升了学生的综合素质，还使得他们能够更好地适应多变的市场需求。

贵州省这样多民族地区的旅游产业发展对职业教育产生了广泛而深远的影响。随着旅游业的不断扩展，职业教育在满足产业需求、提升教育功能、促进文化传承方面的作用愈加凸显。通过旅游产业的发展，职业教育的课程设置、教学方法和教育理念都得到了更新和优化，推动了教育质量的提升和社会功能的拓展。在贵州这样的西部多民族省份，职业教育与旅游产业的融合不仅提升了教育的实用性，还通过文化传承、生态保护等方面的内容，增强了教育的内涵和社会价值。职业教育在这一过程中不断适应旅游产业的需求，通过培养高素质、复合型的人才，为地方经济和社会的可持续发展提供了强大的智力支持和人才保障。

第四节　耦合协调发展的研究进展与挑战

在产业发展和教育体系的互动过程中，耦合协调发展理论已成为学术界探讨教育与产业融合的关键框架，特别是在旅游产业与职业教育融合的背景下。耦合协调发展不仅推动了产业与教育的双向促进，还为提升人才质量和产业创新提供了有力的支撑。在全球化和数字化转型的时代背景下，贵州作为中国的重要旅游目的地，其旅游产业与职业教育的耦合协调发展既面临新的机遇，也面临诸多挑战。为全面理解这一现象，本节从耦合协调发展的理论进展与实证分析、时代特征与模式探索以及贵州旅游职教与产业融合的具体案例三个角度进行深入分析。

一、耦合协调发展的理论进展与实证分析

耦合协调发展理论起源于物理学和系统科学，强调两个或多个系统通过相互作用实现协调共进的过程。该理论逐渐被引入经济和社会科学领域，成为探讨不同系统之间相互依存、促进与制约的核心概念。在教育与产业的背景下，耦合协调发展理论得到了广泛应用，特别是在职业教育与旅游产业的融合中，这一理论为分析教育体系与产业需求如何协同、匹配提供了重要理论框架。具体到旅游产业与职业教育的耦合协调发展，理论的核心在于两个系统——教育系统和产业系统——之间的供需关系。教育系统通过培养高素质人才，为产业提供所需的人力资源支持；而产业系统则为教育系统提供现实需求导向和实践场景。通过二者的互相作用，旅游产业可以获得更高质量的人才供给，而职业

教育也能够通过不断调整课程设置、更新教学方法来适应产业需求，实现教育质量与产业创新能力的同步提升。

（一）理论进展：耦合协调发展的演进

耦合协调发展理论经历了从宏观系统到微观应用的演变。在产业与教育的耦合过程中，耦合协调发展不仅强调系统间的互动，还关注资源的优化配置和要素的协同作用。学术界通过对旅游产业与职业教育之间的相互作用关系的深入研究，逐步建立起了一套系统化的理论框架。首先，耦合协调发展的理论基础强调了系统间的相互依赖和双向互动。旅游产业的发展离不开高素质人才的支撑，而人才的培养需要基于旅游产业的实际需求。旅游业作为典型的服务业，高度依赖从业人员的专业技能、文化素养和创新能力。因此，教育体系如何紧密结合产业需求，培养出具有跨文化能力、技术素养和创新思维的复合型人才，成为推动旅游产业持续增长的关键。其次，资源配置与要素联动是耦合协调发展中的重要环节。在旅游产业的背景下，教育系统和产业系统的资源投入与要素联动机制直接影响着产业的长远发展。通过耦合协调发展，教育系统能够实现对资源的精准投入，将有限的教育资源用于培养符合市场需求的专业人才；而产业系统则通过反馈机制，持续为教育体系提供需求导向和实践场景，推动教育的动态调整与优化。

（二）实证分析：全球范围内的应用

在全球范围内，耦合协调发展理论已被广泛应用于教育与旅游产业的研究与实践。学术界通过大量实证分析，揭示了教育与旅游产业之间的互动机制及其影响。在跨文化旅游研究中，学者们发现旅游产业的发展与教育体系的成熟度密切相关。旅游产业的快速发展增加了对高素质人才的需求，这一需求促使旅游教育更加深入地嵌入产业体系中，形成了教育与产业相互促进的动态发展模式。在许多国家，研究者通过引入耦合协调度模型，分析了教育系统与旅游产业的协调发展水平。例如，在对湖南省旅游产业与教育系统耦合协调度的研究中，学者发现，尽管两者之间的协调度逐年提高，但二者之间的匹配度依然较低。具体表现为，旅游教育的超前发展一度超过了产业需求，而近年来，旅游产业的发展又超越了教育系统的供给能力，导致两者之间的供需错位。这一现象反映了教育体系与产业需求之间的时滞效应，表明二者的协调发展需要通过更紧密的机制和更精准的匹配来进一步优化。类似的研究在全球范围内也不断涌现。在肯尼亚，旅游产业的迅速扩展对高技能人才的需求与教育体系的供给不匹配，阻碍了旅游业的可持续发展。尽管政府和企业积极推动教育与培训计划，但教育体系的滞后性和培训机制的不足，仍然未能有效支撑旅游产业的发展。在葡萄牙，酒店和旅游业的人力资源短缺问题一直困扰着该国的旅游业发展，旅游教育体系在人才培养方面的滞后性使得旅游从业人员的技能与实际岗位需求脱节。

（三）理论与实践的反思

尽管耦合协调发展理论在旅游产业与职业教育的融合中得到了广泛应用，并在许多国家的实践中取得了一定的成果，但理论的推广与应用仍面临诸多挑战。首先，教育体系的滞后性依然是影响教育与产业协调发展的主要障碍。旅游产业的快速发展使得市场需求不断变化，而教育体系在课程设置、人才培养等方面的调整速度往往难以跟上产业的发展节奏。尤其是在一些新兴旅游市场和发展中国家，教育体系的滞后性更加显著，导致人才供给与产业需求不匹配的问题长期存在。其次，教育质量与产业效益的脱节也是耦合协调发展中的常见问题。在某些地区，尽管教育系统投入了大量资源用于人才培养，但产业并未从中受益。例如，在京津冀涉外的旅游业中，劳动力的受教育程度有所提升，但这一提升并未带来旅游业效益的显著增长，反映出教育与产业脱节的现象①。这表明，教育质量的提升需要与产业需求保持同步，只有在人才供需精确匹配的情况下，产业才能获得真正的增长动力。

（四）展望

在全球旅游产业不断发展的背景下，耦合协调发展的理论与实践仍然需要进一步深化。未来，教育与产业的融合发展应更加注重灵活性与适应性。随着技术变革和市场需求的快速变化，职业教育体系应具备快速响应产业变化的能力，并通过实时调整课程内容、引入新的教学方法和加强校企合作，确保人才培养与产业需求的精准匹配。此外，国际合作与多元化教育将是推动耦合协调发展的重要途径。旅游产业的全球化趋势要求从业人员具备跨文化沟通能力和国际化视野，而职业教育体系必须通过加强国际合作，推动教育内容的国际化改革，为旅游产业培养出符合全球市场需求的高素质人才。

耦合协调发展理论为分析教育系统与产业系统的互动提供了一个强有力的理论框架。在旅游产业与职业教育的融合过程中，教育系统为产业提供了知识和技能支持，而产业的发展反过来推动了教育体系的创新与变革。尽管在全球

① 高海燕. 京津冀涉外旅游人才协同培养机制探究［J］. 教育与职业，2019（14）：54-58.

范围内，许多国家的旅游教育与产业发展尚存在一定的脱节现象，但通过引入更加灵活的机制和深化国际合作，教育与旅游产业的耦合协调发展将有望实现更加高效、可持续的发展路径。

二、旅游产业与职业教育耦合的时代特征与模式探索

进入 21 世纪，随着数字化、全球化和旅游业多样化趋势的加速，旅游产业与职业教育的耦合呈现出一系列独特的时代特征和创新发展模式。旅游业的迅速发展不仅对传统技能服务型人才提出了要求，还极大地推动了对多元化、跨学科并且具备数字技术、生态管理、文化传播等能力人才的需求。这种变化要求职业教育机构在人才培养过程中必须适应全球旅游业的新兴需求，更新教育内容，创新教学模式，确保旅游人才的精准供给和产业的可持续创新发展。

（一）数字化时代的智慧旅游与职业教育的耦合

数字化时代的智慧旅游是当前全球旅游产业的重大趋势之一，其核心在于通过智能技术的应用提升旅游体验和服务效率。智慧旅游依托于人工智能（AI）、物联网（IoT）、大数据分析、虚拟现实（VR）等先进技术，打造出更加智能化、个性化的旅游服务体系。这一转型不仅改变了旅游企业的运作模式，也对旅游人才提出了新的要求。在这背景下，职业教育的数字化转型成为旅游产业发展的关键支撑。职业院校需要通过设置智慧旅游管理、数字营销、智能导览等课程，帮助学生掌握数字技术的应用能力，培养出能够推动旅游产业数字化转型的高素质人才。职业教育的改革方向必须紧密贴合产业需求，以确保培养的学生能够在旅游企业中迅速适应并推动技术变革。

在中国，尤其是贵州等地区，智慧旅游的实践尤为突出。贵州的职业院校通过与本地旅游企业合作，共同开发了智慧旅游管理平台和智能导览系统，这些项目不仅为学生提供了技术应用实践的机会，还推动了当地旅游企业的数字化转型。例如，贵州职业院校通过合作设计虚拟旅游体验项目，使得学生能够参与到 VR 旅游产品的开发和推广中，既提升了学生的技术能力，也增强了贵州旅游产业的智能化水平。智慧旅游与职业教育的耦合发展模式，不仅满足了旅游业对技术型人才的需求，还进一步推动了旅游产业的高效运营和游客体验的提升。通过这种创新性的耦合模式，贵州等地的职业教育在全球智慧旅游浪潮中找到了发展契机，不仅推动了地方经济的繁荣，也为旅游产业的现代化注入了新的活力。

（二）跨界融合与多元化人才培养

随着全球化和旅游产业的日益复杂化，旅游业对跨界融合型人才的需求逐

渐增加。这种人才不仅需要具备传统的旅游服务技能，还需拥有广泛的知识背景，包括文化传播、生态管理、市场营销等多方面的能力。尤其是对于全球化背景下的旅游业，跨文化沟通能力、数字技术应用能力以及可持续发展的意识显得尤为重要。

职业教育在培养跨界融合型人才方面，发挥着至关重要的作用。教育内容的多元化和教学模式的创新已成为全球旅游职业教育改革的重点。在这一方面，欧洲的"双元制"职业教育模式为全球旅游职业教育提供了借鉴。德国的双元制职业教育强调学校与企业的紧密合作，使得学生在学习理论知识的同时，能够通过企业实践积累丰富的经验。这种教育模式极大提升了学生的职业适应能力和创新能力，也为旅游企业培养了大量既具备实践经验又掌握现代管理理念的高素质人才。在贵州的旅游职业教育中，跨界融合型人才的培养已经开始体现在多个方面。例如，贵州职业院校不仅开设了传统的旅游管理课程，还通过跨学科课程的融合，设立了与文化旅游、生态保护、智慧旅游相关的课程体系。这种课程体系的设置，使得学生不仅能够掌握服务技能，还能够从文化传播、数字技术、市场推广等多维度提升个人能力，从而更好地适应旅游产业的多元化需求。职业教育与产业需求的这种深度耦合模式，不仅推动了学生的全面发展，也增强了贵州旅游企业的竞争力。

（三）生态旅游与职业教育的深度融合

生态旅游是近年来全球旅游产业发展的重要方向之一。生态旅游以保护自然环境、尊重地方文化为核心，旨在实现旅游经济效益与生态保护的双赢。随着生态保护意识的不断增强，越来越多的国家和地区将生态旅游作为推动绿色经济发展的重要手段。这一趋势也促使职业教育体系需要为旅游产业培养出具备生态保护意识和可持续发展理念的高素质人才。贵州拥有丰富的自然资源和多样化的生态环境，是发展生态旅游的理想之地。为了适应这一需求，贵州的职业教育通过推动生态旅游与教育的深度融合，设立了生态旅游管理、绿色旅游发展等专业课程。这些课程不仅涵盖了生态环境保护、可持续旅游规划等内容，还注重培养学生的实际操作能力。例如，学生可以通过实地调研、参与生态旅游项目等方式，深入了解如何在保护生态环境的同时，推动旅游业的发展。此外，贵州的职业院校还与环保组织、生态研究机构开展合作，共同设计生态旅游的实训课程，使学生能够在实践中积累生态旅游管理经验。这种合作不仅为贵州生态旅游产业培养了大量具备专业知识和实践能力的旅游人才，还促进了当地旅游业的绿色转型与升级。通过将生态旅游与职业教育紧密结合，贵州有效提升了旅游人才的素质，为当地旅游产业的可持续发展提供了坚实的基础。这种模式不仅增强了贵州旅游业的竞争力，也为全球生态旅游的发展提供了新的经验和借鉴。

（四）全球化时代的跨文化服务与教育国际化

全球化推动了国际旅游市场的扩展，同时也带来了文化交流与碰撞。在全球化背景下，旅游企业需要为来自不同文化背景的游客提供定制化的服务，这对旅游从业人员的跨文化服务能力提出了更高的要求。因此，职业教育不仅要培养学生的专业技能，还要帮助他们掌握跨文化沟通技巧，以适应国际化市场的需求。职业教育的国际化改革成为推动旅游产业全球化发展的重要途径。在全球范围内，许多国家通过国际化合作提升职业教育质量，以培养具备全球视野的旅游人才。例如，贵州的职业教育体系通过与国际旅游院校和企业的合作，为学生提供了丰富的国际交流与实习机会。贵州职业院校通过设立外语课程、跨文化培训课程，以及与国际企业合作开展学生实习项目，确保学生能够在学习过程中积累跨文化交流经验，并掌握应对国际化旅游市场的技能。与此同时，贵州的职业院校还积极参与国际旅游教育的交流与合作，邀请国外知名学者和旅游专家举办讲座和培训，帮助学生拓展全球视野。这种国际化的教育模式，不仅提升了贵州旅游人才的国际竞争力，还推动了贵州旅游产业在全球市场中的形象塑造和品牌推广。通过跨文化服务能力的培养与教育国际化的推进，贵州职业教育为旅游产业的全球化发展提供了坚实的人才基础。职业教育的国际化改革，帮助贵州在国际旅游市场中取得了竞争优势，并为当地旅游企业开辟了更广阔的市场空间。

（五）技术赋能下的创新教育模式

在数字化转型、生态保护和全球化的多重影响下，技术赋能已成为推动旅游产业与职业教育耦合发展的重要手段。新技术的引入不仅改变了旅游产业的运营模式，也为职业教育提供了新的教学手段和教学内容。通过技术赋能的教育模式，职业教育能够更好地为旅游产业培养出具备创新能力的技术型人才。例如，贵州职业院校通过引入智能技术和数字化教学工具，使学生能够在模拟场景中进行实践操作，并通过大数据分析和人工智能技术了解旅游市场的变化。这种技术与教育的融合，有效提升了教学质量，增强了学生的创新能力。技术赋能的教育模式还能够帮助学生在学习过程中形成创新思维，鼓励他们将新技术应用于旅游产业的各个环节，从而推动产业创新。贵州的智慧旅游项目、虚拟现实体验项目等，都是职业教育与产业通过技术赋能实现创新的成功案例。

在全球化、数字化和生态保护意识增强的时代背景下，旅游产业与职业教育的耦合发展呈现出新的特征与模式。贵州的职业教育通过数字化转型、跨界融合、生态旅游深度融合和国际化改革，有效推动了旅游产业的高质量发展。在这一过程中，职业教育不仅为旅游产业输送了大量高素质人才，还通过创新的教学模式和技术手段，为旅游产业的持续创新提供了强大的支持。未来，贵州应继续探索适应全球化趋势的耦合发展模式，进一步深化产教融合，提升教育与产业的协同效应，推动贵州旅游产业在国际舞台上占据更加重要的地位。

三、贵州旅游产教融合案例分析

贵州作为中国的旅游大省，凭借其丰富的自然资源和独特的民族文化，在旅游产业和职业教育的融合发展方面进行了深入的探索和实践，并取得了显著的成就。随着产教融合理念的不断深化，贵州的旅游产业与职业教育在耦合协调发展上呈现出诸多创新成果。通过整合产业需求与教育资源，贵州不仅提升了旅游服务的质量和技术创新水平，还为旅游产业输送了大批高素质人才，推动了地方经济的持续发展。以下案例将深入探讨贵州如何通过产教融合，推动旅游职教与产业的协调发展，并揭示其成功经验与未来的挑战。

案例一：贵州职业院校与旅游企业的深度合作

贵州职业教育与旅游产业的融合最具代表性的案例之一便是校企合作的广泛开展。通过深化校企合作，贵州职业教育在人才培养、课程设置、实习实践等方面与旅游企业紧密结合，实现了人才供需的精准对接和共同发展。以贵州轻工职业技术学院为例，该校与本地知名旅游企业，如黄果树旅游集团、贵州旅游投资控股集团等，长期保持着深入的合作关系，共同设立了多个旅游实训基地。这些基地不仅为学生提供了实地实习的机会，还将旅游项目的实际操作纳入教学体系中，使学生能够在校期间就参与到真实的旅游项目策划、运营和管理中。通过这种"课堂+实训"的教学模式，学生在理论知识的学习过程中还能积累实际操作经验，从而极大地提升了其就业竞争力和职业适应力。校企合作的深化不仅为学生提供了丰富的实践机会，还为企业解决了人才短缺的问题。在贵州旅游产业的快速发展中，企业对高素质、具有实操能力的旅游人才需求十分旺盛。一方面，通过校企合作，企业能够直接参与学生的培养过程，从课程设计到实践指导，确保学生在毕业时已经具备实际操作能力，能够无缝衔接企业的工作需求。另一方面，学校通过与企业的合作，能够及时了解市场需求的变化，并根据产业的实际需求动态调整课程设置和教学内容，从而实现教育与产业的双赢。贵州的职业院校还通过组织企业讲座、行业调研和实地考察等多种方式，确保学生能够及时掌握旅游行业的最新动态和市场需求。这种多维度的合作模式，不仅促进了职业教育与旅游产业的协同发展，还有效推动了贵州旅游业服务质量的提升和产业创新。例如，在学生参与的实际项目中，黄果树旅游集团通过引入学生的创新思维，成功开发了针对年轻游客的个性化旅游产品，极大地提升了游客满意度和市场竞争力。

案例二：贵州智慧旅游项目与数字化人才培养

随着智慧旅游的兴起，贵州的旅游产业逐步迈入数字化转型的新时代。在这一过程中，职业教育通过培养数字技术人才，为旅游企业的智能化升级提供了重要支撑。智慧旅游不仅依赖于大数据、人工智能等前沿技术的应用，也需要具备技术能力和创新思维的人才，职业教育在这一领域发挥着至关重要的作用。贵州职业院校通过与本地科技公司合作，开发了多个智慧旅游管理平台和智能导览系统。这些项目不仅提升了旅游服务的智能化水平，还为学生提供了大量实践机会，使他们能够通过参与实际项目，掌握先进的数字技术应用能力。学生们在项目中不仅学习了如何设计、开发和运营智慧旅游系统，还通过数据分析和用户反馈，持续优化产品和服务质量。这一案例表明，职业教育不仅在为旅游企业提供技术支持方面发挥了作用，还通过产教融合推动了贵州旅游产业的智能化升级。以贵阳职业技术学院为例，学校与本地的科技企业联合开发了一款基于人工智能和大数据分析的旅游服务平台。该平台通过数据分析，能够为游客提供个性化的旅游推荐，并根据游客的行为习惯优化服务流程。学生在这一过程中不仅学习了大数据分析技术，还通过实际运营掌握了如何利用人工智能提升用户体验的技能。这一项目的成功，不仅为贵阳的旅游企业带来了技术升级的机会，还为学生提供了宝贵的实践经验。贵州的职业教育通过数字化人才培养，不仅提升了学生的就业竞争力，还为当地旅游企业的转型升级提供了人才保障。随着智慧旅游的不断发展，贵州的旅游企业在国内外市场中的竞争力不断增强，智能化服务、数字化营销等新兴技术的应用，使得贵州旅游产业的服务质量和运营效率大幅提升。

案例三：贵州生态旅游与职业教育的融合发展

生态旅游已成为贵州旅游产业发展的重要方向，贵州的丰富自然资源为生态旅游提供了广阔的空间。在这一背景下，职业教育通过培养具备生态保护意识和管理能力的人才，推动了生态旅游的可持续发展，并在这一过程中发挥了关键作用。以贵州黔东南州为例，当地职业院校开设了生态旅游管理课程，注重培养学生的生态保护意识和旅游管理能力。该课程不仅教授学生如何在开发旅游资源的同时保护生态环境，还通过实地考察、项目实践等方式，让学生深入参与生态旅游项目的规划与执行。学生通过参与生态保护项目和乡村旅游发展规划，既积累了实际操作经验，又提升了对生态资源可持续开发的理解。例如，黔东南职业学院的学生曾参与了雷公山自然保护区的生态旅游项目。在该项目中，学生不仅负责游客接待和导览，还协助管理方制定了多项生态保护措施，包括游客流量控制、环境保护教育和垃圾处理方案等。这些措施不仅提升了旅游区的管理水平，还有效减少了旅游活动对环境的负面影响。学生通过这一实践项目，既学会了如何在现实中应用课堂所学的理论知识，也增强了他们的生态保护意识和管理能力。通过职业教育与生态旅游的深度融合，贵州不仅提升了旅游服务的环保标准，还增强了当地旅游产业的竞争力。职业院校培养的生态旅游人才在推动地方生态旅游项目的发展中发挥了积极作用，通过可持续开发和绿色管理的理念，贵州的生态旅游逐渐成为吸引国内外游客的重要因素之一。黔东南职业学院在生态旅游人才培养方面的成功经验，也为其他地区提供了借鉴，推动了生态旅游与职业教育的深入结合。

案例四：贵州文化旅游与职业教育的互动融合

贵州丰富的民族文化为文化旅游的发展提供了巨大的潜力，而职业教育在推动文化旅游的开发和创新方面发挥了重要作用。通过文化旅游与职业教育的互动融合，贵州不仅在旅游产业中提升了文化传播的深度，还通过职业教育推动了文化遗产的保护与传承。以安顺职业技术学院为例，该校通过开设文化旅游课程，注重培养学生对地方民族文化的理解和解读能力。学生不仅学习了旅游管理的基本技能，还通过文化课程深入了解苗族、侗族等民族的历史、习俗和文化特色。在实习过程中，学生被安排到地方文化旅游景区，如龙宫风景区和镇远古镇，负责为游客提供文化解说服务，展示贵州的文化魅力。这种教学模式不仅帮助学生掌握了实际操作技能，还提升了他们对地方文化的理解和传承意识。贵州的职业院校还通过与地方文化遗产保护机构合作，推动了文化遗产的数字化展示与传播。学生通过参与文化旅游项目的设计和开发，学习如何利用数字技术进行文化内容的创作和展示。例如，安顺职业技术学院的学生曾参与开发了一款展示苗族文化的数字化导览系统，该系统通过虚拟现实技术，为游客提供了沉浸式的文化体验，极大地提升了文化传播的效果。文化旅游与职业教育的融合不仅推动了贵州文化旅游的创新发展，还为文化遗产的保护和传承提供有力支持。通过文化教育与实践相结合，职业教育培养出了一批能够推动文化旅游可持续发展的高素质人才。这些人才在推动贵州文化旅游项目的开发、创新和市场推广中发挥了积极作用，进一步增强了贵州旅游业的国际竞争力。

贵州在旅游产业与职业教育的耦合协调发展方面，通过多种方式探索了校企合作、智慧旅游、生态旅游和文化旅游的深度融合。这些实践案例表明，通过产教融合，贵州不仅培养了大量高素质的旅游人才，还推动了旅游产业的技术创新和可持续发展。校企合作的深化、数字化人才的培养、生态旅游的可持续发展和文化旅游的创新探索，均为贵州的旅游产业带来了显著的经济和社会效益。

未来，贵州的职业教育应继续深化与旅游产业的合作，通过进一步优化课程设置、提升学生实践能力以及增强跨学科融合，推动旅游职教与产业的耦合发展迈向更高水平。同时，通过与国际旅游教育体系的接轨和跨文化交流，贵州旅游业将获得更强的全球竞争力，实现教育与产业的协同发展，助力贵州旅游产业走向高质量、国际化的未来。

第五节　研究评述与创新方向

从现有文献来看，学者们从教育对旅游产业的推动、旅游产业对教育的促进以及二者耦合发展的理论框架三个层面进行了探讨，为推动职业教育与产业的协同发展奠定了坚实的基础。然而，研究也显示出一些待完善之处，尤其是在微观层面的研究和实践路径探讨方面。

一、现有研究成果的评述

现有学术研究中，关于教育与旅游产业的双向互动关系得到了广泛关注，尤其在贵州这样的多民族省份，研究的成果为我们深入理解二者的耦合协调发展提供了重要的理论和实践支撑。

（一）教育与旅游产业双向影响的探讨

教育对旅游产业发展的推动作用是现有研究的重点。学者普遍认为，教育特别是职业教育在旅游产业发展中起到了基础性作用。职业教育通过培养具备实用技能和理论知识的高素质人才，直接促进了旅游产业的发展。这一作用在贵州这样的多民族省份尤为明显。旅游产业的繁荣不仅依赖于自然资源和文化遗产，更依赖于一支具有高度职业素养和创新能力的旅游人才队伍。因此，职业教育不仅要满足市场对基础服务技能的需求，还要培养具备生态保护、文化传承等能力的复合型人才，以推动旅游业的持续升级和质量提升。研究表明，教育在推动旅游业高质量发展方面发挥了关键作用。随着现代旅游产业对个性化、定制化体验的需求增加，职业教育必须不断更新课程体系，引入先进的教学方法和实训平台，确保培养的旅游人才能够适应市场的多样化需求。例如，跨文化交流能力、生态保护意识和数字技术应用能力已经成为现代旅游职业教育的核心组成部分。特别是在贵州这样的西部多民族省份，职业教育系统不仅帮助学生掌握旅游服务技能，还帮助他们深入理解地方文化，并在旅游产业的具体实践中，促进文化的保护和传播。这些研究为我们理解教育与旅游产业的双向互动关系提供了理论支持。职业教育不仅是旅游产业的基础支撑，其本身也是推动产业发展的重要动力。教育与产业的耦合通过教育系统为旅游产业提供高质量的人才供给，推动旅游业在管理、服务和运营模式上的持续创新。

（二）旅游产业对教育发展的促进

旅游产业对教育发展的反作用也是学术界广泛探讨的议题。研究表明，旅游业的迅速发展不仅促进了教育需求的多样化，还促使教育理念和教学内容发生了深刻变化。特别是在职业教育领域，旅游业的需求不断推动职业院校更新课程设置，调整教学模式，确保学生能够掌握最新的行业技能。随着旅游产业向着智慧旅游、生态旅游、文化旅游等方向发展，职业教育的课程设计逐渐向跨文化交流、生态保护、数字技术应用等领域拓展。这种调整不仅满足了旅游业对新型人才的需求，也促进了职业教育自身的进步和创新。旅游产业的文化传承功能对职业教育的影响尤为显著。在贵州这样的多民族省份，文化旅游的兴起使得职业教育在培养学生的过程中，不仅要注重技能的传授，还要重视本土文化的理解与传播。这种双向互动的教育模式，使学生在学习过程中能够将本民族的文化与现代旅游业的需求相结合，在推动地方文化旅游的同时，也提升了文化保护与传承的意识。例如，贵州通过文化旅游开发，促进了当地苗族、侗族等少数民族文化的传播与传承，这一过程依赖于职业教育对旅游人才的培养和文化素养的提升。通过这一互动，职业教育与旅游产业形成了良性的耦合关系。旅游业的发展不仅为教育提供了丰富的实践场景和素材，还反过来推动了教育内容的更新和教学理念的变革。职业教育通过文化旅游项目的设计与开发，为学生提供了实际的操作平台，提升了他们的文化传承意识和服务能力，从而进一步促进了旅游业的高质量发展。

（三）旅游与教育耦合协调发展的理论探讨

耦合协调发展理论为理解教育与旅游产业的双向互动关系提供了一个系统化的理论框架。学者们普遍认为，教育系统与产业系统的耦合发展不仅是单向的推动过程，而是基于相互依赖和反馈机制的双向互动。在这一理论框架下，教育为旅游产业提供人才支持、技术创新和知识驱动，而产业则为教育系统提供了实践场景和市场导向，推动教育的动态调整和质量提升。具体而言，耦合协调发展理论强调了教育系统与产业系统之间的相互依存与协同发展。在旅游产业的发展过程中，市场需求不断变化，这种需求通过反馈机制促使职业教育体系进行相应调整。教育系统通过优化课程设置、引入新的教学工具和方法，确保学生能够掌握市场所需的核心技能和知识。例如，旅游产业对智慧旅游人才的需求促使职业院校在课程中引入大数据分析、智能导览、虚拟现实等技术，推动学生的技术应用能力提升。同时，教育系统的创新和人才供给反过来推动了旅游业的服务质量和管理水平的提升。例如，在贵州，职业院校通过培养一批具备跨文化交流能力和生态保护意识的旅游人才，有效提升了当地旅游企业的服务能力和运营效率。这一互动关系不仅推动了教育与旅游产业的双向发展，还提升了双方的整体质量和创新水平。总之，现有研究为我们构建了一个系统的理论框架，帮助我们更好地理解教育与产业之间的互动机制。这一框架表明，教育与旅游产业的耦合发展并不是单向的推动过程，而是基于双向反馈的协同发展机制。教育系统通过持续为产业提供人才和创新支持，而产业的发展则通过不断变化的市场需求推动教育的改革与创新。随着旅游业的发展，职业教育与产业的耦合将进一步加深，推动二者共同走向高质量发展的未来。

二、研究不足与未来的创新方向

尽管现有的研究为贵州职业教育与旅游产业耦合协调发展提供了丰富的理论依据，然而这些研究仍存在一定的局限性，特别是在研究视角、内容深度和实践导向方面。随着全球旅游产业的转型升级和贵州社会经济发展的持续推进，职业教育与旅游产业的耦合发展日益复杂。未来的研究需在现有的基础上进一步拓展，通过多层次的研究视角、更全面的内容探讨和更具实践指导意义的案例研究，推动理论与实践的创新。

（一）研究视角的单一性与局限性

目前大部分研究围绕贵州职业教育与旅游产业的耦合发展进行宏观层面的分析，虽然这些研究为我们提供了整体的理论框架和初步的认识，但在微观层面的分析和个案研究上存在明显的不足。研究的内容多集中在描述性的总结上，缺乏细致的具体操作路径、实际机制和效果评估。同时，个案研究的缺失是现有研究的主要短板。贵州地区的异质性较强，各地在文化背景、经济发展水平、社会结构和资源禀赋上存在显著差异。不同地区的教育与旅游产业在耦合机制、发展模式和政策需求上也存在较大不同，但现有研究往往将贵州省这样多民族地区作为一个整体进行宏观分析，忽视了不同区域间的具体差异性。这种宏观视角虽然为我们理解整体趋势提供了重要信息，但难以揭示不同文化背景和经济环境下教育与旅游产业耦合发展的复杂性。未来的研究应引入更加多样化的研究方法和分析工具，如个案研究、实地调研、深度访谈等，结合定量与定性分析，揭示职业教育与旅游产业耦合发展的具体机制和影响因素。通过对某些典型地区进行深入研究，探索不同文化背景、社会结构下的耦合模式，分析它们如何在特定的历史、文化和经济条件下实现耦合发展。这将为制定更加精准的政策和实施更具针对性的实践提供科学依据和指导。例如，在贵州这样的多民族聚居区，教育与旅游产业的耦合机制在不同地区可能呈现出不同的模式。针对具有独特文化背景的黔东南州，其旅游产业的特色在于民族文化的深度挖掘和文化旅游的开发。因此，职业教育如何通过培养适应文化旅游需求的人才，并推动文化旅游的可持续发展，值得进行更深入的个案分析。这些分析能够为其他文化资源丰富的地区提供借鉴，进一步丰富现有的理论体系。

（二）研究内容的局限性与滞后性

研究内容的局限性和滞后性是另一个亟待解决的问题。随着全球旅游业的迅速变化，特别是在数字化转型、智慧旅游和生态旅游等新兴领域，教育与产业的耦合机制需要紧跟产业变革的步伐，进行及时的调整和升级。然而，现有研究在应对这些新兴领域时往往显得滞后，缺乏对具体操作路径、评价标准和影响机制的深入探讨。智慧旅游和生态旅游的发展给职业教育带来了新的挑战。智慧旅游的兴起意味着旅游产业越来越依赖大数据、人工智能、虚拟现实等技术，教育体系如何培养能够胜任这些新技术应用的人才，是现有研究中相对薄弱的部分。智慧旅游不仅要求从业者具备传统的服务技能，还需要他们掌握数字技术、数据分析和系统管理等能力，而这些能力的培养需要通过教育系统的调整来实现。未来的研究应重点探讨职业教育体系如何通过技术创新和课程改革，适应智慧旅游产业的需求。同样，生态旅游的发展对可持续发展理念的践行提出了新的要求，职业教育应如何培养具备生态保护意识和管理能力的旅游人才也是未来研究的一个重要方向。生态旅游不仅是旅游产业的一种趋势，更是可持续发展的核心领域。教育系统应如何通过课程设计、实训安排等方式，将可持续发展理念融入人才培养体系中，值得进一步探讨。未来研究需要紧跟全球旅游业和教育领域的最新趋势，通过跨学科研究、多维度探讨，构建起完整的教育与产业耦合协调发展的评价体系。该评价体系应能够衡量教育系统与产业系统之间的互动效果，并通过定量分析，揭示出教育与产业之间的影响机制，为政策制定者和产业决策者提供科学依据。特别是在智慧旅游和绿色旅游的发展背景下，如何通过教育体系的创新和改革来适应新兴产业的需求，是未来研究的重点方向。

（三）缺乏实践导向的案例研究与实证分析

实践导向的案例研究与实证分析是现有研究的另一大不足。尽管学术界在理论层面对职业教育与旅游产业的耦合发展进行了广泛讨论，但这些研究多停留在理论探讨层面，缺乏深入的案例研究和实证分析，尤其是在贵州这样的多民族省份的特殊背景下，现有的研究无法充分揭示教育与产业互动的实际效果。案例研究是理解现象背后机制的关键途径，尤其是在贵州这样的多民族省份这种多元化环境下。不同地区的教育与产业发展模式可能因文化差异、政策环境和经济水平的不同而有所差异，而现有的宏观研究并不能充分反映这种差异性。因此，未来研究应加强对具体案例的实证分析，通过实地调研和数据分析，揭示教育与产业之间的互动路径和实际效果。例如，在贵州，生态旅游、智慧旅游和文化旅游的发展模式各不相同，职业教育如何为这些不同类型的旅游产业培养合适的人才，如何通过产教融合推动产业的高质量发展，值得深入研究。对这些具体案例的分析，不仅能够揭示教育与产业之间的互动机制，还能够为其他贵州省这样多民族地区提供宝贵的实践经验和政策指导。未来的案例研究应侧重于挖掘旅游产业与教育系统耦合发展的成功实践，总结出可复制的经验。例如，贵州黔东南州的文化旅游发展与职业教育的耦合模式，如何通过培养具备文化解读能力和市场推广能力的人才，推动地方文化产业和旅游业的共同繁荣，这种成功经验能够为其他地区提供启示。通过这些实践研究，学术界可以进一步丰富教育与产业耦合协调发展的理论体系，并为政策制定提供实证支持。

尽管现有的研究为我们理解贵州省这样多民族地区教育与旅游产业的耦合协调发展提供了丰富的理论和实践基础，但在研究视角、内容深度和实践导向等方面仍有很大的改进空间。未来的研究应通过引入更加多样化的研究方法，关注区域差异性和产业需求的多样性，推动教育与产业互动机制的深入分析。同时，紧跟全球旅游业的最新趋势，特别是在智慧旅游和绿色旅游等领域，推动职业教育体系的创新和改革，为推动教育与旅游产业的耦合协调发展提供科学依据和政策支持。

三、对贵州旅游业产教融合探索的启示

贵州作为中国旅游资源丰富的民族大省，在产教融合方面进行了多方面的实践与探索，尤其是在旅游产业与职业教育的深度融合上，取得了显著成效。这些努力为贵州在人才培养、技术创新和产业转型等方面提供了有力支持。然而，面对全球旅游产业的迅速变化和现代化升级的需求，贵州的产教融合路径仍有较大提升空间。为进一步推动贵州旅游职业教育与产业融合，实现高质量发展，本节提出以下几点创新路径建议。

（一）构建适应地方需求的多元化人才培养体系

贵州旅游产业的独特优势在于其丰富的生态旅游资源和深厚的文化旅游资源。要实现旅游业的可持续发展和高质量转型，贵州的职业教育应构建多元化的人才培养体系，以满足地方产业需求，确保人才培养能够与地方经济发展紧密结合。首先，贵州职业教育应根据本地旅游产业的特征，制定有针对性的人才培养方案。例如，在生态旅游方面，贵州拥有得天独厚的自然资源，如黄果树瀑布、梵净山和喀斯特地貌，这为发展生态旅游提供了广阔的空间。因此，职业院校应根据这些特色旅游资源，设立专门的生态旅游管理课程，培养既具备专业技能又具备生态保护意识的高素质人才。在文化旅游方面，贵州的民族文化资源丰富，职业教育应重点培养熟悉地方文化、历史、风俗的旅游人才，确保学生能够在从事旅游业时成为文化传播的桥梁。其次，跨学科融合应成为贵州职业教育的核心方向。旅游产业的现代化发展不仅需要基础的服务型人才，更需要具备多元能力的复合型人才。因此，职业教育应注重培养具有数字技术、文化传播、生态管理等多领域能力的人才。通过引入现代技术，如人工智能、大数据、区块链等，职业教育应与产业发展趋势紧密结合，培养能够推动智慧旅游发展的技术型人才。这些技术创新人才的培养不仅将帮助贵州在国内旅游市场中保持竞争力，还将推动贵州旅游产业在全球市场中的数字化转型。例如，贵州可以通过与科技企业合作，开设相关技术课程，使学生在智慧旅游管理、数字营销和智能导览系统等方面获得全面的技能。这种多元化人才培养体系的构建，将确保贵州旅游产业在未来的产业升级和市场竞争中具有强大的适应力和创新能力。

（二）深化校企合作，增强实践教学的深度与广度

虽然贵州职业教育与旅游企业的合作已有一定基础，但为了应对产业的快速变化和市场需求的多样性，校企合作需要进一步深化。职业教育与旅游企业

的合作不应局限于传统的实习与实践环节，而应通过多维度的合作模式，使企业深入参与教学的全过程。第一，职业院校应与旅游企业共同设计课程，确保教育内容能够与企业的实际需求保持同步。企业可以直接参与课程设置，根据最新的行业动态和市场需求提出意见，使课程内容更加贴近行业实践。这样一来，学生在校期间就能掌握行业的前沿知识和技能，毕业后能够迅速适应工作环境，提升就业竞争力。第二，职业教育与企业的合作还应扩展至教师培训与技术研发。企业可以通过为职业院校教师提供培训和交流机会，帮助教师更好地了解产业最新技术与管理模式，使其能够将企业的实战经验带回课堂，提升教学质量。此外，职业院校与企业可以联合开展技术研发，尤其是在数字化旅游产品开发、生态旅游保护技术等领域，共同推动旅游产业的技术创新。最后，企业应更加深度参与到职业教育的日常教学活动中。贵州职业院校可以邀请旅游企业的高管和行业专家作为兼职教师，参与课程设计与授课，使学生能够及时了解行业的最新动态与发展趋势。通过这种模式，职业教育能够为贵州旅游产业输送更多高质量的实用型人才，提升产业的创新能力。

（三）推动国际化合作，提升贵州旅游职教的全球竞争力

在全球旅游市场不断扩展的背景下，贵州的职业教育应进一步推动国际化合作，提升学生的国际化视野和跨文化沟通能力，确保贵州旅游产业能够在全球化背景下保持竞争优势。首先，贵州职业院校应与国际知名旅游教育机构建立合作关系，引入国际先进的教学理念和课程设置，确保学生能够获得全球视野和国际化的职业技能。例如，贵州可以与国际顶尖旅游院校合作，推动教师和学生的双向交流，学习国际旅游管理的成功经验。其次，贵州应推动与国际旅游企业的合作，为学生提供国际实习和实践的机会。通过组织学生赴海外旅游企业实习，学生能够积累丰富的国际旅游管理经验，学习国际市场的运作模式和管理机制。此外，职业教育应继续推进双语教学和跨文化课程设置，培养具备双语能力和跨文化服务能力的旅游人才，确保学生能够应对国际游客的多元需求。最后，贵州职业院校可以通过国际合作，引进更多先进的教育资源，如在线学习平台、跨国合作项目等，进一步提升学生的学习体验和国际化视野。国际化的教育改革不仅提升了贵州旅游职业教育的全球竞争力，还为贵州旅游产业在国际市场中的形象提升和品牌推广奠定了基础。

（四）加强生态旅游与文化旅游领域的创新探索

贵州的生态旅游和文化旅游是其旅游产业的重要竞争力。职业教育应在这两个领域中发挥更大的作用，通过创新课程设计和实践教学，推动旅游产业的

可持续发展。第一，职业院校应设立专门的生态旅游管理课程，培养具备生态保护意识和管理能力的专业人才。学生通过学习生态旅游的规划与管理知识，能够掌握如何在不破坏环境的前提下，合理开发旅游资源。此外，职业院校可以通过与环保组织、生态研究机构的合作，让学生参与实际的生态保护项目，使其不仅能够增强实践能力，还能够为贵州的生态旅游发展贡献智慧。第二，职业教育还应加强与地方文化遗产管理机构的合作，推动文化旅游项目的开发与创新。通过与文化遗产管理机构的合作，职业院校可以组织学生参与文化遗产保护和旅游开发工作，帮助学生理解如何将地方文化资源转化为有市场吸引力的旅游产品。学生通过参与文化遗产的传承与创新活动，不仅提升了文化传播能力，还能为贵州文化旅游的可持续发展提供人才支持。例如，贵州的苗族和侗族文化在全国乃至世界范围内具有独特的魅力，职业院校可以通过开发专门的文化旅游课程，培养学生在民族文化传播、文化创意设计、文化产业管理等领域的能力，进一步推动文化旅游产业的创新与发展。

贵州作为旅游资源丰富的民族大省，通过产教融合的实践，已在旅游产业与职业教育的融合发展上取得了显著成效。未来，贵州应继续深化产教融合，通过构建多元化的人才培养体系、深化校企合作、推动国际化合作和加强生态文化旅游领域的创新探索，进一步推动旅游职教与产业的耦合协调发展。这不仅将有助于提升贵州旅游产业的国际竞争力，还将为推动地方经济和社会的可持续发展提供强有力的支持。

第三章

贵州职业教育产教融合的基本情况与发展态势

随着贵州旅游产业的迅猛发展，职业教育在人才培养、技术创新和产业转型中的作用日益凸显。然而，贵州职业教育与旅游产业的融合在实际操作中仍面临诸多挑战。通过梳理职业教育的现有政策支持、产业需求及其面临共性问题，其能够为后续的研究和优化路径探索奠定坚实的理论基础和实践指导。本章旨在全面分析贵州职业教育与旅游产业融合的基本现状，系统梳理职业教育在地方经济和产业发展中的作用，探讨产教融合的政策背景、历史发展及其路径选择。

第一节　贵州职业教育基本情况

贵州职业教育在地方经济发展和社会转型中发挥了关键作用，在国家政策的强力推动下，贵州省职业教育的规模和覆盖范围不断扩大，其教育质量和资源配置得到了显著提升。在各地区产业升级和社会发展的需求中，职业教育为贵州省提供了强有力的人才支撑和技术储备。本节将以高等职业教育规模、中等职业教育规模、教育质量与资源配置、政策扩散、面临挑战与对策等几方面深入探讨贵州职业教育的现状，并分析其对地方经济的推动作用。

一、贵州高等职业教育规模情况

目前，贵州省共有 52 所高等职业教育院校①，大部分院校为专科层次，仅有 2 所本科层次的院校，即贵阳康养职业大学和贵州交通职业大学。大多数高职院校仍以专科教育为主，本科层次的高职教育还处于较早期的阶段。公办院

---

① 全国高等学校名单［EB/OL］. 中华人民共和国教育部官网，2024-06-21.

校在贵州省高职院校中占据主导地位，有 44 所公办院校，占总数的 85%。相对而言，民办院校较少，仅有 8 所，占总数的 15%。这显示出贵州职业教育体系中公办教育的主导地位。贵州省高等职业教育院校的分布在不同地区表现出显著的差异性。这不仅与各地区的经济发展水平、产业结构密切相关，也与贵州省高职教育布局的战略规划息息相关。根据表 3-1 的数据显示，院校遍布全省各个地市州。

表 3-1　贵州省高等职业教育院校

序号	学校名称	地区	层次	性质	备注
1	安顺职业技术学院	安顺	专科	公办	
2	贵州民用航空职业学院	安顺	专科	民办	
3	毕节职业技术学院	毕节	专科	公办	
4	毕节医学高等专科学校	毕节	专科	公办	
5	毕节幼儿师范高等专科学校	毕节	专科	公办	
6	毕节工业职业技术学院	毕节	专科	公办	
7	贵州工贸职业学院	毕节	专科	民办	
8	贵阳康养职业大学	贵阳	本科	公办	
9	贵州交通职业大学	贵阳	本科	公办	
10	贵州工业职业技术学院	贵阳	专科	公办	
11	贵州电力职业技术学院	贵阳	专科	公办	
12	贵州轻工职业技术学院	贵阳	专科	公办	
13	贵阳职业技术学院	贵阳	专科	公办	
14	贵州职业技术学院（贵州开放大学）	贵阳	专科	公办	
15	贵阳幼儿师范高等专科学校	贵阳	专科	公办	
16	贵州建设职业技术学院	贵阳	专科	公办	
17	贵州农业职业学院	贵阳	专科	公办	
18	贵州水利水电职业技术学院	贵阳	专科	公办	
19	贵州电子商务职业技术学院	贵阳	专科	公办	
20	贵州电子科技职业学院	贵阳	专科	公办	
21	贵州装备制造职业学院	贵阳	专科	公办	
22	贵州食品工程职业学院	贵阳	专科	公办	

续表

序号	学校名称	地区	层次	性质	备注
23	贵州财经职业学院	贵阳	专科	公办	
24	贵州文化旅游职业学院	贵阳	专科	公办	
25	贵州航空职业技术学院	贵阳	专科	公办	
26	贵州体育职业学院	贵阳	专科	公办	
27	贵州生态能源职业学院	贵阳	专科	公办	
28	贵州传媒职业学院（贵州省广播电影电视学校）	贵阳	专科	公办	
29	贵州城市职业学院	贵阳	专科	民办	
30	贵州工商职业学院	贵阳	专科	民办	
31	六盘水职业技术学院	六盘水	专科	公办	
32	六盘水幼儿师范高等专科学校	六盘水	专科	公办	
33	贵州电子信息职业技术学院	黔东南	专科	公办	
34	黔东南民族职业技术学院	黔东南	专科	公办	
35	黔东南理工职业学院（黔东南技师学院）	黔东南	专科	公办	
36	黔南民族医学高等专科学校	黔南	专科	公办	
37	黔南民族职业技术学院	黔南	专科	公办	
38	黔南民族幼儿师范高等专科学校	黔南	专科	公办	
39	贵州经贸职业技术学院	黔南	专科	公办	
40	贵州护理职业技术学院	黔南	专科	公办	
41	贵州机电职业技术学院	黔南	专科	公办	
42	贵州盛华职业学院	黔南	专科	民办	
43	贵州应用技术职业学院	黔南	专科	民办	
44	黔西南民族职业技术学院	黔西南	专科	公办	
45	铜仁职业技术学院	铜仁	专科	公办	
46	铜仁幼儿师范高等专科学校	铜仁	专科	公办	
47	贵州健康职业学院	铜仁	专科	公办	
48	贵州工程职业学院	铜仁	专科	民办	
49	贵州铜仁数据职业学院	铜仁	专科	民办	
50	贵州航天职业技术学院	遵义	专科	公办	

续表

序号	学校名称	地区	层次	性质	备注
51	遵义职业技术学院	遵义	专科	公办	
52	遵义医药高等专科学校	遵义	专科	公办	

注：数据采集截至 2024 年 6 月，教育部公布名单贵州职业院校共 52 所。

首先，贵阳市作为贵州省的省会城市，在高等职业教育院校数量上占据绝对优势。贵阳市共有 23 所高职院校，占全省总数的 46%。这一比例远远超过了其他地区。这些院校覆盖了康养、交通、工业、农业、电子商务等多个领域，反映出贵阳市职业教育的多样化和综合性。贵阳市不仅集中了大量的高职院校，其教育资源和教学质量也处于全省领先地位。这不仅与贵阳作为省会城市的经济、文化优势密不可分，也与贵阳市在全省教育资源分配中的中心地位相吻合。贵阳市的职业教育发展已经超越了传统的专业技能培养，逐渐向复合型人才的培养方向转型，尤其是在康养产业和现代服务业领域，贵阳市的职业教育与地方经济发展形成了紧密的互动。

其次，安顺市的职业教育资源相对较为有限，仅有 2 所高职院校，占全省总数的 3.8%。尽管数量不多，但作为贵州省的重要旅游资源名片，安顺市的职业教育主要围绕地方经济发展的需求，特别是在旅游资源服务和民航技术服务领域，其职业教育为地方经济提供了重要的技术支持。该市在旅游类专业和民用航空类高等职业教育领域具有一定的特色。随着安顺市产业结构的调整和升级，职业教育也在不断优化，力求为地方经济转型提供更多的技术人才。

毕节市作为贵州省的一个重要地区，拥有 5 所高职院校，占全省总数的9.6%。毕节市的高职院校以公办为主，涵盖了医学、幼师、工业等领域。毕节市职业教育的重点在于满足本地经济发展对应用型人才的需求。该市的职业教育院校与本地产业结合紧密，尤其是在医学和幼师领域，毕节市的职业教育在贵州省具有一定的影响力。随着毕节市经济的快速发展，特别是在新兴产业和制造业领域的崛起，毕节市的职业教育也在不断调整和优化，力求为当地提供更多的技术型和技能型人才。

黔南布依族苗族自治州是贵州省职业教育资源较为丰富的地区之一，拥有 8 所高职院校，占全省总数的 15.4%。黔南州的高职院校不仅数量多，而且覆盖了多个领域，如医学、幼师、经贸等。这表明黔南州的职业教育具有较强的地方特色，特别是在医药卫生和幼儿教育方面，其职业教育水平处于全省前列。

黔南州的职业教育发展与地方经济发展紧密结合，尤其是在服务业和医药产业方面，黔南州的职业教育为地方经济的发展提供了重要的人才支持。同时，黔南州的职业教育也服务于更广泛的地区经济发展，逐步向区域职业教育中心的方向发展。

黔东南苗族侗族自治州作为贵州省的少数民族聚集地区，其职业教育也展现出了独特的地方特色。黔东南州拥有 3 所高职院校，占全省总数的 5.8%。黔东南州的职业教育以民族职业技术学院为主，体现了其在少数贵州省这样多民族地区的教育使命和社会责任。黔东南州职业院校的设置不仅符合地方经济发展的需要，也与少数民族文化的传承和发展紧密结合。这些院校在为地方培养技术型人才的同时，也承担了传承民族文化的重任。在少数贵州省这样多民族地区，职业教育的发展面临着一定的挑战，但黔东南州的职业院校通过积极的改革和创新，不断提升办学质量，为当地经济社会发展做出了重要贡献。

遵义市作为贵州省的重要历史文化名城，在高职教育领域同样具有一定的优势。遵义市共有 3 所高职院校，占全省总数的 5.8%。遵义市的高职教育主要集中在医药和航天领域，这与遵义市的工业基础密切相关。作为贵州省的重要工业城市，遵义市的职业教育注重与地方经济产业的紧密对接，特别是在医药和高新技术产业领域，其高职教育具有明显的产业导向。遵义市的职业教育不仅注重培养技术型人才，还逐渐向高端制造业和创新型产业领域拓展，为地方经济转型升级提供了有力的人才支持。

六盘水市的职业教育资源相对较为有限，仅有 2 所高职院校，占全省总数的 3.8%。尽管数量不多，但六盘水市的职业院校在幼儿教育和技术应用领域具有一定的特色。作为贵州省的资源型城市，六盘水市的职业教育主要围绕地方经济发展的需求，特别是在资源开采和技术服务领域，其职业教育为地方经济提供了重要的技术支持。随着六盘水市产业结构的调整和升级，职业教育也在不断优化，力求为地方经济转型提供更多的技术人才。

铜仁市的职业教育体系相对多元化，共有 5 所高职院校，占全省总数的 9.6%。铜仁市的职业院校涵盖了幼师、健康、工业等多个领域，其中既有公办院校，也有民办院校，显示出铜仁职业教育逐步走向多元化发展的趋势。铜仁市作为贵州省的一个重要城市，其职业教育与地方经济发展紧密结合，尤其是在健康和幼儿教育领域，铜仁市的职业教育为地方社会发展提供了重要的人才支持。同时，铜仁市的职业教育还在不断探索新的发展模式，通过引入民办教育资源，提升职业教育的多样性和灵活性，以更好地服务地方经济社会发展。

最后，黔西南布依族苗族自治州的职业教育资源较为匮乏，仅有 1 所高职院校，占全省总数的 1.9%。黔西南州的职业教育主要依靠这一所公办院校，该院校的设置与地方经济发展需求紧密相关，特别是在农业和资源开发领域，黔西南州的职业教育为地方经济提供了一定的人才支持。尽管黔西南州的职业教育资源较为有限，但通过不断的教育改革和创新，该地区的职业教育水平逐步提升，为地方经济发展贡献了更多的技术型人才。

综上所述，贵州省的高职教育呈现出以贵阳市为核心，各地市州均衡发展的格局。贵阳市凭借其强大的经济和文化优势，成为全省职业教育的中心，而其他地区如毕节、黔南、铜仁等地则在特定领域提供了针对性的职业教育，服务于地方经济的发展需求。公办院校在全省高职教育中占据主导地位，专科层次的教育仍是主流。本科层次的高职教育尚处于初步发展阶段，但随着职业教育改革的深入推进，贵州省的高职教育必将在更广泛的领域内取得更大的成就。

二、贵州中等职业教育规模情况

根据《教育部办公厅关于建立中等职业学校学历教育招生资质定期公布制度的通知》（教职成厅〔2019〕2 号）、《省教育厅办公室省人力资源社会保障厅办公室关于开展 2024 年度中等职业学校（技工院校）学历教育招生资质定期公布制度有关工作的通知》等文件精神，2024 年 5 月，省教育厅办公室、省人力资源社会保障厅办公室公布了贵州省 2024 年具有中等职业学校（技工院校）学历教育招生资质名录①，2024 年具备中等职业学历教育招生资质学校为：中等职业学校 159 所（其中省属 14 所、贵阳市 28 所、遵义市 25 所、六盘水市 7 所、安顺市 8 所、毕节市 15 所、铜仁市 14 所、黔东南州 21 所、黔南州 17 所、黔西南州 10 所），技工院校 55 所，共 214 所。

（一）贵阳为代表的中职教育规模

中等职业学历教育招生资质学校以办学地点位于贵阳市的学校数量居多、专业覆盖范围最广，体现了中职教育围绕贵州"四化"建设服务的价值，很具有代表性，具体中职招生资质学校如表 3-2 所示。

---

① 《省教育厅办公室、省人力资源社会保障厅办公室关于公布贵州省 2024 年具有中等职业学校（技工院校）学历教育招生资质名录的通知》（黔教办函〔2024〕3 号）〔EB/OL〕. 贵州省人民政府官网，2024-06-05.

表 3-2 贵州省 2024 年位于贵阳市的中等职业学历教育招生资质学校名单

序号	学校名称	学校性质	主管部门
1	贵州工业职业技术学院（中职部）	公办	贵州省教育厅
2	贵州装备制造职业学院（中职部）	公办	省教育厅
3	贵州经贸职业技术学院（中职部）	公办	贵州省供销合作社联合社
4	贵州文化旅游职业学院（中职部）	公办	贵州省文化和旅游厅
5	贵州食品工程职业学院（中职部）	公办	贵州省发改委、贵州省粮食和物资储备局
6	贵州体育职业学院（中职部）	公办	贵州省体育局
7	贵州城市职业学院（中职部）	民办	贵州省教育厅
8	贵州省交通运输学校	公办	贵州省交通运输厅
9	贵州省广播电影电视学校	公办	贵州省广播电视局
10	贵州省林业学校	公办	贵州省林业局
11	贵州特殊教育中等职业技术学校	公办	贵州省残疾人联合会
12	贵州省邮电学校	企业办	贵州电信实业有限公司
13	贵阳铁路工程学校	企业办	中铁国资资产管理有限公司
14	贵州省农业广播电视学校	公办	贵州省农业农村厅
15	贵阳职业技术学院（中职部）	公办	贵阳市政府
16	贵州电子科技职业学院（中职部）	公办	贵阳市教育局
17	贵阳市女子职业学校	公办	贵阳市教育局
18	贵阳市经济贸易中等专业学校	公办	贵阳市教育局
19	贵阳市交通学校	公办	贵阳市交通委员会
20	贵阳市城乡建设学校	公办	贵阳市教育局
21	贵阳市特殊教育学校	公办	贵阳市教育局
22	贵阳市体育中学	公办	贵阳市体育局
23	贵阳市白云区职业技术学校	公办	白云区教育局
24	贵阳市乌当区中等职业学校	公办	乌当区教育局
25	清镇市中等职业技术学校	公办	清镇市教育局
26	开阳县职业技术学校	公办	开阳县教育局

续表

序号	学校名称	学校性质	主管部门
27	息烽县中等职业学校	公办	息烽县教育局
28	贵阳汽车工业技术学校	企业办	贵阳市教育投资有限公司
29	贵阳市华希医药健康职业学校	民办	贵阳市教育局
30	贵阳电子职业学校	民办	贵阳市教育局
31	贵州省贵阳市中山科技学校	民办	贵阳市教育局
32	贵州科技学校	民办	贵阳市教育局
33	贵阳市新华电脑中等职业学校	民办	贵阳市教育局
34	贵阳市新东方烹饪中等职业学校	民办	贵阳市教育局
35	贵阳市长城职业学校	民办	贵阳市教育局
36	贵州省贵阳市商贸学校	民办	贵阳市教育局
37	贵州省贵阳中天中医药职业学校	民办	贵阳市教育局
38	贵阳市新城职业学校	民办	贵阳市教育局
39	贵阳市中华职业学校	民办	贵阳市教育局
40	贵阳市金盾科技学校	民办	贵阳市教育局
41	贵阳经济技术学校	民办	贵阳市教育局
42	贵阳市航洋动漫职业学校	民办	贵阳市教育局
43	贵州交通技师学院	公办	贵州省交通运输厅
44	贵州航空工业技师学院	公办	中国航空工业集团公司
45	贵州铝业技师学院	公办	贵州铝厂有限责任公司
46	贵州铁路技师学院	公办	中铁国资资产管理有限公司
47	贵阳市高级技工学校	公办	贵阳市人民政府
48	贵阳市交通技工学校	公办	贵阳市交通委员会
49	贵阳市信息技术技工学校	公办	贵阳市人力资源和社会保障局
50	贵州林东矿业集团有限责任公司技工学校	公办	贵州省人力资源和社会保障厅
51	贵阳汽车工业技术学校	民办	贵阳市教育投资有限公司
52	贵州永华技工学校	民办	贵州省人力资源和社会保障厅
53	贵阳新东方烹饪高级技工学校	民办	贵阳市人力资源和社会保障局

续表

序号	学校名称	学校性质	主管部门
54	贵阳中科工程技工学校	民办	贵阳市人力资源和社会保障局
55	贵州城市职业技工学校	民办	贵州省人力资源和社会保障厅
56	贵州工商职业技工学校	民办	贵州省人力资源和社会保障厅

（二）中职教育资源配置

教育质量是衡量中职教育（含技工学校）发展水平的重要指标，贵州省在提升中职教育（含技工学校）质量和优化资源配置方面采取了多项重要措施。通过加强师资力量、改善教学设施、推动课程改革等手段，贵州省中职教育（含技工学校）实现了从数量扩展到内涵发展的转变，为地方产业提供了高质量的人才支撑。

1. 师资力量的提升

教师队伍的建设是教育质量提升的核心。近年来，贵州省通过多种方式不断壮大中职教育（含技工学校）的师资力量。目前，贵州省中等职业学校专任教师达 17773 人，队伍中具有中高级职称的教师比例达到48.7%[①]，这意味着教师的学术水平和专业技能有了显著提高。与此同时，贵州省通过引入行业专家和企业技术骨干参与教学活动，推动了校企合作背景下的师资队伍建设。这不仅提升了教学的实践性和针对性，也确保了教师能够紧跟行业发展动态，帮助学生掌握最新的行业技术和市场需求。

在教师培训方面，贵州省通过校企合作、外派进修、行业研讨等方式，持续提高中职教育（含技工学校）教师的综合素质。特别是在技术类专业领域，贵州的职业院校积极与地方企业合作，让教师深入企业实践，积累行业经验，确保能够在课堂教学中传递最新的技术理念和实践经验。

2. 教学设施的改善与实训基地的建设

近年来，贵州省政府大力投入资金，改善中职教育（含技工学校）的教学设施和实训条件。中职教育（含技工学校）的实践性特点决定了教学设施对学生技能提升的重要性，为此，贵州省建立了多个现代化的实训基地和实验室，涵盖了多个行业和专业领域。这些设施不仅满足了不同专业学生的实践操作需求，还为职业院校的课程设置提供了强大的硬件支持。例如，在旅游产业领域，

---

① 贵州省统计局，国家统计局贵州调查总队．贵州统计年鉴 2023 [M]．北京：中国统计出版社，2023.

贵州的中职教育（含技工学校）学校就近与地方旅游企业合作，建立了多个校外旅游实训基地，为学生提供了真实的旅游项目参与机会。这些基地不仅帮助学生在校期间积累了丰富的实战经验，还推动了产教融合的深入发展，为旅游产业的人才培养奠定了坚实基础。

3. 课程改革与教学模式创新

贵州中职教育（含技工学校）体系在课程改革方面也取得了显著成效。近年来，贵州中职教育（含技工学校）积极推动课程体系的优化，注重理论与实践相结合，强化职业技能培养，同时加强与行业标准的对接，提高课程内容的适应性和前瞻性。

在课程设置上，贵州省中职教育（含技工学校）院校不仅注重培养学生的基础理论知识，还通过引入实训课程、企业项目等方式，确保学生能够掌握行业所需的技能。例如，在智慧旅游和生态旅游等新兴领域，贵州职业院校通过开设大数据分析、虚拟现实技术应用等课程，培养了一大批能够适应产业转型升级需求的技术人才。这些课程改革不仅提升了学生的职业能力，还帮助贵州省中职教育（含技工学校）在面向未来的产业发展中保持了竞争优势。

4. 财政投入与政策支持

贵州省政府逐年增加对中职教育（含技工学校）的财政投入，为提升中职教育（含技工学校）质量提供了充足的资金保障。在资金支持下，贵州的中职教育（含技工学校）机构能够不断更新教学设施、完善师资队伍建设、推动课程改革，为地方经济和社会发展提供强大的教育基础。与此同时，政府出台了一系列政策文件，如《贵州省职业教育"技能贵州"行动计划项目实施方案（2022—2025 年）》，以推动中职教育（含技工学校）的全面健康发展，确保其在地方经济转型和升级中发挥积极作用。

此外，贵州省还积极推动校企合作的政策落地，通过工学交替、校企联合培养等模式，确保学生在校期间能够获得足够的实习实训机会。这不仅帮助企业培养了更加符合需求的技术人才，还通过产教融合，进一步推动了地方产业的技术创新和转型升级。

通过不断扩大教育规模、提升教育质量和优化资源配置，贵州中职教育（含技工学校）在近年来取得了显著成效。中职教育（含技工学校）不仅为地方经济发展提供了强大的人才支撑，还通过深化校企合作、推动产教融合，助力产业转型升级和可持续发展。随着教育体系的进一步完善和政策支持的不断加强，贵州中职教育（含技工学校）在推动地方经济社会发展中的作用将更加突出，为贵州实现高质量发展目标奠定坚实基础。

三、贵州职业教育政策扩散

贵州职业教育的高质量发展离不开政策环境的有力支撑和支持措施的全面实施。分析国家层面的政策导向及其对职业教育改革的推动作用，重点探讨贵州省如何响应国家政策、构建特色化的职业教育体系，并通过多种支持措施确保政策的落地和执行。

（一）国家层面的政策导向

在国家战略布局中，职业教育被赋予了提升教育质量、促进经济社会发展的重要角色。近年来，国家通过一系列政策文件，全面推动职业教育的改革与发展，为贵州省职业院校的建设和转型提供了明确的方向与支持。这些政策不仅涵盖了职业教育的整体设计，还在专业设置、产教融合、校企合作、师资队伍建设等多个层面提出了具体要求，为贵州职业教育的高质量发展奠定了坚实的基础。

一是《国家职业教育改革实施方案》。《国家职业教育改革实施方案》是推动职业教育改革的核心文件，它明确提出了职业教育从数量扩展向质量提升的转型要求。文件要求通过优化专业结构、深化产教融合、提升教学质量，推动职业教育与经济社会发展需求的紧密对接。贵州省 200 多所职业院校普遍响应这一政策，尤其在专业设置和人才培养方面，紧密围绕贵州地方产业发展需求，进行了针对性的调整与改革。例如，各院校在"职业教育质量年度报告"中提到，结合地方经济需求，优化了旅游管理、酒店管理、现代制造等专业设置，确保培养的人才与市场需求无缝衔接。

二是《职业教育提质培优行动计划（2020—2023 年）》。该政策行动计划的核心目标是通过提升教学质量和适应性，推动职业教育与经济社会发展需求紧密结合。贵州省的职业院校在该计划的指导下，通过加强校企合作、建设"双师型"教师队伍和改进教学设施等多项措施，不断提升自身办学水平。52所高等职业院校的教育质量年度报告显示，行动计划实施以来，学校不仅在提升教师的行业实践能力方面取得了显著进展，还在教学质量、学生就业能力等方面取得了明显的成效，进一步推动了职业教育的高质量发展。

三是在产教融合与校企合作方面。从《职业教育产教融合赋能提升行动实施方案（2023—2025 年）》① 可知国家政策高度重视产教融合和校企合作，强

---

① 国家发展改革委等部门关于印发《职业教育产教融合赋能提升行动实施方案（2023—2025 年）》的通知［EB/OL］. 中国政府网，2023-06-08.

调职业教育必须与产业深度对接，推动人才培养的市场化与产业化。贵州各职业院校积极响应国家政策，在报告中提到通过校企合作，构建了以地方支柱产业为依托的产教联合体。例如，贵阳职业技术学院通过与地方企业共建实训基地，开展订单式培养，确保学生在校期间就能够获得行业的实践经验，提升了毕业生的就业竞争力。通过产教融合，职业院校不仅为企业输送了实用型人才，还助推了贵州省地方产业的转型与升级。

四是《中华人民共和国职业教育法》及相关配套政策。《中华人民共和国职业教育法》的颁布及修订进一步明确了职业教育的法律地位和发展标准，为各职业院校的规范办学提供了法律保障。贵州省各职业院校在报告中提到，通过落实《中华人民共和国职业教育法》及相关配套政策，学校在治理结构、教学管理体系等方面得到了完善和提升。例如，贵州财经职业学院通过法律框架加强了学校管理，提升了教学质量保障机制，为学校的长远发展奠定了法律基础。

五是"双高计划"。"双高计划"是提升职业教育整体水平的另一项国家重点政策。报告中提到，贵州省的多所院校通过参与"双高计划"，获得了资金和资源支持，推动了学校的专业群建设与地方经济的对接。例如，遵义职业技术学院通过参与"双高计划"，在教学设施、校企合作和师资队伍建设等方面得到了大幅提升，不仅显著提高了学校的办学水平，也增强了与地方产业的联动性。

六是现代学徒制。现代学徒制是国家政策中的重要内容之一，要求通过"企业为主、学校为辅"的模式培养高技能人才。贵州省多所职业院校在报告中提到，按照国家政策要求，学校与企业联合开展了现代学徒制项目，学生在企业中接受实践培训的同时，还能在学校获得系统的理论教育。这种"双元"培养模式不仅提升了学生的技能水平，也提高了学生的就业适应能力。

七是在信息化建设方面。国家政策还鼓励职业院校提升信息化水平。贵州省各校积极响应，通过政策支持实施了智慧校园建设，推进信息化教学改革。例如，贵州电子科技职业学院通过引入信息化教学设备和平台，实现了远程教学和虚拟仿真实验，进一步提升了学生的学习体验和实践操作能力。总体而言，国家层面的政策导向为贵州省职业教育的高质量发展提供了顶层设计和行动指南。这些政策在专业优化、校企合作、师资建设、教学质量提升等方面为各院校的改革与发展提供了强有力的支持，确保贵州职业教育与地方产业需求紧密对接，为贵州省经济社会的发展提供了源源不断的高技能人才。

（二）地方政策的实施细则

贵州省通过出台一系列地方政策，持续完善职业教育体系，确保国家政策的落地，同时结合地方实际需求进行深化落实，推动职业教育的高质量发展。这些政策不仅为职业教育提供了系统性支持，还为地方经济发展和社会进步提供了强有力的人才保障。基于已公布的 2023 年 46 份贵州高等职业院校的"职业教育质量年度报告"，地方政策的实施细则主要体现在以下几方面。

第一，产教融合的推进。产教融合是贵州省职业教育改革的核心内容之一。为实现职业教育与地方经济的深度融合，贵州省出台了《贵州省支持职业教育发展的若干措施》① 等相关政策，明确了产教融合的实施路径，推动校企合作和产业对接。通过产教融合，职业院校不仅能够为地方产业输送符合需求的高素质技能型人才，还能通过教学与实践的结合，提升学生的实际操作能力和就业竞争力。例如，安顺职业技术学院②与地方康养和文旅产业紧密合作，打造了"酒店+文旅行业产教融合共同体"项目。通过这一合作模式，学院为地方康养产业和旅游业输送了大量符合岗位需求的技术人才，同时提升了学生的就业机会和职业技能。该项目充分体现了产教融合在推动地方产业发展方面的重要作用，学院不仅为行业提供了人力资源，还通过产业实践提升了学生的技能水平。类似地，贵州装备制造职业学院③响应贵州省的工业倍增行动计划，聚焦先进装备制造业的数字化转型需求。学院通过优化机械制造及自动化专业，深化与军工企业的合作，推动产教融合发展，确保学生在校期间能够接触到企业实际生产流程，提升了其技术技能，满足了贵州新型工业化发展的需求。产教融合政策的实施，使贵州省职业院校能够与地方支柱产业、战略性新兴产业紧密结合，为产业转型升级提供强有力的人才支撑。

第二，技能贵州行动计划。为了适应贵州地方经济发展对技能型人才的需求，贵州省制定了"技能贵州"行动计划，旨在提高职业院校的技能人才培养质量，推动职业教育更好地服务于地方经济的发展。该计划通过一系列政策和

---

① 2020 年 9 月 21 日，贵州省人民政府网发布《省人民政府关于印发贵州省支持职业教育发展若干措施的通知》（黔府发〔2020〕13 号）；2020 年 8 月 12 日，贵州省发展和改革委员会等六部门关于印发《贵州省产教融合建设试点实施方案》的通知（黔发改社会〔2020〕472 号）；2020 年 11 月，贵州省教育厅联合省委组织部、省科技厅、省财政厅、省人力资源社会保障厅出台了《贵州省产业导师（研究生导师类）选聘办法》（黔教发〔2020〕70 号）。

② 安顺职业技术学院职业教育质量年度报告（2023）［EB/OL］. 安顺职业技术学院官网，2023-01-18.

③ 贵州装备制造职业学院高等职业教育质量年度报告（2023 年度）［EB/OL］. 贵州装备制造职业学院官网，2024-01-17. 说明：本节论述涉及的各高职学院的案例，材料来源均为各自职业院校的"高等职业教育质量年度报告"，之后不再一一注释。

措施，激励各职业院校积极参与技能人才的培养，并申报各类省级示范性项目，促进教学与产业的深度融合。黔东南民族职业技术学院结合技能贵州行动计划，申报了多个省级示范性项目，如旅游管理、大数据与会计等专业，这些项目在地方旅游产业、大数据产业中发挥了重要作用，进一步加强了学校在地方技能人才培养中的影响力。通过这些示范项目，学校不仅提升了教学质量，还有效推动了地方经济的现代化发展。贵州省各职业院校还积极调整人才培养方案，使其更加契合地方支柱产业和新兴产业的需求。例如，贵州水利水电职业技术学院响应技能贵州行动计划，在水利、电力等传统支柱产业上发力，开设相关专业并加强实训基地建设，为地方水利水电行业提供了大量技术骨干。这种专业调整确保了职业教育与地方经济需求的紧密对接，推动了区域产业的持续发展。

第三，地方就业创业政策的支持。贵州省教育厅推出了一系列就业创业支持政策，为职业院校毕业生的就业和创业提供了坚实的保障。这些政策通过提供创业培训、资金支持、就业指导等方式，帮助职业院校毕业生更好地融入社会，提升其就业率和创业成功率。贵州应用技术职业学院在"贵州省促进高校毕业生就业创业 20 条措施"①　的指导下，举办了各种就业创业活动，如大型校园招聘会、创新创业大赛等，极大提升了学生的就业率和就业质量。此外，该学院还通过校企合作，鼓励学生参与企业的实际项目，为学生提供更多的就业机会，确保毕业生能够顺利进入职场。同时，各职业院校还通过地方政策支持，推动毕业生积极参与国家战略项目，如西部计划等。报告中提到，贵州电子科技职业学院积极组织毕业生投身于西部计划等国家重要战略，毕业生在这些项目中得到了充分的职业锻炼，为地方经济社会发展做出了贡献。通过就业创业政策的支持，贵州省职业院校的毕业生能够顺利进入劳动市场，并在地方经济发展中发挥重要作用。

第四，乡村振兴政策的落实。职业教育在贵州省的乡村振兴战略中占据着重要位置。为推动职业教育助力乡村振兴，贵州省制定了一系列支持政策，鼓励职业院校通过人才培养、科技服务等方式，积极参与农村地区的经济建设和社会发展。贵州水利水电职业技术学院通过与地方政府的合作，选派教师和学生参与农村基础设施建设、农产品加工技术改进等工作，帮助农村社区提升经济水平。这些项目不仅为农村地区带来了技术支持，还提升了职业院校的社会

---

①　省人力资源社会保障厅 省教育厅关于印发《贵州省促进 2022 年高校毕业生就业创业二十条措施》的通知［EB/OL］.贵州省人民政府官网，2022-06-14.

服务功能，确保了职业教育与乡村振兴战略的有效结合。此外，职业院校在乡村振兴政策的推动下，还为农村地区提供了大量技能型人才。例如，铜仁幼儿师范高等专科学校结合地方实际需求，开设了农村幼儿教育相关专业，培养了一大批能够深入农村地区开展教育工作的专业人才，为贵州省乡村教育的提升做出了重要贡献。通过这些乡村振兴政策的落实，职业院校能够更加有效地服务于农村经济发展，推动区域经济的协调发展。

第五，信息化建设的推动。随着数字经济和信息技术的迅猛发展，贵州省在职业教育的信息化建设方面也推出了相应的政策，鼓励各职业院校提升信息化教学水平，推动现代化教学手段的应用。这些政策细则推动了职业院校在智慧校园建设、数字化教学平台搭建等方面的投入和创新，进一步提升了教学质量和学生的学习体验。贵州电子科技职业学院响应省内"强省会"行动计划，积极提升学校的信息化教学能力，与地方企业合作开展了多个科技创新项目，进一步强化了校企合作的深度与广度。通过信息化教学的改革，学院不仅提升了学生的技能水平，还为地方企业输送了大量符合数字经济需求的人才。同时，信息化改革也提升了职业教育在地方经济中的贡献力。例如，贵州轻工职业技术学院通过建设智慧校园平台，实现了线上线下混合教学，学生可以通过数字化平台参与远程学习和虚拟实验，极大提升了教学效果。这种信息化建设不仅使教学方式更加灵活，还增强了职业院校在信息技术领域的竞争力，为推动贵州省职业教育的现代化发展提供了有力支持。贵州省通过多项地方政策的支持，推动了职业院校在产教融合、技能人才培养、乡村振兴、就业创业以及信息化建设等方面的全面发展。这些政策细则的实施，不仅结合了国家职业教育战略，也根据地方经济发展的实际需求进行了创新和深化。通过这些政策的有力支撑，贵州省的职业院校能够与地方经济实现深度融合，为推动区域经济和社会发展提供了强大的技能人才支撑，也为贵州省的职业教育未来发展奠定了坚实的基础。

四、共性问题表征与优化路径

发展职业教育是回应人民群众对高质量教育需求、推动经济社会高质量发展的重要举措。贵州省的职业教育，尤其是旅游相关专业，在不断优化过程中取得了一定成就。然而也面临一些问题，下文通过分析各高校"职业教育质量年度报告"，发现贵州职业教育在师资队伍建设、专业建设、校企合作、产教融合、科研创新等方面的问题表征，梳理促进职业教育高质量发展的优化路径。

（一）当前贵州省职业教育发展面临的问题表征

一是师资队伍问题。贵州省职业院校的师资队伍建设仍然面临教师编制不足、数字化转型能力较弱、教师职业发展空间有限等问题。特别是在旅游相关专业领域，双师型教师队伍尚不健全，教师的行业实践经验不足。报告显示，部分院校的教师缺乏系统的行业培训，无法满足旅游行业快速发展的需求。这些问题直接影响了教学质量，阻碍了职业教育的进一步提升。二是专业建设问题。旅游相关专业的建设需进一步深化。当前，部分学校的专业设置未能与地方旅游产业实现有效对接，专业群建设水平不高，学科融合不足。部分学校的专业设置滞后于市场需求，未能及时调整和优化专业内容，导致人才培养质量较低，无法满足贵州省快速发展的旅游业对高素质技能型人才的需求。三是校企合作与产教融合问题。校企合作与产教融合仍面临许多瓶颈。尽管贵州省各职业院校在报告中提到了一些成功的校企合作案例，但整体来看，校企共建共治共管的模式尚未深入。企业参与教学的深度不够，合作领域仍需拓宽。此外，产教融合的力度不足，无法充分发挥职业教育与产业发展的双向推动作用。四是办学模式与国际化问题。国际化是提升贵州职业教育整体水平的重要手段，然而，目前贵州省职业院校的国际化程度较低，国际合作办学的规模和影响力有限。许多院校在旅游管理和相关专业的国际合作中缺乏亮点，未能有效引进国际先进的教育理念和教学资源，影响了学生的国际视野和竞争力。五是科研与创新问题。职业院校的科研与创新能力有待提升。报告显示，贵州省多数职业院校的科研积极性不高，科研平台建设不足，科技项目申报难度大，科研成果的转化率低。这些问题制约了院校的科研水平和创新能力，无法为地方旅游业的发展提供有力的技术支持。六是基础设施与资源问题。基础设施的不足限制了职业教育的发展。多校区办学资源整合难度大，实践教学条件亟待提升，旅游相关专业的实训设备和场地仍不完善，影响了学生实践能力的提升。同时，部分院校的经费投入不足，教育教学资源紧张，制约了职业教育的发展质量和效率。七是教学管理与改革问题。教学管理体制改革力度不足，教学管理效率较低，二级教学管理体系尚未完善。许多职业院校在教学管理上缺乏创新，管理模式过于僵化，影响了教学质量的提升和教学改革的深入推进。八是服务产业问题。职业院校服务地方旅游产业的能力有待加强。报告指出，贵州省部分职业院校的旅游相关专业未能有效对接地方旅游产业的数字化转型需求，教育内容与行业发展脱节，无法为地方旅游业提供强有力的人才支持和技术服务。九是职业教育改革问题。职业教育改革需要在体制机制、办学模式、课程设置等方面深入探索与创新。当前，贵州省的职业院校在推动旅游相关专业的现代化发展过程中面临诸多挑战，需加强职普融通，推动学科建设现代化，提升职业教育对地方经济转型的支撑作用。

（二）促进职业教育高质量发展的优化路径

一是全面提升师资队伍建设。政府和院校应加强师资队伍建设，特别是旅游相关专业的教师培训与引进。通过引进高水平的双师型教师，加强教师的行业实践培训，提升教师的教学能力和行业经验。应加强教师职业发展路径的设计，为教师提供更多进修和培训机会，推动教师在教育科研和教学创新方面的成长。同时，应加强教师的数字化教学能力，以适应现代旅游业的智能化、数字化发展需求。二是深化专业建设与产业对接。贵州省职业院校应加强旅游相关专业的顶层设计，确保专业设置与地方主导产业，特别是旅游产业的发展需求紧密结合。建立联合工作机制，定期分析市场需求和毕业生就业反馈，动态调整和优化专业结构和课程内容。通过政策支持和资金投入，鼓励职业院校创新专业建设，形成与地方经济高度契合的特色专业群。三是加强校企合作与产教融合。应完善校企合作机制，鼓励更多企业深度参与到旅游管理专业的课程设置和教学过程当中。通过设立产教融合平台，加强校企之间的沟通和合作，确保学生能够在企业实习中获得实际工作经验。同时，推动职业教育与地方旅游产业的深度融合，利用贵州省的文化旅游资源，发展特色旅游管理专业，培养服务地方经济的高素质人才。四是提升国际化办学水平。贵州省职业院校应积极开展国际交流与合作，推动旅游相关专业的国际化发展。通过与国际知名旅游管理学院和企业合作，引进先进的教育理念和教学方法，提升教育质量。应为师生提供更多的国际交流机会，推动国际化的课程建设，提升贵州职业教育的国际竞争力。五是提升科研与创新能力。职业院校应加强科研平台建设，鼓励教师和学生积极参与科研和创新活动。通过与地方旅游企业合作，开展针对性强的科研项目，推动旅游业的技术创新与升级。加强科研成果的转化应用，推动职业教育与地方经济的融合发展。六是完善基础设施与教育资源。加大对旅游相关专业的基础设施和实践教学条件的投入，改善实训设备和场地，确保学生能够在优质的学习环境中提升实践能力。同时，应整合多校区资源，确保教育资源的合理分配与使用，提升职业院校的教育质量和办学效率。七是加强教学管理与改革。职业院校应深化教学管理体制改革，提升教学管理的效率和质量。通过引入现代化的管理手段，优化教学管理流程，推动教学改革的深入发展，确保教学质量与行业需求同步提升。八是提升服务地方产业能力。贵州省职业院校应根据地方旅游业的需求，调整专业设置和课程内容，确保教育服务地方经济。通过深化产教融合，推动教育培训项目与地方产业需求的紧密对接，尤其是在智慧旅游、康养旅游等新兴领域，培养更多适应产业发展的高素质人才。九是推动职业教育体系改革。职业院校应积极推动体制机制改革，探索现代化的职业教育模式。加强职普融通，推动旅游相关专业与普通教育的融合发展，提升职业教育的整体水平和影响力。同时，职业院校应加强党建与业务工作的融合，提升内部治理能力，推动职业教育的高质量发展。贵州省职业教育，特别是旅游相关专业的发展，既面临挑战，也充满机遇。通过提升师资队伍建设、深化专业建设、加强校企合作、推动国际化发展和科研创新，贵州省职业教育系统能够更好地服务地方经济，满足旅游产业对高素质技能型人才的需求，实现职业教育的高质量发展目标。

第二节　贵州旅游专业高等职业教育基本情况

　　贵州省职业教育的整体规模和覆盖范围不断扩大的同时，旅游专业的高等职业教育规模和质量得到了显著提升。通过多层次的旅游专业人才培养体系和旅游类专业建设，各旅游大类专业职业院校正在逐步构建起适应地方旅游发展和社会发展的旅游职业教育体系。本节将以开办旅游类专业的高等职业院校"职业教育质量年度报告"为依据，从规模与覆盖范围、旅游教育体系与保障机制、旅游专业建设与人才培养、旅游产教融合的校企合作模式、旅游教师队伍建设、旅游学生发展与就业质量、旅游高职教育国际合作等几方面深入探讨贵州旅游专业高等职业教育的基本情况。

一、旅游高等职业教育规模与覆盖范围

　　在贵州省现有 52 所高等职业教育院校（含高职专科、职业大学），有 29 所开设了旅游大类相关专业① （表 3-3），占全省高职院校总数的 55.8%，这些院校即为本文研究对象。这些院校的分布与各地的旅游产业发展密切相关，显示出贵州省职业教育体系与地方经济产业的深度融合。同时，贵州省高等职业教育院校中开办旅游相关专业的情况呈现出一定的地域分布特点，并且不同院校

---

① 　数据来源：根据贵州省招生考试院编制的《贵州省 2024 年高考高校招生专业目录（历史类）》《贵州省 2024 年高考高校招生专业目录（物理类）》，进行人工筛选统计。

的旅游专业方向有所差异，涵盖了旅游管理、酒店管理与数字化运营、烹饪工艺与营养等多个领域。这些专业的开设反映了贵州省职业教育与地方经济和文化旅游产业紧密结合的趋势。

表 3-3 贵州省开办旅游大类专业高等职业院校

序号	学校名称	分布地区	层次	性质	旅游相关专业
1	安顺职业技术学院	安顺	专科	公办	旅游管理、酒店管理与数字化运营、烹饪工艺与营养、研学旅行管理与服务、茶艺与茶文化
2	贵州民用航空职业学院	安顺	专科	民办	酒店管理与数字化运营、烹饪工艺与营养、中西面点工艺
3	毕节职业技术学院	毕节	专科	公办	旅游管理、酒店管理与数字化运营、烹饪工艺与营养
4	毕节工业职业技术学院	毕节	专科	公办	旅游管理、烹饪工艺与营养
5	贵州工贸职业学院	毕节	专科	民办	旅游管理
6	贵州交通职业大学	贵阳	本科	公办	旅游管理、旅游管理（酒店管理方向）、旅游管理（乘务服务方向）
7	贵州轻工职业技术学院	贵阳	专科	公办	旅游管理、研学旅行管理与服务、酒店管理与数字化运营
8	贵阳职业技术学院	贵阳	专科	公办	旅游管理、酒店管理与数字化运营
9	贵州职业技术学院（贵州开放大学）	贵阳	专科	公办	旅游管理
10	贵州水利水电职业技术学院	贵阳	专科	公办	旅游管理（旅行社管理方向）、旅游管理（研学旅游方向）、酒店管理与数字化运营
11	贵州电子商务职业技术学院	贵阳	专科	公办	旅游管理、酒店管理与数字化运营、烹饪工艺与营养
12	贵州电子科技职业学院	贵阳	专科	公办	旅游管理
13	贵州装备制造职业学院	贵阳	专科	公办	旅游管理
14	贵州食品工程职业学院	贵阳	专科	公办	烹饪工艺与营养、中西面点工艺
15	贵州财经职业学院	贵阳	专科	公办	旅游管理、酒店管理与数字化运营

续表

序号	学校名称	分布地区	层次	性质	旅游相关专业
16	贵州文化旅游职业学院	贵阳	专科	公办	旅游管理、会展策划与管理、烹饪工艺与营养、中西面点工艺、研学旅行管理与服务、智慧景区开发与管理、酒店管理与数字化运营
17	贵州航空职业技术学院	贵阳	专科	公办	旅游管理、酒店管理与数字化运营、烹饪工艺与营养
18	贵州城市职业学院	贵阳	专科	民办	智慧旅游技术应用
19	六盘水职业技术学院	六盘水	专科	公办	旅游管理、酒店管理与数字化运营
20	黔东南民族职业技术学院	黔东南	专科	公办	旅游管理、烹饪工艺与营养、旅游管理（酒店管理方向）
21	黔南民族职业技术学院	黔南	专科	公办	旅游管理、烹饪工艺与营养、茶艺与茶文化
22	贵州经贸职业技术学院	黔南	专科	公办	旅游管理、烹饪工艺与营养、茶艺与茶文化、研学旅行管理与服务
23	贵州机电职业技术学院	黔南	专科	公办	旅游管理
24	贵州应用技术职业学院	黔南	专科	民办	旅游管理
25	黔西南民族职业技术学院	黔西南	专科	公办	旅游管理、酒店管理与数字化运营
26	铜仁职业技术学院	铜仁	专科	公办	旅游管理
27	铜仁幼儿师范高等专科学校	铜仁	专科	公办	旅游管理、酒店管理与数字化运营、研学旅行管理与服务
28	贵州航天职业技术学院	遵义	专科	公办	旅游管理
29	遵义职业技术学院	遵义	专科	公办	旅游管理（酒店集团化运营方向）

注：以 2024 年高考录取专业为横截面。

以下是对这些院校的分布及其旅游相关专业的详细分析。

贵阳市作为贵州省的省会城市，不仅在经济和文化上占据重要地位，其职业教育资源也非常丰富，是全省旅游相关专业最为集中的地区。全市共有 13 所高职院校开设了旅游相关专业，占全省总数的45%。这些院校涵盖了从专科到本科的各个层次，既有公办院校，也有民办院校，形成了多样化的教育体系。其中，贵州交通职业大学是贵阳市唯一开设旅游相关专业的本科院校，提供了旅游管理及其相关的酒店管理和乘务服务方向，突显了贵阳市在高端旅游管理人才培养上的显著优势。在专科层次，贵阳市的职业院校也呈现出多样化发展，除了传统的旅游管理和酒店管理，还开设了诸如烹饪工艺与营养、智慧景区开发与管理等专业，充分满足了旅游产业链上各类人才的需求。例如，贵州文化旅游职业学院不仅提供了旅游管理等基础课程，还设立了会展策划与管理、智慧景区开发与管理等多个特色专业，体现了其对现代旅游产业的全面支持。这种多层次、多领域的旅游专业设置，表明贵阳市不仅在院校数量上具有优势，还在专业的广度和深度上为贵州省旅游业的发展提供了全方位的人才保障。随着贵州省旅游业的持续发展，贵阳作为旅游教育中心的地位将更加巩固，其职业院校将在培养适应行业需求的应用型、复合型人才中扮演越来越重要的角色。

毕节市作为贵州省的一个重要区域，其高等职业教育院校在满足地方经济发展需求方面具有重要作用。全市共有3所高职院校开设了旅游相关专业，占全省开设旅游类专业院校总数的10.3%，其中包括毕节职业技术学院和毕节工业职业技术学院，均为公办专科院校。这些院校主要提供基础性旅游专业课程，如旅游管理、酒店管理与数字化运营、烹饪工艺与营养等，重点培养基础性服务人才，适应本地旅游产业发展的需要。毕节市的旅游业处于发展初期，区域内的旅游基础设施和服务业尚在完善过程中，因此对应用型、技能型人才的需求尤为迫切。毕节市的职业院校通过开设这些基础旅游专业，为当地旅游业提供了大批合格的基层服务人才，推动了地方旅游产业的稳步发展。这种职业教育与地方经济发展的紧密结合，不仅满足了毕节市当前旅游服务业的需求，也为该地区未来旅游业的进一步发展奠定了坚实的人才基础。随着旅游业的逐步壮大，这些院校将继续在地方经济中发挥不可或缺的作用，帮助提升毕节市的旅游竞争力和服务水平。

黔南布依族苗族自治州作为一个少数民族聚居区，其高等职业教育在旅游相关领域展现了鲜明的地方特色。全州共有4所高职院校开设了旅游相关专业，占全省总数的13.8%。这些院校不仅提供了如旅游管理、烹饪工艺与营养等基础性旅游专业，还结合黔南独特的地方资源和文化，开设了茶艺与茶文化、研学旅行管理与服务等具有地方特色的专业课程，充分体现了黔南州在旅游教育中的地域特色。茶艺与茶文化专业的设置，紧密结合了黔南地区丰富的茶文化资源，使职业教育与地方特色产业实现了高度融合，不仅为茶产业提供了必要的技术人才，还推动了茶文化在旅游业中的传播与发展。此外，随着近年来研学旅游的兴起，黔南州的职业院校通过开设研学旅行管理与服务专业，顺应了这一新兴旅游形式的需求，培养了大量具有专业素养的人才，为文化旅游、研学旅游等新型旅游业态的蓬勃发展提供了重要支持。黔南州通过其职业院校，充分发挥了地方文化与产业的优势，推动了旅游教育与产业需求的紧密结合。随着文化旅游和研学旅游的进一步发展，黔南州的职业教育体系将继续为该地区的旅游产业提供源源不断的专业人才，助力当地旅游产业的持续升级。

黔东南苗族侗族自治州作为贵州省重要的少数民族聚居区，其职业教育在旅游相关领域展现出独特的民族文化与现代旅游产业的结合。黔东南州共有1所高职院校，即黔东南民族职业技术学院开设了旅游相关专业，占全省总数的3.4%。该校的旅游管理专业不仅涵盖了酒店管理方向，还开设了烹饪工艺与营养等与旅游餐饮紧密相关的领域。这些专业的设置，紧密结合了黔东南州丰富的民族文化和独特的饮食资源，特别是苗族、侗族等少数民族的传统美食，成为当地旅游餐饮服务的重要组成部分。通过开设烹饪工艺与营养专业，黔东南州的职业教育为少数民族风味的发扬和传承提供了支持，也为地方旅游业的发展培养了大批熟悉民族文化和现代服务业的专业人才。黔东南州的职业院校在现代旅游服务的基础上，注重民族文化的融入，为当地的特色旅游业提供了重要的人才支撑。例如，随着黔东南少数民族地区的旅游开发日益深入，民族风味美食逐渐成为吸引游客的重要亮点，黔东南民族职业技术学院通过烹饪工艺与营养课程的设置，培养了大量能够将民族传统与现代烹饪技术结合的人才。这些人才不仅满足了当地旅游业对服务型人才的需求，还推动了民族文化在旅游市场中的展示与传播。因此，黔东南州的职业教育在推动民族文化与现代旅游产业的结合方面具有积极意义，为地方旅游产业的发展注入了新的活力和动力。随着少数民族特色旅游的蓬勃发展，黔东南的职业教育将在培养更具民族特色和专业化的旅游人才方面发挥更加重要的作用。

遵义市作为贵州省的历史文化名城和红色旅游的重要基地，其职业教育在旅游相关专业的设置上展现了独特的地域优势和产业结合。遵义市共有2所高职院校开设了旅游相关专业，占全省总数的6.9%。这些院校不仅提供了传统的旅游管理课程，还创新性地结合了酒店集团化运营等现代旅游管理模式，体现了遵义市职业教育在推动现代旅游产业发展的积极探索。通过这些课程，遵义市的职业院校不仅培养了适应当地旅游市场的基础人才，还致力于为酒店集团化运营等现代化的旅游管理需求提供高效的管理型人才。遵义市作为中国著名的红色旅游目的地，依托其丰富的历史文化资源和日益发展的旅游业，职业教育的发展紧密围绕地方经济需求，特别是高水平的旅游服务和酒店管理人才的培养。院校在开设旅游管理专业的同时，结合酒店集团化运营的课程设置，为地方的高端酒店和大型旅游集团提供了量身定制的管理人才。这些专业的设置不仅增强了遵义市的旅游业竞争力，还推动了酒店管理服务水平的提升，满足了现代旅游市场对于管理型和专业化服务型人才的需求。凭借红色旅游和历史文化名城的独特优势，遵义市的职业院校通过与现代旅游产业的紧密结合，促进了地方旅游业的发展，为其服务业的现代化升级提供了强有力的人才支持。

铜仁市在贵州省的旅游职业教育体系中占据了一席之地，共有 2 所高职院校开设了旅游相关专业，占全省总数的 6.9%。这些院校主要提供了旅游管理和酒店管理等基础性专业，专注于为当地及周边地区培养基础旅游服务人才。这些基础课程为铜仁市旅游产业的发展提供了坚实的人才支撑，尤其是在酒店管理和旅游服务方面，能够培养出具备专业技能的应用型人才，为铜仁市的旅游服务质量提升做出了重要贡献。此外，铜仁幼儿师范高等专科学校还独具特色地开设了研学旅行管理与服务专业。这一专业顺应了近年来研学旅游兴起的潮流，不仅填补了铜仁市在这一新兴旅游领域的人才缺口，还为当地及周边地区研学旅游的进一步发展提供了专业支持。研学旅游作为一种将教育与旅行结合的新型旅游方式，受到越来越多家长和学生的青睐，而铜仁市通过职业教育涉足这一领域，展示了其在现代旅游产业转型中的灵活性和前瞻性。铜仁市的职业院校通过扎实的基础性课程和研学旅行等新兴专业的引入，为当地旅游产业的多元化发展提供了强大的智力支持和人才储备，推动了地方旅游服务业的全面提升。

六盘水市的旅游职业教育规模较为有限，市内仅有 1 所高职院校——六盘水职业技术学院开设了旅游相关专业，占全省高职院校总数的 3.4%。该校的旅游专业设置较为基础，涵盖了旅游管理、酒店管理与数字化运营等课程，主要致力于为当地旅游服务业培养基础型人才。尽管六盘水市的旅游教育规模较小，但其专业课程的设计紧密契合了地方旅游业发展的实际需求，特别是在酒店管理和旅游服务的基础层面上，能够为地方企业提供所需的服务型和管理型人才。六盘水市的旅游业虽不像省会城市贵阳那样发达，但该市正逐步发展以自然景观为依托的旅游产业，包括生态旅游、山地旅游等。因此，六盘水职业技术学院开设的旅游管理和酒店管理等专业，恰好满足了当地旅游市场对基础服务和运营管理人才的需求。这些基础性专业为地方旅游企业提供了稳定的人才输送渠道，促进了六盘水市旅游服务质量的提升。尽管教育规模较小，但六盘水市的职业院校通过有针对性的课程设置，在地方旅游产业发展中发挥了积极作用，为该地区的旅游业提供了重要的智力支持和人才保障，推动了本地旅游服务业的不断进步。

黔西南布依族苗族自治州的旅游管理教育正处于起步阶段，目前仅有 1 所高职院校——黔西南民族职业技术学院开设了旅游管理和酒店管理与数字化运营专业，占全省旅游相关专业院校总数的 3.4%。尽管专业设置相对简单，但这些基础课程为当地旅游产业的发展提供了初步的人才储备，尤其是在酒店管理和数字化运营领域。黔西南州作为贵州省的一个少数民族聚居区，正逐渐开发其丰富的自然和文化旅游资源，旅游业的发展潜力巨大。黔西南民族职业技术学院的相关专业设置，虽然规模较小，但正是这些专业为当地旅游业提供了急需的基础性服务人才，为地方经济发展起到了重要的支撑作用。随着旅游产业的逐步发展，黔西南州的职业教育有望进一步扩展和深化。目前的旅游管理和酒店管理与数字化运营专业只是初步尝试，未来在地方旅游产业不断壮大的背景下，可能会开设更多与地方特色相结合的旅游相关专业，进一步提升旅游服务质量，推动旅游业的发展。通过当前的专业教育，黔西南州正逐渐为其旅游业积累所需的管理和运营人才，促进地方旅游经济的长远发展。

安顺市作为贵州省西南部的一个重要城市，其职业教育在旅游相关领域展示了地方文化与现代旅游产业的结合。共有 2 所高职院校开设了旅游相关专业，占全省总数的 6.9%，即安顺职业技术学院和贵州民用航空职业学院，它们开设的旅游相关专业占到了全省的一定比重。这些专业的设置不仅覆盖了酒店管理与数字化运营，还包括烹饪工艺与营养、研学旅行管理与服务、茶艺与茶文化等与现代旅游密切相关的领域。安顺职业技术学院特别强调了旅游管理专业的多方面发展，涵盖从传统的酒店管理到现代的数字化运营，以及与地方特色文化紧密结合的茶艺与茶文化。此外，学院的烹饪工艺与营养专业不仅着眼于技能培训，也致力于传承和创新当地的饮食文化，使之成为吸引游客的亮点之一。通过这些专业的教育，安顺的职业院校为旅游业的现代服务提供了专业人才支持，同时也强化了地方文化的保护与发展。贵州民用航空职业学院则通过其酒店管理与数字化运营、烹饪工艺与营养及中西面点工艺等课程，培养了一批能将现代服务技能和地方饮食传统相结合的专业人才。这些人才不仅能满足当地旅游业对高质量服务的需求，还推动了地方美食文化在更广泛旅游市场的推广与传播。因此，安顺市的职业教育在推动现代旅游服务的基础上，注重地方文化的融入和创新，为当地的特色旅游业提供了重要的人才支持和文化传承，为地方旅游产业的发展注入了新的活力和动力。随着旅游业的持续发展，安顺的职业教育将在培养更具地方特色和专业化的旅游人才方面发挥更加重要的作用。

通过对贵州省开设旅游相关专业的高等职业教育院校的分析，可以看出，贵州省的旅游职业教育集中在贵阳市及其周边地区。贵阳作为全省的旅游教育中心，拥有最多的院校和最丰富的专业设置，涵盖了从旅游管理到酒店管理、烹饪工艺等多个领域。毕节、黔南、遵义等地的职业教育注重结合地方特色，培养适应本地经济发展的应用型人才。此外，像黔东南和黔西南这样的偏远地区，虽然旅游职业教育规模较小，但也开始注重发展这些专业，为当地旅游产业的初步发展奠定了基础，为未来的产业升级提供了人才储备。

二、旅游职教体系与保障机制

通过对贵州开办旅游类专业的 29 所高等职业院校的 29 份"职业教育质量年度报告"文本分析，贵州的职业教育通过持续的改革与创新，逐步形成了多层次、多样化的旅游职业教育体系。这一体系不仅涵盖了专科、本科等学历教育，还涉及技能培训、成人教育等非学历教育形式，以满足不同群体、不同产业的人才需求。

（一）多层次教育衔接

贵州省职业教育的一个显著特点是多层次教育体系的构建。在国家职业教育改革的背景下，贵州省不断推动职业教育的升级与优化，构建了以中等职业教育、高等职业教育、本科职业教育和继续教育为一体的多层次教育体系。这一体系的构建有效衔接了不同教育层次，为学生提供了更多的学习和职业发展的选择。根据年度报告，各职业院校不仅仅局限于提供单一的教育层次，很多学校已通过校际合作或校企合作模式，实现了中高职贯通、专本衔接。例如，贵州交通职业技术学院通过"3+2"中高职衔接教育模式，确保学生在中职教育后能够顺利衔接高职教育。通过这种模式，学生不仅能够在更短时间内获得高等教育学历，还可以在完成学业后直接进入劳动力市场，增强就业竞争力。与此同时，职业院校还通过与地方本科院校合作，推动高职和本科之间的衔接。例如，贵州职业技术学院与贵州师范大学合作开设了多项专升本教育项目，通过专本贯通培养模式，帮助更多学生获得更高的学术资格，进一步提升其职业竞争力。这类合作模式不仅拓宽了学生的升学路径，也为地方产业发展培养了更高素质的人才。此外，贵州省还通过推动职业教育与继续教育的衔接，鼓励在职人员通过继续教育提升专业技能和学历水平。很多院校，如贵州电子科技职业学院，开设了继续教育课程，针对地方产业的技能需求，提供职业资格认证和技术提升培训，确保在职人员能够与时俱进，适应产业转型的要求。

（二）多方面教育质量保障机制

在职业教育改革的过程中，教育质量保障机制的建立和完善成为贵州省职业院校发展的重点之一。教育质量直接关系到学校的办学水平和学生的培养质量。为确保职业教育的高质量发展，贵州各职业院校在国家和地方政策的指导下，建立了系统的教育质量保障机制，涵盖了教学评估、学生学习效果反馈、师资队伍建设等多方面。

一是教学评估机制。教学评估是保障教育质量的核心环节之一。贵州省各职业院校通过建立完善的教学评估体系，定期对教学过程、教学内容、教学方法进行评价和调整。根据各院校的质量报告，教学评估体系不仅包括教师的自我评估，还通过学生反馈、校外评估专家的定期检查来确保教学质量的提升。贵州财经职业学院实施了每学期的教学评估制度，不仅由教师进行自我评估，还通过学生满意度调查、教学督导组的课堂检查等方式，实时掌握教学中的问题，并在学期末组织教学质量分析会，针对问题提出改进方案。这种多元化的评估方式，有效促进了学校教学质量的提升。

二是学生学习效果反馈机制。为确保学生能够充分掌握专业技能和理论知识，贵州省各职业院校建立了学生学习效果反馈机制。这一机制通过期中、期末考核以及实训实习后的反馈来评估学生的学习成果。贵州轻工职业技术学院在年度报告中提到，通过在每个学期末进行技能考核，结合校企合作企业的实习反馈，不断调整教学计划，确保学生在毕业后能够快速适应工作岗位。学生学习效果反馈机制的实施，使得学校能够更及时发现教学中的问题，调整教学内容与方法，提高学生的学习效率与质量。

三是师资队伍建设与培训。师资力量的提升是教育质量保障机制中不可或缺的组成部分。贵州省各职业院校在报告中普遍提到，通过引入"双师型"教师、定期组织教师参加行业培训等方式，不断提升教师的专业水平和教学能力。毕节职业技术学院每年都会组织教师赴企业参加培训和实践，确保教师不仅具备扎实的理论基础，还拥有丰富的实践经验。同时，学校还引入企业专家作为兼职教师，将最新的行业技术与发展动态融入课堂，进一步提升了教学的实用性和前沿性。此外，学校通过校企合作，实施"双师型"教师制度，即教师不仅具有教学能力，还要具备行业背景和实践经验。这种师资队伍建设模式使得教学内容更贴近实际产业需求，学生能够学到更具操作性的技能。

四是校企合作的质量保障。产教融合的质量保障机制也是贵州省职业教育质量体系的重要组成部分。校企合作不仅为学生提供了丰富的实践机会，也在教学内容的设计上发挥了积极作用。通过校企合作，学校能够获得最新的产业动态，及时调整课程内容，确保学生所学与市场需求紧密衔接。例如，遵义职业技术学院在年度报告中提到，通过与多家地方企业合作，共建了多个实训基地，学生能够在真实的工作环境中学习与实践。企业在与学校合作中，也会定期反馈学生在实训中的表现，学校据此调整课程内容和教学方式。这种校企合作不仅提高了学生的技能水平，也保障了教学质量与企业需求的无缝对接。

五是信息化教学的保障机制。随着信息技术的广泛应用，贵州省职业院校逐步将信息化教学纳入教育质量保障体系。通过智慧校园、在线教学平台、虚拟仿真实训等信息化手段，学校不仅提升了教学质量，也为学生提供了更加灵活的学习方式。贵州电子科技职业学院通过信息化教学手段，建立了覆盖教学、管理、评估的完整体系，推动了线上线下混合式教学模式的实施。在线教学平台的引入，使得学生能够在课后随时复习所学内容，并通过在线考试、作业提交等方式进行自我评估，学校也能够实时跟踪学生的学习进度，及时调整教学策略。

三、旅游专业建设与人才培养

专业建设与人才培养是职业教育高质量发展的核心内容之一。贵州省29所研究对象职业院校2023年度质量报告中，展现了专业建设与人才培养的持续优化，特别是在旅游相关专业的建设上，紧密对接了地方产业需求，确保了职业教育在人才培养上与地方经济的技术技能需求相匹配。通过不断调整和优化，旅游相关专业在服务地方经济、促进学生就业、提升学生职业技能等方面取得了显著成果。本节将围绕以下几方面进行详细阐述。

（一）对接产业需求的专业设置

贵州省是中国的旅游大省，以丰富的自然景观和民族文化吸引着大量游客。因此，贵州省职业院校在设置旅游相关专业时，应紧密结合地方旅游产业的需求，推动课程设置与市场需求的同步发展。旅游管理、酒店管理、旅游资源开发与规划等专业在各职业院校的课程设置中占据重要地位。安顺职业技术学院结合当地丰富的旅游资源，开设了旅游管理、酒店管理与数字化运营等专业，为安顺市的康养和文化旅游产业输送了大量人才。学院不仅注重培养学生的基础理论知识，还通过实训课程、校企合作等方式，提升学生的实践能力，确保学生毕业后能够迅速适应岗位需求。类似地，毕节职业技术学院在课程设置上也针对当地的红色旅游资源和生态旅游需求，开设了旅游管理、烹饪工艺与营养等专业，培养既懂得旅游管理，又具备餐饮服务技能的复合型人才。这种专业设置的多样化与地方旅游产业的快速发展形成了高度契合，确保了学生毕业后能够在旅游产业链的多个岗位上胜任工作。此外，黔东南民族职业技术学院在专业设置中融入了地方民族文化，开设了苗侗民族歌舞、茶艺与茶文化等特色课程，强调民族文化与现代旅游的结合。这些专业为黔东南地区的文化旅游和研学旅游产业提供了强有力的人才支持。

（二）专业一体化设计与连贯性课程

为了增强学生的综合素质，贵州省各职业院校在旅游相关专业的设置中，注重专业一体化设计和连贯性课程的设置。专业一体化设计强调将理论知识与实践操作有机结合，确保学生能够在学习过程中系统掌握各类技能，并能够根据市场需求进行灵活调整。贵州交通职业技术学院在旅游管理专业的课程设计上，通过与地方旅游企业的合作，将课堂教学与实训课程紧密结合，实施"课堂+企业"的教学模式。学院通过这种模式，不仅提升了学生的职业技能，还增强了其实际操作能力，让学生在实训中积累了丰富的经验，为毕业后的顺利就业打下了坚实基础。在连贯性课程的设计上，职业院校通过课程模块化的方式，确保学生从基础理论到高级技能的学习路径清晰明了。例如，铜仁职业技术学院的旅游管理专业将理论课程、管理实践和实训操作分成不同模块，确保学生能够在不同阶段循序渐进地掌握相关技能。这种课程设计不仅提升了学生的学习体验，还确保了教学质量的稳步提升。

（三）课程内容与教学方法的创新

随着旅游产业的不断发展，旅游相关专业的课程内容也在不断更新。贵州省职业院校根据地方旅游业的发展趋势，积极调整课程内容，确保学生能够掌握最新的行业动态和技术。同时，教学方法也在不断创新，以适应现代教学的需求。贵阳职业技术学院在旅游管理和酒店管理专业中引入了智慧旅游管理课程，针对现代旅游中的智能化趋势进行教学。通过在线平台和数字化教学工具，学生能够学习如何运用大数据、人工智能等技术进行景区管理、旅游服务和游客体验提升。这种创新的课程内容使学生能够紧跟旅游行业的发展潮流，在未来就业中占据优势。此外，贵州省各职业院校还积极推动混合式教学，将线上线下相结合，提升教学效果。例如，贵州文化旅游职业学院通过智慧校园平台实施了线上线下结合的教学模式，学生能够通过网络平台进行理论学习，同时在线下进行实训操作，保证了理论与实践的无缝衔接。这种教学方法的创新有效提升了学生的学习体验和学习效率。

（四）师资队伍建设与校企合作

优质的师资队伍是高质量职业教育的关键，贵州省各职业院校在报告中均提到通过校企合作和教师培训等方式，提升教师的实践能力和教学水平。通过引入"双师型"教师和企业专家，各校进一步加强了师资队伍的建设，确保教学内容和教学方式紧密结合行业需求。贵州水利水电职业技术学院在旅游管理和酒店管理相关专业中，注重"双师型"教师的培养，教师既具备扎实的理论基础，又通过企业实践积累了丰富的行业经验。这种"双师型"教师不仅能够为学生传授前沿知识，还能够帮助学生更好地理解实际工作中的操作流程和行业规范。与此同时，校企合作在旅游专业的教学中起到了至关重要的作用。通过与地方旅游企业的深度合作，职业院校为学生提供了大量的实习和就业机会。例如，贵州职业技术学院与贵阳本地多家高星级酒店合作，为学生提供了真实的酒店管理实训机会，学生在实习过程中不仅能够提升实际操作能力，还能够积累宝贵的行业经验。这种校企合作的深入推动，不仅有助于提升学生的职业能力，也增强了学校与地方企业的联系，进一步促进了地方旅游业的发展。

（五）教材与教学资源建设

教材与教学资源的建设直接影响到教学的质量和学生的学习效果。贵州省各职业院校在旅游相关专业的教材编写和教学资源建设方面，结合地方文化和旅游产业的发展，编制了多部具有地方特色的教材，确保教学内容与地方实际需求相吻合。例如，贵州民用航空职业学院根据贵州省航空旅游发展的需求，编写了《航空服务与旅游管理》教材，将航空服务和旅游管理结合起来，提升了学生在航空旅游服务领域的专业技能。这种结合地方产业需求的教材编写，帮助学生掌握了更具实用性的专业知识，增强了其就业竞争力。同时，各校还积极推动数字化教学资源的建设。例如，贵州财经职业学院建立了在线学习平台，学生可以通过该平台获取丰富的课程资源、学习资料和实践案例，极大地提升了学习的便捷性和学习效果。这种教学资源的数字化建设，为学生提供了更加灵活的学习方式，确保了学生在校内外都能够随时进行学习和复习。贵州省职业院校的旅游相关专业通过课程设置与教学模式的不断优化，成功实现了人才培养与地方产业需求的高度对接。通过紧密结合地方旅游产业需求，各院校在专业设置、课程内容、教学方法、师资队伍和教材建设等方面做出了重要调整，确保了学生具备扎实的职业技能和广泛的就业机会。贵州省旅游相关专业的高质量发展，不仅为地方经济的发展提供了强有力的人才支持，也为职业教育在服务地方经济中的作用树立了典范。

四、旅游产教融合校企合作模式

产教融合与校企合作是推动职业教育高质量发展的关键路径之一。通过这种模式，职业院校和地方产业形成紧密的合作关系，确保学生在理论学习和实践操作中得到充分的锻炼，培养出高素质、应用型技能人才。贵州作为一个以旅游业、农业和大数据产业为支柱的省份，职业教育与地方经济的深度融合为区域发展提供了源源不断的人才支持。基于"职业教育质量年度报告"详细分析贵州职业教育中的产教融合与校企合作的现状、模式、实践案例，以及面临的挑战，并探讨其对推动贵州支柱产业的关键作用。

（一）校企合作的模式与案例分析

校企合作是贵州省职业院校实现产教融合的主要途径之一。各职业院校通过与地方企业的合作，共同构建实训基地、设计课程内容、参与教学评估，确保教学内容与市场需求紧密衔接。一是实训基地共建模式。安顺职业技术学院与当地旅游产业紧密合作，共同建设了多个实训基地，涵盖了酒店管理、旅游景区管理等专业领域。这些实训基地不仅为学生提供了真实的工作环境，还通过企业导师的指导，让学生在实训中积累了丰富的实际操作经验。报告指出，通过与地方酒店和景区的合作，学生能够掌握现代旅游服务业的管理模式和技能，毕业后迅速适应岗位需求。类似地，贵州交通职业技术学院与多家交通运输公司和旅游企业合作，建立了交通运输与旅游服务实训基地。通过这种校企共建模式，学校能够根据企业的实际需求调整课程内容，使学生在校期间所学与企业岗位需求完全匹配。二是订单式人才培养模式。订单式培养模式是校企合作的一种有效方式，企业根据自身的人才需求，与职业院校签订合作协议，定向培养学生。例如，贵州轻工职业技术学院与地方旅游企业签订了订单式人才培养协议。根据协议，学院根据企业的需求设计课程内容，并在教学过程中引入企业的标准和操作流程。学生在校期间能够参与企业的生产和运营，毕业后可以直接进入合作企业工作。这种模式不仅保障了学生的就业机会，还提升了企业的招聘效率和用人匹配度。三是校企联合培养"双师型"教师模式。贵州省各职业院校还通过校企合作，共同培养"双师型"教师，确保教师既具备扎实的理论知识，又拥有丰富的行业实践经验。黔南民族职业技术学院通过与地方旅游企业的合作，派遣教师定期进入企业进行培训和实践，提升教师的行业实践能力。企业专家也会作为兼职教师进入校园，直接参与教学活动，将最新的行业动态和技术带入课堂。这种双向合作模式，不仅提升了教学质量，还保证了学生所学知识的前沿性和实用性。

（二）产教融合的实践与挑战

产教融合是职业教育改革的重要方向，贵州省各职业院校在实践中积极推动这一模式，通过校企深度合作，为地方经济发展培养了大批技能型人才。然而，尽管产教融合取得了一定成效，但在实施过程中也面临一些挑战。通过产教融合，贵州职业院校不仅提升了学生的技能水平，还增强了学校与地方产业的联系。例如，贵州电子商务职业技术学院通过与地方电商平台的合作，开设了电子商务与旅游推广课程，学生在校期间就能参与地方旅游产品的线上推广工作，提升学生的就业竞争力，还直接推动地方旅游业的发展。此外，贵州省多所职业院校还通过"企业定制课程"推动产教融合。企业根据自身的发展需求，参与到学校的课程设计中，确保学生所学知识与实际岗位需求相符。例如，贵州文化旅游职业学院与地方景区合作，开设了"智慧旅游管理"课程，培养学生在大数据、人工智能等技术背景下的景区管理能力。通过这种企业参与的课程设计，学校能够为地方智慧旅游产业培养出高素质的管理人才。

尽管产教融合模式在贵州省的职业院校中取得了一定成效，但在实际操作中也面临一些挑战。首先，企业的参与度不足是产教融合实施中的一个主要问题。部分企业由于成本和资源的限制，参与到职业教育中的积极性不高。这使得一些职业院校在实施产教融合时，缺乏企业的深度支持，无法有效推动这一模式的落地。其次，校企合作中存在信息不对称的问题。企业在人才需求上与学校的课程设置存在一定的差距，导致学生在毕业后需要再培训才能适应岗位需求。例如，一些职业院校的课程设置过于理论化，缺乏实践性，使得学生在毕业后难以立即进入企业岗位。此外，企业与学校的合作机制仍需进一步完善。部分职业院校在与企业合作过程中，缺乏长期稳定的合作机制，导致合作项目难以持续深入。如何建立更加稳固的校企合作关系，确保合作内容的持续性和深度，仍是贵州职业教育面临的挑战。产教融合与校企合作是推动贵州职业教育高质量发展的重要模式。通过校企深度合作，职业院校能够更好地培养出适应地方产业需求的高素质技能型人才。在旅游等支柱产业中，贵州省职业院校通过订单式培养、实训基地共建等方式，推动了学生的职业能力提升。然而，产教融合在实施过程中仍面临一些挑战，未来需要通过政策支持、企业参与度提升和教师队伍建设等多方面的努力，进一步推动这一模式的深入发展。

五、旅游教师队伍建设

职业教育的高质量发展离不开高水平教师队伍的支撑，教师的专业能力和素养是推动教育质量提升的关键因素。贵州省的职业教育，特别是在旅游相关专业的建设中，教师队伍建设显得尤为重要。职业教育不仅需要具备扎实理论知识的教师，还需要拥有行业实践经验的"双师型"教师，以适应地方旅游产业发展的实际需求。基于 29 所职业院校的"教育质量年度报告"，下文将探讨教师专业能力提升的路径、教师团队的激励与评价机制，以及教师队伍建设的未来展望。

（一）教师专业能力的提升路径

教师专业能力的提升是推动职业教育高质量发展的核心。贵州省各职业院校在年度报告中普遍强调，教师的能力建设不仅体现在理论教学的扎实基础上，更重要的是提升行业实践经验和产教融合的教学能力。一是校企合作提升教师实践能力。贵州省的职业院校在旅游相关专业的教师队伍建设上，普遍采取了校企合作的方式，提升教师的实践能力。例如，安顺职业技术学院通过与地方旅游企业合作，定期派遣教师进入企业进行培训和实践，确保教师能够掌握最新的行业动态和实际操作技能。这种校企合作不仅为教师提供了实践的机会，还为学生的教学质量提升打下了坚实基础。毕节职业技术学院则通过与地方红色旅游景区的合作，使教师在景区中实际参与管理和运营，从中积累了丰富的行业经验。这种"走出去"的培训模式，不仅提升了教师的行业经验，还帮助教师更好地将实践知识带回课堂，丰富了教学内容。二是参与行业培训与技能竞赛。参与行业培训和技能竞赛也是贵州省职业院校提升教师专业能力的主要途径之一。年度报告中提到，贵州省多所职业院校的教师定期参加省级和国家级的旅游行业培训，并通过参与各类技能竞赛，提升自身的实操能力和教学水平。例如，贵州轻工职业技术学院的教师通过参加全国职业院校技能大赛，积累了丰富的教学经验，并获得了行业认可的奖项，这不仅提升了教师的教学质量，还增强了学校的声誉。三是"双师型"教师的培养。"双师型"教师，即既具备理论教学能力又具备行业实践经验的教师，是职业教育教师队伍建设的重点。贵州省的职业院校通过与企业合作、引入行业专家等方式，积极推动"双师型"教师队伍的建设。贵州文化旅游职业学院通过与地方酒店和旅游景区的深度合作，不仅将行业专家引入学校担任兼职教师，还鼓励现有教师进入企业实践，从而打造出一支既具备理论基础又能胜任实际操作的"双师型"教师团队。这种"双师型"教师的培养模式，有效提升了教学内容的实际应用性，确保了学生能够掌握与行业接轨的技能。四是教师的国际视野拓展。为了应对旅游行业的国际化发展趋势，贵州省部分职业院校还通过国际合作、派遣教师出国培训等方式，提升教师的国际视野。例如，贵州交通职业技术学院通过与国际知名酒店管理集团的合作，派遣教师赴海外进行交流学习，不仅提升了教师的专业能力，还引入了国际先进的教学理念和管理经验。这种国际化的合作和培训方式，不仅丰富了教学内容，还为学生提供了更多的国际化职业发展机会。

（二）教师团队的激励与评价机制

在教师队伍建设中，激励与评价机制的完善对教师的职业发展至关重要。贵州省各职业院校通过制定明确的教师评价标准，实施多元化的激励措施，鼓励教师提升教学质量和实践能力。一是教学与实践并重的评价机制。贵州省职业院校的教师评价机制普遍强调教学与实践并重的原则。例如，贵州电子商务职业技术学院在其年度报告中提到，学校通过教学评估、学生反馈、行业专家评估等多渠道的方式，对教师进行全面评价。这种多元化的评价体系确保了教师的教学质量和实践能力能够得到客观评估，并且教师的行业经验也作为评价的重要标准之一。这种评价机制促使教师在教学过程中不仅注重理论知识的传授，还需要不断提升实践能力，适应行业发展的需求。二是职业发展与科研激励。贵州省的职业院校还通过科研激励和职业发展路径的设计，促进教师的持续成长。例如，遵义职业技术学院通过设立科研项目激励基金，鼓励教师积极参与职业教育领域的科研工作，同时将科研成果应用于教学实践中。这种激励机制不仅提升了教师的科研水平，还使教师能够将最新的研究成果引入课堂，增强了教学的创新性。此外，学校还为教师提供了明确的职业发展路径。通过设立优秀教师评选、教学成果奖等方式，鼓励教师在教学与实践中不断提升自我。报告中提到，贵州职业技术学院每年都会评选出"教学标兵"，并通过校内外的多种宣传方式，表彰优秀教师的教学成就，这种激励方式极大提升了教师的教学积极性。三是行业企业对教师的激励。贵州省的校企合作模式不仅为学生提供了实习和就业机会，也通过企业对教师的参与给予奖励，形成了双向激励。例如，企业为参与校企合作的教师提供实践平台和技术支持，帮助教师提升教学水平。同时，企业还会根据项目的实际需求，对参与的教师给予奖励，确保教师在教学实践中的贡献得到充分认可。例如，贵州水利水电职业技术学院通过与地方旅游景区的合作，不仅为学生提供了丰富的实训机会，还通过企业对教师的实践贡献进行表彰和奖励，激发了教师参与校企合作的积极性。教师队伍建设是贵州职业教育高质量发展的重要基础，特别是在旅游相关专业的建设中，教师的专业能力和行业实践经验直接影响到人才培养的质量。通过校企合作、行业培训、科研激励等多种方式，贵州省职业院校在教师队伍建设方面取得了显著成果。未来，随着旅游产业的不断发展，职业院校需要进一步加强教师队伍的国际化合作和实践能力提升，推动教学质量的持续提升，为贵州旅游产业的发展提供更加坚实的人才支持。

六、旅游学生发展与就业质量

在贵州职业教育高质量发展的进程中，学生的职业技能培养和就业质量是衡量其成效的核心标准。特别是在旅游相关专业的建设中，职业教育不仅要注重学生的学术水平和专业素质，还要确保他们在毕业后能够迅速融入工作岗位并为地方经济发展做出贡献。贵州省29所职业院校通过构建紧密对接地方产业的课程体系，深化校企合作，推动技能大赛和认证体系的实施，以及提升师资队伍的实践教学能力，确保学生在校期间能够全面发展职业技能。与此同时，毕业生的就业率和就业质量也成为衡量贵州职业教育成果的重要指标。

（一）学生职业技能培养

学生职业技能的培养是职业教育的核心任务之一。对于贵州的旅游相关专业，职业院校不仅要确保学生具备扎实的理论基础，还需要通过实践教学和实训环节，培养学生在实际工作中的操作能力、创新精神以及应对复杂工作的能力。为此，贵州省的职业院校在旅游相关专业的课程体系设计和实践教学模式上进行了多项创新。

首先，课程体系与产业对接。贵州省的职业院校通过与地方旅游产业的深度对接，确保学生在校期间所学的理论知识能够直接应用于工作岗位。课程设计紧密围绕地方旅游业的需求，涵盖了从基础的旅游管理到智慧旅游、文化旅游等新兴领域的专业课程。例如，贵州文化旅游职业学院结合贵州省丰富的民族文化和自然资源，在旅游管理专业中增加了文化遗产管理、智慧景区开发等课程模块。这种课程设置不仅提高了学生的综合素质，还增强了他们在毕业后的职业适应能力。此外，贵州交通职业技术学院在与地方旅游企业的合作中，专门设计了交通运输与旅游服务结合的课程，确保学生能够掌握跨行业的技能，从而在地方旅游业和交通运输领域中找到更多的就业机会。这种与产业紧密对接的课程体系，不仅使学生在毕业时能够迅速进入工作岗位，还为地方旅游产业的升级提供了新型人才。

其次，校企合作深化。校企合作是学生技能培养的有效途径之一。在贵州省，职业院校通过与地方旅游企业的深度合作，为学生提供了丰富的实习机会和真实的工作体验。例如，安顺职业技术学院与多家地方高星级酒店和景区建立了长期合作关系，学生在校期间可以通过轮岗实习的方式，掌握酒店管理、旅游服务和景区运营等各类技能。这些实习经历不仅增强了学生的实际操作能力，也提升了他们的就业竞争力。校企合作的深化还体现在企业直接参与教学内容的设计与教学过程。例如，黔东南民族职业技术学院通过与当地的文化旅游公司合作，让企业专家进入校园授课，学生不仅能够学习到企业管理者的实际工作经验，还能够根据企业的要求进行岗位实训，真正实现理论与实践的结合。

最后，技能大赛与认证体系。技能大赛与职业资格认证是贵州省职业院校提升学生技能水平的重要手段。通过参加各类省级、国家级技能大赛，学生不仅能够展示自身的专业能力，还能够在竞赛中提升实际操作能力。例如，贵州轻工职业技术学院的学生多次在省级技能大赛中获得旅游服务类项目的奖项，这不仅展示了学生的专业技能水平，也为学校赢得了荣誉。此外，职业资格认证体系在提升学生就业竞争力方面也发挥了重要作用。许多旅游相关专业的学生在校期间就能够通过各类认证考试，获得国家和行业认可的职业资格证书。例如，贵州水利水电职业技术学院旅游管理专业的学生通过旅游服务相关的资格认证，提升了在旅游景区管理和服务行业的就业优势。这种资格认证体系的建立，确保学生在毕业时具备一定的行业资质，能够更好地应对就业市场的需求。

（二）毕业生就业情况分析

贵州省职业院校毕业生的就业情况是衡量职业教育成果的重要指标之一（表3-4）。在旅游相关专业的建设中，毕业生的就业率、专业对口率以及就业质量都取得了显著成果。各院校通过与地方企业的深度合作、推动创新创业教育等举措，确保学生在毕业后能够顺利就业并为地方经济发展做出贡献。

表3-4　2023年29所办旅游大类相关专业高职院校的就业情况

学校	留在当地就业数占毕业生就业总人数比（%）	毕业生就业率（%）	毕业生满意度（%）	用人单位满意度（%）	家长满意度（%）
安顺职业技术学院	25.05	86.25	93.94	98.03	99.8
贵州民用航空职业学院	6.62	90.48	61.73	100	74.25
毕节职业技术学院	36.78	88.43	–	98.53	79.13
毕节工业职业技术学院	39.95	88.93	91.42	91.96	90.3

续表

学校	留在当地就业数占毕业生就业总人数比（%）	毕业生就业率（%）	毕业生满意度（%）	用人单位满意度（%）	家长满意度（%）
贵州工贸职业学院	20.28	82.77	91.52	96.3	94.23
贵州交通职业大学	38.63	98.21	96.76	100	97.26
贵州轻工职业技术学院	95.29	97.19	95.35	100	98.5
贵阳职业技术学院	58.75	100.00	92.19	97.5	90.61
贵州职业技术学院（贵州开放大学）	71.19	88.12	96.9	98.81	94
贵州水利水电职业技术学院	69.66	91.50	93.48	98.36	94.77
贵州电子商务职业技术学院	84.79	93.76	91.32	100	92.86
贵州电子科技职业学院	65.64	94.59	86.54	98.48	91.5
贵州装备制造职业学院	61.91	96.23	95.69	97.93	98
贵州食品工程职业学院	74.74	91.86	93.75	100	83.11
贵州财经职业学院	50.88	93.08	97.34	100	86.96
贵州文化旅游职业学院	87.44	–	–	–	93
贵州航空职业技术学院	37.71	91.02	91.46	98.51	88.62
贵州城市职业学院	26.59	90.21	91.25	96.77	96.99
六盘水职业技术学院	22.99	92.37	83.29	97.53	90.99
黔东南民族职业技术学院	30.58	91.35	–	99.2	96.35
黔南民族职业技术学院	18.39	89.07	98.74	99.87	98.69
贵州经贸职业技术学院	73.66	96.67	–	–	–
贵州机电职业技术学院	67.06	92.00	98.17	100	93.94
贵州应用技术职业学院	12.66	96.85	94.58	95.92	81
黔西南民族职业技术学院	25.28	93.81	95.65	95.73	95.51
铜仁职业技术学院	27.62	88.27	95.95	100.00	98.53
铜仁幼儿师范高等专科学校	32.42	99.75	96	95.8	89.90
贵州航天职业技术学院	26.30	95.94	94.04	96.34	93.18
遵义职业技术学院	29.81	97.05	92.64	85.00	96.60
平均值	45.47	92.90	85.20	94.10	88.88

就业率与专业对口率。表3-4显示，贵州省旅游相关专业的毕业生就业率保持在较高水平，就业率平均值为92.90%，表明大部分高职院校的毕业生能够在毕业后较快找到工作。特别是贵阳职业技术学院，毕业生就业率达到100%，显示出极强的就业能力。同时，专业对口率较高。例如，贵阳职业技术学院的毕业生就业率达到95%以上，贵州文化旅游职业学院87.44%的学生在贵州本地的旅游企业中就业。高就业率的背后，是学校与地方企业的紧密合作以及课程设置与市场需求的高度契合。专业对口率也是衡量职业教育质量的重要标准。大部分旅游相关专业的毕业生都能够进入与其专业相符的岗位工作。例如，安顺职业技术学院的旅游管理专业毕业生中，85%以上的学生在旅游管理、酒店服务等对口岗位上工作。这种高专业对口率不仅证明了学校课程设置的合理性，也反映了学生在校期间所学知识与实际岗位需求的匹配程度。

就业质量与职业发展前景。毕业生的就业质量和职业发展前景也是衡量职业教育成功的关键因素。贵州省的职业院校通过提升教学质量、加强实习实训环节，确保毕业生不仅能够找到工作，还能够在工作中快速成长。表3-4显示，毕业生满意度的平均值为85.20%，其中安顺职业技术学院的毕业生满意度高达93.94%，显示学生对教育质量及就业后的工作环境较为满意。同时，用人单位满意度平均值达94.10%，高满意度表明毕业生的技能和知识在工作中得到了用人单位的认可，贵州民用航空职业学院和贵州食品工程职业学院等单位的用人单位满意度达到了100%。例如，贵州交通职业技术学院的旅游管理专业毕业生中，有不少学生在就业后迅速成长为中层管理者。这种快速的职业发展，不仅体现了学生的综合素质和专业能力，也证明了职业教育对其职业生涯的积极影响。

对区域经济发展的贡献。贵州省职业院校的毕业生，尤其是旅游相关专业的毕业生，在地方经济发展中发挥了重要作用。随着贵州省旅游业的快速发展，职业院校培养的大批旅游管理、酒店服务等专业人才为地方旅游企业提供了人力支持。表3-4显示，职院校毕业生主要留在当地工作的比例平均为45.47%，特别是在贵州轻工职业技术学院等，这种高比例的本地就业可以直接推动当地经济的发展，特别是在旅游、服务和技术行业。同时，毕业生的专业技能与地方产业需求相匹配，有助于提高地方产业的竞争力和创新能力，从而推动区域经济的整体发展。例如，黔南民族职业技术学院的毕业生中，71.87%毕业生进入了黔南州的旅游景区和文化旅游公司工作，为地方旅游产业的繁荣做出了贡献。通过这种与地方经济深度融合的培养模式，贵州省职业院校不仅为学生提供了良好的就业机会，也为地方经济发展输送了大批高素质人才，推动了旅游业、服务业等支柱产业的进一步发展。

毕业生就业的持续跟踪与服务。贵州省职业院校还通过建立毕业生就业跟踪系统，确保学生在毕业后能够得到持续的支持和服务。家长满意度的平均值为88.88%，较高的家长满意度表明学校在就业指导和后续跟踪服务方面做得较好。高职院校应加强与企业的合作，建立健全的就业跟踪系统，不仅帮助学生顺利过渡到工作岗位，还应收集反馈，用以调整教学内容和方法，更好地适应市场变化。例如，贵州水利水电职业技术学院通过在线平台对毕业生的就业情况进行跟踪，并为毕业生提供职业咨询和技能提升培训，帮助他们在职场中持续发展。这种就业服务体系的建立，不仅提升了学生的职业发展能力，还增强了学校与毕业生之间的联系，形成了良好的反馈机制。

七、旅游高职教育的国际合作

国际合作是推动职业教育走向世界、提升办学水平的重要路径之一。在贵州省，随着旅游业的快速发展，职业院校的旅游相关专业通过不断加强与国际教育机构、企业和行业组织的合作，推动了教学模式的创新、课程内容的丰富以及师资队伍的国际化建设。基于29所贵州职业院校的年度质量报告，国际合作在提升旅游相关专业的教学质量和学生的国际化视野方面发挥了关键作用，成为推动职业教育高质量发展的重要助力（表3-5）。

表3-5　旅游高职教育的国际合作情况

学校	接收国外留学生人数	接收国外访学教师人数	国际课程标准	开发并被国外采用的职业教育资源数量	在国外开办学校数	国外技能大赛获奖数量
安顺职业技术学院	0	0	5	0	0	2
贵州民用航空职业学院	0	0	0	0	0	0
毕节职业技术学院	0	0	0	0	0	0
毕节工业职业技术学院	0	0	0	0	0	0
贵州工贸职业学院	0	0	0	0	0	0
贵州交通职业大学	21	148	0	0	2	0
贵州轻工职业技术学院	32	8	2	1	1	0
贵阳职业技术学院	1	28	8	13	3	11
贵州职业技术学院（贵州开放大学）	9	0	2	0	0	4

续表

学校	接收国外留学生人数	接收国外访学教师人数	国际课程标准	开发并被国外采用的职业教育资源数量	在国外开办学校数	国外技能大赛获奖数量
贵州水利水电职业技术学院	59	0	0	0	3	1
贵州电子商务职业技术学院	0	0	0	0	0	3
贵州电子科技职业学院	0	0	0	0	1	10
贵州装备制造职业学院	0	0	4	2	0	3
贵州食品工程职业学院	0	0	0	0	0	0
贵州财经职业学院	0	0	0	0	0	0
贵州文化旅游职业学院	0	0	0	0	0	0
贵州航空职业技术学院	0	0	0	0	0	0
贵州城市职业学院	5	0	0	0	0	0
六盘水职业技术学院	0	0	0	0	0	0
黔东南民族职业技术学院	0	10	0	0	0	1
黔南民族职业技术学院	0	0	3	0	0	10
贵州经贸职业技术学院	0	0	5	5	0	13
贵州机电职业技术学院	0	0	0	0	0	0
贵州应用技术职业学院	0	0	0	0	0	0
黔西南民族职业技术学院	0	0	0	0	0	0
铜仁职业技术学院	195	0	6	6	1	3
铜仁幼儿师范高等专科学校	0	0	0	0	0	0
贵州航天职业技术学院	0	0	0	0	0	0
遵义职业技术学院	2	0	0	0	1	8
平均值	11.17	6.69	1.21	0.93	0.41	2.38

（一）国际合作模式的多样化

贵州省职业院校在旅游相关专业的国际合作上，逐渐形成了多样化的合作模式。包括与海外院校的合作办学、与国际企业的校企合作、教师国际化培训和学生国际交流等多种方式。在贵州省的旅游高职教育中，国际合作的整体情况呈现出一定的差异性。从接收国外留学生人数、访学教师人数、国际课程标准的设置、被国外采用的职业教育资源数量、在国外开办的学校数量到国外技能大赛的获奖数量等方面，可以看出部分学校在国际合作与交流方面较为活跃，而大多数学校则在这些领域的表现较为有限（表3-5）。例如，贵阳职业技术学院在多方面显示出国际合作的优势。接收国外访学教师28人，开发并被国外采用的职业教育资源数量达到13项，同时在国外开办了3所学校，并在国外技能大赛中获得了11个奖项。这显示了学校国际合作的广度和深度，也表明其课程和资源得到了国际市场的认可。铜仁职业技术学院在国际合作上取一定成果，接收国外留学生人数高达195人，同时也在国外开办了1所学校，并在国际课程标准和开发的职业教育资源方面表现突出（均为6项）。

此外，该校在国外技能大赛中获得了3个奖项，反映了其良好的国际教育质量和竞争力。数据显示，大部分学校的国际合作活动较少，多数学校在国际合作方面的活动非常有限，甚至没有任何记录，例如，贵州民用航空职业学院在所有国际合作的维度上均为0，表明该校在国际合作方面几乎没有活动。毕节职业技术学院、毕节工业职业技术学院同样在所有的国际合作方面记录为0，显示出国际交流与合作的缺乏。这可能与资源配置、地理位置、专业特色及国际化战略的差异有关。总体而言，国际合作的发展仍有很大的提升空间，特别是在增加国外学生和教师的交流、开发符合国际标准的课程及扩大国际影响力等方面。

（二）师资队伍的国际化建设

在国际合作中，贵州省职业院校还特别重视师资队伍的国际化建设。通过国际培训、海外进修和引进外籍教师等方式，职业院校的旅游相关专业在教学内容和教学方式上得到了显著提升。

教师海外进修与培训。教师的国际化视野对于提升职业教育的整体水平至关重要。贵州省多所职业院校通过派遣教师赴国外进修和培训，提升了教师的教学水平和行业实践经验。例如，贵州轻工职业技术学院定期选派旅游管理和酒店管理专业的教师赴欧洲和东南亚国家的知名旅游管理学院进修。这些教师在国外学习了先进的旅游管理理念和教学方法，回国后将其应用于教学中，极大地提升了教学质量。同时，毕节职业技术学院通过与国际旅游管理组织合作，定期为教师提供国际化的职业培训。教师通过参与全球旅游管理领域的培训课程，不仅提升了自身的专业素养，还能够为学生带来最新的行业信息和国际标准的服务理念。

引进外籍教师。贵州省职业院校还通过引进外籍教师，进一步推动师资队伍的国际化。外籍教师的引入为学生提供了多元化的教学资源，提升了他们的国际视野和语言能力。例如，遵义职业技术学院通过与国际酒店管理集团合作，引入了多位外籍教师讲授酒店管理和旅游服务课程。这些外籍教师不仅为学生提供了国际化的课程内容，还通过与学生的互动，帮助他们提升跨文化交际能力。

国际化教学理念的引入。通过国际合作，贵州职业院校还积极引入国际化的教学理念和教学方法。比如，贵州电子商务职业技术学院通过与国外知名在线教育平台合作，引入了基于线上线下混合式教学的国际教学模式。这种模式结合了国际先进的教学方法，极大提升了学生的学习效率和参与度。通过这种国际化教学理念的引入，学校的教学质量得到了显著提升，学生的国际竞争力也得到了加强。

国际合作对学生发展的影响。通过国际合作，贵州省的职业院校在旅游相关专业的建设上取得了显著成果。学生通过参与国际交流、实习和学习项目，不仅提升了专业技能，还增强了跨文化沟通能力和全球视野。例如，铜仁职业技术学院的旅游管理专业学生通过国际实习项目，不仅在国外积累了宝贵的实战经验，还在实习后获得了国际旅游企业的工作机会。这种国际化的职业发展机会，为贵州省旅游相关专业的毕业生打开了更为广阔的职业道路。贵州省职业院校通过国际合作，在旅游相关专业的教学、师资队伍建设、学生国际化发展等方面取得了显著成效。国际合作模式的多样化、师资队伍的国际化建设、学生的国际交流与就业机会，都为贵州职业教育的发展注入了新的动力。未来，随着贵州旅游业的国际化进程加快，职业院校将继续深化国际合作，推动旅游相关专业在全球化背景下的高质量发展，进一步提升学生的国际竞争力，为地方经济和国际市场培养更多高素质的技能型人才。

第三节　贵州旅游业发展概况

贵州省作为中国西南部的重要旅游目的地，凭借其独特的自然风光、深厚的民族文化底蕴和独特的气候条件，成为全国乃至国际知名的旅游胜地。贵州的旅游产业经历了从乡村旅游的初步探索，到国际化旅游目的地的高质量发展，展现了极强的适应力和创新力。近年来，贵州省通过整合资源、政策扶持、科技创新等多方举措，逐步实现了旅游业的转型升级。旅游业已成为贵州省最具代表性的产业名片之一，展现了该省独特的自然风光和丰富的文化底蕴。通过强化市场营销、优化旅游产品供给和提升服务质量，打造了具有地方特色的文旅 IP，提升了旅游的整体服务质量与游客满意度。

一、贵州"旅游产业化"发展历程

贵州省作为中国西南地区的重要旅游目的地，凭借其丰富的自然资源和多样的民族文化，逐渐发展成为国内外知名的旅游胜地。从 20 世纪 80 年代探索旅游发展，到近年来实施以"旅游产业化"为核心的全域旅游战略，贵州旅游业的发展历程展示了从初步探索到高质量发展的蜕变。基于贵州省"四化"建设中的"旅游产业化"等政策背景，回顾贵州旅游产业的发展历程和重要节点。

（一）起步阶段：20 世纪 80 年代至 21 世纪初的旅游探索

贵州旅游产业的发展可以追溯到 20 世纪 80 年代初期。当时，贵州经济发展水平相对落后，产业结构单一，但其独特的自然风光和浓厚的民族文化为旅游业的发展提供了丰厚的资源。为了探索旅游扶贫的路径，贵州省率先在少数民族聚居区开展乡村旅游试点，以期通过旅游带动地方经济发展，改善贫困地区的生活水平。1980 年代，贵州在雷山郎德苗寨等 8 个村寨进行了乡村旅游项目试点，探索乡村旅游发展及乡村旅游扶贫，成为中国率先开展乡村旅游的省份之一。这些村寨分布在民族文化底蕴深厚、生态环境相对较好的区域。贵州通过发展少数民族风情旅游、体验式旅游等方式，吸引了国内外游客。这些项目不仅增加了村寨居民的收入，还为贵州省积累了发展旅游与扶贫协同的经验，奠定了其在全国旅游扶贫中的示范作用。乡村旅游的发展初期，主要集中在少数民族地区的风俗展示、农耕文化体验以及自然风光的观光游览。这一时期的旅游设施和服务水平虽然较为简陋，但通过这种初步探索，贵州展示了其将旅游与扶贫结合的潜力。在此基础上，贵州的乡村旅游逐步成为国家推广的典型模式，形成了可持续发展的雏形。

进入 20 世纪 90 年代，贵州省旅游产业迎来了快速成长阶段。这一时期，随着中国经济改革的深入，国家开始更加重视作为第三产业重要组成部分的旅游产业，推动了地方旅游基础设施的建设。贵州省借此契机，加快了省内重点景区的开发，并逐步完善与旅游相关的基础设施。在这一阶段，贵州省重点开发了黄果树瀑布、龙宫、梵净山等自然景观和文化遗址，逐渐将这些优质旅游资源推向全国市场。通过大力推广，黄果树瀑布成为全国知名的自然景点之一，吸引了大量游客。与此同时，贵州也开始建设高速公路、旅游专线等基础设施，以便提升游客的出行体验和方便性。除了自然景区的开发，贵州还注重文化旅游资源的保护与展示。在少数民族节庆活动如苗族的姊妹节、侗族的大歌文化等的推广下，贵州的民族文化旅游逐渐得到了国内外游客的关注和青睐。这种自然与文化的结合，使贵州的旅游品牌逐渐深入人心，奠定了其作为西南地区重要旅游目的地的地位。

（二）品牌建立阶段：21世纪后的生态旅游与全域旅游战略

进入21世纪，随着生态文明建设的提出和绿色发展的理念深入人心，贵州省开始注重将旅游产业与生态保护相结合，积极推动生态旅游的发展。2009年12月1日，国务院印发《国务院关于加快发展旅游业的意见》（国发〔2009〕41号），之后贵州在新时期对旅游业发展进行了全面部署。特别是"十三五"以来，贵州把发展旅游业作为守住发展和生态两条底线的战略举措，把旅游经济作为发展新经济、培育新动能的"五大新兴产业""四大经济"和"三大长板"之一统筹推进；紧紧围绕建设国际知名山地旅游目的地和山地旅游大省总目标，紧扣"大旅游""全域旅游""旅游+""旅游扶贫""旅游经济"五大关键词，创新发展全域旅游、山地旅游、高效旅游和满意旅游；持续提升"山地公园省·多彩贵州风"旅游品牌影响力。

生态旅游作为一种可持续发展的旅游模式，不仅帮助贵州更好地利用其自然资源，还有效推动了环境保护和生态修复的工作。贵州省的生态旅游模式通过保护自然生态和展示人与自然和谐共存的理念，吸引了大量生态环保意识较强的游客。喀斯特地貌、原始森林和清澈的湖泊成为贵州生态旅游的重要名片。例如，梵净山作为联合国教科文组织世界自然遗产，成为贵州省生态旅游的标志性景点。贵州省通过一系列生态保护措施，不仅保护了自然环境，还成功带动了地方旅游经济的发展。在此基础上，贵州省于2015年正式加入"全域旅游"发展行列，最早于2015年3月，贵州荔波率先提出全域旅游发展战略理念，并于2016年，被国家旅游局确定为"国家全域旅游示范区"首批创建名单，将旅游产业从景区开发向全域拓展，实现"全时、全景、全民"的旅游格局。这一发展理念的实施，将贵州的旅游资源开发由传统的景区景点模式，逐步转型为全域覆盖、城乡联动的综合性发展模式。通过推动"旅游+"的多产业融合，贵州省在农业、工业、文化和康养等多个领域实现了旅游业态的创新与扩展。例如，贵阳市依托大数据产业与旅游产业结合，打造了智慧旅游平台，使得游客能够通过数字化手段体验贵州丰富的旅游资源。六盘水市则结合其独特的凉爽气候，推动了避暑旅游和康养旅游的融合发展。在这些政策的推动下，贵州的旅游业逐步实现了从资源型旅游向综合型旅游的升级。

（三）高质量发展阶段：2018 年至今的"旅游产业化"战略

高质量发展是 2017 年中国共产党第十九次全国代表大会首次提出的新表述，表明中国经济由高速增长阶段转向高质量发展阶段，为贵州旅游指明发展路径。自 2018 年起，全国各地抓高质量发展，贵州省制定出台一系列政策争取中央支持①，开始实施以旅游高质量发展和主抓"旅游产业化"为核心的旅游发展战略，全面推动旅游产业的转型升级。该战略提出，通过加强旅游与其他产业的融合，推动旅游全产业链发展，将旅游业作为贵州省经济发展的重要支柱产业之一。

1. 多样化的旅游产品开发与产业融合

在这一阶段，贵州省致力于推进旅游产品的多样化开发，推动"旅游+文化""旅游+农业""旅游+康养""旅游+大数据"等多产业融合。例如，通过"旅游+文化"模式，贵州省深入挖掘了少数民族文化和历史文化资源，推出了多个具有地方特色的旅游项目。贵阳市通过发展"文化旅游+夜间经济"，通过打造夜间旅游消费场景，延长游客停留时间，增加了旅游收入。黔南州在乡村旅游模式中结合茶旅、果园观光和农产品采摘，推动了农村经济的转型升级，丰富了贵州的旅游业态。

（1）村超与村 BA：体育旅游的新亮点

贵州"旅游产业化"的高质量发展过程中，乡村体育赛事成为一大亮点，尤其是"村超"（乡村足球超级联赛）和"村 BA"（乡村篮球联赛）。这些赛事不仅为地方居民提供了丰富的体育文化活动，还通过独特的赛事氛围吸引了大量游客，进一步带动了地方经济发展。村超最初在贵州的乡村地区兴起，凭借简单的场地和纯粹的体育精神，逐渐吸引了全国各地的关注。这些乡村足球赛通过直播平台传播，扩大了赛事的影响力。游客不仅前来观赛，还借机体验当地的文化和生活方式，形成了独特的"体育+旅游"融合模式。村 BA 是贵州乡村篮球联赛的代表，尤其是在黔东南的村镇中盛行。这一赛事借助贵州浓厚的篮球氛围和少数民族的文化特色，成为地方赛事的标志。每年夏季的比赛吸引了成千上万的游客前来观看，甚至还吸引了全国的篮球爱好者。村 BA 不仅推动

---

① 2020 年 12 月 31 日，贵州省委、省政府印发《关于推动旅游业高质量发展加快"旅游产业化"建设多彩贵州旅游强省的意见》；2021 年引发《中共贵州省委 贵州省人民政府关于加快推进"旅游产业化"奋力实现旅游大提质的实施意见》（黔党发〔2021〕22 号）；2022 年 11 月 22 日文化和旅游部、国家文物局联合印发《支持贵州文化和旅游高质量发展的实施方案》；2024 年 5 月 30 日，贵州省工业和信息厅、省委宣传部、省文化和旅游厅、省体育局联合印发《关于支持文体康旅装备产业发展的实施意见》。

了乡村旅游的热潮，也增加了当地农副产品的销售，带动了乡村经济发展。这些体育赛事，不仅促进了贵州省的文化旅游融合，还为农村地区创造了新的经济增长点。随着村超和村BA的品牌化发展，贵州的乡村旅游格局焕然一新，体育旅游成为吸引外地游客的新引擎。这些赛事通过结合本地特色、民族文化和体育精神，不仅展示了贵州独特的旅游资源，还提升了贵州在国内外旅游市场中的知名度。

（2）全域旅游与产业化升级

在"旅游产业化"战略的推动下，贵州省通过全域旅游的模式逐步实现了从单一景区旅游向全地域旅游的转型，强调城乡一体化和景区外的旅游资源整合。例如，六盘水市结合其凉爽的气候优势，大力发展避暑旅游和康养旅游，并通过基础设施建设提升了游客体验。全域旅游不仅仅局限于自然景观的开发，更注重产业间的协同发展。通过推动"旅游+农业"模式，贵州的乡村旅游蓬勃发展，特别是在"村寨游"和"田园观光"项目中，越来越多的国内外游客选择体验乡村生活，了解贵州的生态文化和民族风情。黔东南的"村寨游"已经成为生态旅游和文化旅游的典范，游客在欣赏自然风光的同时，也可以参与民族文化活动和农事体验。

（3）基础设施的提升与服务质量的优化

为了确保"旅游产业化"战略的顺利实施，贵州省在基础设施建设上也投入了大量资源。随着交通网络的完善，高速公路、铁路和航空线路的增加，游客到访贵州的便捷性大幅提高。这些基础设施的改善，不仅提高了旅游服务的质量，也增强了贵州的综合竞争力。贵州还积极推广智慧旅游，推动大数据在旅游行业的应用。例如，智慧景区的建设使得游客能够通过手机APP了解景区信息，进行在线预约和导航，大幅提升了旅游体验。同时，贵州省还注重提升旅游从业人员的专业素养，特别是在服务质量和文化展示方面，强化培训和考核机制，以确保服务与国际接轨。

（4）融合创新推动区域协调发展

通过"旅游产业化"战略的全面实施，贵州各地根据其资源禀赋，形成了不同的旅游特色。黔南州重点发展茶旅结合项目，黔东南州重点发展民族文化旅游，贵阳通过智慧旅游带动大数据产业融合，而六盘水则依托气候资源发展避暑和康养产业。这种多样化的产业融合模式，不仅使贵州各个地区在旅游产业中找到了自身的特色定位，也实现了区域之间的协同发展。全省在不断提升旅游服务质量和产品创新的同时，还注重推动区域经济的平衡发展，通过乡村振兴、扶贫开发等手段，进一步提升旅游产业的社会效益。自2018年以来，贵州省通过实施"旅游产业化"战略，逐步实现了旅游产品的多元化和产业的深度融合。无论是"村超""村BA"这样的乡村体育赛事，还是"旅游+农业""旅游+文化"的融合模式，都展示了贵州在推动旅游产业高质量发展中的创新与活力。通过不断完善基础设施、提升服务质量、推动多产业融合，贵州的旅游产业正在向高效益、可持续发展方向迈进，成为贵州经济社会发展的重要引擎。

2. "数字+文旅"模式的探索

在全球数字化转型的大背景下，贵州省的旅游业不再局限于传统的旅游开发模式，而是积极探索"数字+文旅"融合发展的新路径。通过数字技术的引入，贵州不断创新文旅产品和服务，以提供更加丰富和沉浸式的旅游体验。随着"智慧旅游"概念的推广，贵州在数字技术与文化旅游相结合的过程中，逐步形成了"数字+文旅"的新模式，不仅提升了游客的体验质量，还推动了文化产业和地方经济的进一步发展。

（1）数字技术推动沉浸式文旅体验

贵州的"数字+文旅"探索，以全息影像、三维声场、虚拟现实等新兴技术的应用为核心，为游客创造了全新的沉浸式旅游体验。例如，在贵州省的红色旅游景区中，数字技术通过全息影像和虚拟现实，成功再现了重要的历史场景，游客可以通过数字设备"亲历"历史事件的瞬间，增强了游客的文化认同感和体验感。这种数字化手段不仅提升了景区的文化展示效果，也通过增强互动性和沉浸感，激发了游客的情感共鸣，增加了旅游的趣味性。此外，贵州省还将数字技术广泛应用于其民族文化展示项目中。通过三维建模技术，少数民族的传统节庆活动、手工艺展示和民俗文化得以更加生动和形象地呈现。例如，苗族刺绣、侗族大歌等传统文化项目借助数字化手段，在虚拟环境中展现，游客不仅可以亲身体验，也可以通过在线平台参与到节庆活动中。这种技术的应用，有效推动了贵州民族文化的保护与传播，为贵州文化旅游增添了新的活力。

（2）数字化管理与智慧旅游的普及

在推动文旅产业的数字化转型中，贵州省通过大力推广智慧旅游，将数字技术与旅游管理相结合，不仅提高了旅游服务的效率和质量，还推动了乡村旅游的数字化管理水平。智慧旅游作为"数字+文旅"模式的核心组成部分，通过信息化手段优化游客服务、管理和体验，促进了贵州旅游产业的整体升级。2022年，贵州省正式上线了"一码游贵州"智慧旅游平台，为游客提供了便捷的旅游服务。通过该平台，游客可以通过扫描二维码轻松获取旅游景点的实时信息，进行门票订购、酒店预订和导览服务。同时，平台整合了贵州各大景区的资源，游客能够在一个平台上获取全省旅游的信息和服务，提升了旅游的便利性和游客的满意度。智慧旅游不仅简化了游客的出行计划，也大幅提升了景区的管理效率。例如，通过物联网技术和大数据分析，贵州省的重点景区能够实时监测游客流量，合理调配服务资源，避免了景区过度拥堵，提高了旅游服务的质量。此外，景区管理部门通过数据分析，可以更好地了解游客的需求和偏好，为游客提供个性化的服务，进而提升游客的整体体验。

（3）数字化再现文化与互动体验

数字技术还广泛应用于贵州的红色文化和民族文化项目中，通过数字化再现，让游客在线上就能体验到丰富的文化资源。例如，贵州通过虚拟现实技术打造了多处红色文化体验场馆，游客可以通过佩戴 VR 设备，在数字化的历史场景中"参与"重要的历史事件，感受红色文化的魅力。同样，贵州的民族文化节庆也借助数字化手段走向全球。游客不必亲临现场，就可以通过线上平台参与苗族、侗族等少数民族的节庆活动，了解当地的风土人情，甚至在虚拟世界中体验当地的手工艺制作过程。这种"虚拟旅游"的新形式不仅提升了贵州民族文化的国际知名度，也为文化创意产业的创新和发展提供了广阔的空间。例如，贵州通过数字化方式将苗族传统服饰的制作过程、苗族银饰和蜡染的技艺展现给全球的游客。在虚拟博物馆中，游客可以通过触屏互动或虚拟现实设备体验贵州非物质文化遗产的精髓，这种新颖的方式不仅为传统文化的传承提供了技术支撑，也为文创产业的开发注入了新动力。

（4）文化创意产品与数字经济的结合

随着数字技术的普及，贵州在文化创意产品的开发上也取得了显著进展。数字技术的应用使贵州的民族文化产品更具创新性和附加值。例如，贵州的少数民族手工艺品经过数字化设计和生产流程的优化，成为具有现代时尚感的文化创意产品。这些数字化文创产品不仅在国内市场上备受欢迎，也通过跨境电商平台走向国际，为贵州的文化产业带来了新的经济增长点。同时，贵州还通过数字经济的手段推动旅游产品的创新开发。例如，结合贵州当地丰富的自然资源和民族文化，开发了包括虚拟导览、线上购物和文化体验在内的多种数字旅游产品。这些产品不仅为游客提供了全新的互动体验，还推动了文化旅游消费的升级，进一步提升了贵州旅游业的竞争力。例如，2024 年"一码游贵州"平台重装上线，标志着贵州省旅游产业进入了智慧化发展的新阶段。该平台整合了贵州各大景区、酒店、餐饮等资源，游客只需通过一个二维码便可实现从景区查询到服务预订的全流程操作，极大提升了游客出行的便利性。"一码游贵州"不仅为游客提供了便利的服务，还通过后台大数据分析，帮助景区管理部门优化资源配置，提高了管理效率。贵州省在"数字+文旅"模式的探索中，通过智慧旅游平台、全息影像、虚拟现实等技术的应用，成功推动了旅游产业的数字化转型与升级。这些创新实践不仅提升了游客的体验，还推动了文化创意产业的发展，为贵州的经济注入了新的活力。通过数字化手段，贵州省不仅增强了其旅游产业的核心竞争力，也为地方经济和文化产业的高质量发展提供了坚实的基础。随着智慧旅游和数字经济的深入发展，贵州的"数字+文旅"模式必将在未来继续发挥重要作用，助力贵州旅游产业的进一步升级与国际化拓展。

二、贵州省旅游业现状

2023年，贵州省继续保持其作为中国旅游大省的重要地位，拥有丰富的自然和文化旅游资源。省内有世界自然遗产地3处，国家级风景名胜区18个、省级53个（表3-6）。著名景区如黄果树瀑布、梵净山、织金洞等继续吸引着大量国内外游客。

表3-6　贵州省风景名胜区名单

序号	名　称	级　别	地　址
1	红枫湖风景名胜区	国家级	贵州省贵阳市清镇市、贵安新区、安顺市平坝区
2	黄果树风景名胜区	国家级	贵州省安顺市镇宁、关岭县
3	龙宫风景名胜区	国家级	贵州省安顺市西秀区
4	织金洞风景名胜区	国家级	贵州省毕节市织金县
5	九洞天风景名胜区	国家级	贵州省毕节市大方、纳雍县
6	马岭河峡谷风景名胜区	国家级	贵州省黔西南州兴义市
7	潕阳河风景名胜区	国家级	贵州省黔东南州镇远、施秉、黄平县
8	黎平侗乡风景名胜区	国家级	贵州省黔东南州黎平县
9	荔波樟江风景名胜区	国家级	贵州省黔南州荔波县
10	都匀斗篷山—剑江风景名胜区	国家级	贵州省黔南州都匀市
11	赤水风景名胜区	国家级	贵州省遵义市赤水市
12	九龙洞风景名胜区	国家级	贵州省铜仁市
13	紫云格凸河风景名胜区	国家级	贵州省安顺市紫云县
14	平塘风景名胜区	国家级	贵州省黔南州平塘县

续表

序号	名　　称	级　别	地　　址
15	瓮安江界河风景名胜区	国家级	贵州省黔南州瓮安县
16	榕江苗山侗水风景名胜区	国家级	贵州省黔东南州榕江县
17	石阡温泉群风景名胜区	国家级	贵州省铜仁市石阡县
18	沿河乌江山峡风景名胜区	国家级	贵州省铜仁市沿河县
19	百花湖风景名胜区	省级	贵州省贵阳市清镇市、观山湖区
20	花溪风景名胜区	省级	贵州省贵阳市花溪区
21	息烽风景名胜区	省级	贵州省贵阳市息烽县
22	修文阳明风景名胜区	省级	贵州省贵阳市修文县
23	贵阳香纸沟风景名胜区	省级	贵州省贵阳市乌当区
24	开阳风景名胜区	省级	贵州省贵阳市开阳县
25	贵阳相思河风景名胜区	省级	贵州省贵阳市乌当区
26	清镇暗流河风景名胜区	省级	贵州省贵阳市清镇市
27	普定梭筛风景名胜区	省级	贵州省安顺市普定县
28	关岭花江大峡谷风景名胜区	省级	贵州省安顺市关岭县
29	平坝天台山—斯拉河风景名胜区	省级	贵州省安顺市平坝区
30	百里杜鹃风景名胜区	省级	贵州省毕节市大方、黔西市
31	贵州屋脊赫章韭菜坪风景名胜区	省级	贵州省毕节市赫章县
32	鲁布革风景名胜区	省级	贵州省黔西南州兴义市
33	泥凼石林风景名胜区	省级	贵州省黔西南州兴义市
34	安龙招堤风景名胜区	省级	贵州省黔西南州安龙县
35	贞丰双乳峰风景名胜区	省级	贵州省黔西南州贞丰县
36	晴隆二十四道拐风景名胜区	省级	贵州省黔西南州晴隆县
37	兴仁放马坪风景名胜区	省级	贵州省黔西南州兴仁市
38	岑巩龙鳌河风景名胜区	省级	贵州省黔东南州岑巩县
39	剑河风景名胜区	省级	贵州省黔东南州剑河县
40	镇远高过河风景名胜区	省级	贵州省黔东南州镇远县
41	雷山风景名胜区	省级	贵州省黔东南州雷山县
42	锦屏三板溪—隆里古城风景名胜区	省级	贵州省黔东南州锦屏县

续表

序号	名　称	级别	地　址
43	丹寨风景名胜区	省级	贵州省黔东南州丹寨县
44	从江风景名胜区	省级	贵州省黔东南州从江县
45	龙里猴子沟风景名胜区	省级	贵州省黔南州龙里县
46	福泉洒金谷风景名胜区	省级	贵州省黔南州福泉市
47	惠水涟江—燕子洞风景名胜区	省级	贵州省黔南州惠水县
48	长顺杜鹃湖—白云山风景名胜区	省级	贵州省黔南州长顺县
49	三都都柳江风景名胜区	省级	贵州省黔南州三都县
50	贵定洛北河风景名胜区	省级	贵州省黔南州贵定县
51	独山深河桥风景名胜区	省级	贵州省黔南州独山县
52	遵义娄山风景名胜区	省级	贵州省遵义市汇川区、红花岗区、播州区、桐梓县
53	绥阳宽阔水风景名胜区	省级	贵州省遵义市绥阳县
54	仁怀茅台风景名胜区	省级	贵州省遵义市仁怀市
55	习水风景名胜区	省级	贵州省遵义市习水县
56	余庆大乌江风景名胜区	省级	贵州省遵义市余庆县
57	湄潭湄江风景名胜区	省级	贵州省遵义市湄潭县
58	梵净山—太平河风景名胜区	省级	贵州省铜仁市江口县
59	印江木黄风景名胜区	省级	贵州省铜仁市印江县
60	思南乌江白鹭洲风景名胜区	省级	贵州省铜仁市思南县
61	松桃豹子岭—寨英风景名胜区	省级	贵州省铜仁市松桃县
62	万山汞都—夜郎谷风景名胜区	省级	贵州省铜仁市万山区
63	玉屏北洞箫笛之乡风景名胜区	省级	贵州省铜仁市玉屏县
64	六枝牂牁江风景名胜区	省级	贵州省六盘水市六枝特区
65	盘州市古银杏风景名胜区	省级	贵州省六盘水市盘州市
66	盘州市大洞竹海风景名胜区	省级	贵州省六盘水市盘州市
67	盘州市坡上草原风景名胜区	省级	贵州省六盘水市盘州市
68	六盘水南开风景名胜区	省级	贵州省六盘水市钟山区、水城县
69	务川洪渡河风景名胜区	省级	贵州省遵义市务川县

序号	名　　称	级　别	地　　址
70	罗甸大小井风景名胜区	省级	贵州省黔南州罗甸县
71	德江乌江傩文化风景名胜区	省级	贵州省铜仁市德江县

数据来源：贵州省统计局，国家统计局贵州省调查总队．贵州省统计年鉴2023［M］．北京：中国统计出版社，2023.

贵州凭借其独特的自然景观和民族文化，近年来旅游业发展迅猛，根据2023年的最新统计数据显示，2023年全年全省旅游接待总人数6.36亿人次，比上年增长29.2%；旅游总收入7404.56亿元，比上年增长41.2%。贵州省旅游业呈现出较快的增长态势，接待游客人数和旅游总收入均实现了同比增长。上半年，全省接待游客同比增长9.6%，旅游总收入同比增长12.4%。这表明，尽管受到疫情的影响，贵州的旅游业依然展现出较强的韧性和复苏潜力。在旅游收入构成方面，贵州的旅游业发展不仅带动了景区的直接收入，还通过"吃、住、行、游、购、娱"六大环节，推动了地方经济的全面发展。数据显示，上半年贵州省住宿业和餐饮业的营业额分别增长了5.0%和8.3%，其中限额以上经济型连锁酒店增长6.5%，饮料及冷饮服务增长41.1%，小吃服务增长15.2%。这表明旅游对贵州整体服务业的拉动作用显著。贵州省近年来通过持续改善和扩展其交通基础设施，极大提升了旅游业的可达性和便捷性。贵州构建了以公路、铁路、航空为主的立体交通网络，使得游客能够更方便地到达各大景区。2023年上半年，贵州民航旅客吞吐量达到1111.82万人次，同比增长17.6%；铁路、公路和水运旅客运输总量完成1.07亿人，增长8.7%。特别是在航空和高铁的加持下，贵州省多个景区实现了"小车小团"模式下的无缝对接，这不仅满足了游客对个性化定制旅游服务的需求，也提升了游客的整体出行体验。贵州正在逐步形成"快进慢游"的旅游交通格局，极大改善了游客在旅游过程中的流动性和便利性。

贵州旅游产业的核心竞争力来自其独特的自然风光和丰富的文化旅游资源。在2023年，贵州省推出了一系列重点景区和创新的旅游产品，以吸引更多的国内外游客。例如，黄果树瀑布、梵净山等知名景区依然是游客的热门选择，而全省新开发的露营基地、自驾车旅居车营地、研学基地等项目则吸引了更多年轻游客和家庭游客。在文化旅游方面，贵州深挖民族文化和红色文化，推出了红色旅游的"双子星"项目——红飘带和《伟大转折》。这些项目不仅为游客提供了丰富的文化体验，还通过全息影像、三维声场等技术手段，提供了沉浸式的旅游体验，显著提升了景区的吸引力。此外，贵州通过"一码游贵州"等智慧旅游平台，将景区的服务数字化和智能化，极大便利了游客的行程安排和信息获取。智慧旅游的普及，使得贵州的旅游服务质量显著提升，游客满意度得到了较大改善。贵州省的旅游消费结构也在不断优化和升级。在消费端，贵州省积极推动"旅游+"产业融合，开发了大量具有地方特色的旅游商品和文创产品。数据显示，上半年贵州省社会消费品零售总额同比增长5.5%，其中限额以上消费品零售额增长10.8%，城镇消费品零售额增长12.0%。这表明，旅游带动了消费市场的扩展，特别是在旅游商品和文创产品领域，贵州的特色产品得到了广泛认可。

随着旅游市场需求的多元化，贵州还开发了更多适应新消费趋势的旅游产品，如精品旅游线路、研学旅游项目、户外运动等。特别是在体育旅游方面，贵州推出了山地自行车、马拉松、徒步、低空飞行等一系列户外运动项目，极大丰富了游客的选择，提升了旅游市场的活力。

贵州旅游产业尽管呈现出持续增长的态势，但疫情的影响依然不容忽视。2020年以来，疫情对贵州省的多个重点景区造成了严重影响，游客流量大幅下降。例如，毕节市百里杜鹃景区在2022年一季度接待游客6.34万人次，同比下降超过90%。这种游客流量的下降对地方旅游市场形成了较大的冲击，导致景区运营和服务产业的恢复面临挑战。此外，旅游消费热情也在疫情中出现疲软期，许多游客因疫情的反复导致旅游计划屡次搁置，短期内消费意愿较为低迷。这种现象也影响了贵州旅游消费的结构和发展趋势。

尽管疫情带来了一定的挑战，贵州旅游产业在新的市场环境下依然充满机遇。随着疫情防控政策的调整和国内外旅游市场的逐步恢复，贵州省将继续通过政策引导和市场激励措施推动旅游业的复苏与繁荣。一方面，贵州将继续强化其"旅游+"产业融合发展模式，进一步推动旅游与文化、农业、体育等产业的深度结合，拓展旅游产品的多样性和创新性。另一方面，贵州将借助智慧旅游和数字化技术，提升景区的服务效率和游客的体验感，进一步增强贵州作为旅游目的地的国际竞争力。贵州旅游产业在2023年展现出较强的增长势头，得益于政策支持、交通基础设施的改善以及智慧旅游的推广，旅游市场逐步回暖。然而，疫情的持续影响对旅游市场的消费热情和运营模式造成了冲击，贵州旅游产业依然面临着恢复与转型的挑战。展望未来，贵州将继续通过全域旅游、产业融合和智慧旅游的创新，推动旅游业的高质量发展，为地方经济的繁荣做出更大贡献。

2024年上半年贵州省经济运行情况新闻发布会上，贵州省政府新闻办公室透露，自年初以来，贵州省致力于资源整合、客源拓展和服务提升三大核心要素，深化市场主体发展、业态创新、服务质量增强及闲置低效旅游资源优化四项重点行动。此举旨在将贵州打造成为全球级旅游目的地，推动旅游业高质量增长。据贵州省文化和旅游部门数据显示，2024年上半年，贵州省旅游接待总人数和旅游总收入分别同比增长了9.6%和12.4%。

根据相关负责人介绍，贵州积极发展如"黄小西吃晚饭"等热门旅游区域，精细化提升游客服务体验，并持续扩展旅游优惠政策，推出如"生肖龙"和"四免一多一减"等系列入黔旅游优惠措施，有效激发了游客的旅游热情。2024年1月至5月，贵州省规模以上服务业中的旅行社及相关服务营业收入实现了31.3%的增长。贵州省不断加强客源市场营销、旅游产品策划及服务品质提升，特别是在提升特色餐饮和品质住宿服务方面做出了显著努力，推动相关行业快速增长。2024年上半年，贵州省住宿业营业额增长了6.7%，其中经济型连锁酒店增长6.5%；餐饮业营业额增长8.0%，其中饮料及冷饮服务增长41.1%，小吃服务增长15.2%。此外，贵州还推出了精品旅游线路、研学旅游产品以及以红飘带和《伟大转折》为主题的红色文化"双子星"项目，旨在为游客提供多样化的高品质旅游选择①。

三、"旅游产业化"趋势与人才需求

贵州旅游产业正处于快速发展和产业化转型的关键阶段。在政策的持续支持和市场需求不断增长的背景下，旅游业作为贵州经济的支柱产业，展现出蓬勃发展的态势。随着旅游与新型工业化、新型城镇化、农业现代化的深度融合，"旅游产业化"已成为推动贵州经济高质量发展的重要路径。下文将从产业化发展趋势和对人才的需求两方面，探讨贵州旅游产业的未来发展方向。

（一）"旅游产业化"发展趋势

1. "旅游+"模式推动产业融合

贵州旅游产业的未来发展趋势将以"旅游+"产业融合为核心。通过推动旅游业与其他产业的深度融合，贵州正在逐步形成以旅游为基础，涵盖文化、农业、体育、康养等多领域的产业体系。尤其是在大数据和智慧旅游的引领下，贵州的"旅游+大数据""旅游+文化创意""旅游+农业"等新业态正蓬勃发展。例如，贵州依托丰富的自然资源和民族文化，积极推动"旅游+文化""旅

---

① 王砚.贵州围绕三大要素推进四大行动［N］.中国旅游报，2024-07-31（2）.

游+大数据"的发展，形成了多元化、特色化的旅游产品。通过整合文化创意产业和大数据资源，贵州不仅提升了旅游体验的丰富性和科技感，还为游客提供了个性化、智能化的旅游服务。未来，贵州的旅游产业将进一步推动"旅游+"模式，强化与多产业的融合，打造全域旅游发展的新格局。

2. 智慧旅游与数字化转型

智慧旅游和数字化转型是贵州"旅游产业化"发展的重要方向。贵州积极推进"智慧旅游"建设，利用数字化技术提升旅游服务质量和游客体验感。通过"一码游贵州"等数字化平台，游客可以享受在线购票、智能导览、个性化推荐等服务，大大提升了旅游的便利性和智能化水平。未来，贵州将进一步推动智慧旅游的发展，强化大数据、人工智能、物联网等技术在旅游中的应用，提升旅游业的管理效率和服务水平。通过整合旅游产业链中的各个环节，贵州的智慧旅游平台将实现景区、酒店、餐饮、交通等全方位的数字化管理，为游客提供无缝衔接的旅游体验。

3. 生态旅游与可持续发展

贵州凭借其独特的生态资源和良好的气候条件，成为中国生态旅游的重要目的地。未来，贵州将继续推动生态旅游的发展，并将其作为全域旅游和可持续发展战略的核心组成部分。贵州的自然景观，如黄果树瀑布、梵净山、荔波喀斯特等，吸引了大量国内外游客。通过进一步开发生态旅游产品，贵州将实现旅游资源的可持续利用，并推动绿色旅游的高质量发展。与此同时，贵州还将加强旅游与生态保护的协调，通过制定环保政策和标准，确保旅游产业的可持续性发展。未来，贵州的生态旅游将更加注重保护与开发的平衡，推动旅游业的绿色转型，进一步增强贵州作为生态旅游目的地的国际影响力。

（二）对人才的需求

随着贵州旅游产业的不断发展，市场对高素质、复合型旅游人才的需求日益迫切。未来的旅游产业不仅需要传统的服务型人才，还需要具备数字化管理、文化创意、生态保护等多领域知识和技能的专业人才。贵州旅游产业对人才的需求呈现出以下几大趋势。

1. 复合型人才的需求增加

随着"旅游+"产业融合的发展，贵州旅游产业对复合型人才的需求逐渐增大。未来，旅游业不仅需要具备旅游管理、市场营销等基础知识的人才，还需要掌握大数据分析、数字化管理、文化创意设计等跨领域技能的复合型人才。尤其是在智慧旅游和数字化转型的背景下，懂得如何运用数字技术提升旅游服务质量的技术型人才将成为行业的核心需求。此外，随着贵州推动"旅游+文化""旅游+体育""旅游+康养"等业态发展，具有文化创意、体育管理、健康康养等背景的复合型人才将在未来的旅游市场中占据重要位置。

2. 双师型教师的培养与引进

为了满足旅游行业对专业人才的需求，贵州的职业教育和培训体系也面临着进一步优化的需求。未来，贵州需要加强"双师型"教师的培养与引进，确保旅游教育与行业实践相结合。双师型教师不仅要具备扎实的教学能力，还应具备丰富的行业实践经验，以帮助学生更好地适应市场需求。贵州可以通过与旅游企业的合作，推动教师进入企业进行实践，提升他们的行业经验。同时，贵州还应引进具有国际化视野的旅游专家和管理人员，进一步提升教师队伍的专业水平。

3. 创新创业人才的培养

随着旅游业态的多样化发展，贵州旅游市场对创新创业人才的需求日益增加。未来，贵州需要在旅游教育中融入创新创业教育，帮助学生掌握基本的创业技能和市场分析能力。通过开设创新创业课程，贵州可以培养更多具有创新精神的旅游管理人才，推动新兴旅游产品的开发和市场拓展。同时，贵州还应建立旅游行业的创新创业孵化平台，为有创业意向的学生和企业提供技术、资金和市场支持，帮助他们将创业想法转化为实际行动，推动旅游业的创新发展。

4. 高端服务型人才的需求

随着贵州旅游业的高端化、国际化发展，市场对高端服务型人才的需求也在增加。未来，贵州的旅游产业将更加注重提升服务质量，尤其是在高端度假、康养旅游等领域，对具有高水平服务技能、跨文化沟通能力和多语言能力的专业人才需求将进一步加大。为了满足这一需求，贵州需要通过国际合作和交流，培养具备全球视野的服务型人才。通过与国际旅游教育机构的合作，贵州可以为学生提供更多国际化学习和实践机会，提升其跨文化服务能力和国际市场竞争力。贵州旅游产业的发展趋势和对人才的需求反映了其正在经历的深刻转型。随着"旅游+"产业融合、智慧旅游、生态旅游等新业态的崛起，贵州旅游业展现出广阔的发展前景。与此同时，市场对复合型、创新型和高端服务型人才的需求日益迫切。贵州将通过加强教育与培训、推动国际合作和深化校企合作等方式，培养更多符合产业发展需求的高素质人才，为旅游产业的持续繁荣提供坚实的人才支撑。

第四节 贵州产教融合的发展情况

贵州职业教育与地方产业的耦合协调发展与国家产教融合的整体进程密切相关，反映了职业教育在贵州地方经济发展中的地位与作用。职业教育的产教融合作为推动经济与教育协调发展的核心制度，其变迁脉络与贵州地方经济和社会发展的变迁密切相关。要研究贵州职业教育与产业的融合发展，必须对贵州职业教育的发展历史进行全面梳理、同时分析产教融合政策在高职教育的扩散、旅游的教与产融合政策扩散的典型案例，以明确各发展阶段的主要特征及各发展阶段的产教融合代表性状况。

一、贵州职业教育产教融合历史梳理

贵州省职业教育的发展历程，尤其是与产业相结合的产教融合发展，既是贵州社会经济转型发展的重要途径，也是国家政策逐步深化的结果。

（一）起步阶段（20世纪80年代末至90年代末）：初步探索教育与产业的结合

贵州职业教育的产教融合始于改革开放初期，当时我国正处于经济社会的转型期，职业教育的地位和重要性逐步得到认可。20世纪80年代末，在国家政策的引导下，贵州省开始尝试将职业教育与地方产业结合，初步探索工学结合和校企合作的模式。虽然这一时期贵州的职业教育体系还不成熟，但在技工学校和职业高中等中等职业教育层次上，已经有了一些早期的探索。

1. 初期探索：技工学校和职业高中

贵州的职业教育在这一阶段主要集中在传统的技工学校和职业高中。这些学校主要为地方农业、矿业和基础工业培养技术工人，推动了贵州早期的工业化进程。例如，贵州工业职业技术学院前身为贵州省机械工业学校，作为贵州省最早的技工学校之一，它通过与地方的机械制造和矿业企业合作，培养了一批机械和矿工技师，为贵州工业和矿产资源的开发提供了重要的人才支持。然而，由于贵州当时工业基础薄弱，技工学校与企业的合作模式较为初级，产教融合的尝试多停留在学生短期实习上，尚未形成成熟的合作机制。

2. 产业结构单一与现代化水平不足的挑战

在这个时期，贵州的经济结构相对单一，主要依赖农业、矿业和少量的制造业。地方经济基础的薄弱，导致企业的现代化水平较低，产教融合的探索面临诸多挑战。虽然部分企业愿意接纳职业院校学生进行校外实习，但由于企业生产模式落后，生产条件较为简陋，难以为学生提供系统的实习培训。例如，早期的矿业企业由于设备老化和技术落后，实习生多只能进行简单的体力劳动，难以参与到现代工业生产中去，这使得学生在毕业后面临就业难题，所学技能与岗位需求的脱节现象较为普遍。以毕节职业技术学院为例，该校在 20 世纪 90 年代与地方的煤矿企业合作，安排学生进行校外实习。然而，实习生多被安排在生产线的辅助岗位，缺乏系统的技能培训。尽管学生通过实习获得了一定的工作经验，但由于企业的技术水平较低，学生的技能发展受限，导致他们在毕业后难以适应现代化的工业生产需求。

3. 政府主导下的职业教育发展

这一阶段，贵州的职业教育发展主要依赖政府的主导，校企合作更多的是形式上的尝试。企业对职业教育的参与度不高，缺乏主动性和积极性，职业教育与产业的结合较为浅层。例如，安顺职业技术学院在这一时期主要依靠政府的政策支持，向地方企业输送技能型劳动力。然而，由于企业参与校企合作的深度有限，职业教育与产业的对接不足，学生的实践经验与市场需求不匹配。尽管如此，这一阶段的探索为贵州职业教育产教融合的进一步发展奠定了基础。通过初步的校企合作，贵州逐渐认识到，推动职业教育与产业的结合不仅是提高学生就业率的有效途径，更是促进地方经济发展的必然选择。尤其是对于以矿业和农业为主的地区，职业教育必须与地方经济的实际需求紧密结合，以推动经济结构的转型升级。

虽然在这一阶段产教融合的形式较为简单，但它为贵州省职业教育的未来发展提供了宝贵的经验。例如，贵州省的职业教育逐渐意识到，在地方经济发展中，职业教育可以通过培养技能型人才推动产业升级。以贵州轻工职业技术学院为例，学校与地方轻工产业合作，逐渐摸索出一套工学结合的教育模式，为学生提供校外实训和岗位实习，帮助他们掌握生产技能，为贵州轻工业的发展注入了新的活力。这种早期的探索尽管受限于贵州地方经济的落后水平，但它为后来的职业教育与产业深度融合打下了基础。在 20 世纪 90 年代末，贵州开始推动职业教育改革，尝试引入更多的企业资源参与到职业教育中，为进一步深化产教融合创造了有利条件。总的来说，20 世纪 80 年代末至 20 世纪末的贵州职业教育，处于产教融合的初步探索阶段。这一时期的职业教育尽管面临着产业结构单一、企业参与度低等问题，但通过技工学校和职业高中的校企合作尝试，贵州逐渐认识到了职业教育在推动地方经济发展中的重要作用。这一阶段的探索为后续职业教育的改革与发展奠定了基础，促使贵州省逐步推进职业教育与产业的深度融合，为地方经济转型和现代化发展提供了人才支持。

（二）探索阶段（2000 年至 2010 年）：逐步推动职业教育与地方经济的对接

进入 21 世纪初，贵州的职业教育产教融合进入了探索阶段。随着贵州省经济结构调整和产业升级的需求，职业教育的作用愈加显著。贵州省政府认识到职业教育与地方经济发展的紧密关系，加大了政策支持力度，推动职业院校与地方企业合作，逐步建立起校企合作机制，为职业教育的发展奠定了政策基础。

1. 政策推动与战略目标

在"十一五"规划期间，贵州省明确提出要大力发展职业教育，推动职业教育与产业的对接。政府出台了多项政策文件，支持职业院校与地方企业建立合作关系。2010 年，贵州省发布了《贵州省"十一五"教育事业发展专项规划》，这一政策框架强调通过校企合作和"订单式培养"，为地方产业输送高技能人才。例如，贵州电力职业技术学院在 2007 年与贵州电网公司签订了合作协议，实行订单式培养，学校根据企业的实际需求调整课程设置，为电力行业培养了大批具有技术背景的应用型人才。

2. 工学结合模式的推广

2000 年年初至 2010 年期间，贵州职业教育体系内逐步推广"工学结合"的模式。这种模式强调学生在校期间理论学习与实际工作相结合，使学生在校期间就有机会进入企业实践。例如，贵州航天职业技术学院自 2004 年起，与中国航天科技集团达成合作协议，安排航天领域相关专业的学生进入企业实习，学生在航天设备制造过程中学到了实践技能。这一模式不仅提高了学生的实操能力，也增强了他们的就业竞争力。

3. 校企合作的局限性

尽管贵州省的职业院校与企业建立了合作关系，但这一时期校企合作的深度和广度仍然有限。许多企业对于参与职业教育的积极性不高，合作多停留在短期实习的层面，缺乏深入的合作模式。例如，毕节职业技术学院与地方煤矿企业的合作虽然让学生有机会通过短期实习获取一些实际工作经验，但由于企业的技术水平和设备相对落后，学生实习内容较为简单，难以获得深入的技术培训，导致学生毕业后仍需额外的培训才能完全适应岗位要求①。

4. 课程设置与产业需求的脱节

虽然贵州的职业院校逐步与地方企业建立了合作关系，但课程设置与地方

---

① 资料来源：《毕节职业技术学院高等职业教育质量年度报告》。

产业需求之间的脱节现象依然存在。许多职业院校的课程内容滞后于产业发展的实际需求。例如，贵阳职业技术学院在2003年与地方建筑公司合作，培养建筑行业的技能型人才，但由于课程更新缓慢，课程内容与新型建筑技术的要求不相符，导致学生毕业后需进行额外培训以适应现代建筑企业的需求。这一问题反映了贵州职业教育课程改革与产业发展同步的重要性。

5. 政府支持下的深化改革

为了进一步推动职业教育与产业的深度融合，贵州省政府在2005年启动了"校企合作示范项目"，鼓励企业更多地参与职业教育，并通过政策和资金支持深化校企合作。例如，遵义职业技术学院在此期间与遵义酒业集团合作，建立了酒类生产专业的实训基地。通过这一基地，学生不仅能够在学校学习理论知识，还能在企业实训基地掌握酒类生产的实际操作技能。此类合作不仅增强了学生的就业能力，也推动了地方特色产业的发展。2000年年初至2010年，贵州省的职业教育进入了产教融合的探索阶段。政府通过政策引导，逐步推动职业院校与地方企业建立起合作机制，并通过"订单式培养"和"工学结合"等模式提升了职业教育的实际效果。然而，尽管职业教育与产业的结合逐渐深入，校企合作的广度和深度仍有待提高，课程设置与企业需求的脱节现象也亟须解决。这一阶段的探索为贵州职业教育与地方经济的进一步融合奠定了坚实基础，政策的不断完善也为未来的改革提供了有力支持。

（三）创新阶段（2011年至2020年）：深化职业教育与产业的多维度融合

2011年至2020年是贵州职业教育进入创新发展阶段的重要时期。在国家政策的引导下，贵州省职业教育从规模扩展转向质量提升，职业教育与地方产业的多维度融合进一步深化。贵州省通过"兴黔富民"行动计划、"百校大战"及建设清镇职教城等多项举措，使职业教育逐步形成了与地方经济协调发展的新格局。在这一阶段，国家对职业教育的重视进一步加大，中央和地方政府多次发布政策文件推动职业教育改革①。贵州省在响应国家政策的基础上，陆续

---

① 2012年1月14日，国务院于颁发《国务院关于进一步促进贵州经济社会又好又快发展的若干意见》（国发〔2012〕2号）。

出台了《贵州省现代职业教育体系建设规划（2013—2020 年）》等文件①，明确了职业教育的发展目标和路径。特别是在 2015 年，习近平总书记视察贵州清镇职教城时指出："职业教育是我国教育体系中的重要组成部分，是培养高素质技能型人才的基础工程，要上下共同努力进一步办好。"② 这一讲话为贵州职业教育的发展注入了新的动力，也为深化产教融合指明了方向。

1. 校企合作的新模式

在 2011 年至 2020 年期间，贵州省的职业院校与地方企业的合作模式从单一的"订单式培养"逐渐转向更深度的合作，包括校企共建实训基地、技术创新平台等。以贵州交通职业技术学院为例，学院与贵州省高速公路管理部门合作，建立了道路建设与管理专业的实训基地。学生在该基地不仅可以学习道路施工的实践技能，还能参与高速公路的日常维护与管理工作。这种模式为贵州省高速公路建设输送了大批应用型人才。此外，贵州职业院校通过与地方特色产业的深度合作，推动了旅游、农业、大数据等支柱产业的发展。例如，贵州文化旅游职业学院与贵州省旅游局合作，建立了旅游管理专业的实训基地，专门为贵州省快速发展的旅游产业培养管理人才。这种校企合作的模式，不仅解决了学生的就业问题，也为贵州的旅游产业发展提供了强有力的人才支撑。

2. 兴黔富民与"百校大战"的实施

在这一阶段，贵州职业教育通过实施"兴黔富民"行动计划和中职"百校大战"，进一步推动职业教育与产业的深度融合。2019 年，贵州省教育厅印发《贵州省教育厅关于印发〈贵州省职业教育兴黔富民行动计划建设项目实施方案（2020—2022 年）〉的通知》（黔教发〔2019〕150 号），"兴黔富民"行动计划旨在提高职业技能培训的质量，增强职业教育对地方经济发展的适应性。在该计划的推动下，贵州省各职业院校与地方产业密切合作，实施了多项技术技能培训项目。例如，毕节职业技术学院与毕节市的煤矿企业合作，开设了煤矿技术培训班，为地方矿业的发展提供了大量技能型人才。与此同时，贵州省启动

---

① 2013 年 9 月 5 日，贵州省教育厅发布《省教育厅关于印发贵州省现代职业教育体系建设规划（2013—2020 年）的通知》（黔教职成发〔2013〕386 号）；2011 年 5 月 19 日，贵州省教育厅发布《贵州省中长期教育改革和发展规划纲要（2010—2020 年）》；2011 年 7 月 22 日，省人民政府发布《省人民政府关于促进民办教育大发展的意见》（黔府发〔2011〕25 号）；2016 年 1 月 20 日，省人民政府发布《贵州省教育综合改革方案》；2016 年 8 月 31 日，贵州省委、省政府印发《关于支持高校加快改革发展的意见》（黔党发〔2015〕8 号）等文件。

② 看清形势适应趋势发挥优势 善于运用辩证思维谋划发展［N］. 人民日报，2015-06-19（1）.

了"百校大战"，通过集中资源改善中等职业院校的办学条件，推动全省职业教育资源的整合与优化。这一举措有效地提升了贵州省职业教育的整体水平，尤其是欠发达地区的职业院校，办学条件得到了显著改善。例如，安顺职业技术学院通过"兴黔富民"项目，扩建了校内实训中心，改善了教学设施，为安顺市的康养和旅游业输送了大量人才。

3. 产教融合的创新与技术转化

在这一阶段，贵州省职业教育逐渐走向技术创新与产业转化的深度融合。例如，贵州电子科技职业学院通过与贵州省内的电子企业合作，建立了电子产品设计与制造的技术创新平台。学生不仅可以在校内进行理论学习，还能参与企业的实际项目，学习从产品设计到生产的全流程操作。这种校企合作模式不仅培养了学生的实践能力，还促进了地方电子产业的技术创新与升级。此外，贵州职业院校还通过产学研结合的方式推动地方农业产业的发展。黔南民族职业技术学院与地方农业合作社合作，开设了农业技术培训班，学生在校期间参与农业生产的全过程，学习现代化农业技术。通过这种校企合作，学院不仅为地方农业输送了大量技能型人才，还帮助农民实现了技术转型，推动了当地农业的现代化发展。

4. 产教融合中的国际合作

为了推动职业教育的国际化发展，贵州省的部分职业院校还开展了与国外企业和高校的合作。例如，贵阳职业技术学院与德国职业技术教育机构合作，开设了机电一体化专业的中外合作办学项目。学生不仅能够学习到国际先进的机电技术，还能获得在德国实习的机会。这种国际合作模式不仅提升了贵州职业教育的国际化水平，也为贵州培养了具备国际视野的高端技能人才。

5. 教师队伍与课程创新

在深化产教融合的过程中，教师队伍的建设和课程的创新也是关键。贵州省职业院校通过引入企业专家担任兼职教师，提升了教学的实践性。例如，贵州装备制造职业学院与贵州航天科技集团合作，邀请企业工程师为学校的教师提供培训，同时担任实训课程的指导教师。这种合作模式不仅提高了教师的实践水平，也增强了课程的针对性和实用性。同时，贵州省职业院校还注重课程的改革与创新。例如，六盘水职业技术学院通过与地方企业的合作，开发了基于企业实际需求的课程体系，确保学生能够学到最前沿的技术。这种课程创新不仅提高了学生的职业技能，也使他们能够更快地适应工作岗位的需求。2011年至 2020 年，贵州职业教育进入了创新发展的新阶段，职业教育与地方产业的多维度融合得到了进一步深化。通过政策推动、校企合作、技术创新、国际合作等多种模式，贵州省的职业教育在服务地方经济发展中发挥了重要作用。这一阶段的职业教育改革不仅提升了贵州职业院校的办学水平，也为贵州的经济转型和产业升级提供了强有力的人才支撑。

（四）品质阶段（2021 年至今）：全面深化产教融合，推动职业教育高质量发展

2019 年 2 月，国务院发布《国务院关于印发国家职业教育改革实施方案的通知》（国发〔2019〕4 号），经过一段时间政策扩散影响，2021 年 12 月，贵州省人民政府发布《教育部 贵州省人民政府关于建设技能贵州推动职业教育高质量发展的实施意见》（黔府发〔2021〕14 号），该文件的颁布标志着贵州职业教育进入了全面深化产教融合的新阶段。贵州省政府进一步完善了职业教育的政策框架，提出了构建"产教融合、校企协同"的职业教育体系，强调职业教育要紧密对接地方经济发展，服务区域产业需求。

1. 政策引导下的深化改革

随着国家对职业教育高质量发展的要求逐步明确，贵州省职业教育进入了全面深化产教融合的品质发展阶段。贵州省在原有基础上，进一步加强了政策引导和支持。2021 年 12 月，"部省共建技能贵州推动职业教育高质量发展"启动仪式在贵阳举行。教育部、贵州省人民政府将共建"技能贵州"，强化部省协同，形成工作合力，推动职业教育高质量发展，为贵州经济社会发展提供人才和技能支撑，为西部地区技能型社会建设提供"贵州试点经验"。根据《教育部 贵州省人民政府关于建设技能贵州推动职业教育高质量发展的实施意见》（以下简称《意见》），贵州将立足新发展阶段，贯彻新发展理念，融入新发展格局，围绕"四新"主攻"四化"，加快建设"社会重视技能、人人想学技能、处处可教技能"的技能型社会，加速建立一条夯实职业教育发展基础、优化技能人才发展环境、完善职业教育人才培养体系和产教融合体系的"专属跑道"，补齐教育短板，解决技能人才供需矛盾，助推贵州经济社会高质量发展。通过一系列产教融合政策文件的实施，如制定《贵州省支持职业教育加快发展若干措施》《贵州省产教融合建设试点实施方案》《省教育厅办公室关于进一步做好职业教育服务 32 个产业链人才培养相关工作的通知》等系列文件，贵州组建了由省教育厅、省发展改革委等 11 个部门和单位组成的联席会议，按照贵州省产教融合区域协调发展布局，充分发挥政府统筹、产业聚合、企业牵引、学校主体作用，推动教育链、人才链与产业链、创新链有机衔接，着重提升职业教育品质和人力资源力量，并大力实施优质职业教育与本土国有大型企业联盟、与区域行业发展联合、与当地园区发展联结、与主导产业联动、与城乡融合发展联袂等行

动，全面实行校企"双元"育人模式，在职业技能人才培养方面取得积极成效。以贵阳市为代表的"产教融合型城市"建设，为贵州职业教育的发展提供了良好的政策和制度保障，带动了职业教育体系的整体升级和转型。到 2023 年年底，全省共有 12 个市域产教联合体提请申报建设，评选出 3 个市域产教联合体上报教育部，首个市域产教联合体"贵阳贵安大数据市域产教联合体"正式成立；共有 81 所职业院校主动与贵州 32 个特色产业链紧密对接，建成相关领域国家级示范性职教集团（联盟）4 个、省级示范性职教集团（联盟）21 个、产业学院 28 个，平均每年为贵州十大工业产业、12 个重点农业特色优势产业和服务业创新发展十大工程培养输送各类技术技能型人才 9 万余人①。

2. 校企合作的深化与扩展

随着产教融合政策的深入落实，贵州职业院校与地方企业的合作模式从单一的"订单式培养"逐渐扩展到"共建共享"模式，职业院校与企业的合作更加紧密。例如，贵州装备制造职业学院通过与贵州航天集团共建实训基地，推动高端制造业人才培养和技术创新。该基地不仅为学生提供了前沿的技术训练场所，还为企业的发展注入了创新活力。在旅游产业方面，贵州文化旅游职业学院与地方旅游企业深入合作，建立了多个与景区运营、酒店管理相关的实训基地，培养了大批符合地方经济需求的旅游管理人才。这些基地为学生提供了理论与实践结合的教学平台，也为企业注入了新鲜的劳动力，推动了贵州省旅游业的发展。

3. 教育质量与课程改革

为了推动职业教育高质量发展，贵州省加大了对职业院校课程体系的改革力度。通过与产业链紧密对接，职业院校不断优化课程设置，确保专业课程能够紧跟行业发展趋势。例如，贵州交通职业技术学院通过与省内交通企业合作，调整了道路施工与管理专业的课程内容，加入了现代化管理和智能交通系统的相关课程，使学生能够更好地适应行业的变化和需求。在此基础上，贵州省职业教育还积极推动"岗课赛证"一体化建设，着力提高学生的职业技能水平和就业能力。通过将课程教学与岗位需求、职业技能比赛相结合，职业院校的教学质量得到显著体现。例如，2023 年全国职业院校技能大赛中，贵州职业院校取得了历史性的突破，学生在多个赛项中获得一等奖，展现了贵州职业教育在技能培养上的成果。

---

① 省教育厅关于省政协十三届一次会议第 4238 号提案（《关于深化贵州职业教育产教融合的建议》）的答复

4. 技术创新与产学研结合

在推动职业教育与地方经济融合的过程中，技术创新成为贵州职业教育发展的重要驱动力。贵州职业院校通过产学研结合，推动技术成果的转化。例如，贵州电子科技职业学院与地方电子产业链企业共同建立了技术创新实验室，学生不仅能够学习最新的电子技术，还能参与实际项目的开发，推动了地方电子产业的升级。通过技术创新平台，贵州省职业院校逐步形成了产学研一体化的教育模式，这不仅提升了学生的实践能力，也为地方经济提供了技术支持和创新动力。

5. 职教集团与产教融合型企业的培育

为推动职业教育更好地与地方产业对接，贵州省大力发展职业教育集团和产教融合型企业。截至目前，贵州省已培育了 36 个省级示范性职业教育集团，并推动建设了 46 家产教融合型企业。这些职教集团与企业的合作，涵盖了贵州的农业、制造业、旅游业等多个重要产业，进一步推动了职业教育服务地方经济的能力。例如，黔南州磷化工产业产教联合体通过与当地磷化工企业合作，建立了涵盖职业教育、科研、生产的完整链条，推动了磷化工产业的升级和转型。这一联合体的成功运作，不仅为当地产业提供了大量高素质技术人才，也为其他职业院校的产教融合提供了借鉴。

6. 持续推动教育国际化

在全球化背景下，贵州职业教育积极推动国际合作，为职业教育引入全球先进经验。例如，贵阳职业技术学院与德国职业教育机构合作，开展了多项中德联合办学项目。通过这些项目，学生有机会学习德国先进的职业教育理念和技术，提升了贵州职业教育的国际竞争力。通过国际化办学，贵州职业院校不仅在教育内容上实现了与国际接轨，还为学生提供了更多的国际实习和就业机会，进一步提升了职业教育的吸引力和社会影响力。2021 年至今，贵州职业教育进入了全面深化产教融合的品质发展阶段。通过政策引导、校企合作深化、课程改革、技术创新和国际化合作，贵州职业教育逐步实现了从数量扩展向品质发展的转型。职业教育不仅在推动地方经济发展中发挥了重要作用，也为贵州省的产业升级和社会进步提供了强有力的人才支持。未来，贵州职业教育将继续在产教融合的框架下，推动职业教育的高质量发展，助力地方经济的持续繁荣。

纵观贵州职业教育产教融合的发展历程，可以看出，从起步阶段的初步探索，到探索阶段的逐步推进，再到创新阶段的多维融合，直至如今的全面深化，贵州职业教育与产业的结合经历了不断探索、逐步深化的过程。政府的引领、企业的支持和职业院校的积极创新是推动这一进程的关键因素。通过"政府统筹、企业参与、院校主导"的多元化发展格局，贵州职业教育逐步走上了高质量发展的道路，成为推动贵州地方经济转型升级的重要力量。

二、产教融合政策在高职教育的扩散分析

（一）产教融合政策的背景与发展

产教融合政策是我国职业教育改革的核心内容之一，其实施源于国家经济转型过程中对高技能技术人才的迫切需求。进入 21 世纪，随着全球化和技术进步加速，劳动力市场对具备专业技能的高素质人才需求迅速增长，这为教育与产业的深度融合奠定了基础，也成为推动教育改革的重要方向。早期的产教融合政策主要聚焦于如何将学校教育与企业实践紧密结合，提升学生的实践能力和就业竞争力。随着经济的快速发展，国家对职业教育的重视程度不断加大，尤其是《国家职业教育改革实施方案》的出台，标志着产教融合进入了全面深化阶段。该政策明确提出，职业院校应紧密对接市场需求，培养技术技能型人才，国家层面也加强了政策支持，推动校企合作从形式化向实质化转变。产教融合政策的实施范围逐渐从高职院校向本科层次扩展，涵盖了多层次、多类型的教育机构。

贵州省作为中国经济欠发达地区，通过产教融合政策的实施，促进了职业教育与地方经济的协同发展，特别是在大数据、旅游业、装备制造等特色产业方面取得了显著成效。例如，贵州电子商务职业技术学院与省内大数据企业建立了长期合作关系，学生不仅在校期间接受理论教学，还能进入企业参与实际项目，增强了他们的职业技能和就业竞争力。此外，贵州文化旅游职业学院与贵州省旅游局合作，依托当地丰富的旅游资源，打造了旅游管理、酒店管理等特色专业，并通过共建实训基地为学生提供与实际工作场景高度契合的实践机会。这一模式大大提升了学生的实践能力，使得他们毕业后能够迅速适应地方旅游产业的需求。贵州省产教融合政策的实施有效地促进了职业院校与地方产业的深度合作，不仅推动了地方经济的发展，还显著提高了毕业生的就业率和就业质量。例如，贵阳职业技术学院通过与省内装备制造企业合作，建立了工学结合的教学模式，毕业生的就业率在 2018 年至 2023 年间稳步上升，尤其在装备制造和大数据产业中，学生的就业率达到了 90% 以上。总结来看，贵州职业教育通过产教融合政策的实施，逐步形成了以地方经济发展为导向的教育模式。政策的推动不仅提升了职业教育的质量，也为贵州地方产业输送了大批技术型

人才，推动了区域经济的高质量发展。这种教育与产业的深度融合，使贵州省职业院校的学生能够更好地适应市场需求，实现了教育与就业的良性循环。

（二）产教融合政策扩散的路径与机制

产教融合政策的扩散是一个多层次、多维度的复杂过程，涉及中央与地方政府、教育机构和企业等多个主体的协调与互动。政策的扩散路径可以大致分为纵向扩散和横向扩散两种主要方式。

1. 纵向扩散

纵向扩散是指政策从中央政府逐级传达到地方政府和教育机构的过程。在这一过程中，中央政府制定宏观政策，并通过教育部和地方各级政府负责政策的具体落实和执行。政策在地方的执行往往需要结合区域的经济结构、产业发展和教育资源情况进行调整，以确保政策的有效性和针对性。贵州省作为中西部欠发达地区，在产教融合政策的纵向扩散过程中，结合地方特色产业和经济发展需求，形成了独具特色的职业教育与产业融合模式。例如，贵阳职业技术学院与贵阳市大数据产业深度合作，开展了大数据技术与应用等专业的"订单式"培养模式。该校通过与地方大数据龙头企业的合作，设立实训基地和技术创新平台，使学生能够在毕业前便掌握前沿技术，直接为大数据产业输送了大量高技能人才。这种结合地方经济发展需求的纵向政策执行路径，有效推动了贵州职业教育与新兴产业的深度融合。此外，贵州交通职业技术学院通过响应国家和贵州省政策要求，深化与省内交通建设企业的合作，开展"工学结合"教学模式，学生在校期间既能学习理论知识，也能进入企业进行实践。这一合作模式有效解决了贵州交通建设行业的技能型人才短缺问题，并提升了学生的就业率和就业质量。

2. 横向扩散

横向扩散是指政策在不同地区和行业间的自发传播。这一扩散方式依赖于地区间的经济联系、信息共享以及职业院校和企业之间的合作网络。在这一过程中，不同地区和职业院校通过学习和借鉴其他地区的成功经验，不断优化自身的产教融合实践。贵州省的职业院校在产教融合的横向扩散中也表现出积极的学习和借鉴能力。例如，毕节职业技术学院通过学习东部发达地区的校企合作模式，结合当地的煤矿和能源产业，创建了"煤矿技术实训基地"，为毕节市及周边地区的煤矿企业培养了大量具备实战能力的技能型人才。这一模式不仅增强了学生的实际操作能力，也促进了地方煤矿产业的现代化发展。同时，横向扩散中的另一个重要机制是行业协会和政府部门的推动作用。通过组织全国性的职业教育与产业对接论坛、设立产教融合示范区等方式，地方政府和行业协会推动了政策在更广范围内的传播与应用。例如，贵州省通过参加全国职业教育与产业合作交流会，与其他省市的职业院校分享和学习了多个成功的产教融合案例，并结合地方实际情况进行调整与应用。例如，贵州航空职业技术学院在学习江苏省先进的职业教育和企业合作模式后，与省内航空制造企业达成合作，联合培养航空技术人才。这一横向扩散不仅提升了贵州航空技术人才的培养质量，也为地方航空制造业的发展提供了强有力的支持。产教融合政策的扩散既依赖于中央到地方的纵向传导，也依赖于不同地区和行业间的横向交流与合作。在贵州省，政策的纵向扩散与地方经济发展需求紧密结合，推动了大数据、交通、能源等产业的产教融合；而在横向扩散过程中，贵州职业院校通过学习其他地区的成功经验，不断创新和优化自身的产教融合实践，进一步推动了职业教育与地方经济的深度融合。政策的纵横交错扩散，使得贵州省职业教育在新时代背景下迈上了新的台阶，助力地方经济的高质量发展。

（三）产教融合政策扩散的影响因素

产教融合政策的扩散受到多重因素的影响，这些因素不仅决定了政策扩散的速度和效果，还对政策的长期可持续性产生深远的影响。根据29所贵州职业院校的年度质量报告数据，下文从地方经济发展水平、地方政府的推动力、企业的参与度、职业院校的主动性四方面详细分析影响产教融合政策扩散的主要因素。

1. 地方经济发展水平

地方经济发展水平是决定产教融合政策有效扩散的关键因素之一。经济发达地区，尤其是产业结构完善、企业对技术技能型人才需求迫切的地区，通常更容易推广和实施产教融合政策。以东部沿海地区的江苏省为例，经济发达程度使得职业院校和企业之间的合作更加紧密，从而大大加快了产教融合政策的扩散速度。与之相比，贵州省作为经济欠发达地区，政策推广过程中面临的挑战较多。贵州的地方企业由于资源和资金的限制，难以在产教融合方面提供充分的支持。例如，铜仁职业技术学院在其2023年度报告中指出，该院虽然在矿业和旅游业等传统行业与地方企业合作，但由于当地经济基础薄弱，企业参与产教融合的深度有限，校企合作项目的规模和成效相对较小。为应对这些问题，贵州省依赖于政府提供的财政支持和政策倾斜，以推动职业院校与地方企业的合作。此外，贵州的职业院校在新兴行业（如大数据、电子商务等）中的产教融合也受到经济发展水平的制约。例如，贵州电子商务职业技术学院与当地大数据企业的合作，尽管取得了一些进展，但由于当地企业在新兴产业中的整体规模和技术水平较为有限，政策的落地效果并未达到预期。这种情况下，中央和省级政府的支持显得尤为重要，通过政策引导和财政补贴，帮助欠发达地区加快产教融合政策的实施。

2. 地方政府的推动力

地方政府在产教融合政策的实施与扩散中发挥着至关重要的作用。地方政府的推动力决定了政策的落实效率与广度。积极的地方政府能够通过出台具体的激励措施、建立产教融合平台，推动校企合作。例如，贵州省在"技能贵州"行动计划中，强调通过政府的政策支持和专项资金鼓励校企合作，促使地方企业与职业院校积极参与职业教育发展。

安顺职业技术学院通过地方政府的支持，成功与当地康养产业开展了产教融合合作。政府设立的专项资金支持了学院与康养企业共建实训基地，并帮助企业改进技术培训和人才培养机制。这种模式提高了学生的就业质量，且推动了地方康养产业的转型升级。然而，一些地方政府的推动力不足，导致政策实施效果不佳，甚至出现了"上热下冷"的现象。例如，六盘水职业技术学院在报告中提到，地方政府的推动力度有限，导致与地方企业的合作进展缓慢，尤其在新兴产业领域的产教融合几乎没有实质性突破。因此，地方政府的积极参与和政策创新是确保产教融合政策成功扩散的关键。

3. 企业的参与度

企业作为产教融合的核心参与方，其参与度直接影响政策的扩散效果。在某些行业，如制造业和信息技术行业，企业对技术技能型人才的需求迫切，因此对产教融合政策的响应较为积极。这些企业不仅积极参与职业院校的教学实践，还提供资金支持，并共同设计课程，提高学生的实践能力。例如，贵州航空职业技术学院与贵州航天科技集团的合作项目，航空企业不仅为学院提供了先进的设备和技术支持，还参与了课程设计与教学过程，确保学生的技能与企业需求无缝对接。这种深度合作模式推动了产教融合的顺利实施。然而，在一些传统行业，如农业和服务业，企业对产教融合的认识相对滞后，参与度较低。例如，黔西南民族职业技术学院在农业领域的产教融合中，发现当地农业企业规模较小，缺乏技术支持和合作经验，企业参与校企合作的积极性不高。为解决这一问题，地方政府需要通过税收优惠、财政补贴等措施，鼓励这些企业参与产教融合，提升政策的实际效果。

4. 职业院校的主动性

职业院校作为产教融合政策的实施主体，其主动性是政策扩散的重要影响因素之一。部分职业院校在产教融合的过程中积极主动，与地方企业紧密合作，取得了显著的成效。例如，遵义职业技术学院通过主动与地方酒业企业建立合作，共同开展酒类酿造技术的研发和人才培养项目，不仅提升了学生的实践技能，也为企业输送了大量高素质技能型人才。然而，一些地处欠发达地区的职业院校，由于资金和资源的匮乏，在产教融合的推进过程中表现出较低的主动性。例如，毕节工业职业技术学院在其报告中提到，由于缺乏政府和企业的有效支持，学院在推动校企合作和产教融合方面面临巨大挑战，校企合作的深度和广度都难以满足政策要求。因此，职业院校需要进一步提高自主创新能力，积极寻找与地方企业的合作机会，推动产教融合政策的有效落地。产教融合政策的扩散受到地方经济发展水平、地方政府的推动力、企业的参与度以及职业院校的主动性等多方面因素的影响。贵州省作为欠发达地区，虽然在政策推广过程中面临诸多挑战，但通过政府的政策支持、企业的参与、职业院校的主动性提升，产教融合的实施取得了显著进展。未来，通过进一步优化政策机制、加大财政支持和提升各方合作的积极性，贵州的职业教育将能够更加深入地与地方产业融合，助力地方经济的高质量发展。

三、旅游的教与产融合政策扩散的典型案例

在贵州省各地职业院校中，产教融合政策的实践和扩散展现出了多样化的模式和路径，反映出不同地区和行业在实施政策过程中因地制宜的特点。通过分析多个院校的案例，可以更清楚地了解产教融合政策在贵州不同地区和行业的具体应用方式，以及这些实践对地方经济发展的影响。

案例一：贵阳职业技术学院与大数据产业的深度融合

贵阳职业技术学院作为贵州省的大型综合性职业院校，在产教融合政策的推动下，积极与地方新兴产业——大数据行业建立了紧密的合作关系。贵阳作为中国大数据产业的重要基地，该市的职业教育政策高度关注如何为地方大数据产业培养高素质的技术技能型人才。贵阳职业技术学院通过与多家大数据公司合作，设立了多个大数据实训中心，为学生提供了从基础数据处理到高级数据分析的实践机会。校企双方共同设计大数据相关课程，如大数据应用技术和云计算平台管理等，确保课程内容与行业前沿技术保持一致。学生不仅可以在学校学习理论知识，还能通过校企合作平台进入企业实习，积累实际工作经验。学院还与地方知名大数据企业达成长期合作协议，提供"订单式培养"模式，企业根据自身需求提出人才培养计划，学校根据企业要求进行人才定制化培养，毕业生进入企业后即具备上岗工作能力，减少了企业的再培训成本。通过这一

模式,贵阳职业技术学院为贵州大数据产业输送了大量技术型人才,推动了地方经济的快速发展。这种深度产教融合模式不仅提高了学生的就业率,还帮助企业解决了技术人才短缺的问题,成为贵州省产教融合纵向扩散中的典型成功案例。

案例二:贵州交通职业技术学院与交通产业的对接

贵州交通职业技术学院则与地方交通建设行业进行了深入的产教融合合作。交通建设是贵州省的支柱产业之一,随着贵州省"交通强省"战略的实施,其对交通基础设施建设和管理人才的需求不断增加。交通职业技术学院在政策的引导下,结合地方交通企业的需求,积极推动工学结合、校企共育的人才培养模式。学校与贵州高速公路集团有限公司及多个地方公路施工企业建立了长期合作关系,学生通过校企合作实训项目,学习到最新的施工管理技术和智能交通管理系统的应用。企业为学校提供了大量实训设备和技术支持,帮助学生掌握实际工作中的应用技术。同时,学院通过为地方交通建设项目输送优秀人才,提高了学生的就业竞争力和地方经济的技术实力。

此外,学院还建立了"订单班",与企业联合培养人才。交通职业技术学院通过与交通企业合作,为学生提供定向培养机会,并通过实训基地让学生深入参与公路施工、桥梁检测、道路维护等具体项目的实践操作,确保学生毕业时具备熟练的技术操作能力,能够快速适应地方交通建设行业的需求。

案例三:贵州文化旅游职业学院与旅游业的多维融合

贵州文化旅游职业学院在贵州省的旅游业发展中发挥了重要作用。贵州省丰富的旅游资源为地方经济的发展提供了巨大潜力,而旅游业对高素质的服务管理人才需求旺盛。文化旅游职业学院通过与地方知名景区、酒店和旅游管理公司合作,成功推动了旅游产业与职业教育的融合发展。学院与贵州省内多个5A级景区和星级酒店建立了校企合作机制,学生不仅可以在课堂上学习旅游管理和酒店服务的理论知识,还能通过实习项目参与实际的景区运营和酒店管理。这些企业为学生提供了真实的工作环境,帮助他们将理论知识应用于实践。通过这种校企合作,学生毕业时已经具备了丰富的行业经验,能够迅速适应工作岗位的需求。同时,文化旅游职业学院还与地方政府合作,积极参与地方特色旅游项目的开发与管理。例如,学院参与了贵州省多个生态旅游区的规划和运营管理工作,推动了文化旅游产业与职业教育的深度融合。这一模式不仅提高了学生的职业技能,也为贵州省的旅游产业提供了高质量的人才支持,助力地方经济的可持续发展。

案例四：毕节职业技术学院与能源产业的合作

作为贵州省的重要煤矿和能源基地，毕节职业技术学院在产教融合政策的推动下，与地方煤矿企业及能源公司建立了广泛的合作关系。由于能源产业对技术型人才的需求旺盛，学校与地方煤矿企业共同开展煤矿技术实训项目，培养了大批符合企业需求的应用型人才。毕节职业技术学院通过与地方煤矿企业的深度合作，共建了多个煤矿安全技术实训基地，学生在校期间不仅学习煤矿安全生产理论，还能通过校企合作实训项目进行煤矿设备操作、矿井安全监测等实践操作。企业为学生提供真实的工作场景，并在学生毕业后优先录用表现优秀的实习生，确保企业对人才的精准需求得以满足。这种"学用结合"的校企合作模式有效推动了毕节职业技术学院在能源领域的产教融合，帮助企业解决了技术人才短缺问题，同时也提高了学生的就业率和就业质量，成为贵州能源行业产教融合的成功案例。

案例五：黔东南民族职业技术学院与民族产业的结合

黔东南民族职业技术学院以服务当地少数民族经济发展为目标，重点推进民族文化产业与职业教育的结合。学院与地方少数民族手工艺品企业合作，建立了多种文化产业相关专业的实训基地，推动了民族文化的传承与创新。

学院通过校企合作，将民族特色的手工艺制作技艺融入课程教学，帮助学生掌握包括刺绣、蜡染等在内的民族传统工艺技能。同时，学院还积极开拓市场，帮助学生设计和推广民族特色产品，提升民族文化产业的市场竞争力。这种校企合作模式不仅保护了少数民族的传统技艺，也为贵州省的文化旅游产业提供了创新驱动力。贵州省各地职业院校在产教融合政策的扩散过程中，因地制宜，结合地方经济特点和产业需求，逐步形成了多样化的合作模式。从大数据、交通、旅游到能源和民族文化产业，各个领域的校企合作为贵州职业教育的发展和地方经济的转型提供了强大的动力。这些成功案例展示了产教融合政策在地方的有效落地，不仅提高了职业教育的教学质量和学生的就业竞争力，还推动了地方产业的创新与升级，实现了教育与经济的双赢发展。

案例六：黔南民族职业技术学院与景区经营的结合

黔南民族职业技术学院通过"三个一体化"模式，全面推动产教融合和区域旅游发展。校企合作"一体化"模式旨在深化校企协作，推动旅游与茶产业的有机融合；研学实践"一体化"模式以突出教育与旅游的融合发展；景城建设"一体化"模式，则进一步促进校地合作，构建更紧密的合作关系。在专业建设上，学校设立了旅游与茶产业系，创建了全省首个以茶旅为主题的专业群，形成了"旅游+茶""旅游+非遗""旅游+电商"等特色专业方向。这些专业不仅注重理论与实践的结合，还致力于满足地方产业需求。人才培养方面，学院与黔南州民宿协会每年共同开设 30 人规模的订单班，双方联合制定培养方案，实施"招生即招工、入校即入企、入学即就业"的培养模式。专业课程体系紧密对接企业和产业的生产标准，开发了《研学旅行》《非遗文化》等特色教材，实现了教学过程与生产过程、教学标准与生产标准的无缝对接。为了加强实践教学，学院建立了 20 多个涵盖旅游、酒店、餐饮及非遗产品的实训室和实训基地，提供了 70 多个岗位供学生实训。学校还开发了 36 门研学课程，涵盖了都匀毛尖茶文化、民族文化、非遗文化、科技文化和军旅文化等领域。这些研学课程不仅丰富了学生的学习体验，还将实训与区域特色文化相结合。

学院通过建设劳动教育实践基地，进一步推动学生了解并参与农业生产，如茶园、橘园和养殖场等场地，用于传播科学知识和培养学生的创新精神。该基地不仅提升了学生的实践能力，还推动了"景区即校园，景观即实训基地，学生即导游，景点即课堂，实训产品即旅游产品"的模式（黔南民族职业技术学院 2023 质量年度报告）。此外，学校与多个地方政府、文旅部门、民宿协会、酒店及旅游公司签订了合作协议，通过深度的校地合作，共同服务地方经济与文化发展。学校还积极参与地方发展研究，《黔南州茶旅一体融合发展的问题与对策》被列入州委、州政府的重大课题，为地方政策提供了有力支持。同时，学校将校园开放为市民公园，服务当地市民，进一步实现了教育、产业与地方生活的深度融合。通过这些举措，黔南民族职业技术学院充分发挥了其在旅游与茶产业、文化传承及地方经济发展中的重要作用，成为产教融合和校地合作的典范。

本章小结

本章通过查阅院校官网，查阅各院校"教育质量年度报告"，收集统计年鉴数据等文本分析，梳理介绍了贵州职业教育产教融合的基本情况与发展态势，重点关注了职业教育院校的基本情况、贵州旅游专业的高等职业教育、旅游业发展概况、"旅游产业化"发展趋势与需求，以及贵州产教融合的发展情况。内容涵盖了对贵州省职业教育与地方旅游产业融合过程中的多个关键方面的详细解析，包括政策环境、教育改革成效以及职业教育在应对地方产业需求中的实际表现。分析显示，贵州职业教育与旅游产业的融合在促进地方经济发展、提升教育质量以及满足市场需求方面取得了显著成效。通过建立校企合作平台、实施订单式教育和推广实训基地，职业院校成功培养了一批符合旅游业务需求的专业技术人才。然而，融合进程也遇到了不少挑战，包括教育资源分配不均、校企合作机制不完善以及职业教育国际化程度较低等共性问题表征。这些问题的存在一定程度上影响了教育质量的进一步提升和地方产业的产教融合。贵州省职业教育需要进一步优化政策环境，加强顶层设计，提升师资力量和教育设施，深化校企合作和产教融合，以更有效地推动职业教育与地方产业的深度融合，实现互利共赢的局面。通过这些措施，贵州职业教育将更好地适应经济社会发展的新要求，为地方产业升级和经济转型提供坚实的人才支撑和技术保障。

同时梳理了贵州省职业教育与地方产业的深度融合经历的多个发展阶段，从最初的探索到如今的全面深化。这一过程反映了贵州省在职业教育领域的创新与实践，也展示了职业教育在地方经济转型升级中的重要作用。贵州职业教育的发展从起步阶段的单一模式逐步演变为多元化、现代化的职业教育体系，特别是在旅游、农业、大数据等地方支柱产业中，通过产教融合，培养了大量应用型技术人才。在国家和地方政策的引导下，贵州的职业教育实现了从数量扩展到质量提升的转型。贵州的职业院校通过与地方企业的合作，推动了校企共建实训基地、订单式培养等多种合作模式的落地。这不仅使学生的职业技能得到了显著提升，也为地方经济的快速发展提供了人才支持。特别是在旅游业方面，贵州的职业院校与地方旅游企业的合作，推动了"旅游+文旅"等新模式的发展，培养了大批符合地方经济需求的技能型人才。贵州职业教育尽管取得了显著成就，但仍面临一些问题和挑战。师资队伍建设、校企合作的深度、国际化程度等方面尚需进一步提升。为此，贵州省需要进一步深化政策引导，推动产教融合的深入发展，加强职业院校的国际合作与校企协同，以适应现代经济社会发展的需求。

第四章

理论基础与指标体系构建

本章围绕贵州职业教育与旅游产业耦合协调发展的研究目标和内容，系统分析相关理论基础，如新发展理念、耦合协调理论、人力资本理论、三螺旋理论以及多元共治理论，并阐明这些理论在本研究中的适用性和重要性。在理论基础和发展理念的基础上，梳理一个包含横向与纵向维度的二维分析框架，并构建职业教育、旅游业高质量发展的测评指标体系。

第一节 理论基础与构建流程

发展是解决一切问题的基础，而发展理念则是引领发展的先导。在中国共产党的历史进程中，尤其是党的十八大以来，党中央紧紧围绕"实现什么样的发展、如何实现发展"这一重大命题，持续推动制度变革、理论创新和实践探索。以习近平同志为核心的党中央立足于中国经济社会发展的新阶段，准确把握经济增长约束条件的变化，聚焦解决发展不平衡不充分的新问题。在新发展理念和高质量发展理论的指导下，耦合协调理论成为解释复杂生态系统和区域经济协调发展的重要工具，具有可持续发展的重要意义。

一、理论基础

（一）新发展理念

在十八届五中全会上，党中央提出了"创新、协调、绿色、开放、共享"的五大发展理念①，在发展动力、发展结构、发展模式、发展路径和发展价值

---

① 张辉，吴尚. 新发展理念引领高质量发展：成效、问题及推进方向［J］. 学习与探索，2021（12）：93-102.

等方面实现了深刻的变革①。

新发展理念作为一个系统的理论体系，涵盖了五个重要维度。创新是发展的第一动力，协调是发展的内在要求，绿色是发展的普遍形态，开放是发展的必由之路，而共享则是发展的最终目标。这五个维度相辅相成，构成了一个有机整体，展现出系统性、实践性、时代性和人民性等鲜明特征。新发展理念集中体现了党对新发展阶段基本特征的科学把握②，展示了党对中国经济社会发展规律认识的不断深化③，是对马克思主义发展观和系统观的又一次理论创新，同时也是习近平新时代中国特色社会主义思想的重要组成部分。新发展理念不仅是未来中国经济社会各领域高质量发展的根本遵循，也是推动旅游业高质量发展的重要指导思想与理论依据。令人欣喜的是，学术界已有不少研究者以五大发展理念为框架，构建了高质量发展评价体系，并对高质量发展的水平进行测度分析，认为新发展理念与高质量发展在本质上具有一致性和同步性④。例如，王伟⑤基于2017年中国31个省市区的截面数据，对中国经济高质量发展指数进行了测度评估，探讨了其空间分布格局。欧进锋等⑥基于新发展理念实证研究了广东省经济高质量发展水平及区域差异，并提出了相应的对策建议。赵敏⑦则以黄河流域81个地级市为例，分析了城市高质量发展系统耦合协调度的时空演变规律及其动力机制。

在职业教育高质量发展领域，相关研究已经展现出丰富的成果与实践意义。研究人员如刘来兵等⑧探讨了建设高质量职业教育体系动因、框架与路向，朱德全等⑨

① 田鹏颖. 论新时代新发展理念的理论创新 [J]. 理论探讨，2021 (5)：27-32.

② 刘军，边志强. 资源型城市经济高质量发展水平测度研究：基于新发展理念 [J]. 经济问题探索，2022 (1)：92-111.

③ 郭芸，范柏乃，龙剑. 我国区域高质量发展的实际测度与时空演变特征研究 [J]. 数量经济技术经济研究，2020，37 (10)：118-132.

④ 李梦欣，任保平. 新时代中国高质量发展的综合评价及其路径选择 [J]. 财经科学，2019 (5)：26-40.

⑤ 王伟. 中国经济高质量发展的测度与评估 [J]. 华东经济管理，2020，34 (6)：1-9.

⑥ 欧进锋，许抄军，刘雨骐. 基于"五大发展理念"的经济高质量发展水平测度：广东省21个地级市的实证分析 [J]. 经济地理，2020，40 (6)：77-86.

⑦ 赵敏. 黄河流域城市高质量发展系统耦合协调度时空演变及驱动力研究 [J]. 统计与信息论坛，2021，36 (10)：33-40.

⑧ 刘来兵，陈港. 建设高质量职业教育体系：动因、框架与路向 [J]. 现代教育管理，2021 (11)：106-112.

⑨ 朱德全，彭洪莉. 中国职业教育高质量发展指数与水平测度 [J]. 西南大学学报（社会科学版），2023，49 (1)：138-152.

则专注于职业教育与产业需求的对接机制，黄毓慧等①研究则深入分析了职业教育在促进地方经济发展中的策略与实效。这些研究不仅推动了职业教育理论的深化，也为实际操作提供了策略指导，标志着职业教育高质量发展的逐步成熟。而在旅游领域，类似的研究也逐渐兴起，并逐步形成了一定的研究基础。例如，孙晓等②研究了旅游教育与行业需求的精准对接，唐业喜等③则从文化旅游的视角分析了旅游产业的新机遇，吴儒练④则关注于旅游市场的新动态与消费者行为。尽管这些研究为旅游业的发展提供了新的视角和数据支持，但从整体上看，旅游教育与职业教育的结合仍处于探索阶段，需要进一步的理论创新和实证研究来深化理解和指导实践。

本研究以新发展理念的五个维度为理论基础，科学界定旅游业高质量发展的理论内涵、内在逻辑及构成维度，构建了贵州职业教育高质量发展与旅游业高质量发展综合测评指标体系的理论框架（图 4-1），并结合省域面板数据进行了测算分析。基于新发展理念的职业教育高质量发展测度、旅游业高质量发展测度，充分体现了多维性和时代性，对科学评估和指导贵州职业教育高质量发展、区域旅游业高质量发展具有重要的理论价值和实践意义。此外，在职业教育高质量发展、旅游业高质量发展、旅游产与教的融合发展的政策调整与路径选择上，也应全面贯彻新发展理念，确保实现持续的高质量发展。

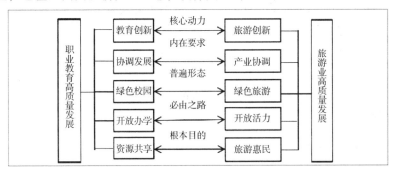

图 4-1 基于新发展理念的职业教育与旅游业高质量发展关系的理论框架

---

① 黄毓慧，杨永芳，李爱国. 我国农业农村现代化与职业教育高质量发展的协调机制研究：基于 CCDM-PVAR 模型 [J]. 中国软科学，2024（S1）：131-140，202.

② 孙晓，刘力钢，陈金. 中国旅游经济高质量发展的测度 [J]. 统计与决策，2021，37（17）：126-130.

③ 唐业喜，左鑫，伍招妃，等. 旅游经济高质量发展评价指标体系构建与实证：以湖南省为例 [J]. 资源开发与市场，2021，37（6）：641-647.

④ 吴儒练. 旅游业高质量发展与乡村振兴耦合协调测度、演化及空间效应研究 [D]. 南昌：江西财经大学，2022.

（二）人力资本理论

贵州职业教育与旅游产业耦合协调发展的核心在于职业教育为旅游产业输送高质量人才，这与教育经济学中的人力资本理论密切相关。教育作为人类生产实践的产物，其经济功能贯穿于社会发展的各个阶段，且在人类社会的发展史上占有重要地位。教育通过提升劳动者的素质与能力，推动科学技术的进步，从而被视为一种具有生产力的经济要素。尽管有学者提出，教育本身并不直接构成生产力，其对经济的影响主要是通过推动科技进步实现的，但不可否认的是，教育可以通过提高劳动者素质，激发劳动者的创新潜力，最终推动经济的发展。

人力资本理论的核心观点在于，教育不仅能够提升劳动者的技能和竞争力，还能通过提高劳动者在劳动力市场中的行为表现来推动经济增长。人力资本概念最早由亚当·斯密（Adam Smith）提出，他将通过后天教育获得的劳动技能视为一种资本，认为这些技能不仅是个人财产，也是社会财富的重要组成部分。斯密指出，"社会上一切人民学到的有用才能"是一类重要的固定资本，能够通过教育投资获得回报。由此可见，人力资本的提升不仅能够增加个体的劳动竞争力和收入，还能为社会的经济增长提供持续动力[①]。20世纪50—60年代，现代人力资本理论逐渐成形，舒尔茨（Theodore W. Schultz）、贝克尔（Gary S. Becker）和明塞尔（Jacob Mincer）是该领域的重要奠基者[②]。舒尔茨的研究表明，人力资本的提升是经济增长的重要驱动力，他认为个体收入的差异源于受教育程度的不同，教育作为一种投资，对经济增长具有重要影响[③]。同样，贝克尔（Gary S. Becker）在其经典著作《人力资本》中指出，教育和在职培训是人力资本投资的核心要素，受过高等教育的劳动者在劳动力市场中往往能够获得更高的收入[④]。这表明，教育不仅对个人发展具有深远影响，也对经济社会的整体进步起到关键作用。

（三）三螺旋理论

贵州职业教育与旅游产业的耦合协调发展，深刻依赖于政府、学校和产业三方的密切合作，而这一互动关系与三螺旋理论高度契合。三螺旋理论由埃茨

① ［英］亚当·斯密. 国民财富的性质和原因的研究：上卷［M］. 郭大力，王亚南，译. 北京：商务印书馆，2004：258-259.

② 张凤林. 人力资本理论及其应用研究［M］. 北京：商务印书馆，2006：6-7.

③ ［美］舒尔茨. 人力资本——教育和研究的作用［M］. 蒋斌，张蘅，译. 北京：商务印书馆，1990：22-30.

④ ［美］贝克尔. 人力资本［M］. 陈耿宣，等译. 北京：机械工业出版社，2016：12-13.

科威兹（Henry Etzkowitz）和雷德斯多夫（Loet Leydesdorff）在 20 世纪 90 年代提出，它对大学、产业和政府三者之间的创新性互动关系进行了开创性的探讨，为多个国家和地区的发展提供了重要的理论基础与实践指导①。自该理论提出以来，大学、产业和政府虽然各自承担着不同的职责，但随着区域经济社会发展需求的增加，三者逐渐从各自为政走向协同合作，带来了巨大的发展潜力和创新成果。三螺旋理论的核心思想在于，大学、产业和政府三方应打破传统的职能边界，彼此加强互动合作。在这一合作模式下，大学不仅仅是知识的传播者，而且积极承担社会服务职能，大学的研究成果通过与产业的结合迅速实现转化。企业也从与大学的合作中获得了先进的技术和研究成果，提升了自身的创新能力。与此同时，政府则通过政策、资金、法规等支持手段，为大学和产业的协作提供保障，确保合作顺利推进。三螺旋理论构建了一个动态发展的交互体系，通过三方的紧密合作，共同推动区域经济的可持续发展。

在三螺旋理论框架下，三方的合作不仅需要加强彼此间的互动，还要求各方在自身职能的基础上兼具其他两方的功能。这种"跨界"合作能够有效提升各方的合作效能，形成相互促进的螺旋式发展模式。在不同的发展阶段，大学、产业和政府的需求和能力各有不同，三方的合作力度和方向也会相应调整。当某一方成为主导力量时，其他两方会随之调整和旋转，形成一个不断演变和提升的螺旋式发展模式。在这一发展模式中，人员、信息和产出的循环流动至关重要。人员的循环流动，包括教师进入产业、企业家进入高校等，能够有效优化人才资源配置，提升人才的流动性和创新能力。信息的循环流动，则能够将市场和技术的前沿动态及时反馈到大学和政府，使得决策更加科学和高效。产出的循环流动，尤其是创新型产品和技术的快速转化和应用，能够为三方带来持续的互惠收益。此外，实现组织网络和操作平台的创新也是三螺旋理论得以持续发展的关键，只有通过创新的组织结构和高效的操作平台，三方合作才能有效应对复杂的经济和社会发展挑战。

在全球范围内，三螺旋理论已经在多个国家和地区得到了广泛应用，并展现出了极大的包容性和灵活性。该理论的应用领域涵盖了区域创新发展、产业转型升级、科技园区建设等多个领域，对推动区域经济和社会的高质量发展具有重要的指导意义。在中国，三螺旋理论同样受到了广泛关注，并在产学研合作、创新创业教育、校企合作等领域取得了诸多理论研究和实践成果。相关学

---

① 王宇. 产教融合背景下民族地区教育与旅游产业的耦合协调发展水平研究［D］. 重庆：西南大学，2023.

者的研究进一步深化了三螺旋理论在中国的应用，为我国职业教育与产业融合发展提供了重要的理论基础。在贵州，职业教育、旅游产业和地方政府的合作对区域经济的可持续发展至关重要。通过共同承担区域发展责任，三方能够实现互利共赢，促进贵州职业教育与旅游产业的耦合协调发展，为中国各民族地区的现代化进程提供强有力的支持。因此，基于三螺旋理论构建的大学、产业和政府三方合作模式，不仅为贵州职业教育与旅游产业的深度融合提供了理论指导，也为相关组织和行动主体之间的合作关系分析奠定了坚实的理论基础。

（四）多元共治理论

从治理的视角来看，贵州职业教育与旅游产业的耦合协调发展可以视为一种产教融合的治理问题，其本质是贵州职业教育的公共治理问题。三螺旋理论表明，多元主体之间的协同互动关系是影响贵州职业教育与旅游产业耦合协调发展的关键因素之一，因此，在分析两者的协同发展时，必须考量多元利益主体的共治关系。多元共治理论为此提供了一个有效的理论框架。基于多中心和协同治理的思想，多元共治强调多方主体的协商合作、网络化结构、机制多样性和成果共享等特性，为解决复杂的产教融合问题提供了新的切入点①。因此，多元共治理论广泛应用于国家治理、教育治理、环境治理、国际关系和公共管理等领域，其对贵州职业教育与旅游产业的耦合协调发展具有重要的理论指导作用。在制度治理中，制度作为关键机制对治理过程提供了重要支持，诸多典型的制度分析框架应运而生。例如，柯克·爱默生（Kirk Emerson）等人提出了以协同治理制度为核心的综合分析框架②，帕特里夏·H. 桑顿（Patricia H. Thornton）提出的制度逻辑框架揭示了宏观制度与微观行动之间的复杂关联③。埃莉诺·奥斯特罗姆（Elinor Ostrom）通过其制度分析与发展框架（Institutional Analysis and Development Framework，IAD Framework）进一步深化了制度在行动者行为中的影响，并通过社会—生态系统分析框架（Social-Ecological System Framework，SES Framework）扩展了制度分析的范围④，这些理论为贵州职业教

---

①　田千山. 生态环境多元共治模式：概念与建构 [J]. 行政论坛，2013，20（3）：94-99.

②　EMERSON K, NABATCHI T, BALOGH S. An Integrative Framework for Collaborative Governance [J]. Journal of Public Administration Research and Theory, 2012, 22（1）：1-29.

③　[法] 桑顿，[加] 奥卡西突，[加] 龙思辉. 制度逻辑：制度如何塑造造人和组织 [M]. 汪少卿，杜运周，翟慎霄，等译. 浙江：浙江大学出版社，2020：99.

④　OSTROM E. Background on the Institutional Analysis and Development Framework [J]. Policy Studies Journal, 2011, 39（1）：7-27.

育与旅游产业的耦合协调发展提供了多角度的分析工具。

结合贵州的特殊区域背景，贵州职业教育与旅游产业的耦合发展不仅依赖产教融合制度的支持，还受到贵州各地区社会生态系统的深刻影响。因此，在分析耦合协调发展水平时，不仅要考虑制度和协同因素的作用，还要充分评估社会生态环境的实际情况。社会—生态系统分析框架能够进一步支持本研究将旅游产业作为贵州职业教育与旅游产业耦合协调发展水平的研究对象，因为旅游产业的发展符合贵州省社会生态系统的独特性和发展需求。在中国的制度环境下，多元共治理论呈现出本土化的发展特征，政府在这一过程中扮演着核心角色。虽然理论强调多元主体之间的协同合作，但政府在制定法律法规、维护发展环境、监督和支持合作等方面的主导地位反而得到了强化。贵州省职业教育与旅游产业耦合协调发展过程中，政府应积极发挥主动作用，搭建平台，促进多元利益主体之间的有效合作，共同构建具有操作性和兼容性的产教融合治理模式。本研究中的多元共治对象涵盖了贵州职业教育与旅游产业，治理目标是提升两者的耦合协调发展水平。治理主体包括地方政府、旅游相关企业、普通高等学校和中等职业学校等。治理工具则涵盖职业教育、旅游产业、产教融合等领域的制度机制。贵州职业教育与旅游产业的多元共治，可以被理解为在明确的目标指引下，多元利益主体通过统筹协调、分工合作，充分发挥各自领域的优势，形成协同效应，最终共同推动贵州职业教育与旅游产业的高质量协调发展。

（五）耦合协调理论

在中国古汉语中，"耦"有"并肩协作"的意思，耦合作为系统科学、物理学和工程学中的常用概念，指的是两个或两个以上的系统、实体或运动形式之间相互依赖、相互影响的动态关联[①]。常见的例子有电阻耦合、工程构件耦合等。美国学者卡尔·威克（K. Weick）在1976年通过松散耦合理论研究教育组织系统的相互关系，首次将耦合概念引入社会科学领域[②]。随着理论的发展，耦合的内涵逐渐与"协调"相联系。据《说文解字》记载，"协"指众人协作一致，"调"则意味着和谐统一。因此，协调是指系统间或系统内部各要素之间

---

① 方创琳，崔学刚，梁龙武. 城镇化与生态环境耦合圈理论及耦合器调控 [J]. 地理学报，2019，74（12）：2529-2546.

② WEICK K E. Educational Organizations as Loosely Coupled System [J]. Administrative Science Quarterly, 1976 (1).

通过良性互动达到和谐一致的状态①。耦合协调度是衡量系统在演化过程中能否和谐发展并实现整体协同的重要指标②，它不仅反映了系统间的协同演进，还展示了系统的未来发展趋势③。相关概念见图4-2。

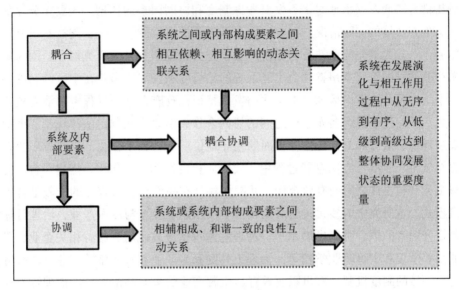

图4-2 耦合、协调及耦合协调的含义及相互关系④

在新发展理念和高质量发展理论的指导下，耦合协调理论成为解释复杂生态系统和区域经济协调发展的重要工具，具有可持续发展的重要意义。通过学者们对耦合协调概念的深入研究，可以得出三个关键点：第一，耦合协调应发生在两个或两个以上的系统或要素之间；第二，耦合协调的过程是系统相互作用和影响的结果；第三，耦合协调的最终结果是系统从无序走向有序，从低级走向高级的协同发展与共同进步。

近期，耦合协调理论模型在旅游领域得到了广泛应用，并显著推动了相关研究的深化。具体来说，这一理论框架已经被用于探索旅游产业与其他社会经

---

① 廖重斌. 环境与经济协调发展的定量评判及其分类体系：以珠江三角洲城市群为例 [J]. 热带地理，1999（2）：76-82.

② 徐维祥，李露，周建平，等. 乡村振兴与新型城镇化耦合协调的动态演进及其驱动机制 [J]. 自然资源学报，2020，35（9）：2044-2062.

③ 赵磊，潘婷婷，方成，等. 旅游业与新型城镇化-基于系统耦合协调视角 [J]. 旅游学刊，2020，35（1）：14-31.

④ 图片来源：吴儒练. 旅游业高质量发展与乡村振兴耦合协调测度、演化及空间效应研究 [D]. 南昌：江西财经大学，2022.

济系统之间的动态关系，如旅游与城镇化的互动①，旅游业与乡村振兴的融合②，以及旅游产业与区域发展的协同进程③。这些研究不仅丰富了我们对旅游产业复杂相互作用的理解，也为本研究的理论基础奠定了坚实的学术基石。此外，旅游业与生态环境的耦合④、旅游与交通系统的协调发展⑤以及旅游扶贫与区域发展的耦合等研究⑥，均在各自领域内取得了重要进展。同时，文化与旅游的系统耦合的探讨⑦，也为本研究在文化旅游领域的理论探索和实证分析提供了重要的参考。这些研究成果不仅揭示了旅游业与其他系统间的复杂联系，

① 高楠，马耀峰，李天顺，等．基于耦合模型的旅游产业与城市化协调发展研究：以西安市为例［J］．旅游学刊，2013，28（1）：62-68．另：赵磊，潘婷婷，方成，等．旅游业与新型城镇化：基于系统耦合协调视角［J］．旅游学刊，2020，35（1）：14-31．

② 董文静，王昌森，张震．中国文化产业与旅游产业耦合发展的时空演化及空间关联格局［J］．西南民族大学学报（人文社会科学版），2022，43（3）：23-33．另：李志龙．乡村振兴—乡村旅游系统耦合机制与协调发展研究：以湖南凤凰县为例［J］．地理研究，2019，38（3）：643-654．另：GAL Y, GAL A, HADAS E. Coupling tourism development and agricultural processes in a dynamic environment［J］. Current Issues in Tourism, 2010, 13（3）：279-295.

③ 高楠，马耀峰，张春晖．中国丝绸之路经济带旅游产业与区域经济的时空耦合分异：基于九省区市 1993-2012 年面板数据［J］．经济管理，2015，37（9）：111-120．另：LIU L, CHEN J. Strategic coupling of urban tourism and regional development in Liaoning Province, China［J］. Asia Pacific Journal of Tourism Research, 2020, 25（12）：1251-1268.

④ 耿松涛，谢彦君．副省级城市旅游经济与生态环境的耦合关系研究［J］．城市发展研究，2013，20（1）：91-97．另：PAN Y, WENG G, LI C, et al. Coupling coordination and influencing factors among tourism carbon emission, tourism economic and tourism innovation［J］. International Journal of Environmental Research and Public Health, 2021, 18（4）：1601. 另：ZHANG F, SUN C, AN Y, et al. Coupling coordination and obstacle factors between tourism and the ecological environment in Chongqing, China：aulti-model comparison［J］. Asia Pacific Journal of Tourism Research, 2021, 26（7）：811-828.

⑤ 曹芳东，黄震方，黄睿，等．江苏省高速公路流与景区旅游流的空间关联及其耦合路径［J］．经济地理，2021，41（1）：232-240．另：郭向阳，穆学青，丁正山，等．"交旅"融合下旅游效率与高速交通协调格局研究：以长三角 41 市为例［J］．地理研究，2021，40（4）：1042-1063.

⑥ 汪德根，沙梦雨，朱梅．国家级贫困县旅游资源优势度与脱贫力耦合分析：以 433 个脱贫县为例［J］．人文地理，2020，35（5）：111-119，149．另：李志龙．乡村振兴—乡村旅游系统耦合机制与协调发展研究：以湖南凤凰县为例［J］．地理研究，2019，38（3）：643-654.

⑦ 洪学婷，黄震方，于逢荷，等．长三角城市文化资源与旅游产业耦合协调及补偿机制［J］．经济地理，2020，40（9）：222-232．另：李凌雁，翁钢民．我国旅游与文化产业融合发展水平测度及时空差异分析［J］．地理与地理信息科学，2015，31（6）：94-99．另：汪永臻，曾刚．西北地区文化产业和旅游产业耦合发展的实证研究［J］．经济地理，2020，40（3）：234-240.

也为制定更加有效的旅游发展策略提供了科学依据。职业教育与旅游业作为地区人地耦合协调系统中的两个重要子系统，二者的耦合协调过程是系统内各要素相互支持、相互融合并重构优化的复杂互动过程。

本研究采用耦合协调理论对职业教育与旅游业之间的高质量发展进行了系统性分析，其重要性表现在多个层面。首先，此分析有助于评价不同时间段及各个地区职业教育与旅游业高质量发展之间的匹配程度，并揭示其在时间和空间上的演变规律。这一点对于理解两个领域的发展趋势及其相互作用具有重要意义。其次，本研究还探讨了贵州省职业教育与旅游业之间的互动关系，特别是在高质量发展过程中可能遇到的问题和挑战，为解决这些问题提供了理论依据和策略建议。通过对职业教育与旅游业发展的深入分析，研究有助于识别两者发展不协调的原因，并提出针对性的解决方案。最后，本研究结果为政策制定者提供了宝贵的信息，帮助各级政府部门制定更为科学、合理的政策与规划，以促进旅游业与职业教育的产教融合。通过推动这种融合，可以有效地促进旅游职业教育的高质量协调发展，从而为区域经济的持续健康发展提供强有力的支持。这不仅有利于提升教育和旅游服务的质量，也有助于增强相关行业的国际竞争力。

二、指标体系构建的基本原则

在构建测评指标体系时，原则的选择至关重要，它确保了评价体系的科学性、适用性和操作性。在不同的研究中，关于指标体系构建的原则有多种表述，有的强调全面性和代表性，有的则侧重于数据的可获得性和合理性。本研究借鉴了彭张林等人提出的"O-C-W-I-S-D"原则①，即目的性（objective）、完备性（complete）、可操作性（workable）、独立性（independent）、显著性（significant）与动态性（dynamic），并结合贵州职业教育与旅游产业耦合协调发展的实际情况，制定了以下六项指标体系构建原则，以确保所构建的评价体系科学、系统、实用。

（一）目的性原则

目的性原则要求测评指标体系必须能够明确地反映出研究的核心目的。本研究的核心目的是评价贵州职业教育与旅游产业的耦合协调发展水平，因此，所构建的指标体系需围绕这一评价目标展开。具体而言，测评指标体系需能够

---

① 彭张林，张爱萍，王素凤，等．综合评价指标体系的设计原则与构建流程［J］．科研管理，2017，38（S1）：209-215．

衡量贵州职业教育与旅游产业的独立发展水平、二者之间的耦合关系以及两者在不同阶段的协调发展程度，从而为研究假设提供支持并指导政策制定。因此，所有指标的选择都必须紧密契合这一研究目标。

（二）完备性原则

完备性原则强调，测评指标体系应全面覆盖评价对象的关键属性与特征。贵州职业教育和旅游产业的耦合协调发展是一个复杂的系统，其涵盖了多维度、多层次的要素。因此，测评指标体系的构建必须从创新、协调、开放、共享和绿色等多方面进行全面考虑，确保能够充分反映两者的核心发展特征。本研究通过分析贵州职业教育与旅游产业的关键要素，构建了多层次的测评指标体系，以确保其全面性。

（三）可操作性原则

可操作性原则要求，测评指标的数据必须能够被准确、便捷地收集，并具有公开获取的渠道，以保证数据的真实性和可靠性。本研究的评价体系数据主要来源于政府发布的统计数据和公开的行业报告，这些数据具有高度的权威性和可操作性，能够有效反映贵州职业教育和旅游产业的实际发展情况。此外，基于公开数据的分析方式也使得本研究的结果能够具有较高的实用价值和推广性。

（四）独立性原则

独立性原则要求，测评指标必须在内涵和定义上保持独立，避免各指标之间的交叉或重叠，确保评价体系的逻辑清晰和数据的独立性。本研究在构建贵州职业教育与旅游产业的评价体系时，分别将两者作为两个独立的子系统进行分析，确保各自的测评指标不相互干扰。通过对两者关键特征的独立分析，本研究为后续的耦合协调度测算提供了清晰的框架和结构。

（五）显著性原则

显著性原则要求，测评指标应能够突出地反映评价对象的核心特征，并且指标应尽可能简洁、代表性强。本研究在初步筛选指标时，保留了具有代表性的主要指标，并通过专家评审和定量分析剔除了次要和冗余的指标，最终构建了一个简洁高效的测评指标体系，确保每一项指标都能够有效反映贵州职业教育与旅游产业的耦合协调发展水平。

（六）动态性原则

动态性原则要求，测评指标体系能够根据时间、空间和发展阶段的变化进行灵活调整。本研究的测评指标体系具有较强的适应性和动态性，可以随着贵州职业教育和旅游产业的发展变化，及时增减和调整测评指标，以确保评价结果的准确性和前瞻性。同时，本研究所选择的评价数据来自具有时效性和连续性的统计数据，能够适应不同时间段和发展阶段的评价需求。

综上所述，贵州职业教育与旅游产业耦合协调发展测评指标体系的构建严格遵循了目的性、完备性、可操作性、独立性、显著性和动态性六项原则。这些原则不仅确保了测评指标的科学性和合理性，也为后续的实证分析提供了坚实的理论和实践基础。

三、测评指标体系构建流程

本研究在构建测评指标体系时，遵循了科学性、系统性和实用性相结合的原则，严格按照以下流程进行指标体系的设计与优化，确保最终构建的体系既能够反映核心要素，又具有广泛的可操作性和应用价值（见图4-3）。

第一，明确评价体系的核心目标，即评估发展水平。这一体系旨在为贵州省职业教育和旅游业的决策者和从业者提供科学的评估工具，帮助其了解贵州职业教育和旅游产业的现状、发展优势和短板，推动政策优化与实践调整。

第二，初步构建指标集。在构建测评指标体系时，先对国内外已有评价框架进行全面梳理，并结合贵州职业教育和旅游业的实际特点，初步构建了适合贵州省职业教育与旅游产业高质量发展的指标集。参考国内外经典发展评价体系并结合中国国家层面的政策文件，提炼出与职业教育和旅游业发展密切相关的核心指标。这一初步的指标集涵盖了创新发展、协调发展、绿色发展、开放发展和共享发展五大维度。

第三，专家咨询与德尔菲法优化。为确保构建的测评指标体系科学合理并具有较强的实用性，本研究采用了德尔菲法，邀请来自多个领域的专家进行多轮咨询。通过专家的反馈和建议，进一步完善和优化初步指标集。专家咨询的多轮次反馈有助于从不同角度对指标的适用性和代表性进行综合考量，确保构建的体系能够在实际应用中具有较强的指导意义。德尔菲法的应用保证了指标体系的广泛性和准确性，尤其是在多轮讨论和反馈中，删除了部分冗余或相关性较低的指标，强化了那些能够有效衡量贵州职业教育和旅游业高质量发展水平的核心指标。通过这一过程，确保体系不仅涵盖职业教育和旅游业各个重要维度，还能够在实际应用中操作简便，具有高度的针对性和适用性。

第四，数据可操作性验证。在确保测评指标体系的科学性和代表性后，本研究对指标的可操作性和数据可获取性进行了详细验证。贵州职业教育与旅游业的高质量发展需要依赖于权威、准确的数据支持，因此，本研究通过参考国家、贵州省、地方等权威数据来源，逐项核实每个指标的数据来源和获取渠道。对于无法从现有数据中获取的指标，研究团队进行了数据模拟或提出了可能的替代方案，确保每个指标都能在实际操作中具备可量化、可获取的数据支持。此外，数据可操作性验证的过程也有助于优化指标体系的精简性。本研究剔除了那些数据难以获取、难以量化的指标，确保所选指标在实际应用中既能够为政策制定者提供有效参考，又不会因为数据匮乏或复杂导致操作困难。

第五，确定最终指标体系。在完成指标构建、专家反馈、数据验证等步骤后，最终确定了贵州职业教育和旅游业高质量发展测评指标体系。该体系涵盖了创新发展、协调发展、绿色发展、开放发展和共享发展五大核心维度，每个维度下设若干二级指标，构成一个既科学合理又具备可操作性的完整评价框架。

第六，实践应用与反馈。该评价体系的构建为贵州旅游业的发展评估提供了科学依据，同时为政策制定者和从业者提供了具体的操作指南。在实际应用中，地方政府和相关部门可以根据指标体系的测评结果，识别出各个维度上的优势和不足，进而有针对性地调整政策方向，优化资源配置，推动产业升级。此外，该体系还可以为企业提供经营策略的优化参考，帮助其在竞争激烈的市场中保持优势。随着贵州旅游业的发展和外部环境的变化，该体系也需要进行动态调整。

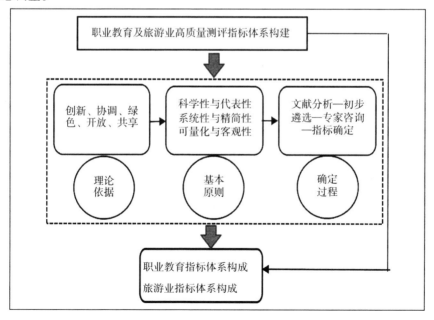

图 4-3 职业教育高质量及旅游业高质量测评指标体系构建流程

第二节 职业教育高质量发展测评指标体系的构建

科学、系统的测评指标体系是确保数据、方法和结果可信性与可靠性的核心前提。为了全面测量贵州职业教育与旅游产业耦合协调发展的水平，本研究分别构建了针对贵州职业教育和旅游产业的测评指标体系。在构建指标体系的过程中，充分借鉴了已有相关文献，结合新发展理念的职业教育高质量发展和旅游产业高质量发展的理论内涵、构成维度及产教融合特征，深入分析了二者耦合协调的概念及前提条件，并探讨了职业教育高质量发展和旅游产业高质量发展的耦合协调机制。本小节将详细阐述贵州职业教育与旅游产业测评指标体系的依据来源、构建指标及具体指标要素的含义，以确保评价过程的科学性与逻辑严谨性。

一、国内外职业教育测评指标体系

随着教育在社会发展中的作用日益凸显，教育发展已成为制定教育规划与决策的重要依据。教育发展不仅仅指教育理论、结构、方法、资源和机构的进步与变革，还意味着教育水平的整体提升与国民素质的全面提高。衡量教育发展的科学性、合理性，离不开一套完善的测评指标体系。因此，国内外许多教育机构和组织构建了颇具影响力的教育评价体系，这些体系为全球教育发展提供了重要参考。对国内外教育测评指标体系的深入分析，能够为构建贵州职业教育与旅游产业耦合协调发展的测评指标体系提供重要的理论依据与实践指导。

在各国教育事业蓬勃发展的数十年间，一些权威组织和机构构建了教育测评指标体系，定期发布数据和报告，并根据每年的热点问题不断对体系进行修正和更新。这些指标是各组织机构基于自身不同的发展理念、分类标准和分析维度进行构建的，所形成的多个经典的教育测评指标体系得到了国际社会的广泛认可，具有较高的影响力和权威性。与此同时，包含中国在内的很多国家也构建了自己的教育指标体系，这些指标有着较强的本土适应性，能从一定程度上为本研究提供启示。

（一）国际组织的教育指标体系

随着全球对教育的重视与需求不断增加，国际组织纷纷构建了系统的教育指标体系，以促进全球教育事业的发展。这些体系不仅为各国提供了参考标准，也为衡量教育质量、评估教育政策效果提供了科学依据。以下是几大国际组织在职业教育和教育领域所构建的代表性评价体系。

1. 经济合作与发展组织的教育指标体系

经济合作与发展组织（OECD）于 20 世纪 60 年代在法国巴黎成立，是由 38 个成员国组成的国际经济组织，致力于通过制定政策，推动全球的繁荣、平等和福祉。自成立以来，OECD 一直致力于开发教育领域的指标体系，从早期的教育数据收集逐步发展为教育数据的生产和发布。其代表性出版物《教育概览：OECD 指标》（*Education at a Glance：OECD Indicators*）由 OECD 的教育研究与创新中心（CERI）发布，被视为国际教育指标研究的权威参考。OECD 的教育指标体系建立在人力资本理论的基础上，采用输入—输出模式，借鉴"教育生产力供需模式"，构建了一个由背景（context）、输入（input）、过程（process）和输出（product）组成的 CIPP 教育评估模型。该模型的四个维度为教育系统的全面评估提供了清晰框架，并通过每年的调整和更新，确保其指标具有国际一致性、可比性和通用性。2020 年发布的《教育概览》中，职业教育和培训的指标主要分为四大板块：教育机构的产出与学习影响，受教育机会及进展，教育财政资源投入，以及教师、学习环境和学校组织。该指标体系通过全面评估各国职业教育的发展情况，为各国制定职业教育政策提供了有力的数据支持。

2. 联合国教科文组织的教育指标体系

联合国教科文组织（UNESCO）成立于 1945 年，旨在通过推动教育、科学和文化的国际合作，促进世界和平与可持续发展。其下属的统计研究所（UIS）是联合国教科文组织的官方统计机构，专门负责全球教育领域数据的收集、分析和发布。UIS 发布的教育数据具有广泛的国际可比性，这些数据不仅用于编写诸如《人类发展报告》《世界发展报告》等国际权威报告，也被用于计算多个全球性指数，如人类发展指数和世界竞争力指数。联合国教科文组织的《全球教育监测报告》（Global Education Monitoring Report）自 2002 年开始发布，跟踪全球教育进展。该报告评估了全球教育系统中的非国家行为体在教育供给、治理、财政及影响力等方面的表现，特别是职业教育与高等教育的发展进程。2021 年发布的《全球教育监测报告》中，重点基于可持续发展目标（SDGs）监测了工作技能、教育平等、教育设施、财政支出、教师培训及奖学金等方面的全球教育数据。

3. 联合国开发计划署的教育质量指标体系

联合国开发计划署（UNDP）是一个致力于帮助发展中国家特别是最不发达国家进行技术、人才和设备援助的国际组织。每年发布的《人类发展报告》是

UNDP 的重要出版物，报告中的人类发展质量仪表板专门设有关于教育质量的指标。这些教育质量指标包括小学和中学的学生—教师比例、受过培训的教师比例、学校互联网普及率等。此外，国际学生评估项目（PISA）也用于测试学生的阅读、数学和科学能力，为全球教育成果的评价提供了详细的数据支持。UNDP 的教育质量评估通过多维度的教育指标体系，帮助各国了解教育资源的配置情况，并对职业教育的成效进行监测，为政策制定提供依据。

4. 世界银行的教育发展指标体系

世界银行（World Bank）成立于 1944 年，是致力于全球经济发展和贫困消除的国际组织。其每年发布的《世界发展报告》涵盖了全球教育发展中的关键议题，包括职业教育在内的各类教育体系。该报告的指标体系重点关注教育投入、教育机会、教育效率、教育完成率以及教育成果等维度。其中，世界银行的教育指标还特别注重教育中的不平等现象，例如，由收入、性别和地区差异所导致的教育不公平问题。通过对这些因素的综合评估，世界银行的教育指标体系为推动全球职业教育平等和可持续发展提供了实用的评估框架。通过分析 OECD、UNESCO、UNDP 和世界银行等国际组织的教育指标体系，可以发现这些体系不仅涵盖了职业教育的核心要素，还注重与社会经济发展紧密相关的教育问题。这些国际教育指标体系为贵州职业教育与旅游产业的耦合协调发展提供了有力的参考依据。在构建贵州职业教育评价体系时，可以借鉴这些国际经验，结合中国的国情和贵州的实际需求，建立一个既具全球视野又具地方特色的职业教育评价框架，从而更好地推动区域经济与职业教育的协同发展。

（二）美国的教育指标体系

美国的教育指标体系由多个重要出版物和报告组成，其中最具代表性的包括《教育状况》（Condition of Education）和《教育统计文摘》（Digest of Education Statistics）。这两份报告通过全面的教育数据分析与汇总，展示了美国教育系统的关键趋势和发展动态，并为政策制定者和教育研究人员提供了详细的参考依据。

1.《教育状况》报告

《教育状况》是美国国家教育统计中心（NCES）每年发布的权威报告之一，旨在通过关键教育指标来评估美国各级教育的现状及其发展趋势。该报告涵盖了从学前教育到高等教育的各个阶段，并特别关注劳动力市场结果与国际教育比较。通过分析最新的统计数据，《教育状况》总结了教育领域的重大变化与趋势。这些数据随着时间的推移不断更新，为政策制定提供了动态、及时的信息。

报告中的教育指标主要集中在几个关键领域：学校入学人数、毕业率、学生学业表现、教师队伍以及财政资源等。这些指标不仅提供了美国教育系统的整体情况，还通过细化的数据揭示了教育发展中的区域差异和社会经济因素对教育成果的影响。例如，报告中详细分析了不同种族、性别和收入群体在接受教育过程中的不平等现象，帮助教育政策制定者找到潜在的改进方向。此外，《教育状况》还提供了美国与其他国家在教育发展上的横向比较结果，特别是在学业成绩、教育资源投入和劳动力市场对教育成果的需求等方面。这些国际比较为美国职业教育系统的发展提供了全球视角，也为各州政府在制定职业教育政策时提供了有力的参考。

2.《教育统计文摘》

《教育统计文摘》（简称《文摘》）是另一部重要的年度出版物，其目的是汇编和发布关于美国教育各个层次的统计信息。该出版物涵盖从学前班到研究生院的广泛教育领域，提供了关于学校数量、入学人数、教师数量、毕业生比例、教育财政、图书馆资源等多维度的数据。《文摘》借鉴了来自政府、私营机构以及 NCES 的精选数据，分为七大章节，深入探讨了美国教育的不同领域。报告中的章节包括学校和学院的数量、教师的规模与质量、学生入学与毕业数据、教育的财政状况、联邦教育基金的分配、图书馆的运营情况，以及国际教育对比。通过这些详细的数据，教育研究人员和政策制定者可以全面了解美国教育系统的运行状态，尤其是职业教育与产业发展的关系。此外，《文摘》不仅关注教育系统内部的数据，还结合了外部人口趋势、劳动力特征、政府财政等因素，帮助读者更好地理解教育系统的发展背景。例如，报告中分析了劳动力市场对不同教育水平的需求变化，展示了职业教育毕业生在不同产业中的就业表现和工资水平。这一信息对贵州职业教育与旅游产业的耦合发展具有重要启示，通过分析劳动力市场的需求，可以更好地设计职业教育课程，以支持区域经济的发展。

3. 教育数据的应用与优化

美国的教育指标体系不仅定期发布，还随着时间不断更新、优化，以确保其准确反映教育系统的最新趋势和发展动向。NCES 在发布《教育状况》和《教育统计文摘》的过程中，不断完善其统计模型，确保数据的可靠性和可用性。这些优化不仅体现在指标体系的调整上，还包括数据收集方法的改进以及数据可视化技术的应用。这些出版物所提供的关键统计指标，例如，学校入学人数、毕业率、财政支出与教育资源分配等，经过详细的分析和描述，为政策制定者提供了评估和调整教育政策的基础。同时，通过不断更新的统计数据，美国的教育指标体系能够及时反映社会和经济变迁对教育系统的影响。这种动态的数据收集和分析方式，有助于政策制定者和教育工作者制定更具前瞻性和适应性的教育改革方案。美国的教育指标体系，尤其是在职业教育领域的精细化数据分析，为贵州职业教育与旅游产业的耦合协调发展提供了宝贵的参考。通过分析教育系统中的劳动力需求、学生学习成果和教育资源分配，贵州可以借鉴美国的经验，构建适合本地产业需求的职业教育体系。通过对美国教育指标体系的分析，可以看出，系统化、精细化的教育数据不仅能够反映教育系统的整体发展状况，还能帮助政策制定者通过数据驱动的方式制定针对性政策。贵州职业教育在与旅游产业的耦合协调发展中，可以借鉴美国的经验，构建本地化的职业教育评价体系，持续跟踪教育与产业发展的匹配度，从而推动职业教育为地方经济发展提供更为有效的人才支持。

（三）欧洲国家的教育指标体系

欧洲国家的教育体系长期以来在全球享有盛誉，其教育测评指标体系不仅具备历史深厚的基础，还不断融入现代化的发展理念与技术创新。作为世界领先的教育改革先行者，欧洲国家在职业教育与区域产业发展方面积累了丰富的经验，并通过一系列指标体系来衡量教育质量、学生就业能力及教育与产业之间的匹配度。这些指标体系的构建与优化，不仅推动了欧洲各国教育的高质量发展，也为全球范围内的教育体系建设提供了重要参考。

1. 欧洲教育指标体系的构建背景

欧洲国家的教育体系在历史上具有强烈的社会福利导向，强调教育作为社会公平和经济发展的重要支柱。随着全球化进程加快以及产业结构的转型升级，欧洲国家逐渐认识到教育与劳动力市场的紧密联系，特别是在职业教育方面，有效提升学生的就业竞争力成为各国教育政策的核心目标。因此，各国开始构建系统化的教育指标体系，以评估和提升职业教育质量，并确保教育系统能够有效适应现代产业发展的需求。

2. 欧洲教育与培训 2020 战略

欧洲联盟（EU）作为欧洲一体化的重要推动者，制定了以教育为核心的战略目标。最具代表性的就是"欧洲教育与培训 2020 战略"（ET 2020），该战略旨在通过有效的教育与培训系统促进欧洲国家的经济增长与社会进步。ET 2020 将教育视为经济转型的核心驱动力，提出了四个关键的优先领域：提高教育质量与效能、促进公平、增强社会包容、推动创新与创造力，并明确提出了加强职业教育与劳动力市场需求之间的联系。在 ET 2020 框架下，欧洲国家构建了包括学生学业表现、职业教育与培训参与率、教师质量、就业率及终身学习参与率在内的一整套测评指标。这些指标旨在推动职业教育体系更加紧密地与区域产业结合，以确保欧洲国家在全球化经济中保持竞争力。

3. 欧洲技能与就业调查

为了进一步评估职业教育与劳动力市场的适配性，欧洲职业培训发展中心（Cedefop）推出了"欧洲技能与就业调查"（European Skills and Jobs Survey，ESJS）。该调查通过衡量技能需求、工作技能匹配度以及教育与就业市场之间的互动，帮助各国了解职业教育在提升劳动者技能方面的成效。ESJS的核心指标包括职业教育毕业生的就业率、技能与岗位需求的匹配度、工作满意度、技能供需平衡等。这些指标为欧洲各国政府提供了职业教育质量评估的基础数据，帮助他们制定更加精准的教育政策，并优化职业教育与区域产业发展的协同关系。

4. 欧洲高等教育区和博洛尼亚进程

欧洲高等教育区（EHEA）的建设是欧洲国家在教育领域的一项重要成就，其核心是通过博洛尼亚进程推动高等教育的标准化和国际化。博洛尼亚进程的主要目标是促进欧洲各国高等教育系统的兼容性和互认性，提升毕业生的国际竞争力。在此背景下，欧洲国家构建了一系列与高等教育质量相关的指标体系，包括学位结构、学分体系、教学质量、学生流动性以及就业率等。这些指标不仅推动了欧洲高等教育的改革，也为职业教育与高等教育的融合发展奠定了基础。通过这些指标，欧洲国家能够有效监测和评估职业教育毕业生的就业能力，并确保教育系统与快速变化的产业需求相匹配。

5. 欧洲国家职业教育的终身学习机制

欧洲国家高度重视职业教育与终身学习机制的有机结合。为应对全球经济变化和技术进步带来的挑战，欧洲国家将终身学习纳入职业教育的核心目标，并构建了一套涵盖成人教育、职业技能提升和重新就业等方面的测评指标体系。这些终身学习指标体系不仅关注职业教育的初始阶段，还涵盖了职业生涯中的各个发展阶段，确保劳动者在整个职业生涯中都能持续获得技能提升的机会。欧洲的终身学习测评指标体系包括成人教育参与率、职业技能提升项目的完成率、技能更新与技术适应力、老龄劳动者的就业保障等。通过这些指标，欧洲国家能够有效评估职业教育对劳动力市场的长期影响，为劳动者提供更加灵活的职业发展路径。欧洲国家的教育指标体系，尤其是在职业教育与劳动力市场需求对接方面的成功经验，对贵州职业教育与旅游产业的耦合协调发展具有重要的借鉴意义。首先，欧洲各国注重职业教育与产业需求的紧密结合，这为贵州职业教育如何精准对接地方特色产业，尤其是旅游产业提供了重要启示。贵州可以借鉴欧洲的经验，建立职业教育质量评价体系，重点关注教育与就业市场的匹配度、学生就业率及技能供需平衡等指标。其次，欧洲教育体系中的终身学习理念也为贵州职业教育的持续发展提供了启示。随着贵州旅游产业的快速发展，职业教育不仅要为初始阶段的就业提供支持，还应建立完善的终身学习机制，帮助从业人员在职业生涯的不同阶段获得技能提升，从而适应行业的快速变化。此外，欧洲国家通过国际化的教育标准和指标体系，实现了教育系统的兼容性和互认性，这也为贵州职业教育的现代化和国际化发展提供了方向。通过引入更加国际化的教育标准和评价体系，贵州职业教育不仅能够服务地方经济，还可以提高自身的竞争力，为学生提供更多的国际就业机会。因此，欧洲国家在职业教育测评指标体系的构建上，为全球提供了良好的范例。通过系统化、多维度的指标评估，欧洲国家不仅提升了职业教育的质量，还成功促进了教育与产业的深度融合。贵州职业教育与旅游产业的耦合发展可以从中借鉴经验，构建一套符合本地需求的测评指标体系，推动职业教育与地方产业的深度融合，为区域经济发展提供强有力的人才保障。

（四）我国的教育指标体系

为了科学有效地指导各级教育行政部门和学校开展教育事业的发展监测与评价，我国在 1991 年首次发布了《中国教育监测与评价统计指标体系》，并分别于 2005 年和 2020 年进行了两次修订，以适应新时期的教育监测需求。该体系的最新版本《中国教育监测与评价统计指标体系（2020 年版）》构建了一个全面、科学的框架，涵盖了教育程度、受教育情况、办学条件、教育经费和科学研究五大类共计 120 项指标。此指标体系不仅与联合国 2030 年可持续发展议程的教育目标对标，还在我国深化教育改革的背景下，强调"全员、全程、全方位"育人的基本理念，为我国教育事业的发展提供了精准的监测工具。

1. 《中国教育监测与评价统计指标体系》的核心内容

《中国教育监测与评价统计指标体系（2020 年版）》是我国教育监测和评价工作的核心框架，力求通过全面的指标覆盖，反映我国教育系统的运行状况。该体系在设计时，充分考虑了国内外教育监测的需求和趋势，既体现了对国际教育目标的对标，又贴合了我国教育事业的独特发展需求。该指标体系的五大类指标涉及了教育系统的多个层面。第一类是教育程度，主要评估各级教育机构的教育水平和质量，涵盖入学率、毕业率、升学率等。第二类是受教育情况，该类指标衡量了不同年龄段、不同背景群体（包括少数民族、农村地区和城市贫困地区）的教育普及程度。第三类是办学条件，涉及教育基础设施、师资力量、学校资源分配等关键指标，为评估各级学校的硬件条件和师资水平提供了依据。第四类是教育经费，包括对各类教育机构资金的来源、分配和使用情况的监测，这是评估教育公平性和可持续发展的重要维度。第五类是科学研究，主要关注高等教育机构在自然科学和社会科学研究方面的投入和成果。通过这些详细的指标，教育管理部门可以清晰掌握教育系统的整体运作情况，并根据实际情况进行教育政策的调整和资源分配优化，确保教育资源能够更加公平、合理地覆盖各类人群。

2. 教育统计出版物中的教育指标体系

除了《中国教育监测与评价统计指标体系》外，我国还有一系列权威的教育统计出版物，如《中国教育统计年鉴》和《中国教育经费统计年鉴》，为教育系统的监测提供了大量翔实的数据支持。《中国教育统计年鉴》是我国教育领域的重要出版物之一，分为三个主要部分。第一部分教育事业发展，涵盖从学前教育到高等教育的各级各类教育情况。具体指标包括学校数量、教职工数量、专任教师情况、少数民族学生和教师的数据、入学率、升学率、在校生人数、师生比、教师学历情况、学校资产和校舍情况等。这些数据不仅展示了我国教育事业的整体发展水平，也为了解职业教育与少数民族教育的平衡发展情况提供了依据。第二部分是办学条件，该部分着重于教育经费和基本建设的投资情况，详细统计了各类学校和地区的经费来源、支出状况，以及学校基础设施的建设情况。第三部分是科学研究活动及其他，包括了高等院校在自然科学与社会科学领域的科研投入、科技成果等相关数据，这些数据是衡量我国高等教育研究能力的重要指标。《中国教育经费统计年鉴》则重点关注我国教育经费的分配和使用情况，从全国教育经费的总收入，到各级各类教育机构的经费收入和支出情况都有详细的统计。它不仅有助于监测教育经费的整体流动，还为优化教育资源配置提供了数据支持。通过该年鉴的数据，教育行政部门可以准确了解各类学校的经费使用效率，确保教育资金的合理流向和科学分配。

3. 教育部年度统计报告中的教育指标应用

每年，教育部还会发布一系列重要的年度统计报告，如《全国教育事业发展统计公报》和《全国教育经费执行情况统计公告》。这些报告通过分析教育系统的运行状况和资金流向，进一步完善了我国的教育监测体系。例如，《全国教育事业发展统计公报》通过数据对比，详细展示了全国范围内教育普及情况、职业教育发展情况、教师队伍建设等方面的最新进展。与此同时，《全国教育经费执行情况统计公告》则从资金使用的角度，反映了教育财政投入的使用效果，确保教育资源能够精准投入最需要的地方。通过这些年度报告，教育管理者可以实时跟踪教育系统的发展趋势，并及时调整教育政策，确保资源优化配置和教育公平。这些统计数据还为各地政府在职业教育和产业发展结合过程中提供了有力的参考依据，特别是在贵州等少数民族地区，职业教育的资源配置和资金使用需要更多关注，才能真正实现与旅游产业的深度融合。

　　我国的教育指标体系不仅为全国的教育发展提供了科学指导，也对贵州职业教育与旅游产业的耦合发展具有重要启示。首先，通过教育监测指标体系的应用，贵州可以更好地了解职业教育的现状，包括师资力量、教育资源分配和毕业生就业情况等。这些信息对于推动职业教育与地方特色产业的结合尤为重要，特别是在旅游产业发展过程中，职业教育是否能够有效培养出适应市场需求的高素质人才是关键。其次，我国教育经费监测指标体系也为贵州职业教育的资源配置提供了参考。通过教育经费的科学分配和使用，贵州可以优化职业教育中的资金流向，确保教育资源能够更加精准地服务于产业发展需要。例如，贵州可以根据旅游产业的需求，在职业教育中增加对旅游管理、酒店管理等专业的投入，提升相关专业的教学设施和师资力量。最后，科学研究类的指标体系对于高等职业院校的发展具有指导意义。贵州可以借鉴这一体系，推动高职院校在旅游产业相关领域的科研投入和技术创新能力建设，通过产教融合的方式，提升旅游产业的科技含量，推动产业升级。同时，科研指标还可以鼓励职业院校与地方企业开展合作，共同攻关关键技术问题，为地方经济发展提供技术支持和创新动力。我国的教育指标体系经过多次修订与完善，已经成为教育监测和评价的强大工具。它为各级教育行政部门和学校提供了全面的参考，确保教育资源的合理配置和教育政策的科学制定。对贵州职业教育与旅游产业的耦合协调发展来说，充分借鉴这一指标体系，可以帮助更好地监测和评估职业教育的质量与成效，从而为区域经济的高质量发展提供强有力的支持。

表 4-1　已有指标和相关研究的教育指标体系

指标来源	教育指标要素	备注
OECD 的《教育概览：OECD 指标》	教育机构的产出与学习影响，受教育、参与和进步的机会，投入教育的财政资源，教师、学习环境和学校组织	
UNESCO 的《全球教育监测报告》	经济社会背景和文化程度、早期保育与教育、小学教育、中等教育参与、高等教育参与、各级教育教师、教育投入、全民教育	
UNESCO 的《世界教育报告》	教育供给、教育需求、入学和参与、教育内部效率、教育产出	

指标来源	教育指标要素	备注
UNDP 的《人类发展报告》	人类发展指数、成人识字率、青壮年识字率、小学净入学率、初中净入学率、小学五年教育保留率、高等教育理科、工程学、制造业和建筑业的在校生数	
WB 的《世界发展报告》	教育投入、受教育机会、教育效率、教育成果、性别与教育	
美国的《教育统计文摘》	各级教育、初等和中等教育、高等教育、联邦教育和相关活动基金、教育成果、国际教育比较、图书馆和技术使用	
《中国教育监测与评价统计指标体系》	教育事业发展（综合部分、高等教育、中等教育、工读学校、特殊教育、学前教育、各级各类学校分布情况）、办学条件（教育经费、教育基本建设投资）、科学研究活动（自然科学与技术和社会科学的人力、经费、课题和成果）	
《中国教育统计年鉴》	全国教育经费总收入、各级各类教育机构教育经费收入和支出	
《中国教育经费统计年鉴》	教育发展（规模与普及水平、质量与效益、成人培训）、教育经费（总体投入与产出、生均教育经费）、国民受教育水平（人均受教育年限、国民受教育程度）、科学技术（国家科技活动及水平、高等学校科技活动水平）	
《从人口大国迈向人力资源强国》	规模、质量、效益、公平、创新	
《中国教育发展指数》	教育事业发展（综合部分、高等教育、中等教育、工读学校、特殊教育、学前教育、各级各类学校分布情况）、办学条件（教育经费、教育基本建设投资）、科学研究活动（自然科学与技术和社会科学的人力、经费、课题和成果）	
《中国高等职业教育质量年度报告》	人才培养质量、满意度、教学资源、服务贡献、国际影响、落实政策	
曲建忠	产出规模、质量、潜力	2013 年
徐莉等	人才聚集、投入、产出	2018 年
潘海生等	规模、经费、质量、成果	2021 年
蔡文伯等	历史规模、质量	2022 年
王宇	规模、质量、投入、产出	2023 年
朱德全等	创新、绿色、协调、开放、共享	2023 年

二、贵州职业教育高质量发展指数分析框架

职业教育高质量发展是新时代国家赋予职业教育的重要使命。其不仅要适应市场需求，还要通过深化产教融合，提升人才培养质量，以增强职业教育的适应性与竞争力。当前研究主要集中在两个方向：一是理论层面上职业教育高质量发展的探讨，二是实证层面职业教育质量的测度。

在理论探讨方面，研究多集中在政策引导、制度建设与治理机制的完善，以推动职业教育高质量发展。例如，部分学者提出，职业教育高质量发展应以提升个体职业胜任力为核心，具体举措包括推行"1+X 证书制度"、推广职业本科教育、深化产教融合等，以全面提升教育质量①。同时，也有学者提出，职业教育的顶层设计应形成一个三位一体的高质量教育体系，即职业学校体系、职业教育课程体系和职业教育制度体系②。这些理论探讨为贵州省构建职业教育测评指标体系提供了重要的借鉴。在实证测度方面，国内外的职业教育质量测评研究已经积累了丰富的经验。国外的研究通常以生均经费、师生比、教育成果等具体指标为基础，涵盖教育投入、过程和产出。例如，德国的职业教育评价体系通过输入质量、过程质量、输出质量及长期质量四个维度，形成了较为完善的评价机制③。欧盟和澳大利亚也构建了类似的职业教育评估体系，注重从学生发展、教师培训和学校管理等多维度考量职业教育的质量④。综上所述，国内的职业教育质量评价体系研究也取得了较大进展，学者们围绕职业教育质量指标体系的建构、维度设计和实证测度进行了广泛讨论。例如，李鹏等

① 胡微，石伟平. 从高适应到高质量：新时代职业教育改革的定位、挑战与路径 [J]. 教育发展研究，2022（9）：30-37. 另：王学，刘艳. 职业教育高质量发展的基础与方向 [J]. 教育科学，2021（5）：21-28. 另：朱德全，沈家乐. 职业教育"1+X"证书制度执行的分析框架与理论模型 [J]. 教育研究，2022，43（3）：110-126. 另：蔡瑞林，李玉倩. 新时代产教融合高质量发展的新旧动力转换 [J]. 现代教育管理，2020（8）：115-121.

② 刘来兵，陈港. 建设高质量职业教育体系：动因、框架与路向 [J]. 现代教育管理，2021（11）：106-112. 另：朱德全，熊晴. 职业教育现代化发展的逻辑理路：价值与路向 [J]. 云南师范大学学报（哲学社会科学版），2021，53（5）：103-112.

③ 申文缙，周志刚. 德国职业教育质量指标体系及启示 [J]. 外国教育研究，2015（6）：109-118.

④ 李玉静. 国际职业教育质量评估指标体系比较分析：以 UNESCO、欧盟和澳大利亚为样本 [J]. 职业技术教育，2012（28）：76-82.

学者从时间、空间和价值三个维度构建了职业教育质量监测评价体系[①]；秦凤梅等基于CIPP模型，提出从背景、输入、过程和结果四方面构建产教融合质量指数[②]。此外，崔奎勇等学者从社会适应度、条件保障度、过程符合度等维度构建了职业本科教育质量发展指数[③]。尽管已有研究为构建职业教育高质量发展评价体系奠定了坚实基础，但贵州省的职业教育发展面临着独特的挑战和机遇。作为欠发达地区，贵州的职业教育既要追赶全国发展的步伐，又必须考虑到区域经济结构和产业发展的特殊性。因此，迫切需要构建一套符合贵州省情的职业教育测评指标体系，以提供可量化的测度工具和实证依据，从而支持该省职业教育的高质量发展。

职业教育的高质量发展不仅是一个持续优化的过程，也是某一时间点的具体发展水平的反映。其核心内涵在于实现能够满足人民日益增长的美好生活需要的创新型、协调型、绿色型、开放型和共享型的发展模式。职业教育高质量发展指数并非单一的学校办学质量反映指标，而是涵盖创新、协调、绿色、开放、共享等多维度的综合指数，系统反映职业教育各方面的发展水平。本研究以新发展理念为分析框架，并结合相关政策要求与现有的教育测评指标，构建贵州职业教育高质量发展指数。通过这一指数体系，可以定量化地测度贵州省职业教育在不同发展阶段的质量水平，为推动职业教育高质量发展提供数据支持和决策依据。

职业教育高质量发展是一个涵盖广泛且内涵丰富的复杂概念，其核心目标是推动职业教育进入高级发展阶段。职业教育高质量发展指数作为衡量不同地区和不同时间节点职业教育发展水平的重要工具，具备多维度评价的功能。新发展理念不仅是职业教育高质量发展的指导思想，也是评估其发展水平的关键标准。已有研究指出，"创新、协调、绿色、开放、共享"的新发展理念是构建高质量发展体系的理论依据和评价准则[④]。因此，本研究基于这一理念构建贵州职业教育高质量发展指数，涵盖了创新、协调、绿色、开放、共享五大核心维度，形成贵州职业教育高质量发展指数的系统化分析框架（图4-4）。

---

① 李鹏，朱德全. 监测评估："互联网+"时代职业教育质量评估体系创新［J］. 中国电化教育，2018（6）：45-51.

② 秦凤梅，莫堃. 基于CIPP模型的职业教育产教融合质量评价研究［J］. 西南大学学报（社会科学版），2022，48（3）：194-203.

③ 崔奎勇，蔡云，史娟. 职业本科教育质量指数构建研究［J］. 中国高教研究，2022（3）：94-98.

④ 黄顺春，邓文德. 高质量发展评价指标体系研究述评［J］. 统计与决策，2020（13）：26-29.

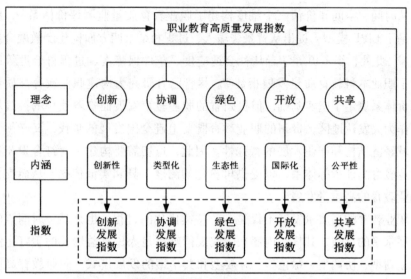

图4-4 贵州职业教育高质量发展指数分析框架①

三、贵州职业教育高质量测评体系构建

随着中国经济进入从高速增长转向高质量发展的新阶段，职业教育也经历了从规模扩张到质量提升的重大转型。自党的十四大提出"优先发展教育战略"以来，中国逐步构建了全球规模最大的职业教育体系。然而，在新时代的背景下，职业教育的重点已不再仅仅是追求规模，而是更加注重内涵式发展、教育质量的提升以及特色办学的实现。这种转型与《中华人民共和国职业教育法》第一章总则第一条中关于"推动职业教育高质量发展"的法定要求相呼应，进一步明确了职业教育高质量发展的重要性。在这一大背景下，贵州省作为中国中西部经济欠发达地区，其职业教育如何实现高质量发展尤为关键。尽管近年来贵州职业教育发展迅速，但是否已达到高质量发展的标准？如果尚未达到，又该如何缩小差距？职业教育的短板在哪里？这些问题迫切需要通过科学的测评指标体系来进行量化分析，以为未来的教育改革和发展提供科学依据。

现有研究表明，构建一套职业教育高质量发展的测评指标体系，是测度教育发展水平的标准化工具，有助于为政策制定和实施提供依据。通过对贵州职业教育现状进行科学评估，不仅能够为政府和职业院校提供有效的改进方向，还可以为政策制定者提供具体的建议，推动职业教育质量的进一步提升。关于

---

① 朱德全，彭洪莉. 中国职业教育高质量发展指数与水平测度［J］. 西南大学学报（社会科学版），2023，49（1）：138-152.

职业教育高质量发展的研究，学者们对经济高质量发展的研究方法进行了延展，逐步将这种研究范式拓展到教育领域。然而，具体针对职业教育高质量发展的研究仍相对较少，尤其是聚焦贵州这样欠发达地区的研究更为滞后。大部分现有研究集中于全国层面的宏观分析，而缺乏对具体区域，特别是州级层面的职业教育发展的深入探讨。因此，本研究的目标是构建贵州省职业教育的测评指标体系，结合实际数据进行实证分析，进而为贵州职业教育的高质量发展提供理论和实践支持。

（一）测评指标来源与构成

为构建贵州职业教育高质量发展指数，本研究在充分参考国家政策文件的基础上，结合贵州省实际情况，设计了一套科学合理的测评指标体系。研究重点参考了"十四五"规划纲要中的职业教育高质量发展目标，并借鉴了教育部发布的《中国教育监测与评价统计指标体系（2020年版）》中的相关指标。此外，还参考了《本科层次职业学校设置标准（试行）》和《职业教育提质培优行动计划（2020—2023年）》等重要政策文件。这些文件为职业教育的发展设定了明确的方向和标准，为贵州省的职业教育测评指标体系提供了坚实的理论与实践依据。结合已有的研究成果和测算方法，本研究从创新发展、协调发展、绿色发展、开放发展、共享发展五个维度出发，构建了包含多个二级指标的完整观测体系，涵盖创新投入、结构协调、绿色资源、国际交流、资源共享等方面，共设定35项具体观测指标。这些指标能够全面反映贵州职业教育在高质量发展中的表现，并为相关决策提供有力的支持。表4-2展示了贵州职业教育质量发展的综合测评指标体系，涵盖五大维度的具体内容和指标权重。

表4-2 贵州高等职业教育高质量发展测评指标体系

准则层	指标层	指标含义	指标单位	指标方向
创新	创新投入	虚拟仿真实训基地数	个	正向指标
		生均教学科研仪器设备值	元	正向指标
		横向技术服务到款额	万元	正向指标
		纵向科研经费到款额	万元	正向指标
	创新产出	自主创业率	%	正向指标
		编写教材数	本	正向指标
		横向技术服务产生的经济效益	万元	正向指标
		专利授权数量	项	正向指标

续表

准则层	指标层	指标含义	指标单位	指标方向
协调	专业与产业需求	旅游类专业占专业总数比		正向指标
		留在当地就业数占毕业生就业总人数比	%	正向指标
		毕业生就业率	%	正向指标
		毕业生满意度	%	正向指标
		用人单位满意度	%	正向指标
	资源配置	在校生满意度	%	正向指标
		教职工满意度	%	正向指标
		家长满意度	%	正向指标
		生师比		正向指标
		双师素质专任教师比例	%	正向指标
		高级专业技术职务专任教师比例	%	正向指标
绿色	绿色资源	新形态教材数量	本	正向指标
	绿色环境	生均校内实践教学工位数	个	正向指标
		绿色校园建设面积占比	%	正向指标
	绿色意识	绿色技能人才专业个数	个	正向指标
开放	国际交流	接收国外留学生人数	人	正向指标
		接收国外访学教师人数	人	正向指标
	国际认可	国际课程标准	个	正向指标
		开发并被国外采用的职业教育资源数量	个	正向指标
		在国外开办学校数	所	正向指标
	国际竞合	国外技能大赛获奖数量	项	正向指标
共享	资源共享	网络教学课程数	门	正向指标
		教学资源库数	个	正向指标
		在线精品课程数	门	正向指标
		含旅游的专业群占总专业群数比例	%	正向指标
	培训共享	非学历培训项目数	项	正向指标
		公益项目培训学时	学时	正向指标

（二）指标体系内涵解析

1. 创新发展测评指标

创新是推动职业教育高质量发展的核心动力，创新发展指标主要涵盖了从科研投入到创新成果产出的各方面。通过以下具体指标，全面评估贵州高职院校在创新方面的表现。

（1）虚拟仿真实训基地数

虚拟仿真实训基地是职业院校在现代化教育领域的重要创新工具，能通过仿真技术让学生在接近真实的环境中进行实践操作。该指标反映了学校在新技术应用方面的创新投入，虚拟仿真实训基地的数量越多，意味着学校为学生提供的实践机会和教学资源越丰富，推动了职业教育与技术进步的深度融合。

（2）生均教学科研仪器设备值

该指标反映了学校在科研和教学硬件设施上的投入水平，是职业院校创新能力的重要体现。生均教学科研仪器设备值越高，表明学校能够为学生和教师提供更优质的实验设备和科研支持，这不仅有助于教学质量的提升，还能促进创新成果的产生。

（3）横向技术服务到款额

横向技术服务到款额是衡量学校与地方企业和社会组织合作的广度和深度的重要指标。学校通过与企业合作开展技术服务、研究项目，不仅推动了科研成果的转化，还为学校创造了直接的经济收益。这种"产教融合"的模式能够促进职业院校在技术研发上的创新能力。

（4）纵向科研经费到款额

纵向科研经费到款额反映了学校在国家、省市级科研项目中的竞争力。该指标评估的是职业院校从各级政府或科研基金中获得的科研经费，科研经费的增加意味着学校在科技创新领域的地位提升，也是科研成果转化为社会效益的重要保障。

（5）自主创业率

自主创业率是职业院校学生创新能力和创业精神的具体体现。通过学校的支持，学生能够将课堂上学到的理论知识和技能转化为实际的创业行动。该指标衡量了学校在创新创业教育方面的成效，是职业教育服务地方经济发展的重要途径之一。

（6）编写教材数

教材的编写和开发是学校在教学创新中的重要环节，直接关系到教学内容的更新与产业需求的匹配度。该指标反映了学校在专业领域内自主编写教材的能力，是衡量职业院校教学水平和创新能力的具体体现。

（7）横向技术服务产生的经济效益

这一指标反映了学校与企业合作所产生的实际经济效益，表明了职业院校的科研成果能否成功转化为生产力。学校通过提供技术服务，不仅为企业解决实际问题，还能促进地方经济的发展，推动"产教融合"向纵深发展。

（8）专利授权数量

专利授权数量是职业院校技术创新成果的具体表现。该指标衡量的是学校在技术研发中的独创性和成果转化能力，专利数量的增加不仅表明了学校在科研上的进步，也显示了其对产业的技术贡献。

通过这些创新测评指标，可以全面评估贵州职业院校在创新发展方面的整体水平。这些指标不仅关注科研和技术的投入与产出，还涵盖了与地方产业的深度融合及服务社会经济发展的实际成果，是衡量职业院校创新能力的重要依据。

2. 协调发展测评指标

贵州职业教育的协调发展重点在于其与地方经济、产业需求的紧密结合，并确保教育体系内的各项资源能够合理配置，以促进全省范围内的均衡发展。为了确保职业教育在这些方面保持协调一致，以下几个指标层被用来评估其协调发展状况。

（1）旅游类专业占专业总数比

该指标用于评估职业院校专业设置与地方主要产业需求的匹配程度，特别是在贵州旅游产业高度发达的背景下，旅游类专业占专业总数的比重成为衡量职业教育服务地方经济的关键。通过这一指标可以分析院校是否在课程设置上优先考虑了区域支柱产业，如旅游业，从而为该领域培养更多的技能型人才，直接促进地方经济发展。该比重的提高表明职业教育与区域产业需求的协调性良好。

（2）留在当地就业数占毕业生就业总人数比

该指标衡量职业教育为地方经济发展提供人才支持的效果。毕业生留在本地就业的比例，反映出院校培养的技能人才与地方经济和产业需求的契合度。贵州职业教育在服务地方经济的过程中，需要确保毕业生不仅能就业，还能够有效填补地方产业所需的岗位空缺。留在当地就业的毕业生数量越高，表明职业教育与地方经济的协调发展越密切。

（3）毕业生就业率

毕业生就业率是职业教育质量的重要衡量指标之一。它反映了学校专业设置与就业市场需求的匹配情况，以及学生的职业技能是否能够满足用人单位的实际要求。该指标也体现了学校与地方产业和企业的合作深度，职业教育院校通过与企业的合作，能够更有效地提高学生的就业率，促进教育与地方经济需求的协调发展。

（4）毕业生满意度

毕业生满意度是衡量学校教育质量和职业培训效果的重要标准之一。高满意度意味着学校能够提供符合毕业生职业发展需求的课程和技能培训，并且帮助毕业生顺利过渡到职业岗位。通过这一指标，可以评估学校在为学生提供符合地方产业需求的教育资源和支持方面的表现。

（5）用人单位满意度

用人单位满意度是评估职业教育成果的重要指标。它直接反映了毕业生在就业岗位上的表现是否满足用人单位的期望。通过分析用人单位对毕业生技能、工作态度和适应能力的满意度，可以评估学校在培养符合市场需求的技术型人才方面的成效。这一指标的高低反映出职业教育与产业需求的契合度，以及学校与企业合作的深度。

（6）在校生满意度

该指标用于衡量学生对学校教学环境、课程内容、师资力量和校园生活的整体满意度。高满意度意味着学校能够为学生提供良好的学习环境和教育资源，满足他们的学习需求和职业发展期望。通过提高在校生满意度，学校可以进一步优化教育资源配置，提升职业教育体系内部的协调性。

（7）教职工满意度

教职工满意度是衡量学校内部资源协调和管理水平的一个重要指标。它反映了学校在教师培养、工作环境改善、薪酬待遇等方面的管理效果。高满意度意味着学校在管理上更具协调性，教师的工作积极性和教学质量也会相应提升。通过这一指标，可以评估学校在提升教职工福利、促进教师职业发展的能力。

（8）生师比

生师比是反映教学资源配置合理性和教学质量的重要指标。合理的生师比意味着学生能够得到更多的个性化指导和学习资源，从而提升教学效果。通过控制生师比，确保每个学生都能获得足够的教师支持和指导，是提高职业教育质量和促进学校协调发展的关键举措之一。

（9）双师素质专任教师比例

"双师型"教师比例反映了学校教师队伍的质量和教学能力。双师型教师既具备理论教学能力，又有丰富的行业实践经验，能够为学生提供更具针对性的职业技能培训。较高的双师型教师比例表明学校在教师队伍建设方面的协调性较好，能够更好地满足学生的实践技能需求，提高教学质量。

（10）高级专业技术职务专任教师比例

高级职称教师比例是衡量学校师资力量和教学水平的重要指标。拥有高级职称的教师通常具有更丰富的教学经验和更高的专业能力，能够为学生提供更高质量的教育资源。通过提高高级职称教师比例，学校可以更好地满足学生的学习需求，提升职业教育的整体教学水平和协调发展能力。这些指标从多方面评估了职业教育在与地方经济、产业需求以及内部资源配置方面的协调性，确保贵州高职院校能够在促进地方经济发展的同时，实现教育体系内部的良性发展和资源优化配置。

3. 绿色发展测评指标

绿色发展是贵州职业教育高质量发展不可或缺的组成部分，体现了职业教育在生态环保和可持续发展中的积极作用。通过绿色教育，职业院校不仅要培养符合绿色经济需求的技术人才，还要在校园建设、课程设计、管理模式等方面贯彻绿色理念。以下是具体的绿色发展测评指标：

（1）新形态教材数量

该指标评估职业院校在开发符合绿色发展理念的教材数量。这类教材涉及环保技术、可持续发展和节能减排等主题，直接服务于绿色技能人才的培养。通过开发新的教材，学校能够为学生提供前沿的生态环保知识，帮助他们掌握应对环境挑战的技能。教材数量的增加意味着学校在绿色教育资源开发上有更大的投入，为绿色产业提供了坚实的人才基础。

（2）生均校内实践教学工位数

该指标用于衡量每个学生在校内获得实践机会的丰富程度。校内实践教学工位数直接关系到学生在节能环保等技术领域的实践机会。通过提供足够的实践教学工位，学校可以确保学生在学习环保技术、绿色建筑等课程时，能够有足够的实操经验。这不仅有助于提升学生的技能水平，还确保他们毕业后能更好地适应绿色经济的需求。

（3）绿色校园建设面积占比

绿色校园建设面积占比反映了职业院校在校园物理环境上践行可持续发展的程度。该指标评估学校在绿化覆盖、环保设施建设和可再生能源利用等方面的表现。通过增加校园绿化面积和建设节能设施，学校可以为学生提供一个更加环保的学习环境，同时也是生态文明理念的直接体现。绿色校园的建设不仅提升了校园的环境质量，还起到了示范作用，影响着学生和教职员工的环保意识。

（4）绿色技能人才专业个数

绿色技能人才专业个数反映了职业院校在培养符合绿色经济需求的技术人才方面的努力。学校开设的与绿色发展相关的专业，如环保技术、绿色建筑、节能管理等，直接服务于国家和地方的绿色发展战略。该指标的提升意味着学校在专业设置上与绿色经济的需求更加契合，能够为生态环保、资源循环利用等领域提供更多的技术技能人才，推动区域绿色经济的发展。

通过这些绿色发展测评指标，贵州职业教育能够全面评估其在绿色技能人才培养、节能减排、绿色校园建设以及环保意识提升等方面的表现。这些指标不仅体现了学校在支持生态文明建设方面的贡献，还确保了职业教育在推动可持续发展中的关键作用。

4. 开放发展测评指标

开放发展是贵州职业教育在全球化背景下提升自身竞争力、扩大国际影响力的关键策略。通过积极开展国际合作和交流，贵州职业教育能够更好地对接国际标准，提升教学质量并为学生提供更多的全球化视野。开放发展的测评指标包括以下几方面。

（1）接收国外留学生人数

该指标用于衡量职业院校在吸引国际学生方面的表现。留学生人数越多，表明学校的国际影响力和吸引力越强，也意味着学校的教育质量和国际认可度越高。通过吸引来自不同国家和地区的学生，学校能够在多元文化环境中提升教学水平，培养学生的国际化视野。

（2）接收国外访学教师人数

接收国外访学教师人数反映了职业院校在国际交流合作中的教师流动情况。通过邀请国际教师来校交流和教学，学校可以引入先进的教学理念和方法，促进本地教师与国际同行的学术交流和经验分享。这不仅提升了学校的国际化水平，还促进了教师队伍的专业发展和教学质量的提升。

（3）国际课程标准

该指标评估职业院校引入和采用国际职业教育课程标准的情况。国际课程标准的引入有助于学校的教学内容与国际职业教育接轨，确保学生在国内接受与全球一致的高质量职业教育。通过这一指标，可以衡量学校在提升课程国际化水平、优化教学内容方面的努力和成效。

（4）开发并被国外采用的职业教育资源数量

这一指标反映了职业院校在国际职业教育资源开发中的贡献。学校开发的职业教育资源（如教材、课程、培训项目等）如果被国外采用，说明学校的教学成果获得了国际认可。该指标不仅体现了学校在国际职业教育中的影响力，也意味着学校的教学质量和创新能力已经达到了国际标准。

（5）在国外开办学校数

该指标衡量职业院校在国际化扩展中的表现，特别是开设海外分校或办学项目的数量。通过在国外开设学校，职业院校可以进一步扩大国际影响力，推动中国职业教育模式的输出。这不仅增强了学校的国际竞争力，还为更多国际学生提供了了解中国职业教育的机会。

（6）国外技能大赛获奖数量

技能大赛是展示职业教育教学成果的重要平台，国外技能大赛的获奖数量反映了学校在国际竞赛中的表现。通过参加并在国际技能大赛中获奖，学校可以展示其在职业教育技能培训方面的优势，提升其国际声誉。获奖数量的增加也表明学校培养的学生具备了与国际同行竞争的能力。

通过这些开放发展测评指标，贵州职业教育能够评估其在国际化进程中的表现，确保学校与全球职业教育标准接轨，并不断提升自身的国际竞争力。这些指标不仅有助于学校引进国际优质教育资源，还推动了职业教育与全球经济的深度融合。

5. 共享发展测评指标

共享发展是职业教育高质量发展的重要目标，旨在确保教育资源和发展成果能够惠及全体社会成员，尤其是保障弱势群体的教育公平性。贵州职业教育的共享发展体现在城乡、区域之间的资源合理分配，特别是对贫困地区和少数民族地区的教育支持力度。共享发展指标评估职业教育资源如何有效分配并促进社会公平，具体测评指标如下。

（1）网络教学课程数

该指标评估职业院校在推动网络教学资源共享方面的表现。网络教学课程的数量越多，意味着学校在推动远程教育和数字化资源共享方面的努力越大，尤其能够惠及偏远地区和资源相对匮乏的学校。通过网络教学，偏远地区的学生可以享受到与城市学校同样优质的教育资源，促进教育公平。

（2）教学资源库数

教学资源库的数量反映了职业院校在积累和共享教学资源方面的投入与成

效。通过建设共享的教学资源库，学校能够为学生和教师提供丰富的教学材料和学习工具，促进教育资源的开放和共享。这一指标的提升意味着更多学生能够享受到高质量的教学资源，特别是在偏远地区，资源库的建设能够弥补师资和教学材料的不足。

（3）在线精品课程数

该指标评估职业院校在开发和推广高质量在线课程方面的表现。在线精品课程为广大学生提供了获取优质教育资源的机会，尤其是那些无法亲自到校学习的学生。通过在线精品课程的普及，学校能够进一步提升教育资源的共享性和覆盖面，推动职业教育的数字化发展。

（4）含旅游的专业群占总专业群数比例

该指标反映了职业教育在与地方产业结合中的资源共享情况。旅游业是贵州的重要支柱产业，职业院校通过设置与旅游相关的专业群，能够为地方经济提供更多的技能人才。这一指标的提升意味着职业教育资源能够更加有效地与地方经济需求相结合，实现产教融合的发展目标。

（5）非学历培训项目数

该指标衡量职业院校在提供非学历技能培训项目方面的表现。通过开展广泛的非学历培训项目，职业院校不仅能够为社会各阶层提供继续教育的机会，还能够帮助那些没有学历但需要技能提升的社会成员获得新的就业机会。这体现了职业教育在促进社会公平和帮助弱势群体方面的重要作用。

（6）公益项目培训学时

该指标评估职业院校在开展公益培训项目中的投入和成效。公益培训项目的学时越多，表明学校在服务社会、促进教育公平方面的贡献越大。通过公益培训，职业院校能够为那些无法负担正规教育费用的社会成员提供学习机会，帮助他们提升技能水平，促进社会的整体福祉。通过这些共享发展测评指标，贵州职业教育能够评估其在教育资源分配、社会服务、技能培训等方面的表现，确保教育公平能够真正实现。职业教育资源的共享不仅能惠及偏远地区和贫困群体，还能为全社会提供更多的学习和就业机会，助力社会的整体发展。

贵州职业教育测评指标体系通过创新、协调、绿色、开放、共享五个维度，全面评估职业教育对地方经济社会发展的推动作用。该评价体系不仅为政策制定者提供了科学、系统的评价框架，也为职业院校优化教学质量、增强校企合作、推动国际化提供了指导方向。未来，贵州职业教育在不断提升教育质量的同时，还需加强与地方经济、国际市场的接轨，通过科学的评价体系实现精准施策，推动职业教育的高质量发展。

第三节　旅游高质量发展测评指标体系的构建

旅游产业作为国民经济的重要组成部分，不仅是推动经济增长的有力引擎，也是促进区域协调发展、改善人民生活质量的关键产业。随着全球旅游业的发展，中国的旅游业也从 20 世纪 50 年代初逐步崛起，改革开放后更是进入了快速发展阶段。在当今高质量发展的背景下，如何科学评价旅游业的质量与效益，成为政策制定和产业优化的重要依据。本研究旨在构建符合新时代要求的旅游高质量发展测评指标体系，以期通过科学量化手段为贵州省这样多民族地区的旅游产业提供综合评价框架，为地方政府及相关部门提供决策依据，并进一步推动旅游业的高质量可持续发展。

一、国内外旅游产业测评指标体系

旅游产业作为全球经济的重要组成部分，其发展水平与国家和地区的经济结构、社会进步以及可持续发展密切相关。为推动旅游业高质量发展，国内外都构建了系统的测评指标体系，通过科学化、系统化的指标体系对旅游业发展进行评估和分析。这些指标体系在旅游业规划、政策制定、市场分析以及生态环境保护等方面发挥了重要作用。探讨国内外旅游产业的测评指标体系及其对贵州旅游产业发展的启示。

（一）国际旅游产业测评指标体系

1. 联合国世界旅游组织的旅游业评估体系

联合国世界旅游组织（UNWTO）是全球旅游业的主要协调机构，其发布的《旅游卫星账户》（Tourism Satellite Account，TSA）被广泛用作国际旅游产业的核心评价框架。TSA 旨在量化旅游对国民经济的贡献，主要从以下几方面进行评估：

旅游业对 GDP 的贡献：通过衡量旅游业的总产出、就业贡献和税收收入，评估旅游业在国家经济中的角色。

游客数量和消费：包括国际和国内游客的人数、平均逗留时间、旅游支出等，反映旅游需求的变化和对经济的直接贡献。

旅游业的结构和产业链分析：UNWTO 特别重视旅游业与相关行业的联动效应，如酒店、交通、餐饮、文化娱乐等，旨在全面反映旅游业对整个经济系统的推动作用。

此外，UNWTO还引入了"可持续旅游"的测评指标，重点评估旅游业对环境、社会文化的影响，促进旅游业向绿色、可持续发展方向迈进。

2. 欧洲旅游委员会的旅游评价体系

欧洲旅游委员会（ETC）在其推动的"欧洲旅游质量标志"（European Tourism Quality Label）框架下，构建了以提升旅游质量和国际竞争力为核心的旅游业评价体系。该体系注重旅游业的服务质量、客户满意度以及可持续发展等维度，具体指标包括以下几方面：

服务质量：评估旅游目的地的酒店、餐饮、景点等的服务标准和游客体验。

可持续性：测量旅游业的生态足迹、环保措施及对当地社区的影响，尤其是在环境敏感地区的开发。

市场表现：评估游客数量的增长率、游客的重复访问率、游客消费的增长趋势等，了解旅游业的市场表现和经济贡献。

ETC的评价体系特别注重游客的满意度，旨在通过提升服务质量和客户体验来增强欧洲旅游目的地的吸引力和竞争力。

3. 世界经济论坛的旅游业竞争力指数

世界经济论坛（WEF）发布的《旅游业竞争力报告》是全球旅游产业竞争力的主要参考工具。该报告通过旅游业竞争力指数（Travel and Tourism Competitiveness Index，TTCI），从多个维度对全球各国的旅游业进行综合评估。TTCI主要包含四大支柱：

商业环境与基础设施：评估旅游目的地的交通、住宿、信息技术基础设施及旅游政策的透明度和法规支持。

自然与文化资源：衡量国家或地区的自然景观和文化遗产的吸引力，了解其在国际旅游市场的竞争力。

环境可持续性：评估旅游业对环境保护的贡献和生态足迹控制，确保旅游发展不以破坏环境为代价。

价格竞争力：通过分析旅游目的地的物价、服务收费、住宿费等，评估其在国际市场中的价格优势。

TTCI为各国政府、旅游企业以及相关机构提供了全球旅游业的竞争力排名，帮助旅游目的地更好地了解自身优势与短板，优化发展战略。

（二）国内旅游产业测评指标体系

1. 中国旅游研究院的旅游经济发展指数

中国旅游研究院（CTA）是国家旅游研究与咨询的权威机构，其发布的

《中国旅游经济发展指数》是国内旅游产业的重要评价体系。该指数基于旅游业的综合表现，从以下几方面对国内旅游产业的发展进行评估：

旅游经济贡献：包括旅游业对国内生产总值（GDP）、就业、财政收入的直接和间接贡献。

市场需求和供给：涵盖国内外游客数量、旅游消费水平、旅游市场供给的广度与深度等，反映旅游市场的动态变化。

区域旅游发展差异：分析不同地区的旅游发展水平，评估区域旅游资源的开发利用效率及旅游基础设施的完善程度。

此外，该体系还引入了"旅游发展景气指数"，从游客满意度、旅游业收入、行业投资等多方面对旅游业的发展前景进行预测，为政府和企业提供决策依据。

2. 文化和旅游部的全域旅游发展评价体系

文化和旅游部自推动全域旅游战略以来，建立了一套专门的全域旅游发展评价体系。该体系的核心目标是通过多方协同，提升旅游业对区域经济社会的综合带动作用，主要测评指标包括以下几方面：

全域旅游基础设施建设：包括交通、通信、住宿等基础设施的普及率和便利性。

旅游资源的整合与开发：评估各地是否通过跨区域、跨部门合作实现旅游资源的整合开发，提升旅游产品的多样性。

城乡旅游发展协调性：重点考察旅游业在城市和乡村的联动发展情况，推动乡村旅游和生态旅游的发展。

生态保护与文化传承：衡量旅游开发对当地生态环境的保护力度，评估旅游产业是否能够促进优秀传统文化的保护与传承。

3. 地方旅游发展指数

在中国的省级层面，许多地方政府也根据各自的产业特点构建了旅游发展指数。例如，贵州省提出了"山地旅游综合测评指标"，主要从旅游资源开发、基础设施建设、生态旅游等方面对全省的旅游业进行评估。此外，贵州还特别关注旅游业与地方特色文化的结合，提出将"民族文化与旅游融合度"作为评价维度，突出旅游产业对民族文化传播和保护的作用。

（三）学者视角的旅游业高质量发展指标

1. 三量并进说

党的十九大报告指出中国经济进入了高质量发展的新阶段。作为国民经济的战略性支柱产业和民生幸福产业，旅游业是高质量发展的重要领域①。立足新时代，旅游业高质量发展须以新发展理念为指导，以"转型升级、提质增效"为主线，加快旅游发展新旧动能转换、调整产业结构、提升产业效益，做优存量、扩大增量、提升质量，是保持旅游业平稳健康高质量发展的根本路径。

一是做优存量。更新旅游发展观念，摈弃资源依赖性型旅游发展模式，加快旅游资源整合创新，积极实施"旅游+"战略，促进旅游业与一、二、三产业交叉融合、相互渗透，延长旅游产业链、要素链，提升价值链，推动旅游产业升级，稳住和巩固旅游经济发展的基本盘。同时，积极践行"两山"理论，加强旅游地生态环境保护，提升区域旅游业发展可持续性和韧性。

二是扩大增量。把握科技革命和产业变革机遇，通过技术进步和产业要素重组，加快新旧动能转换，优化旅游要素配置与供给体系，以供给侧改革为主线、以需求侧改革为牵引，以高质量供给引领和创造旅游新需求，培育旅游业发展新的增长点，提升旅游发展整体效益。

三是提升质量。贯彻新发展理念，坚持将创新作为旅游业发展的第一动力，提升旅游自主创新能力，培育旅游新业态和新动能，打造文旅 IP，强化科技赋能旅游业转型升级，以数字赋能构建文旅消费新生态；坚持绿色发展与开放共享，促进国际国内旅游双循环互补、协调发展，在更大程度上释放内需潜力，满足城乡居民文化旅游消费需求及对美好生活的向往。

2. 五大系统说

旅游业高质量发展是区域旅游业发展水平、能力和效益的综合反映，是衡量一个国家（地区）旅游业自身发展力、竞争力及可持续性的重要指标。现阶段，我国旅游业正处于转变发展方式、优化产业结构、转换增长动力的重要时期。新发展理念的提出为旅游业高质量发展指明了方向，既是新时代旅游业高质量发展的基本要求，也是旅游业高质量发展成效的重要评判准则。

创新是旅游业高质量发展的核心动力。创新理论由熊彼特于 1912 年提出，此后随着旅游业的快速发展，旅游创新受到了学术界的较多关注。创新是引领发展的第一动力②，是旅游业高质量发展的核心驱动力。科技创新是改善旅游供给质量、加快旅游业转型升级的重要手段和途径。改革开放以来，我国旅游业发展主要依靠区域旅游资源禀赋和资本、劳动力等传统要素投入，虽然也取

---

① 方世敏，黄琰. 长江经济带旅游效率与规模的时空演化及耦合协调［J］. 地理学报，2020，75（8）：1757-1772.

② 习近平. 决胜全面建成小康社会，夺取新时代中国特色社会主义伟大胜利：在中国共产党第十九次全国代表大会上的报告［N］. 人民日报，2017-10-28（1）.

得了较为显著的成效，但随着旅游资源逐渐耗竭、土地供给受限及劳动力成本上升，传统要素收益递减，旅游业发展的不可持续性问题日益突出。在新发展阶段，随着以"ABCD（人工智能、区块链、云计算、大数据）"为代表的新兴技术迅猛发展，并在旅游业中得到较为广泛的应用，必须加快旅游发展新旧动能转换，转变传统要素依赖型旅游发展模式，强化科技赋能，提升旅游业自主创新能力，通过创新驱动实现旅游业发展动能转换，充分利用技术、知识、信息、人才等新要素为旅游业发展提供源源不断的动力，启动新时代旅游高质量发展新引擎，不断推动旅游业态、产品、服务和管理创新。

协调是旅游业高质量发展的内在要求。习近平总书记指出，"协调既是发展手段又是发展目标，同时还是评价发展的标准和尺度"。当前我国旅游业发展的主要矛盾正在发生深刻变化，由原来的总量不足向结构性矛盾转化，主要表现在旅游业内部结构与一二三产业结构有待优化，区域旅游发展不平衡问题突出。因此，协调发展符合新时代旅游业高质量发展的全面制衡，贯彻协调发展理念，要求加快文旅融合发展，不断优化区域旅游产业结构及持续推进城乡旅游一体化，通过发展旅游业缩小区域、城乡差距，促进区域间旅游业相互依存、融合发展和共同繁荣。

绿色是旅游业高质量发展的普遍形态。长期以来，旅游业被认为是"绿色无烟工业"，是一项资源消耗低、环境污染少、生态附加值高的新型产业，旅游业高质量是对绿色发展理念最好的践行，要从"灰色发展轨迹"向"绿色发展之路"转变①。但过去几十年，特别是随着大众旅游时代的到来，以量为纲的发展模式使旅游业变得不可持续，旅游地生态环境系统变得更加脆弱，"旅游污染"受到国家和社会各界的广泛关注。习近平总书记多次强调，"我们既要绿水青山也要金山银山""绿水青山就是金山银山"。2022年《"十四五"旅游业发展规划》指出，旅游是践行"两山"理念的重要领域，是"绿水青山就是金山银山"的转换器。进入新时期，国家将"两山"理论和绿色发展理念融入"五位一体"的总体布局，为旅游高质量发展提供了思想指引。绿色转型赋能旅游业高质量发展，既是破解旅游发展资源环境约束难题，增强发展可持续性的重要途径，也是不断满足人民对美好生活需要的客观要求。

开放是旅游业高质量发展的必由之路。旅游业是一项开放型产业，我国旅游业在发展之初就以接待外国友人、华侨和港澳台同胞的入境旅游为主，改革

---

① 郭芸，范柏乃，龙剑. 我国区域高质量发展的实际测度与时空演变特征研究［J］. 数量经济技术经济研究，2020，37（10）：118-132.

开放后，才形成国内和国际旅游共同发展的局面。旅游业是我国对外开放的重要部门，对外汇收入有积极贡献，开放发展是旅游业的显著特征和实现高质量发展的重要途径。在"双循环"新发展格局下，旅游业要紧跟"一带一路"倡议，以国内旅游循环为基础，以国际旅游循环为延伸，加强对外合作交流①，努力实现更高水平的开放，不断推出能够彰显中国国家形象的文旅产品，提升我国在国际旅游中的话语权，助推旅游强国建设。一方面，通过"引进来"，将关键技术、品牌资源、管理经验和高端人才引入国内，提升旅游企业竞争力，推动旅游业转型升级；另一方面，通过"走出去"，加强旅游目的地在海外营销宣传和品牌推广，释放旅游内需和外需潜力。最终，通过国际市场与国内市场相互促进、国内旅游与出入境旅游相互协调，形成内外联动开放新格局，是旅游业高质量发展的必由之路。

共享是旅游业高质量发展的价值导向。共享发展理念遵循了社会主义共同富裕的基本原则。当休闲旅游成为当今人们一种日常生活方式时，旅游业发展质量高低与城乡居民的幸福感息息相关。旅游已成为人民大众幸福生活的新方式②，旅游业是提高人民生活水平的重要产业③。在我国全面建成小康社会后，如何提升国民生活品质与主客幸福指数，已成为未来旅游业高质量发展的核心主题。满足人民美好生活需要的程度是检验共享成效的重要标尺，作为重要的民生幸福产业，旅游业高质量发展要坚持以人民为中心发展思想，追求旅游业的社会效益最大化，以提升居民生活品质和幸福感为最终归宿，充分发挥旅游为民、富民、利民、乐民的积极作用。特别是在城乡二元体制尚未完全破除背景下，要积极推动旅游业要素资源整合、文旅融合发展、城乡公共服务共建共享，发挥旅游普惠效应，使旅游业高质量发展在缩小地方贫富差距、提高人民收入水平和丰富精神文化生活方面扮演更重要的角色，真正使旅游发展成果惠及主客双方、惠及城乡居民、惠及更广大人民群众。

二、贵州旅游业高质量发展指数分析框架

在新发展理念和产教融合背景下，贵州旅游业高质量发展指数分析框架如

---

① 黄震方，陆林，肖飞，等."双循环"新格局与旅游高质量发展：理论思考与创新实践
[J]. 中国名城，2021，35（2）：7-18.

② 夏杰长，顾方哲. 习近平关于旅游业重要论述的理论内涵与实践指引[J]. 学习与探索，2020（4）：122-129.

③ 习近平. 决胜全面建成小康社会，夺取新时代中国特色社会主义伟大胜利：在中国共产党第十九次全国代表大会上的报告[N]. 人民日报，2017-10-28（1）.

图4-5，呈现出以下新特点、新趋势。

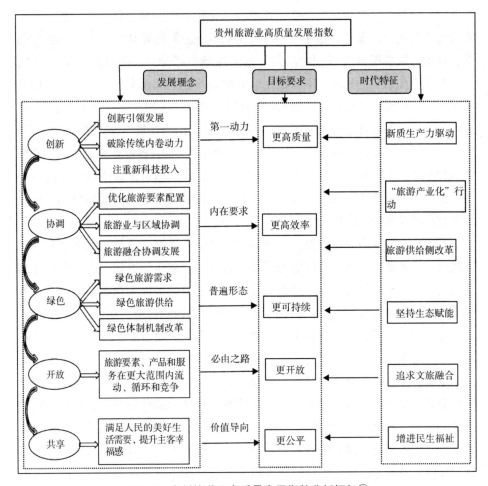

图4-5　贵州旅游业高质量发展指数分析框架①

第一，新质生产力驱动。在2024年1月中共中央政治局第十一次集体学习中，习近平总书记强调，必须加速培育新质生产力，坚决推动高质量发展。"新质生产力"这一官方术语首次出现。之后，逐渐进入各级政府文件和学界研究视野。如厉新建、曾博伟等提出聚焦旅游业新质生产力的内涵与外延、分类与关系、主体与对象等议题，提出旅游业新质生产力助力旅游业高质量发展的优

---

① 吴儒练．旅游业高质量发展与乡村振兴耦合协调测度、演化及空间效应研究［D］．南昌：江西财经大学，2022．（有改动）

化方向与研究响应①。戴斌和阳玉平指出任何时候，旅游理论和实践创新都要回答实践之问，面向国家战略和人民对美好生活的需要，及时调整关注点与着力点，进而构建旅游学科体系、学术体系和话语体系，对外讲好中国旅游故事②。余超和李泉宏等在对旅游业高质量发展和新质生产力内涵构成进行梳理基础上，探究了新质生产力与消费结构促进旅游业高质量发展的影响机理并构建了测度框架③。新质生产力代表以创新为主导，打破传统的经济增长模式和生产力发展路径，展现出高科技、高效能、高质量的特征，是符合新发展理念的先进生产力的新形态。同时，新发展理念即创新、协调、绿色、开放、共享的发展理念，是习近平总书记于 2015 年 10 月在党的十八届五中全会上提出。2021 年年底国务院印发的《"十四五"旅游业发展规划》（国发〔2021〕32 号）提出了"推动旅游业高质量发展"，高质量发展理念将作为主线贯穿于旅游业发展的不同领域、不同阶段。旅游业需要顺应时势，融入新质生产力，加快产业升级转型，推动实现高质量发展。当前，全球新一轮科学技术革命和产业革命浪潮不断推进，对旅游业发展产生了巨大而深刻的影响④，必须抓住这一历史性机遇，转换旅游增长动力，加快旅游业发展新旧动能转换，就是要从要素驱动转向创新驱动，依靠传统要素投入的粗放式增长模式难以为旅游业的高质量发展提供有效的动力基础。要以知识、技术、信息等新生产要素为支撑⑤，通过技术、制度、管理、商业模式等方面创新，引导创新要素和传统要素形成新组合，获得持续发展的不竭动力⑥，为新时期旅游业高质量发展注入新动能。

第二，"旅游产业化"四大行动。一直以来，我国旅游界在产业优化方面（包括供需结构、产业结构、城乡结构等）不断的探索，无论是学术研究还是实践发展，特别是旅游供给与市场需求精准对接，都已成为当前推动旅游高质量发展的首要任务。随着我国旅游进入大众化时代，旅游已经成为人民日常生活

① 厉新建，曾博伟，张辉，等．新质生产力与旅游业高质量发展［J］．旅游学刊，2024，39（5）：15-29.

② 戴斌，阳玉平．新质生产力视域下我国旅游的理论建构与实践研究：中国旅游研究院院长、博士生导师戴斌教授访谈［J］．社会科学家，2024（3）：3-9.

③ 余超，李泉宏，刘英基．新质生产力、消费结构与旅游业高质量发展［J］．河南师范大学学报（自然科学版），2024，52（5）：19-29，2.

④ 宋子千．科技引领"十四五"旅游业高质量发展［J］．旅游学刊，2020，35（6）：10-12.

⑤ 盛朝迅．"十四五"时期推进新旧动能转换的思路与策略川［J］．改革，2020（2）：5-19.

⑥ 宋瑞．"十四五"时期我国旅游业的发展环境与核心命题［J］．旅游学刊，2020，35（6）：1-3.

的一种常态化的文化消费方式，个性化、散客化旅游需求发展态势凸显。在新冠疫情之后，大众群体旅游消费升级的趋势更加明显，突出表现为旅游诉求从美丽风景转向美好生活①。相应地，地方主管部门和旅游目的地需要在推进旅游业供给侧改革与需求侧管理方面下更大的功夫，贵州则提出"旅游产业化"的发展战略，作为经济发展的主要抓手之一②。一是深入实施市场主体培育行动，加快推进A级以上国有旅游景区"三权"分置改革；多措并举提升招商引资实效，引进优强文化和旅游企业。二是深入实施业态升级行动，引入社会资本做好"旅游+""+旅游"文章，用好文化和旅游业投资基金，撬动更多金融和社会资本投入旅游产业；大力发展旅游运动装备制造业，加快创建国家体育旅游示范区；大力发展康养产业，系统优化冬季旅游、温泉旅游发展布局；持续提升"贵州旅游·一码游贵州"平台；支持苗绣等民族工艺产品及品牌做大做强；打造"流光溢彩夜贵州"品牌，培育一批夜间文化和旅游消费集聚区。三是深入实施服务质量提升行动，深入开展"文明在行动·满意在贵州"活动，推动游客投诉率大幅下降，推广实施旅游餐饮标准和服务规范，深入实施旅游厕所三年达标行动，加强文化和旅游系统干部及从业人员专业能力培训。四是深入实施盘活闲置低效项目攻坚行动，深入落实"一台账两清单双清零双问责"工作机制和省、市、县相关领导包保责任制，台账化推动盘活闲置低效旅游项目，重点引进实力强的投资者进行后续开发建设和经营。

第三，旅游供给侧结构性改革。旅游业是一项关联性强、融合性好的产业，城乡地区立足实际、因地制宜发展旅游业，推动城乡要素跨区域有机融合，实现区域一、二、三产业与旅游业融合发展，不断培育城乡经济新业态，加快城市产业链与乡村产业链对接，提升产业链附加值，优化城乡产业结构，推进城乡协同发展，着力描绘城乡有机融合的美好画卷。首先，传统的旅游观光产品和单一化的旅游供给已无法满足人们追求身心体验的个性化、差异化需求，借势数字化、网络化力量，发展研学旅游、文化旅游、康养旅游、冰雪旅游、夜间旅游、智慧旅游、乡村旅游等新产品、新业态，开发定制化旅游线路，打造旅游精品，创新旅游产品体系，推动旅游产品提质。其次，旅游市场主体是影响旅游业高质量发展的重要因素，在重视行政主体作用的同时，亟须推进多元化旅游市场主体培育，抓住技术革命和产业变革的机遇，加大旅行社、景区、酒店等旅游企业数字化转型发展，规范在线旅游经营服务，提高市场供给对需

① 史广峰. 全域旅游助推城乡融合发展［N］. 中国社会科学报，2020-09-30（11）.
② 梁书霞. 贵州"四大行动"推进"旅游产业化"［N］. 中国旅游报，2021-12-24（2）.

求升级的适配性。最后，从满足人民对美好生活需要出发，按照主客共享理念，进一步优化旅游公共服务体系，尤其是要完善全域旅游地区公共交通、通信、医疗、旅游信息服务、安全保障等公共服务设施，构建全域旅游公共服务体系"智慧大脑"，提供高质高效旅游供给，增加旅游惠民措施，这也是旅游业通过产品结构优化、供需结构匹配推动高质量发展的重要内容。

第四，坚持生态赋能。生态环境不仅是区域经济发展的物质基础，同时也是旅游业得以健康持续发展的重要保障。在学术研究上，国内外学者从 20 世纪 60 年代就开始思考旅游活动与生态环境的关系，对旅游环境容量、生态旅游、旅游碳足迹、旅游可持续发展等进行了诸多理论讨论与实证研究，2009 年 OECD 的《绿色发展宣言》，更是有力地推动了绿色发展理念的形成①，引起了人类对生态环境和旅游业绿色发展的极大关注。作为世界上最大的发展中国家，2020 年 9 月，中国提出"双碳目标"。旅游业是我国现代化经济体系的重要构成，同时也是碳排放的重要来源。推进旅游业高质量发展，必须始终坚持"绿水青山就是金山银山"理论，坚持绿色发展、生态赋能。旅游业发展初期过度依赖资源，重视短期经济效益，旅游无序开发、重复建设、生态破坏等现象较为普遍，旅游发展不可持续性问题日益严峻。进入新时期，国家生态文明建设融入"五位一体"总体布局，为旅游业高质量发展提供了思想指引。牢固树立生态文化理念，重视旅游业绿色发展转型，是我国旅游业高质量发展的应有之义，也是应对纷繁复杂的旅游业内外部不确定因素的必然之举。要在"两山"理论指导下，围绕"双碳"目标，加强顶层设计，加快旅游发展方式由追求速度的粗放型向追求效益的集约式转变，将生态文明观、生态产业观、生态技术观融入旅游业发展全过程，推进旅游业绿色增长，创造更多绿色财富，实现区域经济、社会和生态协同发展。

第五，追求文旅融合。文化转向是近 20 年来旅游业发展的一个鲜明特点，也是未来旅游业高质量发展的重要趋势。党的十八大以来，文化旅游融合发展迎来了前所未有的政策支持和市场环境。2018 年，文化和旅游部的成立标志着文旅融合成为旅游业发展的新指向。文化是旅游的灵魂，旅游是文化的载体②；文化是旅游业的核心资源，旅游是文化的市场载体③。文旅融合是旅游业高质

① 麦思超．长江经济带绿色发展水平的时空演变轨迹与影响因素研究［D］．南昌：江西财经大学，2019．

② 马波，张越．文旅融合四象限模型及其应用［J］．旅游学刊，2020，35（5）：15-21．

③ 徐冬，黄震方，洪学婷，等．乡村旅游地文化胁迫类型、格局与机理研究：以苏州东山镇为例［J］．地理研究，2020，39（10）：2249-2267．

量发展的显著特征，是引领旅游业高质量发展的内生动能。2021年6月颁布的《"十四五"文化和旅游发展规划》强调，要坚持以文塑旅、以旅彰文，推动文化与旅游深度融合发展，并提出了文旅融合发展的重点项目和重要举措。例如，依托优秀传统文化、红色文化资源培育旅游产品，提升旅游品位；建设城市文化旅游综合体，打造特色文化旅游休闲街区；利用乡村丰富多样的文化资源，培育乡村文旅融合新业态，推动乡村文化振兴；文化旅游演艺创新发展、文化遗产资源活化及旅游开发、中医药健康旅游示范区建设、非物质文化的保护与利用、节庆旅游运作模式创新，推进国家文化公园建设发展；等等。这是今后一段时间我国文化与旅游融合发展的主要方向与重点任务。如果说在旅游发展初期，人们主要关注旅游的经济意义，那么，在旅游业进入高质量发展阶段后，文化的重要作用将受到前所未有的重视①。对旅游业高质量发展来说，文旅融合既是手段、方式，也是结果、目标，未来如何实现文旅融合发展，推动旅游研究与发展的文化转向，最终促成文化旅游高质量发展，有待于深入探讨和务实推进。

第六，关注民生福祉。从过去的扶贫产业到当前的幸福产业（在一些贫困地区，旅游业仍然是当前重要的巩固脱贫攻坚产业），人民的旅游需求从"有没有"向"好不好"转变。《"十四五"旅游业发展规划》指出，旅游业已成为具有显著时代特征的幸福产业，对主客双方来说，旅游业都是一项可以提升幸福指数的重要产业。旅游业是参与人数最多、规模最大的新兴休闲产业②。当休闲旅游成为人们日常一种生活方式时，旅游业发展好坏就与城乡居民的幸福感息息相关。城市居民通过回归田园，体验淳朴的乡风民情，获得精神上的愉悦和身心放松，缓解压力，从而提升其幸福感；乡村地区通过发展旅游业，基础设施得以完善，生产生活生态环境得以优化，传统文化得以保护利用，居民获得更多就业机会和更大物质收入，非物质需求也得到很大程度的满足，从而提升了生活质量和幸福水平。因此，在我国全面建成小康社会后，如何提升国民幸福指数，满足人民日益增长的美好生活需要，已成为今后旅游业高质量发展的核心主题。旅游业未来发展要贯彻以人民为中心的发展思想，推动普惠旅游发展，在更大范围内、更大程度上为目的地主客双方谋福祉，从而整体提升国民幸福指数，这是由旅游业的社会文化属性决定的。

---

① 徐翠蓉，赵玉宗，高洁. 国内外文旅融合研究进展与启示：一个文献综述 [J]. 旅游学刊，2020，35（8）：94-104.

② 党宁，代希，吴必虎. 中国旅游学术领域的网络、学缘与流派：1979—2021 [J]. 旅游学刊，2023，38（1）：134-151.

综上所述，本研究认为旅游业高质量发展是指一个国家或地区在旅游业发展的创新性、协调性、生态性、开放性、共享性等诸多方面表现出来的综合水平，既包括旅游经济创新增长、产业结构优化，也包括资源环境承载力增强以及在更大程度上满足人民对美好生活的需要。在新时代语境下，立足于国内国际双循环新发展格局，旅游业要在可持续发展的基础上更加强调旅游业发展的质量、效率和公平，宽领域、多层次、全方位地推动旅游高质量发展，这对于破解当前中国社会主要矛盾具有重要意义。

三、贵州旅游高质量发展测评指标体系

（一）测评指标来源与构成

为科学评估旅游产业的高质量发展，本研究依据创新、协调、绿色、开放、共享的新发展理念，构建了一个全面的旅游产业测评指标体系。该体系涵盖了多个关键维度，并通过可量化的数据和指标，提供了有效评估旅游产业发展水平的工具。该框架由系统层、子系统层和具体指标层构成，涵盖五大发展维度，即旅游创新、产业协调、绿色发展、开放活力和惠民共享，包含 26 个具体指标（表4-3），各子系统及指标的内涵具体如下。

表4-3 旅游产业高质量发展测评指标体系

准则层	指标层	指标含义	指标方向
创新	创新投入	国内及入境旅游旅行社总数（个）	正向指标
		星级饭店个数（个）	正向指标
		R&D 经费投入强度（%）	正向指标
		长途光缆线路长度（万公里）	正向指标
		开设旅游专业高职院占高等职业院校比例	正向指标
	创新产出	百度当年资讯指数最高值（次）	正向指标
		旅游专利授权数（项）	正向指标
协调	城乡协调	城乡常住居民人均可支配收入比	正向指标
	产业协调	旅游收入占 GDP 比重	正向指标
		旅游收入占第一产业比重	正向指标
		旅游收入占第二产业比重	正向指标
		旅游收入占第三产业比重	正向指标

准则层	指标层	指标含义	指标方向
绿色	生态环境	森林覆盖率（%）	正向指标
		自然保护区面积占全省面积（%）	正向指标
		森林公园面积约占全省面积（%）	正向指标
	环境治理	人均公园绿地面积（平方米）	正向指标
		城市生活垃圾无害化处理率（%）	正向指标
	绿色能源	城市污水处理率（%）	正向指标
		水电、风电、太阳能发电等（亿千瓦时）	负向指标
开放	入境游客	入境旅游人数（万人次）	正向指标
	对外贸易	国际旅游外汇收入（万美元）	正向指标
		进出口总额（亿元）	正向指标
共享	社会保障	国内及入境旅游旅行社职工人数（人）	正向指标
		旅游总收入（亿元）	正向指标
	公共文化	博物馆、图书馆数量（个）	正向指标
	平均寿命	65岁及以上人口数（万人）	正向指标

（二）指标体系内涵解析

1. 旅游业创新发展测评指标

创新发展是推动旅游业高质量发展的核心动力，它不仅体现在技术进步上，还包括了人才培养和创新环境的优化。创新发展测评指标可以从技术研发、人力资本、创新产出等方面进行衡量。

首先，研究与试验发展（R&D）经费投入强度是衡量旅游业创新能力的重要指标。该指标反映了旅游企业和相关机构在技术研发方面的资金投入力度。R&D投入越大，表明企业和政府在推动旅游业技术创新方面的重视程度越高。近年来，贵州旅游产业逐步依赖科技创新，尤其是在智慧旅游、数字化旅游体验等方面，研发经费的持续投入是行业创新发展的基石。其次，长远规划中旅游人才培养比重是反映人力资本投入的重要指标。旅游从业人员的专业技能水平直接关系到游客的体验和整个行业的服务质量。通过设置与旅游相关的高等职业院校专业比重，提升旅游产业的专业人才供给，能够为未来的行业发展提供强大的人力资源支持。与此同时，旅游从业人员的培训和技能提升也是衡量创新发展的重要维度，确保科技创新能够转化为生产力。再次，百万元生产经营信息化投入是衡量信息化建设在旅游业创新中的重要体现。随着科技的发展，旅游产业越来越依赖信息化手段，例如，在线预订系统、虚拟现实体验、智能导览服务等。通过加大信息化建设的投入，企业不仅能够提高运营效率，还能大幅提升游客的体验感，进一步推动旅游业的转型升级。最后，旅游专利授权数量是衡量技术创新产出的重要指标。专利数量不仅代表了企业的创新能力，还反映了科研成果的实际应用情况。通过技术创新，旅游企业可以开发出更具竞争力的产品和服务，从而在市场中保持领先地位。近年来，随着虚拟现实、增强现实技术的应用，旅游专利的增加进一步促进了旅游产业的数字化和智能化转型。所以，创新发展测评指标通过衡量 R&D 经费投入、旅游人才培养、信息化投入和专利授权数量，全面评估了旅游业在技术创新和人才建设方面的表现。这些指标的提升将有助于推动贵州旅游业的高质量发展，使其在国际旅游市场中保持长期竞争力。

2. 旅游业协调发展测评指标

协调发展是推动旅游业高质量发展的基础，它要求产业内部的结构优化以及产业之间的平衡互动。在旅游产业中，协调发展不仅体现在旅游业自身的良好运行，还需要与其他经济部门紧密协作。旅游业协调发展的测评指标可以从以下几方面进行分析。

首先，旅游收入占 GDP 比重是衡量旅游业在地方经济中地位的重要指标。该比重的提升表明旅游业在区域经济中占据了重要位置，反映出地方政府对旅游产业的依赖程度，以及旅游业在推动当地经济增长方面的贡献。通过这一指标，可以评估旅游业是否在推动区域经济发展中发挥了核心作用。其次，旅游收入占第一产业、第二产业、第三产业比重是衡量旅游业与其他产业协调发展的关键指标。旅游业与第一产业的融合发展，特别是与农业和文化产业的结合，有助于推动乡村旅游和农旅结合的发展模式。而旅游业与第二产业（如制造业）和第三产业（如服务业）的协同发展，则能够有效推动工业旅游、文化旅游等新业态的兴起。这些比重可以反映旅游业与其他产业之间的协同效应，衡量其是否与其他经济部门形成了良好的联动。再次，旅行社与星级酒店数量的比例是衡量旅游服务产业链协调发展的重要指标。星级酒店和旅行社作为旅游接待和服务的核心环节，数量的协调发展直接影响到游客的住宿和旅行体验。过高的旅行社数量可能导致接待能力不足，而过多的酒店则可能缺少足够的旅游客户来源。因此，旅行社和星级酒店的合理布局能够提升旅游业的整体服务质量，确保旅游接待服务的平衡发展。最后，旅游收入集聚度是衡量旅游资源分布与发展集群效应的指标。通过分析各地区的旅游收入占比，可以评估旅游资源的分布是否合理，旅游业的发展是否过于集中在某些特定地区。高质量的协调发展要求旅游产业在不同区域之间实现均衡发展，避免旅游资源和收益过度集中，影响其他地区的发展机会。总之，旅游业协调发展测评指标通过衡量旅游收入占 GDP 比重、旅游收入在不同产业中的比重、旅游接待服务结构以及旅游收入集聚度，全面评估了旅游业在产业结构优化和区域平衡发展中的表现。这些指标能够帮助政府和企业了解旅游业与区域经济及其他产业的协调程度，进而推动旅游产业链的协调发展和区域经济的共同繁荣。

3. 旅游业开放发展测评指标

开放发展是推动旅游产业国际化、扩大市场份额的重要途径。作为服务型产业，旅游业与国际市场的深度连接对于其长期可持续发展至关重要。旅游业的开放发展测评指标可以从多个维度进行衡量。首先，对外贸易总额是反映旅游产业国际化程度的核心指标之一。它不仅包括旅游相关产品的出口与进口，还涵盖了旅游服务的国际交易总额。对外贸易总额的增长表明该地区在全球旅游市场中的参与度提升，也反映了该地区与国际旅游产业链的紧密联系。通过这一指标，可以衡量地区旅游产业对外贸易在国际市场上的表现。其次，入境游客数量是衡量旅游业吸引力的重要指标。入境游客数量的增加表明该地区的旅游产品和服务具备较强的国际吸引力，能够吸引更多的国际游客前来体验。通过分析入境游客的数量变化，可以评估该地区旅游产业在全球市场中的竞争力及其在吸引国际游客方面的策略效果。再次，旅游外汇收入是衡量旅游产业国际化经济效益的关键指标。外汇收入直接反映了国际游客在该地区的消费水平，衡量旅游业在吸引外国游客并将其转化为经济收益方面的表现。旅游外汇收入的增加意味着国际游客对该地区的旅游产品和服务有较高的消费意愿，并能够为当地经济带来可观的外汇收益。最后，入境旅游人均消费是评估国际游客消费力的指标。通过计算入境游客的平均消费水平，可以深入了解游客在该地区的消费行为和偏好。较高的入境旅游人均消费表明该地区具备吸引高端游客的能力，并能够提供高质量的旅游服务和产品，满足国际游客的消费需求。综上所述，旅游业开放发展测评指标通过对外贸易总额、入境游客数量、旅游外汇收入和入境旅游人均消费等多方面的分析，全面评估了该地区旅游产业的国际化水平及其在全球市场中的竞争力。通过不断提升这些开放性指标，贵州旅游业将能够在国际旅游市场中获得更大的份额，实现旅游产业的高质量发展。

4. 旅游业绿色发展测评指标

绿色发展是高质量旅游产业不可或缺的核心要求，强调旅游业的可持续性和对生态环境的保护。旅游产业不仅要追求当前的经济效益，还必须确保其发展的长期可持续性，减少对环境的负面影响。因此，绿色发展测评指标应从环境治理投入和生态环境质量两方面进行评估。

首先，城市生活垃圾无害化处理率和城市污水处理率是衡量地方政府在环境保护方面投入力度的重要指标。高质量的绿色发展要求地方政府对环境污染问题高度重视，通过有效的垃圾处理和污水处理，减少旅游业对环境的负担。这些指标的提升意味着地方政府在基础设施建设和环境治理上加大了投入，确保旅游产业在发展的同时，保持生态环境的良好状态。其次，自然保护区面积占全省面积比和森林公园面积占全省面积比是评估旅游业生态环境质量的重要指标。自然保护区和森林公园的面积占比反映了地方政府在保护自然资源和维持生态系统平衡方面的努力。较大的自然保护区面积不仅有助于保护生物多样性，还能提升地区的生态旅游吸引力，为游客提供优质的自然体验，同时避免过度开发对环境造成的损害。再次，人均公园绿地面积是衡量区域内生态恢复和城市可持续旅游的重要指标。公园绿地为居民和游客提供了休闲、娱乐的空间，反映了城市生态环境的友好度。人均公园绿地面积增大，说明该地区在生态建设上取得了良好进展，这不仅提升了游客的旅游体验，也改善了当地居民的生活质量。最后，绿色能源的使用是旅游业绿色发展的重要环节。通过提高水电、风电、太阳能等可再生能源的使用比例，旅游产业可以减少对传统化石能源的依赖，从而降低碳排放量，进一步实现可持续发展。旅游企业在绿色能源方面的投入和使用，将直接影响其对环境的负面影响，并为打造绿色旅游品牌奠定基础。综上所述，旅游业绿色发展测评指标通过城市污水处理率、自然保护区面积占比、人均公园绿地面积以及绿色能源使用等多方面，全面衡量了地区旅游业的可持续发展水平。这些指标的提升不仅有助于保护生态环境，还能为游客提供更加健康、环保的旅游体验，推动旅游产业的高质量、可持续发展。

5. 旅游业共享发展测评指标

共享发展是以人民为中心的高质量发展理念的重要组成部分，旅游产业的共享发展不仅要惠及所有社会群体，还要促进城乡、区域之间的均衡发展。共享发展的目标是实现社会公平、提升公共服务水平，并通过旅游信息共享让更多的人享受到旅游带来的经济和文化效益。旅游业共享发展的测评指标可以从以下几方面进行分析。

首先，国内及入境旅游行业社职工人数和旅游收入总数是衡量旅游业对社会就业和经济贡献的关键指标。共享发展的核心在于确保旅游业的发展能够为更多的社会成员提供就业机会，尤其是为弱势群体和贫困地区创造就业机会。旅游收入总数的增加不仅表明旅游产业对经济的贡献，还能够带动各类服务业的发展，进一步惠及更多社会成员，实现经济效益共享。其次，城乡收入差距是反映旅游业在缩小贫富差距、促进区域平衡发展中的重要指标。旅游业的高质量发展不仅要带动城市经济的增长，还应通过乡村旅游等形式为农村地区提供更多的经济机会。城乡收入差距的缩小表明旅游产业通过均衡的资源配置和政策引导，使得城乡居民能够共享旅游发展带来的经济收益。再次，公共文化设施数量（如图书馆和博物馆数量）是衡量旅游业促进公共文化资源共享的基础性指标。博物馆和图书馆的数量及其设施的普及程度直接关系到当地居民和游客能否获得丰富的文化资源。共享发展的核心目标之一是提升公共文化服务水平，确保无论是当地居民还是外来游客，都能平等享受到高质量的文化体验。此外，旅游网络关注度是衡量旅游信息共享的重要指标。随着大数据和智慧旅游的发展，网络关注度成为评估旅游目的地知名度和信息共享水平的有效手段。通过分析游客对不同地区的网络搜索、社交媒体互动以及在线评价，可以了解旅游信息是否有效传递给广大的潜在游客，从而帮助决策者优化宣传策略，提升旅游目的地的吸引力。最后，65 岁及以上人口占比和旅游相关设施的无障碍化水平是衡量旅游业是否关注弱势群体、特别是老年人和残疾人的重要指标。高质量的共享发展要求旅游产业能够满足不同社会群体的需求，尤其是对于老年人和行动不便者，旅游相关设施应具备无障碍功能，确保所有人都能平等参与和享受旅游。总之，旅游业共享发展测评指标通过城乡收入差距、公共文化设施数量、旅游网络关注度以及老年人和残疾人等弱势群体的旅游参与情况，全面评估了旅游产业在社会公平、公共服务和信息共享方面的表现。这些指标的提升能够确保旅游产业的发展成果惠及全体人民，实现真正的社会共享发展目标。

通过构建科学合理的旅游产业高质量发展测评指标体系，本研究为全面评估旅游产业的创新性、协调性、绿色性、开放性和共享性提供了理论基础和操作工具。该体系将为政府和行业决策者提供有效的参考，助力旅游产业在未来实现更加可持续的高质量发展。

第四节 旅游业的产教融合作用分析

在推进贵州经济社会高质量发展进程中，围绕"四新"主攻"四化"，是新时代贵州高质量发展的主战略①。"新型工业化、新型城镇化、农业现代化、旅游产业化"被简称为"四化",这是贵州省全面发展战略的核心。本节将在产教融合背景下,结合贵州围绕"四新"主攻"四化"战略,分析贵州"旅游产业化"与旅游职业教育高质量发展之间的内在逻辑与实践路径。

一、贵州"四化"推进与高质量职教的融合条件分析

贵州的"四化"建设与职业教育的高质量发展之间紧密相关,它们的融合发展不仅响应了贵州经济社会的发展需求,还成为城乡一体化、资源共享和产业升级的关键驱动力。

首先,城乡融合催生了职业教育与"四化"建设融合协调发展的动力。贵州的城乡融合策略,尤其是在"四化"建设方面,不仅体现在经济发展上,更依赖于产业结构的优化和劳动力的升级,从而推动区域协调发展。"四化"建设的发展为职业教育提供了丰富的实训场所和就业机会,同时,职业教育培养的技能型人才大大促进了旅游业的专业化和服务质量的提升。贵州丰富的旅游资源与职业教育的紧密结合,通过资源共享加深了校企合作,推动了教育内容与实践形式的多样化。其次,资源共享为"四化"建设和职业教育的协调发展提供了坚实基础。通过与旅游相关行业的合作,职业院校得以将更多实际案例融入教学,不仅提升了学生的实践技能,也增强了其对行业需求的响应能力。此外,企业与教育机构的紧密合作,如实习机会和职业培训,也显著提升了教育的应用价值,使得教育与产业需求更加吻合。最后,"四化"建设与职业教育之间的融合展现了显著的关联性和互补性。旅游业的需求为职业教育的课程设计和人才培养提供了明确方向,而职业教育的高质量发展又为"四化"建设提供了持续的人才支持,促进了产业的持续健康发展。在贵州省这样一个拥有独特自然和文化资源的地区,职业教育的发展不仅促进了本地人才的成长,也为旅游业的创新与升级提供了动力。贵州的职业教育与"四化"建设需通过进一步深化产教融合,优化教育与产业的匹配度,强化绿色发展理念,共同推动地方

---

① 2015 年 6 月,习近平总书记考察贵州时,对贵州提出"四化"的重要要求,要求贵州坚持新型工业化、新型城镇化、农业现代化、旅游产业化"四个轮子一起转",走出一条有别于东部、不同于西部其他省份的发展新路。2021 年 2 月,习近平总书记再次亲临贵州考察,对贵州作出"四新"的重要指示,要求贵州坚持以高质量发展统揽全局,在新时代西部大开发上闯新路,在乡村振兴上开新局,在实施数字经济战略上抢新机,在生态文明建设上出新绩,努力开创百姓富、生态美的多彩贵州新未来。2022 年 4 月,贵州省第十三次党代会将围绕"四新"主攻"四化"确立为贵州实现高质量发展的主战略。

经济和社会的全面协调发展。通过不断提升教育质量、优化资源配置和加强国际合作，贵州的职业教育和"四化"建设融合将进入新的发展阶段，为地区带来更广阔的发展前景。

（一）城乡融合发展推动两者耦合协调的动力

城乡融合发展的理念可以追溯到 16 世纪英国人文主义学者托马斯·莫尔的"城乡一体化"设想，并在恩格斯的《共产主义原理》中得到进一步发展。中国长期实施的城乡二元体制导致城乡之间在资源配置、资本流动和人口分布上的不均衡，从而加剧了城乡差距。然而，随着乡村振兴战略的提出，新型城镇化逐渐成为国家推动全面协调发展的重要手段。作为一个典型的民族地区，贵州的高质量发展不仅涉及经济增长，还依赖于产业结构的优化和劳动力的升级，推动区域协调发展。在这种背景下，贵州"四化"与职业教育的高质量发展成为推动区域发展的主要动力。职业教育为高质量发展输送高素质劳动力，推动了农村地区的产业升级与就业结构优化；与此同时，贵州"四化"的发展为职业教育提供了丰富的实践和就业机会。贵州丰富的资源特别是旅游业，为职业教育提供了广泛的实训场所和就业平台，反过来职业教育则为旅游业输送了大量专业技能人才，形成了相互促进、共同发展的局面。通过职业教育培养满足旅游产业需求的技能型人才，提高了城乡之间劳动力的流动性和就业质量。这一耦合过程不仅推动了城乡基础设施和公共服务的共享，还有效缓解了城乡就业结构的不平衡，推动了贵州城乡经济的协调发展。

（二）资源共享奠定两者耦合协调的基础

资源共享是贵州"四化"和职业教育耦合发展的重要基础。贵州作为一个自然和文化资源丰富的省份，其独特的资源为发展旅游业提供了得天独厚的条件。旅游业的发展需要大量的人才支持，而职业教育在培养旅游管理、酒店服务、文化创意等相关专业人才方面起到了关键作用。通过资源共享，贵州的旅游资源与职业教育紧密结合，促进了二者的深度合作。旅游业的基础设施建设（如交通、住宿、公共服务等）不仅服务于游客，还为职业教育提供了实训和教学资源。这种共享机制提升了职业院校的教学实践能力，并为学生提供了更多真实的案例和实践机会。同时，旅游企业为职业教育的学生提供实习和就业机会，促进了教育与实践的结合，职业院校则为企业输送了符合市场需求的技能人才，二者之间的紧密合作进一步夯实了贵州职业教育与"四化"发展的基础。

（三）关联互补彰显两者耦合发展的本质

贵州"四化"和职业教育在本质上存在显著的关联互补性。作为一个劳动密集型产业，旅游业对技能型人才的需求十分旺盛，而职业教育则是为贵州"四化"输送专业人才的重要渠道。两者的协同发展不仅满足了贵州"四化"对人才的需求，还提高了职业教育的就业率和应用能力，形成了良性循环。首先，贵州"四化"为职业教育提供了广泛的就业和实训机会，职业院校通过开设与地方资源相匹配的课程，培养出适应市场需求的人才。通过"旅游+"模式，职业教育在文化旅游、生态旅游等领域发挥了积极作用，提升了学生的操作能力和职业竞争力。其次，职业教育的发展为"四化"的延伸和多元化提供了人才保障，推动了产业的创新和升级。两者的关联互补关系促进了贵州经济社会的进一步协调发展。

（四）价值趋同预示两者耦合发展的广阔前景

贵州"四化"和职业教育在未来展现出较强的价值趋同性，这为二者的耦合发展提供了广阔的前景。随着全球对可持续发展和生态保护的重视，贵州"四化"的生态转型和职业教育的绿色发展已成为不可避免的趋势。贵州丰富的自然资源为"四化"的绿色转型提供了有力支撑，而职业教育在生态管理和绿色技术应用领域培养了大量人才，为旅游业的可持续发展提供了保障。此外，旅游业的高质量发展不仅提高了经济效益，还带动了城乡居民生活质量的提升。职业教育通过提升劳动力的技能和文化素养，使城乡居民更好地参与并分享"四化"发展的成果。通过进一步优化资源配置和发展模式，贵州职业教育与"四化"将在地方经济、社会、生态协调发展的过程中发挥更大的作用，为区域整体高质量发展做出更多贡献。

贵州职业教育与"四化"的耦合发展通过高质量发展、资源共享、关联互补等多重机制，实现了高度协调。未来，产教融合的深化和绿色共享理念的进一步贯彻，将推动职业教育与"四化"耦合发展进入新的阶段。

二、贵州"旅游产业化"与旅游职教高质量发展耦合机制

耦合机制是指两种或两种以上系统、实体或运动形式之间相互作用、相互影响的过程。具体到贵州的"旅游产业化"建设与旅游职业教育高质量发展的耦合，是指这两大系统在资源、要素、功能等方面的紧密联系和协同作用。旅游产业的发展推动了人才需求的变化，而旅游职业教育则通过培养适应旅游产业需求的高素质技能人才，反过来促进了旅游业的高质量发展。因此，"旅游产业化"与旅游职教的耦合不仅是相互作用的结果，也是二者共同推进高质量发展的必然过程。贵州作为旅游资源大省，拥有丰富的自然和文化资源，同时也

面临如何将这些资源转化为高质量旅游经济的挑战。通过旅游职业教育与旅游产业的有效耦合，贵州可以在提升旅游从业人员素质、推动旅游业态创新、促进地方经济发展的同时，实现教育与产业的双向赋能。以下从要素资源整合、系统动态优化、功能价值互补及多元载体共生四方面探讨"旅游产业化"与旅游职教的耦合机制，并描述特征（如图4-6）。

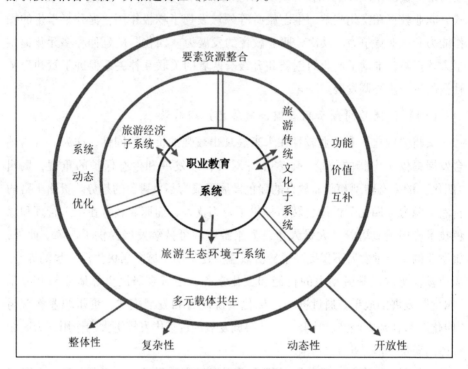

图4-6　贵州职业教育高质量发展与旅游产业耦合概念模型

（一）两者的耦合机制

1. 要素资源的互动整合

贵州"旅游产业化"建设与旅游职业教育耦合的首要基础是要素资源的互动整合。旅游产业的高质量发展依赖于人力、资本、技术、自然资源和文化资源等多方面要素的共同作用，而这些要素在一定程度上是由职业教育提供和优化的。在贵州，旅游产业所需的关键要素如文化遗产、自然景观、民族风俗等集中于乡村地区，旅游职业教育则负责培养与此相关的人才，推动旅游资源的开发和利用。通过职业教育与旅游产业的深度融合，贵州可以实现资源的高效整合。例如，贵州的旅游职业院校可以与地方旅游企业合作，开设针对性强的专业课程和实习项目，将地方文化资源、自然资源融入教育中，从而培养出符合市场需求的专业人才。这种要素资源的整合不仅提升了职业教育的实践性和针对性，也为旅游产业的发展注入了新的活力。通过旅游产业和职业教育的互动整合，乡村的旅游资源能够得到更为合理的开发和利用，同时培养出一批适应旅游产业需求的高技能人才，促进贵州旅游产业的可持续发展。

2. 系统动态优化的互促过程

旅游产业与旅游职业教育的耦合不仅仅是资源的简单叠加，更是两个系统通过互动不断优化的动态过程。贵州的旅游业近年来迅猛发展，带动了乡村经济的提升，但同时也面临产业结构不合理、人才供需不匹配等问题。在此背景下，旅游职业教育的优化发展可以有效解决这些问题，为旅游产业提供持续的人才支持和智力支撑。旅游职业教育通过调整课程设置、优化教学内容、加强校企合作等方式，能够动态地适应旅游产业的发展需求。例如，随着生态旅游、文化旅游和康养旅游的兴起，贵州的职业教育需要相应地开发相关课程，培养具备生态保护、文化传播和康养服务技能的复合型人才。与此同时，旅游产业的发展也为职业教育提供了新的实践平台和就业机会，促使教育体系不断优化。这种互促的过程不仅强化了二者之间的协同效应，还提升了整个系统的适应性和创新能力。在贵州，旅游产业和职业教育通过这种动态优化，实现了资源配置和效益提升的双重目标，推动了产业和教育的共同进步。

3. 功能价值的互补创新

旅游产业和旅游职业教育的耦合还体现为功能和价值上的互补与创新。旅游产业作为贵州的重要经济支柱，具有较强的经济效益、社会效益和文化效益，而职业教育则通过人才培养、技能提升等方式增强了旅游产业的综合效益。二者通过功能互补和价值创新，形成了 $1+1>2$ 的叠加效应。在具体实践中，旅游产业可以通过与职业教育的深度合作，推动乡村经济结构优化、文化传承和生态保护等方面的创新。例如，贵州的职业院校可以与旅游企业合作，创新旅游产品与服务，将地方特色文化融入旅游产品中，提升旅游的文化内涵与经济价值。这种基于创新的功能互补，不仅丰富了贵州的旅游业态，还提升了旅游产品的竞争力。与此同时，乡村振兴战略的实施为贵州旅游业提供了新的发展机遇，职业教育也通过乡村旅游的实践平台，增强了学生的就业能力和创新能力。通过这一互补创新过程，贵州旅游产业和职业教育实现了双赢局面，推动了区域经济和社会的协调发展。

4. 多元载体的互融共生

贵州的旅游产业和职业教育的耦合发展，不仅体现在人才培养和产业需求的匹配上，还涉及多个载体的互融共生。规划系统、产业系统、资源市场、基础设施、生态环境等多元领域的深度融合，使得旅游产业与职业教育在更广泛的层面上实现了协同发展。首先，在规划系统方面，贵州的旅游发展规划与职业教育规划需要相互协调，通过制定合理的教育与产业融合发展政策，确保旅游业的发展能够带动职业教育的升级，反之亦然。例如，政府可以出台政策，支持职业院校与地方旅游企业共建实践基地，推动"校企一体化"人才培养模式的落地。其次，在基础设施和资源市场方面，旅游业的发展大力推动了基础设施建设，如交通、住宿、餐饮等，这些设施不仅服务于游客，也为职业教育提供了实习和实践平台。同时，职业教育培养的技能型人才也为旅游业的设施运营和服务提供了支撑。这种多元载体的互融共生，使得旅游产业和职业教育在互动中不断深化合作，形成了更加紧密的耦合关系。最后，生态系统的共生发展也是贵州旅游产业和职业教育耦合的一个重要方面。贵州的旅游资源大多依赖于生态环境的保护，职业教育在这一过程中可以培养大量生态保护、环保技术等方面的人才，帮助地方政府和企业进行生态治理和旅游开发，实现旅游业与生态环境的可持续发展。

（二）两者耦合的主要特征

贵州"旅游产业化"建设与旅游职业教育高质量发展之间的耦合具有以下几个显著特征。

1. 整体性

旅游产业与职业教育的耦合发展具有高度的整体性。旅游业的发展不仅涉及旅游资源的开发利用，还牵涉文化传承、生态保护、区域经济协调、基础设施建设等多个层面的统筹规划。而职业教育在这一过程中，发挥了关键的支撑作用。通过系统化的职业教育培养，能够为旅游产业输送专业人才，优化服务水平，推动旅游经济的整体提升。在贵州的背景下，旅游资源包括自然景观、民族文化、生态环境等方方面面，而要实现这些资源的可持续发展，必须从全局出发进行规划和运营。这就要求职业教育从多维度、全方位为旅游产业提供综合性人才支持，实现教育体系与产业需求的整体协调发展。职业教育不仅要培养单一领域的人才，还要具备统筹和协调资源的能力，促进旅游产业链条中各环节的有效联动。例如，旅游管理、酒店管理、文化创意等相关专业的设置，要与地方特色旅游产业的需求紧密结合，通过系统性的人才供给和技能培训推动贵州旅游产业的整体高质量发展。

2. 复杂性

贵州旅游产业与职业教育的耦合发展是一个复杂的过程，涉及多个产业、领域和维度之间的协同。旅游产业本身是一个多元化、跨领域的系统，包含了自然资源、文化资源、基础设施建设、交通、餐饮服务等多个子系统，而职业教育的高质量发展需要与这些子系统紧密对接。在这一过程中，不仅要考虑旅游产业的市场需求，还要兼顾生态保护、文化传承、乡村振兴等多方面的要素，这增加了耦合过程的复杂性。同时，贵州的乡村旅游、生态旅游等新兴业态的发展，给职业教育带来了新的挑战和机遇。在某些乡村旅游项目中，由于缺乏专业的管理和规划，容易出现资源浪费、过度开发、生态破坏等问题。这些问题反映了旅游业与职业教育之间的协同不足。在应对这种复杂性时，职业教育需要不断调整培养模式，确保与旅游业的需求动态匹配，避免人才供需错配、资源使用效率低下等问题。通过精细化管理和科学的教育规划，旅游职业教育能够有效解决这些复杂性带来的挑战，促进旅游产业的可持续发展。

3. 动态性

贵州旅游产业与职业教育的耦合是一个持续变化的动态过程。随着市场需求、技术进步、社会发展趋势的不断变化，旅游产业的需求也在不断调整。这要求职业教育具备高度的灵活性和适应性，以便及时调整培养目标和教学内容，以应对旅游产业的发展需求。动态性体现在职业教育课程设置、教学方法、实践环节的灵活调整上。例如，随着贵州生态旅游、文化旅游和康养旅游等新型旅游业态的兴起，职业教育需要开发相关的课程和专业，培养具备生态保护、文化创新、健康服务等综合能力的复合型人才。与此同时，随着旅游业态的升级，旅游产业对人才的需求也逐步从基础服务技能转向高层次的综合管理、市场策划、产品开发等方面。职业教育需要根据这些新需求不断优化其人才培养体系，以保证毕业生的就业竞争力和市场适应能力。通过这种动态调整，旅游产业与职业教育之间形成了相互影响、相互促进的互动关系。旅游产业的发展为职业教育提供了丰富的实训机会和就业市场，而职业教育的高质量人才培养又反过来推动了旅游产业的升级与创新。

4. 开放性

贵州旅游产业与职业教育的耦合发展还具有明显的开放性特征。在全球化和国际化的背景下，贵州的旅游业与职业教育面临着全球市场的竞争与合作。旅游产业本质上是一个高度开放的产业，不仅要吸引国内游客，还要面对国际游客的多元需求。在这一过程中，贵州的旅游职业教育也需要与国际接轨，引进先进的管理理念、教学模式和服务标准，提升其国际化水平。旅游业的国际化进程加快，使得贵州旅游职业教育需要主动拥抱外部的机遇和挑战。通过引入国际教育资源、加强与国际旅游企业的合作、提升职业教育的国际化程度，贵州能够在全球旅游市场中占据更有利的竞争地位。例如，贵州可以借鉴国际上成功的旅游教育模式，培养一批具有全球视野和跨文化沟通能力的旅游管理人才，以满足国际市场的需求。开放性不仅表现在旅游教育内容的国际化上，也体现在贵州与外界的广泛合作中。贵州可以通过与国内外知名旅游企业、教育机构的合作，共同推动"校企合作""双元制教育"等模式的发展，提升贵州职业教育与国际标准的接轨程度，从而为贵州旅游产业的进一步发展提供坚实的国际化人才储备。

三、贵州旅游业高质量产教融合协调作用机理

贵州的旅游业和职业教育正处于快速发展的关键时期。"旅游产业化"的发展不仅需要高素质的人才支撑，同时旅游职业教育的发展也需要不断与产业需求相结合。贵州作为一个民族文化和自然资源丰富的省份，旅游业的高质量发展为职业教育提供了实践平台，而职业教育的高质量发展则为旅游产业的创新、协调、绿色、开放、共享发展提供了强大的动力支持。图4-7反映了贵州旅游职教高质量发展与旅游业高质量发展如何在创新、协调、绿色、开放、共享方面相互作用，双向推动两者高质量发展。

（一）教对产的驱动

在当今全球化和技术变革的浪潮中，教育与产业的互动成为推动经济社会发展的重要引擎。职业教育，作为服务产业需求的关键环节，不仅为行业输送高素质人才，还通过教育创新和资源共享等机制，直接推动了产业结构的优化升级。以下从五方面详细阐述教育对旅游产业发展的驱动作用。

1. 教育创新推动旅游产业结构升级

教育创新是推动产业结构优化升级的核心动力，特别是在技术转移和创新机制的高效运作中，职业教育起到了至关重要的作用。在全球旅游产业的快速发展中，信息化、智能化技术的广泛应用促使行业对人才技能要求不断提高。职业教育作为培养应用型人才的主要平台，通过教育创新及时响应并满足了行业技术发展的需求。

职业教育的创新不仅体现在课程内容和教学模式的更新上，还体现在对先进技术的迅速引入和整合。随着技术的快速转移，职业教育在课程设计上紧跟产业发展趋势，将大数据、人工智能、物联网等新技术融入旅游管理和服务中，从而推动旅游产业从传统服务型向高技术含量型转变。此外，通过"校企合作"等模式，职业教育能够在实践中锻炼学生的技术应用能力，增强旅游业的技术

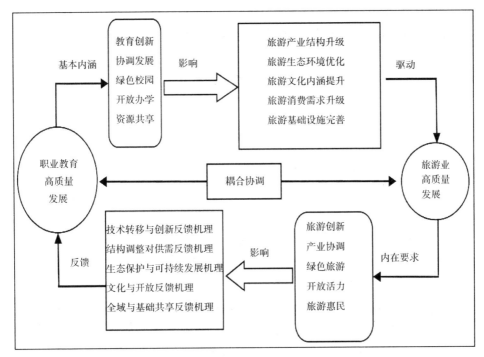

图4-7 贵州旅游职业教育高质量与旅游业高质量融合作用机理

创新驱动力，促使产业结构在技术导向下不断优化。

通过教育创新，职业教育不仅提升了自身的教学质量，还为旅游业提供了知识储备和技术支持。新技术的快速迭代，使旅游业能够持续优化基础设施、改善运营模式、提升服务质量，进而推动整个行业结构的不断升级。以此为基础，教育创新成为推动旅游产业从低附加值服务业向高附加值现代服务业转型的强劲动力。

2. 协调发展促进旅游文化内涵提升

文化是旅游业的灵魂，文化内涵的深度与广度直接决定了旅游产业的核心竞争力。职业教育与旅游产业的协同发展为旅游文化的传承与创新提供了重要支持。通过教育体系内的协调发展，职业教育不仅培养出具备文化素养的专业人才，还通过与旅游行业的紧密互动，推动文化价值链的延伸与丰富。

职业教育在文化传承和创新中的作用不可忽视。首先，通过课程设计的优化，职业教育将地方文化、民族文化和国际文化元素有机结合，推动学生对文化的深入理解和创新应用。这不仅满足了旅游产业对文化传播和文化创意人才的需求，也为旅游文化的内涵提升提供了强大的智力支持。其次，职业教育通过国际化办学，培养学生的跨文化交流能力，使其能够应对全球化背景下的文化交流和合作需求。这种文化传承与国际化视野的结合，不仅为旅游产业带来了新的文化活力，还提升了行业在全球范围内的文化影响力。

通过职业教育与产业的协调发展，文化内涵逐步扩展，旅游业的文化附加值得以提升。旅游文化的丰富性与多样性不仅增强了游客的文化体验，也提升了行业的整体竞争力和国际影响力。教育作为文化传播与创新的重要载体，推动了旅游文化的传承与创新，使旅游产业的文化价值链更加完善，从而促进了文化旅游业的持续发展。

3. 绿色教育推动旅游生态环境优化

随着全球对可持续发展理念的深入推进，旅游业的绿色发展成为行业的主要议题之一。旅游业作为消耗资源型产业，在发展过程中面临着如何在保持经济增长的同时兼顾环境保护的挑战。在这一背景下，职业教育通过绿色教育理念的推广，为旅游业的生态优化和可持续发展提供了重要支持。

绿色校园的建设和绿色教育理念的深化，使生态保护意识在职业教育中深入人心。通过在课程中融入环境保护、低碳经济、可持续发展等内容，职业教育培养出具备生态环保意识和绿色发展能力的专业人才，为旅游业的可持续发展提供了人力资源保障。同时，职业教育与企业合作，开展实习实践项目，使学生在实际工作中深入理解并运用绿色旅游的理念与技术，推动旅游产业在发展过程中更好地平衡经济效益与环境效益。

生态旅游的发展离不开绿色教育的推动。职业教育不仅培养了具备生态管理和环保技能的专业人才，还通过持续的课程创新和教学实践，引导学生关注生态保护、减少资源消耗、保护自然景观。旅游业通过与职业教育的协同互动，能够在生态保护的基础上实现可持续发展，推动生态旅游产业的蓬勃发展。这种绿色发展理念的渗透，使旅游业的生态环境不断优化，为行业的长远发展奠定了基础。

4. 开放办学推动旅游消费需求升级

开放办学作为职业教育的重要特征之一，打破了传统教育的局限性，注入了更多国际化的元素和资源配置方式。这不仅为职业教育带来了国际视野，也为旅游产业的消费升级注入了新的动力。随着全球化的深入发展，旅游消费者对服务的要求日益提高，传统的旅游模式已经难以满足现代游客的多样化和个性化需求。

职业教育通过引入国际化的教育资源和办学理念，培养具备全球视野的高素质人才，使旅游业能够在消费升级的大潮中获得新的竞争优势。开放办学使职业教育能够借鉴国际先进的教学模式和管理经验，推动课程设计和教学内容的国际化，从而提升学生的服务意识和能力。这种国际化的教育模式，不仅满足了旅游业对高水平服务人才的需求，也促进了旅游消费的多元化和高端化发展。

此外，开放办学为职业教育与旅游产业的合作提供了更多机会。在全球化背景下，旅游业的消费升级对服务质量提出了更高的要求。通过开放办学，职业教育能够与国际旅游机构、跨国企业合作，为学生提供更广阔的实习和就业机会，使其能够在实际工作中提升专业技能和服务水平。这种双向互动为旅游消费的高端化发展提供了有力支持，推动旅游业在国际竞争中保持领先地位。

5. 资源共享促进旅游基础设施完善

资源共享是推动职业教育和旅游产业协同发展的重要途径。在教育资源日益丰富的今天，如何通过高效的资源整合提升教育质量，进而促进产业发展，成为职业教育面临的核心问题。通过资源共享机制，职业教育能够与旅游产业建立起密切的互动关系，共享教育资源、技术资源和基础设施，推动旅游产业的基础设施建设和现代化发展。

首先，职业教育中的各类教育资源和人才资源，通过资源共享机制为旅游业提供了强大的支持。职业教育机构通过建立实习基地、科研中心等与旅游业相关的设施，使学生能够在真实的工作环境中积累实践经验。这不仅提升了学生的职业技能，也为旅游产业基础设施的现代化建设提供了智力支持和技术保障。

其次，旅游业通过与职业教育的协同互动，能够利用教育资源提升自身的基础设施建设水平。职业教育机构通过技术创新和科研成果的转化，为旅游业的基础设施建设提供了前沿技术和管理经验，推动了旅游业在硬件设施和软件服务上的全面升级。通过这种资源共享机制，旅游业的基础设施得以不断优化和完善，从而提升了行业的竞争力和服务水平。

综上所述，职业教育通过教育创新、协调发展、绿色教育、开放办学和资源共享等多重机制，全面驱动了旅游产业的高质量发展。教育与产业的深度融合，不仅为旅游业提供了知识与技术支持，也推动了产业结构的不断优化和升级。这种协同发展的机制为贵州省旅游业的可持续发展提供了强有力的智力支撑和人才保障，使教育与产业在互动中实现了共赢发展。

（二）产对教的反馈

旅游业的高质量发展对职业教育的高质量发展具有显著的反馈作用。从根本上说，产业发展与教育体系之间的互动是一种双向的、动态的过程。随着旅游产业的不断升级与优化，其对职业教育提出了更高的要求，促使职业教育在技术、结构、理念等多方面进行自我革新与提升。旅游业的技术转移、产业结构调整、生态保护需求、文化传承与开放发展等方面的变化，成为职业教育课程设置、人才培养方向、教育资源配置等方面的重要驱动因素。以下从五方面具体分析旅游业对职业教育反馈的核心机理。

1. 技术转移与创新对教育反馈机理

随着旅游业的技术革新与转移的加速，职业教育的课程内容和教学方法必须紧跟产业变化进行调整和更新。在全球技术快速发展的背景下，旅游行业的技术应用日益广泛，涉及智能旅游、虚拟现实、区块链、人工智能等新兴领域。这些技术的广泛应用，不仅改变了旅游业的运作模式，也对从业人员的技术技能提出了新的要求。职业教育作为产业技术人才的主要培养基地，必须积极吸纳并融入这些前沿技术。通过技术转移，职业教育能够及时更新教学内容，使其与旅游业的发展需求保持高度一致。这种技术创新的反馈机制，促使职业教育不断进行教学改革和课程升级，从而培养出能够适应并推动旅游产业进一步发展的技术型人才。

此外，技术的更新换代也为职业教育带来了全新的教育模式。例如，基于大数据分析和人工智能的旅游需求预测工具、在线旅游服务平台的技术支持，以及数字营销策略的应用，均要求职业教育在培养学生时，注重数据分析能力和技术操作能力的提升。教育必须在理论教学与实际操作之间实现平衡，使学生能够在实际工作中将所学技术与旅游业的具体需求相结合。这一反馈机理确保了职业教育始终保持技术前瞻性，帮助学生掌握适应行业变化的最新技能。

2. 结构调整对人才供需反馈机理

旅游产业结构的不断调整，直接作用于职业教育的人才供需结构。随着旅游业从传统观光旅游向多样化、综合化发展，产业的岗位设置、技能需求和人才结构也发生了深刻变化。产业结构的升级带来了更高层次的人才需求，尤其是跨学科复合型人才的需求显著增加。这种变化促使职业教育重新审视自身的人才培养体系，优化学科设置和课程设计，以确保培养的人才能够与产业发展的需求无缝对接。

在这种反馈机制的作用下，职业教育不仅要注重培养传统的旅游管理人才，还需要根据产业新兴领域的需求，增加例如生态旅游管理、旅游文化创意、智能旅游管理等新兴学科方向。此外，旅游业对高技能、技术型人才的需求增长，也促使职业教育更加注重实践能力和技术操作能力的培养。通过加强校企合作、设置实习项目和校外实践基地，职业教育可以有效缩短学生从课堂到岗位的适应周期，使其更快地融入行业并创造价值。

同时，随着旅游产业的国际化发展，跨国旅游、跨境电商、国际文化交流等新兴领域对外语能力、国际交流能力以及跨文化沟通能力的需求增加，职业教育也需要相应地提升这些方面的教学内容和培养目标。通过结构调整对人才供需的反馈机制，职业教育在学科体系、课程内容和教学方法上实现了与时俱进，确保毕业生能够胜任未来旅游行业的多样化需求。

3. 生态保护与可持续发展对教育反馈机理

现代旅游业越来越注重生态保护和可持续发展，这种趋势为职业教育带来了新的挑战与机遇。旅游业的可持续发展不仅仅是对生态环境的责任，更是产业未来发展的核心理念。作为旅游业发展的重要支撑力量，职业教育必须在课程设置中融入更多的生态保护理念和可持续发展思想，以培养具备环保意识和可持续发展能力的专业人才。

生态旅游、绿色旅游、低碳旅游等概念的兴起，促使职业教育在相关学科中增加生态管理、环境保护等课程内容。这一反馈机制不仅提升了学生的环保意识，还强化了他们在实际工作中运用绿色技术和环保措施的能力。通过加强生态保护课程的设置，职业教育为旅游产业培养了具备生态保护意识的专业人才，推动了旅游业在保持经济效益的同时兼顾生态环境的可持续性发展。

此外，旅游业的可持续发展也对职业教育提出了"全生命周期"的教育要求。这意味着职业教育不仅要培养出具备生态保护理念的入门级人才，还要为行业中高层管理人员提供持续的生态保护培训和可持续发展再教育，确保整个行业在技术和理念上保持前瞻性。通过这种长效反馈机制，职业教育与旅游产业之间的生态保护协作关系得以不断深化，从而实现产业与教育的双赢发展。

4. 文化传承与开放发展对人才反馈机理

旅游业作为文化传播的重要载体，在其发展过程中不仅要注重经济效益，还肩负着文化传承与传播的责任。旅游业的文化属性要求职业教育在人才培养过程中，注重文化素养的培养和文化传承的弘扬。随着全球化进程的加快，旅游产业的国际化程度日益提高，跨文化交流成为旅游业的重要特征，这对职业教育的人才培养提出了更高的要求。

通过文化传承与开放发展的反馈机制，职业教育在课程设计中融入了更多的文化元素。无论是传统文化的保护与传承，还是跨文化交流的能力培养，职业教育都承担着重要角色。特别是在国际化视野的开拓上，职业教育通过加强外语教学、国际交流项目等手段，提升学生的跨文化沟通能力，确保其在未来的工作中能够顺利应对国际化的工作环境与文化挑战。

此外，文化旅游作为旅游产业中的重要组成部分，其对人才的需求不仅限于文化知识的掌握，还要求学生具备较强的文化创新能力。职业教育通过培养具备创新能力的文化人才，为旅游业的文化传承和创新发展提供了强大的支持力量。文化传承与开放发展的反馈机制，不仅提升了职业教育的人才培养质量，也为旅游业在全球化进程中的文化竞争力提升提供了重要保障。

5. 全域与基础共享对教育反馈机理

旅游业的全域发展和基础设施的共享机制，为职业教育的资源整合和共享提供了新契机。旅游业的发展需要依赖强大的基础设施支持，包括交通、通信、信息化等方面，这些基础设施的建设和共享直接影响职业教育的资源配置。通过旅游业的基础共享反馈，职业教育能够更好地利用区域内外的教育资源，实现教学资源的最大化利用。

同时，随着旅游业的全域化发展趋势，职业教育的教学内容和实践基地也得以扩展。全域旅游的发展不仅需要依赖核心景区的开发，还需要对周边区域的全面整合，这种趋势促使职业教育在教学资源配置上更加注重区域联动与资源共享。通过这种反馈机制，职业教育在校企合作、实习基地建设等方面得以进一步优化，推动了教育资源的高效整合与共享。

此外，基础设施的不断完善和全域旅游的推进，使职业教育能够通过虚拟仿真、在线教育等新型教学手段，突破传统教学的时空限制，进一步提升教育质量和教学效率。这种反馈机制为职业教育提供了更多的资源和技术支持，促使教育体系在不断发展中实现更高质量的升级。

综上所述，旅游业的高质量发展为职业教育的高质量发展提供了强有力的反馈支撑。通过技术转移与创新、结构调整、生态保护、文化传承和全域共享等多维度的反馈机制，旅游业有效推动了职业教育在课程设置、人才培养、教育理念等方面的不断提升。职业教育通过吸纳产业反馈的动力，实现了自身的内在改革与创新，确保了人才供给与产业需求的高度契合。这一良性互动机制不仅促进了教育与产业的双向赋能，也为二者在未来更高层次的协同发展奠定了坚实基础。

本章小结

本章梳理了新发展理念、人力资本理论、三螺旋理论、多元共治理论以及耦合协调理论，旨在为构建贵州省职业教育与旅游产业高质量发展的测评指标体系提供坚实的理论支持。这些理论框架不仅为理解职业教育与旅游产业间的相互作用提供了多角度的视野，也为指标体系的构建提供了科学的方法论。依据新发展理念的核心要求，本研究从创新、协调、绿色、开放、共享五个维度出发，细致划分并构建了一个全面的测评指标体系。该体系包括了61个具体的测评指标，涵盖了从技术创新和服务升级到环境保护和国际合作等多方面，旨在全面评估贵州省职业教育与旅游产业的协调发展水平。通过应用这一指标体系，本研究能够系统地测度并分析贵州职业教育与旅游产业的耦合进程，从而为后续的实证研究提供了坚实的理论基础和数据支持。同时，本节分析了贵州在围绕"四新"主攻"四化"战略下，"四化"建设推进中与职业教育高质量发展的融合条件，并特别探讨了贵州"旅游产业化"与旅游职教高质量发展耦合机制，分析了旅游职教的高质量产教融合协调作用机理。旅游业的产业和教育之间的耦合机制、协调作用，形成了一种双向、动态的互动机制。旅游教育通过培养高素质人才推动旅游产业的发展，而旅游产业的发展又通过反馈作用促进旅游教育的改革与创新，实现了教育与产业的双向赋能。

第五章

贵州高等职业教育与旅游业的耦合协调发展水平

基于前述研究，旅游产业与职业教育在区域经济与社会发展的相互促进中扮演着关键角色。本章期望在前文构建的综合测评指标体系基础上，通过对贵州省高等旅游职业教育和旅游产业各项指标的测度与分析，进一步对贵州省旅游职业教育与旅游产业的耦合协调发展水平进行测度，并对假设 H1~H5 进行验证。通过这些测度结果，能够深入揭示贵州省高等职业教育和旅游业的高质量发展水平，以及二者之间的互动关系，为后续的政策制定、教育改革和产业优化提供依据。

第一节　实证对象的选取理由与基本情况

本研究选取整个贵州省旅游业发展和开办旅游大类专业高等职业院校作为实证研究对象，主要基于五个关键理由：旅游资源和职业教育体系的典型性、旅游高等职业教育与旅游产业互动的广泛性、研究场域的合理性、数据的完整性与获取的可操作性，以及研究的深入性与可行性。这些因素共同决定了旅游行业可作为分析贵州职业教育与产业耦合协调发展的理想研究对象。

一、实证样本的选取理由

（一）旅游资源与职业教育体系的典型性

凭借其丰富的自然景观、独特的民族文化以及多样的旅游资源，贵州省近年来成为中国西南部旅游业发展的重要区域。作为一个以旅游产业为支柱产业的省份，贵州的旅游业不仅吸引了大量国内外游客，还在推动地方经济发展方面发挥了关键作用。在这种背景下，旅游职业教育作为培养产业人才的核心领域，其发展具有重要的典型性。

贵州省的高等职业教育体系覆盖面广、教育层次丰富，包含了本科层次职业教育与专科职业教育，并且以培养应用型技术人才为主要目标。省内多所职业技术学院和高职院校，如贵州轻工职业技术学院、贵州交通职业大学等，近年来在产教融合、校企合作等方面取得了显著成效。这些院校不仅为贵州旅游产业输送了大量高素质人才，还推动了职业教育与产业需求的深度对接。因此，旅游资源与职业教育体系的典型性，为研究贵州省产与教耦合协调发展提供了理想条件。

（二）旅游高等职业教育与旅游产业互动的广泛性

贵州省作为全国旅游大省，其旅游产业的发展与职业教育的互动十分广泛，涵盖了旅游管理、酒店管理、导游等多个专业领域。旅游产业对人才的需求直接推动了职业教育的发展，高等职业院校成为为旅游业提供技术型、创新型和管理型人才的主阵地，也进一步促进了旅游产业的可持续发展。同时，贵州职业教育与旅游产业的合作模式也不断创新，许多高等职业院校通过校企合作、产教融合等方式，积极推动人才培养模式的改革。这种互动广泛而深入，使旅游行业成为研究职业教育与产业耦合协调发展的理想样本。

（三）研究场域的合理性

研究场域的合理性对于旅游职业教育与旅游产业耦合协调发展的分析至关重要。在研究范围的选择上，贵州省的区域特色使其成为非常适合的研究对象。首先，贵州省旅游资源分布广泛，发展速度快，质量高，涵盖了城市旅游、乡村旅游、生态旅游、民族文化旅游等多种类型，因此具有广泛的代表性。其次，贵州省的职业教育发展在不同地区差异显著，不同区域的职业教育与旅游产业的互动形式多样，这为研究不同地区的耦合发展水平提供了丰富的案例。此外，随着交通和信息化的进步，旅游大类专业人才流动和产业发展呈现出区域间协同作用的特征，使得研究贵州省的旅游高等教育与产业的耦合协调具有典型意义。

（四）数据完整性与获取的可操作性

数据的完整性与获取的可操作性是确保研究成果科学性的前提。高职教育质量、旅游、经济等方面的统计数据较为完善，省级层面的数据公开透明，涵盖了职业院校的招生就业情况、旅游产业的经济效益、市场规模等关键指标。同时，贵州省各高职院校高度重视"职业教育质量年度报告"发布，各级政府部门对旅游产业的发展、相关部门对数据的统计与披露也比较系统和全面。因此，选择旅游高职作为职业教育研究样本，并对整个旅游行业发展进行实证研究，不仅可以确保数据的完整性，还能够保证研究数据的广泛性与时效性，这为后续的分析提供了坚实的数据支持。

（五）研究的深入性与可行性

研究的深入性和可行性是确保本研究取得有效成果的重要条件。旅游行业作为研究对象，不仅具备丰富的研究案例，还具有较高的研究可行性。首先，贵州省的旅游高职职业教育与旅游产业发展速度较快，且在国家政策的推动下，已经逐步形成了相对完善的合作模式。其次，研究者对贵州省的旅游产业和高等职业教育有一定的调研基础，并且在前期研究中已获取了大量的相关数据，这为本研究的顺利开展提供了有力支持。同时，贵州省内交通便捷，信息化建设日益完善，使得研究者能够更好地进行实地调研与数据收集，从而提升研究的深度与准确性。选取整个全省开办旅游大类专业高等职业院校为样本①并选取全省旅游行业发展作为实证研究的对象，本研究能够充分揭示旅游职业教育与旅游产业耦合协调发展的现状与趋势。旅游行业的典型性、多样性和数据的可获得性，使其成为分析职业教育与产业互动的理想对象。本研究通过对贵州省旅游的产教融合全面分析，为推动旅游高等职业教育与旅游产业的深度融合提出对策，并以点窥面提出产教融合背景下贵州职业教育高质量发展对策，为实现区域经济的高质量发展提供科学依据和政策建议。

二、研究对象基本情况

（一）贵州旅游高等职业教育

在教育方面，贵州省拥有众多高等院校和职业技术学校，其中高等职业教育院校 52 所，具备中等职业学历教育招生资质学校 214 所。在旅游类专业教育方面，开设相关专业的高校和职业学校数量逐年增加。2023 年，贵州省各类职业院校招生人数再创新高，许多院校与地方旅游企业紧密合作，推进产教融合，推动旅游职业教育与产业需求的精准对接，助力旅游业的高质量发展。截至2024 年 6 月，贵州职业院校共 52 所，其中在 2024 年高考中招生旅游大类专业

---

①　因贵州开办旅游大类专业高等职业院校在贵州高等职业院校中占比达 56%，且这些院校在贵州全部高等职业院校中多是办学时间长、专业全面、各地州都有、发展相对成熟的老牌院校，经历了贵州产教融合的多个阶段，因此具有典型代表性。这些样本的综合发展指数即认同为全省高等职业教育的发展指数。同理，因高等职业教育的典型性，全省高等职业教育发展指数水平即反映了全省职业教育发展水平。后文同理。

的有 29 所①（如表 3-3 所示），具体情况在前文（第三章第二节贵州旅游专业高等职业教育基本情况）中已阐述，本节不再论述。

（二）贵州旅游业情况

贵州省设立于 1949 年 11 月 15 日，省会贵阳市是中国西南地区的重要中心城市。省内行政区划包括 9 个地级行政区，分别是贵阳市、遵义市、六盘水市、安顺市、毕节市、铜仁市、黔东南苗族侗族自治州、黔南布依族苗族自治州、黔西南布依族苗族自治州。2023 年年末，贵州省常住人口约为 3845 万人，其中少数民族人口占总人口的 37.1%，包括苗族、布依族、侗族、水族、瑶族等 17 个少数民族，形成了丰富多彩的民族文化和多样的传统节日。主要节庆活动如苗族的"跳花节"、布依族的"三月三"、侗族的"侗年"等，吸引了大量游客前来体验。

2023 年，贵州全省地区生产总值 20913.25 亿元，按不变价格计算，比上年增长 4.9%，增速比一季度、上半年、前三季度分别加快 2.4 个、0.5 个和 0.1 个百分点。其中，第一产业增加值 2894.28 亿元，增长 3.9%；第二产业增加值 7311.44 亿元，增长 4.4%；第三产业增加值 10707.53 亿元，增长 5.5%，如图 5-1。经济结构持续优化，旅游业、制造业和大数据产业共同推动了经济的稳步增长。贵州省积极推进数字经济发展，贵阳市作为中国首个大数据综合试验区的核心城市，吸引了众多科技企业入驻，每年举办的"数博会"已成为全球大数据产业的风向标之一。

基础设施方面，贵州省高速公路里程继续增长，形成了连接全省主要城市和景区的"八纵八横"高速公路网。数据显示，2023 年，贵州高速公路通车里程达到 8784 公里，高速公路出省通道达到 27 个，西南重要陆路交通枢纽地位进一步巩固。交通便利性大幅提升，为全省的旅游业和区域经济发展提供了有力支持。此外，贵州省铁路建设取得显著进展，2023 年新增高铁线路进一步缩短了与周边省份的时空距离。

贵州旅游发展的基本情况在前文（第三章第三节贵州旅游业发展概况）中已阐述，本节不再论述。

---

① 根据贵州省招生考试院编制的《贵州省 2024 年高考高校招生专业目录（历史类）》《贵州省 2024 年高考高校招生专业目录（物理类）》进行人工筛选统计得出。

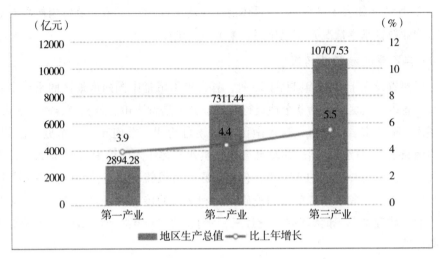

图 5-1　三次产业增加值及其增长速度

图片来源：贵州省统计局

第二节　贵州高等职业教育高质量发展水平

本节收集贵州省各地区的职业教育样本数据，将前述研究构建的职业教育高质量发展测评指标体系应用于贵州高等职业教育高质量发展水平测量中，对假设 H1 进行检验。测量结果有助于更清晰地了解贵州高等职业教育高质量发展水平的现状，加深对相关问题的认识，为下一步研究奠定基础。

一、研究方法

熵（entropy）原本是一个热力学概念，香农（C. Shannon）最早将其引入信息论，提出了信息熵的概念。熵值法是信息熵原理与方法在社会经济领域的应用，即根据各指标所提供的信息量[1]，利用信息熵来判断系统中各指标数值的离散程度，从而确定指标权重[2]，能够有效避免专家打分等主观判断对指标贡献度的影响，是目前多指标综合评价最常用的客观赋权法之一。

---

[1] 高楠，马耀峰，张春晖. 中国丝绸之路经济带旅游产业与区域经济的时空耦合分异：基于九省区市 1993—2012 年面板数据 [J]. 经济管理，2015，37（9）：111-120.

[2] 朱媛媛，周笑琦，罗静，等. 长江中游城市群乡村人居环境质量评价及其时空分异 [J]. 经济地理，2021，41（4）：127-136.

本研究遵循"无量纲化—权重赋值—指数合成—综合测度"的测算思路，一方面基于客观赋权方法中的最优改进熵值法——极值熵值法对指标进行权重赋值，另一方面运用 TOPSIS 法对 2023 年贵州省 6 个城市、3 个自治州的高等职业教育高质量发展水平进行测度。即首先运用极值标准化法对原始数据进行无量纲化处理，然后再根据熵值法确定权重系数，并合成中国职业教育高质量发展指数，最后运用 TOPSIS 法测度我国职业教育高质量发展水平。

熵值法计算指标权重具体步骤如下：

第一步：数据标准化。采用处理效果最优的极差标准化法对高等职业教育院校高质量发展评价正向、负向指标原始数据进行标准化处理，以消除指标量纲影响，使数据具有可比性。

正向指标：$\qquad x'_{\lambda ij} = (x_{\lambda j} - x_{\min}) / (x_{\max} - x_{\min}) + A$ $\qquad$ (5-1)

负向指标：$\qquad x'_{\lambda ij} = (x_{\max} - x_{\lambda j}) / (x_{\max} - x_{\min}) + A$ $\qquad$ (5-2)

式中，x_{ij} 为无量纲化后的指标值，$x_{\max}$ 和 $x_{\min}$ 分别为原始指标数值 $x_{\lambda ij}$ 的最大值和最小值。A 为平移幅度，取值 0.0001，将标准化后的数据进行平移，以避免出现 0 值而无法进行对数计算。

第二步：计算各项指标的信息熵。

$$E_i = -k \sum_{\lambda=1}^{t} \sum_{i=1}^{m} P_{\lambda j} \ln P_{\lambda ij}$$ (5-3)

式中，k 为常数，$k = 1/\ln(t \times m)$，P_{ij} 为第 i 个地区第 j 个指标的比重。E_j 表示指标的信息效用价值。

$$W_i = (1 - E_j) / \sum_{j=1}^{n} (1 - E_j)$$ (5-4)

第三步：计算各项指标的权重。

第四步：计算贵州省不同地区高等职业教育院校高质量发展得分。

$$THQ_{\lambda i} = \sum_j w_j x'_{\lambda ij}$$ (5-5)

其中，相对接近度 $THQ_{\lambda i}$ 介于 0~1 之间，且 $THQ_{\lambda i}$ 值越大，表明各地区的高等职业教育高质量发展水平越高；反之，各地区高等职业教育高质量发展水平越低。

二、数据来源与处理

基于贵州省高等职业教育与贵州省旅游产业耦合分析，本研究以贵州省 29 所开设旅游相关专业的高等职业教育院校作为研究对象，所采用的指标测算数据主要来源于三个层次。首先，国家统计局网站公布的宏观截面数据是核心数据来源之一，包括《贵州统计年鉴（2023）》《贵州教育统计年鉴（2023）》《2023年经济和社会统计公报》等官方统计的权威资料。这些数据提供了贵州省职业教育发展的整体框架和全国范围内的比较基础。其次，地方统计局、贵州省教育厅等官方网站发布的中观数据，特别是开设旅游大类专业的29所高职院校的《贵州省高等职业教育质量年度报告（2023）》等文件为本研究提供详细信息，这些数据能够有效反映贵州省内职业教育的质量和发展状况。最后，研究还参考了第三方平台提供的相关数据，如百度指数移动、麦可思研究院和中国高职发展智库等，这些机构的专项报告补充了官方统计数据的不足，为全面评估贵州省高等职业教育的发展提供了多维度的支持。

为保证数据的统计口径一致性，本研究在数据选取时优先使用贵州省教育厅层面的官方统计数据。然而，部分指标仍存在数据缺失的情况。针对这些缺失的数据，本研究通过补充性方法进行处理，尤其是针对贵州省内各高职院校和市辖区层面的数据缺口时，参考了各校的《高等职业教育质量年度报告》中的相关数据。采用了中位数、平均值或求和值等统计方法对缺失数据进行合理补充，确保数据的完整性和科学性。这一方法为后续的分析奠定了坚实的数据基础，使研究结果更加可靠且具有说服力。

三、贵州高等职业教育高质量发展水平测度

完成29所高职院校各项指标的原始数据收集后，依据式（5-1）至式（5-4），计算出2023年贵州省9个地区在创新、协调、绿色、开放和共享五大准则层发展指数中的各指标权重（见表5-1）。在此基础上，对贵州省高等职业教育的高质量发展评价结果进行分析。通过权重分配，明确各地区在五大准则层发展指数中的表现差异，进而揭示区域发展中的优势与不足，为优化职业教育布局提供科学依据。本评价结果可为政策制定者提供参考，助力贵州职业教育的高质量发展与区域协调推进。

从表5-1可知，贵州省高等职业教育高质量发展评估中，开放层权重最大（0.427），凸显了国际化与开放水平的重要性，其次是创新层（0.274），体现了对创新投入和产出的高度关注。共享层（0.150）聚焦于资源与培训的共享，促进协作共赢。绿色层（0.080）也占据一定比重，强调绿色资源、绿色环境与绿色意识的重要性，展示了可持续发展的理念，而协调层（0.071）则关注专业与产业的协调匹配，确保职业教育与产业需求的同步发展。

表5-1 贵州省高等职业教育高质量发展测评指标及权重

目标层	准则层	权重	指标层	权重	指标含义与单位	权重	指标方向
贵州省高等职业教育高质量发展	创新	0.274	创新投入	0.109	虚拟仿真实训基地数（个）	0.043	正向
					生均教学科研仪器设备值（元）	0.005	正向
					横向技术服务到款额（万元）	0.037	正向
					纵向科研经费到款额（万元）	0.024	正向
			创新产出	0.165	自主创业率（%）	0.008	正向
					编写教材数（本）	0.009	正向
					横向技术服务产生的经济效益（万元）	0.127	正向
					专利授权数量（项）	0.021	正向
	协调	0.071	专业与产业需求	0.035	旅游类专业占专业总数比	0.010	正向
					留在当地就业数占毕业生就业总人数比（%）	0.011	正向
					毕业生就业率（%）	0.003	正向
					毕业生满意度（%）	0.005	正向
					用人单位满意度（%）	0.005	正向
			资源配置	0.018	在校生满意度（%）	0.007	正向
					教职工满意度（%）	0.005	正向
					家长满意度（%）	0.006	正向
			规模协调	0.018	生师比	0.009	正向
					双师素质专任教师比例	0.004	正向
					高级专业技术职务专任教师比例	0.005	正向
	绿色	0.080	绿色资源	0.030	新形态教材数量（本）	0.030	正向
			绿色环境	0.012	生均校内实践教学工位数（个/生）	0.012	正向
					绿色校园建设面积占比	0.000	正向
			绿色意识	0.038	绿色技能人才专业个数（个）	0.038	正向
	开放	0.427	国际交流	0.200	接收国外留学生人数（个）	0.110	正向
					接收国外访学教师人数（个）	0.089	正向
			国际认可	0.123	国际课程标准（个）	0.051	正向
					开发并被国外采用的职业教育资源数量（个）	0.071	正向
			国际竞争	0.104	在国外开办学校数（所）	0.067	正向
					国外技能大赛获奖数量（项）	0.037	正向

目标层	准则层	权重	指标层	权重	指标含义与单位	权重	指标方向
贵州省高等职业教育高质量发展	共享	0.15	资源共享	0.113	网络教学课程数（门）	0.045	正向
					教学资源库数（个）	0.050	正向
					在线精品课程数（门）	0.018	正向
			培训共享	0.037	非学历培训项目数（项）	0.014	正向
					公益项目培训（学时）	0.023	正向

（一）贵州省各地区高等职业教育高质量发展分析结果

基于 2023 年贵州省高等职业教育高质量发展各指标加权处理后的数据，利用式（5-5），对贵州省各地区在 2023 年度高等职业教育高质量发展指数 THQ 进行测算。根据相关文献，把发展指数划分标准为低水平发展阶段（THQ ≤ 0.3）、中等水平发展阶段（0.3 < THQ ≤ 0.6）、较高水平发展阶段（0.6 < THQ ≤ 0.9）、高水平发展阶段（THQ > 0.9）。THQ 指数描述性统计结果如表 5-2 所示，2023 年贵州省各地区高等职业教育高质量发展指数 THQ 最大值为 0.249，最小值为 0.065，总体得分总和为 1.027114，平均值为 0.114124，标准差为 0.0565，说明各地区的高等职业教育发展指数较为集中，数据点离平均值的偏差不大，表明各个地区之间的差异相对较小，发展较为均衡。

表 5-2　2023 年贵州省高等职业教育高质量发展指数描述性统计

最大值	最小值	得分总和	平均值	标准差
0.249	0.065	1.027	0.114	0.057

根据 2023 年贵州省高等职业教育高质量发展指数的分析，贵州省从整体看还是各个地区的高等职业教育发展均处于低水平发展阶段（THQ<0.3），而且各地区呈现出一定的波动性，但整体差异较为平衡。图 5-2 数据显示，大部分地区的指数集中在 0.06~0.16 之间，表明全省高职教育发展具有较强的均衡性。铜仁市 THQ 指数高达 0.249，显示出铜仁在高等职业教育质量提升中的显著进步与领先地位，铜仁职业技术学院排名全省高职院校前三，在科研方面取得很高的成就。拥有 23 个省部级以上科研创新平台，如国家地方联合工程研究中

心、博士后科研工作站等。学院还设立了 236 个实训基地，其中包括国家级开放实训基地，推动了教学和实践的紧密结合。铜仁职业技术学院积极推进教育教学改革，形成了以国家"双高计划"建设为引领的"一体多翼"专业布局，专业与地方重点产业链的契合度达 100%。2023 年，学院共开设 25 个招生专业，招生计划达 4828 人，毕业生就业率高达 95.33%。该校成功经验为全省职业教育发展提供了有力参考。

其次是贵阳市，THQ 指数为 0.158，贵阳作为贵州省会，彰显了其在教育资源与政策支持方面的优势。黔东南州、黔南州高质量发展指数分别为 0.126和 0.121，安顺、毕节、六盘水、遵义、黔西南指数介于 0.06 到 0.09 之间，表现较为接近，进一步印证了全省高职教育的基本均衡发展。黔西南地区的指数为 0.065，位居全省最低，表明其在高职教育发展方面尚存在明显差距，亟须加强资源配置和政策引导，以促进该地区教育质量的提。总体来看，贵州省高等职业教育高质量发展虽存在区域差异，但整体差距较小。未来的工作重点应聚焦于支持较落后地区，缩小区域间差距，进一步推动全省职业教育的均衡与高质量发展。

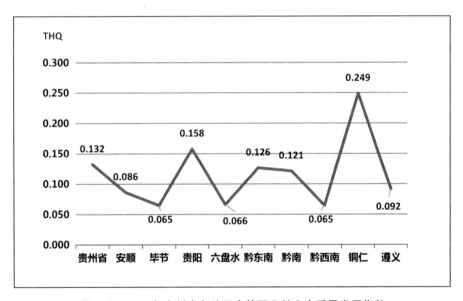

图 5-2　2023 年贵州省各地区高等职业教育高质量发展指数

（二）贵州省 2023 年高等职业教育高质量发展准则层发展指数水平

创新、协调、绿色、开放、共享五大准则层发展指数构成了高质量发展整体，对应的准则层发展指数是研究旅游高质量发展的基础。为便于横向比较和精准分析，本研究借鉴朱媛媛等研究①，将各准则层发展指数原始评价值扩大100倍，形成新指数，经过 Excel 可视化后得到下面视图。图 5-3 是贵州省各地区高等职业教育五大准则层高质量发展指数均值比较，从中发现，不同准则的高质量发展指数在贵州省各地区间的表现差异显著，尤其是在协调和开放准则层发展指数上，部分地区的指数远高于其他地区，显示出区域间发展存在不平衡的情况。

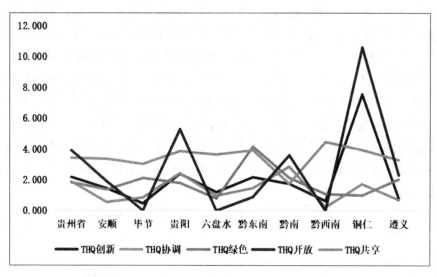

图 5-3　贵州省 2023 年各地区高等职业教育五大准则层高质量发展指数均值比较

1. 创新发展准则层发展指数

从图 5-4 中的信息可以看出，2023 年贵州省高等职业教育的创新发展指数在各地区之间存在明显的差异。创新发展权重为 0.399，细化到二级指标"创新投入"和"创新产出"的权重分别为 0.117 和 0.165。创新投入包括虚拟仿真实训基地数、生均教学科研仪器设备值、横向技术服务到账额等三级指标，这些指标的权重分别为 0.043、0.005 和 0.037；创新产出则包括自主创业率、编写教材数和专利授权数等，其中专利授权数的权重为 0.021。

基于此框架分析 2023 年的数据，铜仁的创新发展指数高达 7.562，显著高于全省其他地区，表明铜仁在创新投入和产出方面表现出色，尤其是在横向技术服务产出的经济效益等方面可能有突出表现，2023 年铜仁职业技术学院横向技术服务产生的经济效益为 308889 万元。相比之下，贵阳（2.391）和黔东南

①　朱媛媛，周笑琦，罗静，等 . 长江中游城市群乡村人居环境质量评价及其时空分异 [J]. 经济地理，2021，41（4）：127-136.

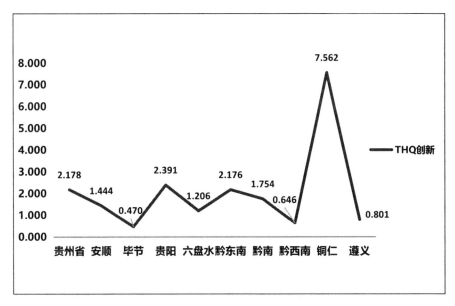

图 5-4　贵州省 2023 年各地区高等职业教育创新发展指数均值情况

（2.176）等地的创新发展指数虽处于第二梯队，但仍有较大提升空间，尤其是科研产出关键指标上。在第三梯队的安顺、六盘水和黔南，创新指数处于 1.000 至 2.000 之间，这可能与这些地区在创新投入上的不足有关，例如，虚拟仿真实训基地数量和横向技术服务到账额等关键投入项的落后。而毕节、黔西南、遵义等地则表现相对较弱，创新指数低于 1.000，表明这些地区在创新能力建设上面临较大挑战，尤其是在专利授权数量和横向技术服务经济效益上需要显著改进。整体来看，贵州省的创新能力建设存在区域不平衡现象，部分地区如铜仁市在政策支持、科技投入和人才培养上领先，而其他地区则需要加大力度，推动更多资源平衡分配和政策倾斜，以提升全省的整体创新水平。

2. 协调发展准则层发展指数

从图 5-5 中可以看出，贵州省各地区在协调准则层发展指数中的发展指数表现出较弱差异，是所有准则层发展指数均值差异最小的。协调准则层发展指数的一级指标权重为 0.124，下设"专业与产业需求""资源配置"和"规模协调"三个二级指标，其权重分别为 0.035、0.018 和 0.018。这些二级指标分别涵盖了专业设置与区域产业需求的匹配度、资源的合理配置程度（如毕业生和用人单位的满意度、在校生和教师的满意度等），以及师资力量与教育规模之间的协调度。从图中看，黔西南的 THQ 协调指数最高，达到 4.479，显示出该地区在专业设置与产业需求的匹配度较高，资源配置合理，尤其是用人单位和毕

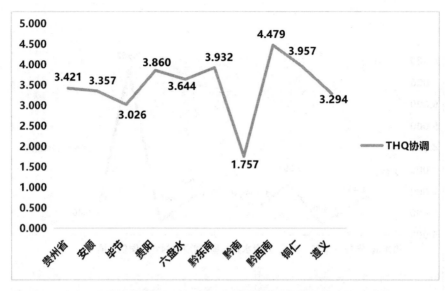

图5-5　贵州省2023年各地区高等职业教育协调发展指数均值情况

业生的满意度方面表现优异。其次是铜仁（3.957）和贵阳（3.932），这些地区的协调指数也较高，反映出其在职业教育资源的合理分配及与地方产业需求的对接方面做出了显著的努力。然而，黔南的协调指数较低，仅为1.757，表明在师资力量、专业设置与当地产业需求的匹配度以及教育规模的协调发展等方面还有较大的提升空间。这可能意味着当地高等职业教育在"双师型"教师比例、高级专业技术职务专任教师比例等方面的配置不足，未能有效满足区域经济和产业发展的实际需求。总体来看，贵州省各地区在协调准则层发展指数的发展表现比较均衡，黔西南、贵阳等地处于领先地位，而黔南等地区则需要加强在资源配置和产业需求匹配度方面的协调力度，特别是在提升教育与产业发展契合度、提高教学资源配置的合理性上，才能实现更高水平的协调发展。这也提示了各地区在制定高等职业教育政策时，应注重教育资源与当地经济产业发展的紧密结合，以更好地服务区域经济。

3. 绿色发展准则层发展指数

从图5-6中可以看出，贵州省各地区在绿色准则层发展指数中的发展指数差异显著，体现了不同地区在绿色资源利用、绿色环境建设和绿色意识培养方面的表现。绿色发展准则层发展指数的一级指标权重为0.147，下设"绿色资源""绿色环境""绿色意识"三个二级指标，其权重分别为0.030、0.012和0.038。具体来看，绿色资源包括新形态教材数量，绿色环境则与生均校内实践教学工位数及绿色校园建设面积占比相关，而绿色意识则反映绿色技能人才专

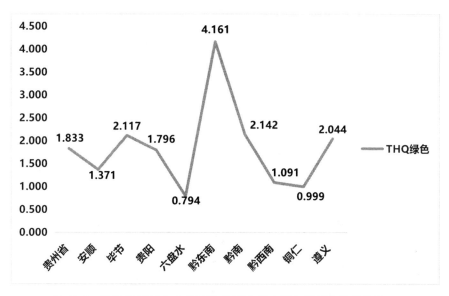

图 5-6　贵州省 2023 年各地区高等职业教育绿色发展指数均值情况

业个数的设立情况。根据这些指标分析各地区的绿色发展，黔东南的绿色发展指数最高，达到 4.161，显示出其在推动新型教材开发、绿色校园建设和绿色技能人才培养等方面的突出表现。黔东南在绿色意识和资源利用方面的领先，可能与其积极推动生态教育及绿色经济密切相关。黔南（2.142）、毕节（2.117）和遵义（2.044）紧随其后，属于绿色发展中等水平的区域，这表明这些地区在绿色校园环境建设和人才培养方面有一定的成果。另一方面，铜仁（0.999）和六盘水（0.794）的绿色发展指数相对较低，反映出这些地区在绿色资源利用和绿色技能人才培养上的不足，尤其在推动新形态教材和绿色教学工位数量等方面可能较为薄弱。针对这些问题，提升绿色技能专业的设置数量和加大绿色环保措施的力度将是改善绿色发展的重要方向。总之，贵州省各地区在绿色发展方面表现出较大不均衡，黔东南的领先表明其在绿色发展理念和实际行动上走在了前列，而六盘水、铜仁等地则需要进一步强化绿色校园建设及绿色教育资源的开发与共享。这反映出在制定政策时，各地应结合自身情况，采取更加灵活和针对性的绿色发展措施，以促进全省高等职业教育的可持续发展。

4. 开放发展准则层发展指数

从图 5-7 中可以看出，贵州省各地区在开放准则层发展指数中的发展指数差异显著，反映了各地高等职业教育在国际交流、国际认可和国际竞争三个维度上的差异。开放系统的一级指标权重为 0.427，分为三个二级指标："国际交

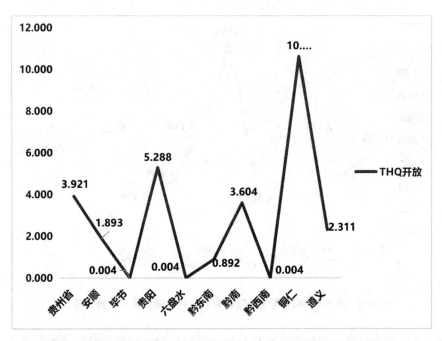

图 5-7　贵州省 2023 年各地区高等职业教育创新发展指数均值情况

流"（权重 0.200）、"国际认可"（权重 0.123）和"国际竞争"（权重 0.104）。
具体来看，国际交流包含接收外国留学生人数、接收国外访学教师人数等三级
指标；国际认可涵盖国际课程标准数量、开发并被国外采用的职业教育资源数
量；国际竞争则涉及在国外开办学校数量和国外技能大赛获奖数量等。从图中
可知，铜仁市的开放发展指数最高，达到 10.620，表明该地区在国际交流与合
作、国际课程标准的引入以及对外办学方面具备显著优势。铜仁的高得分可能
与其积极参与国际技能大赛、吸引外国留学生和访学教师有关，反映了其在职
业教育国际化领域的强大竞争力。贵阳（5.288）和黔南（3.604）紧随其后，
表现出中等水平的国际交流与合作发展，表明这些地区在引入国际课程标准和
对外开放办学方面取得了一定进展。另一方面，黔东南（0.892）和毕节、六盘
水、黔西南等地的开放发展指数较低，接近 0.000，显示出这些地区在国际合
作、跨境教育资源共享方面的不足，尤其是在接收国际留学生和参与国际大赛
方面亟须加强。这表明这些地区在教育国际化进程中仍有很大的提升空间，可
能需要在政策上加大对外开放的力度，促进更多国际合作项目的落地。总之，
贵州省各地区在 THQ 开放准则层发展指数中的发展存在显著的不平衡现象。铜
仁的高开放指数显示其在职业教育国际化方面已经取得了显著进展，尤其是在
跨境教育资源的利用和国际技能大赛中的表现尤为突出。而诸如毕节和六盘水

等地在开放教育和国际交流合作方面的落后，表明了这些地区在推进国际化教育合作和资源共享方面仍需加大力度，推动全省高等职业教育在国际化发展中的均衡发展。

5. 共享发展准则层发展指数

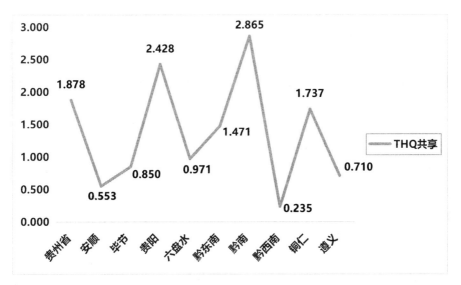

图 5-8　贵州省 2023 年各地区高等职业教育共享发展指数均值情况

从图 5-8 中的数据可以看出，贵州省各地区在共享准则层发展指数中的发展指数差异明显，体现了不同地区在资源共享与非学历培训共享方面的差异。根据共享准则层发展指数的指标，一级指标"共享"的权重为 0.15，下设"资源共享"和"培训共享"两个二级指标，其权重分别为 0.113 和 0.037。具体来看，"资源共享"包含了网络教学课程数、教学资源库数和在线精品课程数等三级指标，这些指标的权重分别为 0.045、0.050 和 0.018。而"培训共享"则包含非学历培训项目数和公益项目培训学时数，权重分别为 0.014 和 0.023。从图中看出，黔南的共享发展指数为 2.865，反映了其在网络课程、教学资源库等资源共享上的相对优势，这与其在开放教育资源和提升区域教育培训方面的有效政策有关。贵阳（2.428）和铜仁（1.737）等地的共享发展指数位列中上水平，表明这些地区在教育资源共享、网络教学课程数量等方面的表现较为良好，能够较好地满足区域内的资源共享需求。然而，像毕节（0.850）、遵义（0.710）和安顺（0.553）的共享发展指数较低，反映了这些地区在公共教育资源的可获得性和培训项目共享方面存在一定的短板。黔西南的指数最低，仅为 0.235，进一步突显了区域内资源分配的不均衡，与当地在线课程和培训项目的有限供给有关。总的来说，贵州省各地区在"共享"准则层发展指数的表现差异较大。黔南和贵阳在资源共享方面较为领先，而毕节、黔西南等地区则亟须加大在线课程开发、教学资源库建设以及非学历培训项目的支持力度，以缩小区域间的差距，推动全省范围内教育资源共享水平的整体提升。

四、结论与讨论

通过对贵州省 2023 年高等职业教育高质量发展的测度分析，本研究构建了创新、协调、绿色、开放、共享五大准则层发展指数的评价体系，并基于加权指标进行了定量分析，得出了一些有意义的结论。

首先，贵州省各地区的高等职业教育高质量发展整体水平较为均衡，但仍存在一定的区域差异。根据 THQ 的计算结果，根据 0 < THQ < 1 的范围，可以结合贵州省高等职业教育 THQ 进行分类评价不同地区的发展情况。为了有效分析各地区的发展情况，我们可以将 THQ 值按照一定的区间划分，反映各地高等职业教育的高质量发展水平。铜仁市以 0.249 的指数位居全省第一，显示出其在高等职业教育质量提升中的显著进步，尤其是在科研产出、教学改革等方面取得了显著成绩。而贵阳市以 0.158 位列第二，凸显了其作为省会城市在教育资源和政策支持方面的优势。黔西南州以 0.065 的得分位居全省最低，表明该地区在职业教育发展方面仍需加强政策引导和资源配置。其次，在五大准则层发展指数的发展分析中，创新与开放准则层发展指数的区域差异最为显著。铜仁市在创新和开放方面表现优异，其在科研投入、横向技术服务、国际交流与合作等方面的成绩尤为突出。然而，毕节市、黔西南州等地区在这些方面的表现相对较弱，尤其是在国际化发展和教育资源的共享方面，亟须政策支持和资金投入以缩小区域差距。最后，贵州省高等职业教育的绿色发展和共享发展准则层发展指数在部分地区表现突出。黔东南州在绿色发展指数方面位居前列，说明该地区在绿色校园建设、绿色技能人才培养等方面有良好表现。而黔南州在共享发展准则层发展指数中表现较好，反映出其在网络教学资源共享和非学历培训方面的相对优势。综上所述，贵州省 2023 年高等职业教育高质量发展的整体水平呈现出较强的均衡性，但仍存在部分地区发展滞后。从 THQ 值的区间划分与发展水平判断来看，2023 年贵州省高等职业教育整体上处于较低质量发展阶段，尽管部分地区如铜仁市展现出相对较强的教育发展水平，但全省多数地区仍处于低质量发展状态。铜仁市在创新与开放准则层发展指数中表现尤为突出，其科研产出、国际交流与合作等方面取得了显著成就，推动了高等职业教育的发展进程。然而，这一表现属于个别现象，未能反映全省的整体情况。

大部分地区如毕节、黔西南、六盘水等地的高等职业教育发展水平较低，尤其在创新能力、教育资源共享、国际化发展等方面存在显著不足。这些地区在资源配置、政策支持、教育质量提升等方面依然面临诸多挑战，亟须在未来加强对创新教育、师资队伍建设以及产业需求的对接，以实现全省高等职业教育的均衡提升与可持续发展。

第三节 贵州旅游业高质量发展水平

旅游业高质量发展是经济高质量发展在旅游业层面的具体表现，因而本节收集贵州省历年旅游发展样本数据，基于前述研究构建的旅游高质量发展测评指标体系，运用客观赋权法（熵值法）及加权求和法对贵州省域历年旅游业高质量发展水平进行综合测度，对假设 H2 进行检验，为下一步研究奠定基础。

一、采用方法

传统熵权法主要基于截面数据计算指标权值，为了使不同年份之间结果可比，本研究在参考吴儒练[1]、朱媛媛等[2]的研究，运用加入时间变量的熵权法，基于省域面板数据计算各指标权重并综合测度 2018—2023 年各省旅游业高质量发展水平。

本研究采用熵值法来计算旅游业高质量发展评价体系各指标权重，主要原因有三：首先，影响旅游业高质量发展水平的因素复杂众多，属于非线性的耗散结构系统，可以采用熵值法进行赋权分析[3]；其次，与主观赋权法相比，熵值法具有更高的可信度，它根据评价系统中各项指标数据提供的信息量来计算权重，不受外界因素影响；最后，主成分分析和因子分析对样本容量要求较高，且难以区分评价对象的差异性。

熵值法计算指标权重具体步骤如下：

第一步：数据标准化（式5-1、式5-2）。采用处理效果最优的极差标准化

① 吴儒练. 我国省域旅游业高质量发展时空演变、影响因素及空间溢出效应［J］. 国土资源科技管理，2024，41（4）：124-134.

② 朱媛媛，周笑琦，罗静，等. 长江中游城市群乡村人居环境质量评价及其时空分异［J］. 经济地理，2021，41（4）：127-136.

③ 刘云菲，李红梅，马宏阳. 中国农垦农业现代化水平评价研究：基于熵值法与 TOPSIS 方法［J］. 农业经济问题，2021（2）：107-116.

法对旅游业高质量发展评价正向、负向指标原始数据进行标准化处理，以消除指标量纲影响，使数据具有可比性。

第二步：计算各项指标的信息熵（式5-3）。

第三步：计算各项指标的权重（式5-4）。

第四步：计算各市（州）旅游业高质量发展得分（式5-5）

二、数据来源与处理

本节研究的样本涵盖2018—2023年贵州省旅游业高质量发展数据，研究指标的数据来源主要包括《贵州统计年鉴（2023）》《2023年经济和社会统计公报》。为确保数据的完整性和准确性，针对部分指标的缺失数据，本研究采用了科学的处理方法，数据来源包括《中国统计年鉴（2021—2023年）》《中国旅游统计年鉴（2020—2022年）》《中国文化文物和旅游统计年鉴（2020—2023年）》《中国区域经济统计年鉴（2020—2023年）》《中国环境统计年鉴（2020—2023年）》以及各市（州）的统计年鉴、国民经济和社会发展统计公报、EPS数据库、中经网统计数据库等。国家统计局网站公布的宏观截面数据是核心数据来源之一，具体说明如下。

旅游专利授权数据：由于目前尚无对旅游专利授权数据的单独统计，本研究借助Innojoy专利搜索引擎（http://www.innojoy.com/），该平台覆盖了全球100多个国家的商业专利数据。研究以中国大陆为检索范围，以"旅游"为关键词进行检索，并根据授权年度（2020—2023年）和"申请人省市"进行精确筛选，再对数据进行清洗，剔除与旅游无关的专利数据，最终获得所需的旅游专利授权信息。

对外贸易总额、旅游外汇收入、入境旅游人均天花费：原始数据以美元为单位，本研究采用2020—2023年人民币汇率年均价将其转换为以人民币结算，确保数据一致性和可比性。

自然保护区面积占比：部分省份在个别年份的自然保护区面积数据存在缺失，本研究采用线性插值法对这些年份的数据进行合理补充。

路网密度指标：此指标通过将各省的公路里程与铁路里程相加后，除以区域面积得出，以反映各省交通基础设施的覆盖情况和密度。

旅游网络关注度：通过百度指数获取"贵州+旅游"关键词的年度搜索数据，收集2018—2023年贵州省的旅游网络关注度。通过上述方法的处理，确保了2020—2023年中国各省旅游相关数据的完整性和一致性，为贵州高等职业教育与旅游产业耦合协调发展水平的深入研究奠定了坚实的数据基础。

三、贵州旅游业高质量发展水平测度

完成原始数据收集后，依据式（5-1）至式（5-4），计算出 2018—2023 年贵州省旅游业高质量发展的创新、协调、绿色、开放、共享五大准则层的高质量发展指数的各指标权重（见表5-3）。在此基础上，对贵州省旅游业高质量发展评价结果进行分析。

表 5-3　旅游业高质量发展测评指标及权重

目标层	准则层	权重	指标层	权重	指标含义与单位	权重	指标类型
贵州省旅游业高质量发展	创新	0.238	创新投入	0.153	国内及入境旅游旅行社总数（个）	0.029	正向
					星级饭店个数（个）	0.017	正向
					R&D 经费投入强度（%）	0.021	正向
					长途光缆线路长度（万公里）	0.031	正向
					旅游专业高职院占高等职业院校比例	0.055	正向
			创新产出	0.085	百度当年资讯指数最高值（次）	0.060	正向
					旅游专利授权数（项）	0.025	正向
	协调	0.196	城乡协调	0.028	城乡常住居民人均可支配收入比	0.028	负向
			产业协调	0.168	旅游收入占 GDP 比重	0.043	正向
					旅游收入占第一产业比重	0.042	正向
					旅游收入占第二产业比重	0.041	正向
					旅游收入占第三产业比重	0.042	正向
	绿色	0.188	生态环境	0.113	森林覆盖率（%）	0.018	正向
					自然保护区面积占全省面积（%）	0.079	正向
					森林公园面积约占全省面积（%）	0.000	正向
					人均公园绿地面积（平方米）	0.016	正向
			绿色能源	0.016	水电、风电、太阳能发电（亿千瓦时）	0.016	正向
			环境治理	0.057	城市生活垃圾无害化处理率（%）	0.030	正向
					城市污水处理率（%）	0.027	正向

目标层	准则层	权重	指标层	权重	指标含义与单位	权重	指标类型
贵州省旅游业高质量发展	开放	0.192	入境游客	0.077	入境旅游人数（万人次）	0.077	正向
			对外贸易	0.115	国际旅游外汇收入（万美元）	0.083	正向
					进出口总额（亿元）	0.032	正向
	共享	0.187	社会保障	0.061	国内及入境旅游旅行社职工人数（人）	0.021	正向
					旅游总收入（亿元）	0.040	正向
			公共文化	0.068	博物馆、图书馆数量（个）	0.068	正向
			平均寿命	0.057	65岁及以上人口数（万人）	0.057	正向

（一）旅游业高质量发展总体特征

基于2018—2023年贵州省旅游业高质量发展各指标加权处理后的数据，利用（式5-5），对贵州省9个地区各年度旅游业高质量发展指数THQ进行测算。THQ指数描述性统计结果如表5-4所示，反映出2018—2023年各年份之间存在显著的差异。最大值为0.5107，最小值为0.2346，说明某年贵州旅游业发展处于领先地位，而另一些年份贵州省旅游业发展则存在明显地落后。标准差为0.1020，显示出贵州在这六年中，贵州旅游业发展水平的差异相对适中，尚未出现严重的两极分化现象。

表5-4 贵州省旅游业高质量发展指数描述性统计

最大值	最小值	平均值	得分总和	标准差
0.5107	0.2346	0.3944	2.3665	0.1020

图5-9展示了2018年至2023年贵州省旅游业高质量发展指数的平均值变化趋势，贵州省旅游业在这段时间内经历了波动的发展过程。

从图5-9可以看出，2018年至2023年贵州省旅游业高质量发展指数经历了三个阶段的变化趋势。首先是平稳增长期（2018—2019年），2018年的指数为0.446，在2019年上升至0.509，这一阶段贵州旅游业受益于国家政策支持和旅游产业结构的初步优化，行业发展取得了较快进展。随着高质量发展理念的推广，贵州的旅游业在这一时期实现了较好的发展，反映了旅游产品创新、服务质量提升及基础设施建设的同步推进。

然而，2020年受外部因素影响，如全球疫情，贵州的旅游业进入了波动期（2020年），发展指数急剧下降至0.235。这表明疫情对旅游业的冲击较大，贵

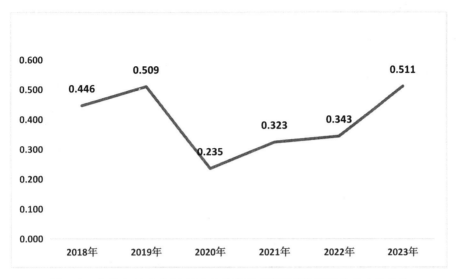

图 5-9 贵州省 2018 年至 2023 年旅游业高质量发展指数均值变化趋势

州的旅游业发展在该年出现了显著的放缓甚至倒退。旅游景区关闭、游客数量大幅减少以及相关服务业受到的冲击都导致了这一时期旅游业高质量发展的暂时低迷。

随后，从 2021 年开始，贵州省的旅游业进入了逐步恢复期（2021—2023年），旅游业高质量发展指数从 2021 年的 0.323 逐步上升至 2023 年的 0.511。这表明在疫情冲击后，贵州旅游业通过政策调控、旅游产品结构调整以及文旅融合等方式逐渐恢复，特别是智慧旅游、绿色旅游和区域特色旅游的发展为该省的旅游业注入了新的活力。总体来看，贵州省在 2018 年至 2023 年间的旅游业高质量发展经历了增长、波动和恢复三个阶段，未来在持续提升旅游业供给质量和应对外部风险的基础上，贵州有望在高质量发展方面取得进一步突破。

（二）贵州省旅游业高质量发展指数准则层水平

创新、协调、绿色、开放、共享五大准则层发展指数构成了高质量发展整体，对应的准则层发展指数是研究旅游高质量发展的基础。与贵州省 2023 年高等职业教育高质量发展准则层发展指数水平数据处理一样，将各准则层发展指数原始评价值扩大 100 倍，形成新指数。图 5-10 显示了 2018—2023 年贵州省五大准则层发展指数均值具体走势。

由图 5-10 可见，贵州省旅游业高质量发展的五大准则层发展指数在 2018年至 2023 年间经历了明显的波动，特别是在 2020 年受到了疫情的冲击。但从2021 年开始，各准则层发展指数逐渐恢复，尤其是在开放、创新和协调发展方

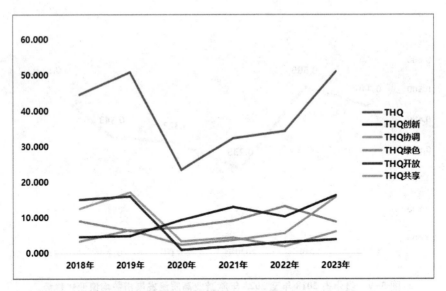

图 5-10 2018—2023 年贵州省旅游业五大准则层发展指数均值变化趋势

面有了显著的进步。这表明贵州在推动旅游业高质量发展的过程中，逐步实现了从传统旅游模式向更加可持续、开放和创新的现代旅游模式的转变。

1. 旅游创新发展指数水平

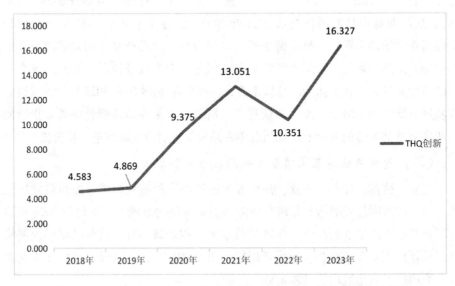

图 5-11 2018—2023 年贵州省旅游创新准则层发展指数均值变化趋势

图 5-11 展示了 2018 年至 2023 年贵州省旅游创新准则层发展指数的变化趋势，反映了该省在旅游创新发展方面的持续进步。从数据来看，贵州省的创新

指数呈现出明显的上升趋势。在 2018 年至 2019 年，创新指数从 4.583 上升至 4.869，这表明在早期，贵州省在旅游创新方面已有初步进展，与当地政府对科技创新的政策支持及企业对创新投入的增加有关。然而，尽管有增长，整体发展仍处于较低水平。2020 年，虽然旅游业受到疫情重大影响，但贵州省的创新准则层发展指数均值进一步跃升至 9.375，反映出在这一年贵州在旅游科技创新方面加大了力度。研发投入的增加、智慧旅游项目的实施以及专利数量的提升是推动该指数增长的主要原因。到 2021 年，创新指数继续攀升至 13.051，表明贵州的旅游创新进入了加速发展的阶段，与大规模引入创新技术、智慧旅游平台的应用和文旅融合创新模式的推进密切相关。然而，2022 年，指数出现了轻微的回落，降至 10.351，可能是由于外部环境的变化，如疫情后市场复苏不及预期，部分创新项目进展放缓。2023 年，创新指数再次大幅上升至 16.327，反映出贵州省在旅游创新方面取得了突破性的进展。智慧旅游技术的普及、旅游服务业的创新发展以及国际合作的加强，可能是该年创新指数增长的主要推动因素。总体而言，贵州省在 2018 年至 2023 年间的旅游创新系统发展呈现出显著的上升趋势，尤其是近年来的持续增长显示出该省在创新能力建设、技术投入和新型旅游业态探索方面取得了显著的成果。

2. 旅游协调发展指数水平

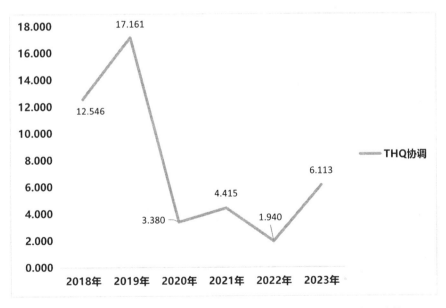

图 5-12　2018—2023 年贵州省旅游协调准则层发展指数均值变化趋势

从图 5-12 可以看出，2018 年至 2023 年贵州省旅游协调准则层发展指数经历了显著波动。这一趋势反映出贵州省在旅游产业与其他产业的协调发展方面存在不稳定性，且在不同年份间表现出较大的差异。2018 年，贵州省的 THQ 协调指数为 12.546，到 2019 年上升至 17.161，这一时期贵州旅游产业的协调发展水平较高，与政府加大对旅游产业的扶持力度以及区域内产业协同发展的政策相关。这一上升趋势表明，贵州在此阶段旅游业与其他产业的融合、资源配置等方面表现出了良好的协同性。然而，2020 年，协调指数急剧下降至 3.380，显示出旅游产业的协调发展受到了重大冲击。这与全球疫情暴发导致的经济停滞、旅游业停摆以及与其他产业的融合受阻有关。2021 年，指数虽有所回升，达到 4.415，但整体水平依然较低。到 2022 年，指数再次下降至 1.940，反映出贵州省在该年旅游产业协调发展方面表现欠佳，可能是因为区域产业链衔接不足，旅游业与区域经济其他部门的协调性尚待加强。但在 2023 年，协调指数回升至 6.113，表明在后疫情时代，贵州省通过优化资源配置和产业链协同效应，逐步改善了旅游业的协调性，旅游业与其他相关产业的整合发展开始重新获得动力。因此，贵州省的旅游产业协调发展在 2018 年至 2023 年间表现出较大的波动，尤其是受到外部环境（如疫情）的影响较为显著。这一趋势提示我们，贵州在未来需要进一步推动旅游业的供给侧改革，深化旅游产业与其他产业的融合，以提升其在区域经济中的协同作用，促进旅游业的持续健康发展。

3. 旅游绿色发展指数水平

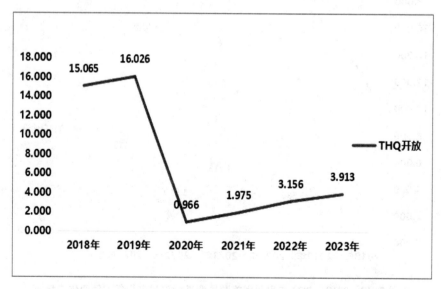

图 5-13　2018—2023 年贵州省旅游绿色准则层发展指数均值变化趋势

图 5-13 展示了 2018 年至 2023 年贵州省旅游绿色发展准则层发展指数的均值变化趋势。从图中可以看出，贵州的旅游绿色发展在此期间呈现波动趋势，反映了不同年份间在生态环境保护和绿色发展政策落实方面的差异。2018 年贵州省的旅游绿色发展指数为 9.009，反映了这一阶段该省在推动绿色旅游、生态保护和可持续发展方面的较好表现。然而，2019 年指数下降至 6.308，显示出当年在绿色旅游领域的投入和政策落实力度有所减弱，这可能与当地基础设施建设或经济发展过程中对生态环境的冲击有关。自 2020 年开始，绿色发展指数逐步回升，2020 年和 2021 年分别为 7.339 和 9.158，表明贵州在这一时期对生态旅游的重视度有所提升，可能是因为更加注重旅游与生态保护的融合发展，推动了绿色旅游项目和政策的实施。2022 年，贵州省的旅游绿色发展指数达到了 13.260 的峰值，说明在这一年贵州在践行绿色发展理念方面取得了显著进展，特别是在加强环境保护、发展生态友好型旅游项目和提升旅游业可持续性方面取得了重要成果。然而，到 2023 年，该指数下降至 8.841，虽然相较前几年仍处于较高水平，但表明在这一年绿色发展力度有所减弱。可能的原因包括疫情后经济复苏过程中，某些资源被优先用于推动经济增长，而不是生态保护。总之，贵州省在 2018 年至 2023 年期间的旅游绿色发展表现出一定的波动性，且在不同年份间的指数变化反映出该省在绿色旅游发展过程中面临的挑战和机遇。随着绿色发展理念的进一步落实，未来贵州有望在绿色旅游领域取得更加稳定和持续的进展。

4. 旅游开放发展指数水平

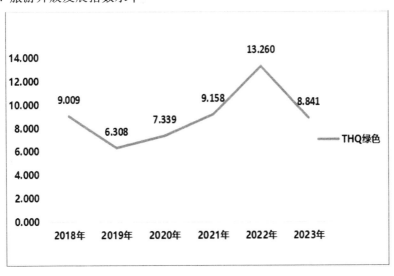

图 5-14　2018—2023 年贵州省旅游开放准则层发展指数均值变化趋势

从图 5-14 可以看出，2018 年至 2023 年贵州省旅游开放准则层发展指数经历了明显的波动变化。这一变化趋势反映出贵州在旅游开放发展方面的挑战和机遇。2018 年和 2019 年，贵州省的旅游开放指数分别为 15.065 和 16.026，这表明该省在这段时间内对外开放取得了显著进展，是由于政府对国际旅游合作的推动以及区域间跨境旅游合作的加强。然而，到 2020 年，指数急剧下降至 0.966，主要是在全球疫情的影响下，国际旅行受限，入境旅游骤减，贵州的对外开放程度受到严重冲击。从 2021 年开始，贵州的开放指数逐步恢复，从 1.975 增长到 2022 年的 3.156，并在 2023 年继续上升至 3.913。这表明随着全球旅游业逐步复苏，贵州的对外旅游合作和开放程度也在逐步回暖。尽管尚未恢复到 2019 年前的高水平，但这一回升趋势显示了该省在疫情后积极推动旅游开放的努力，尤其是在加强国内外旅游资源互通、加大国际游客吸引力度方面取得了一定的进展。整体来看，贵州省的旅游开放指数在 2018 年至 2023 年间经历了快速提升、急剧下降和逐步恢复的过程。这一趋势反映了全球疫情对区域旅游开放的重大影响，同时也显示出贵州在后疫情时期通过政策调整和国际合作恢复了部分活力。未来，贵州省仍需进一步加强与"一带一路"沿线国家的国际旅游合作，推动旅游开放水平的提升，助力该省旅游业的高质量发展。

5. 旅游共享发展指数水平

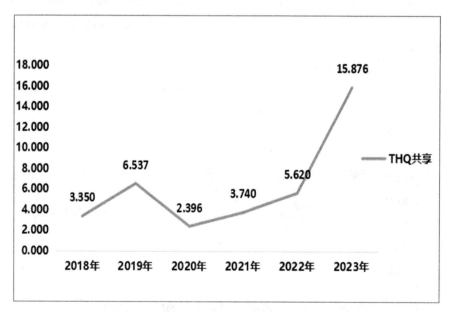

图 5-15　2018—2023 年贵州省旅游共享准则层发展指数均值变化趋势

图 5-15 展示了 2018 年至 2023 年贵州省旅游惠民共享准则层的发展指数变化趋势。从图中可见，该指数经历了波动和显著增长的过程。2018 年，贵州省的旅游惠民共享指数为 3.350，显示出该年的旅游共享水平较低。随后在 2019 年上升至 6.537，表明该年度贵州省在提升旅游惠民共享方面取得了较好的进展，可能是由于政府加强了对旅游公共服务的投资和提升。然而，2020 年的指数下降至 2.396，这一显著下降可能与全球疫情相关，许多旅游活动受限，影响了旅游资源的广泛共享和民众的旅游福利。2021 年的指数回升至 3.740，显示出在疫情管理和旅游策略调整后，旅游惠民共享情况开始逐步恢复。2022 年指数继续提升至 5.620，表明贵州省在恢复后进一步推动了旅游共享的发展，加强了旅游资源的普及和可接触性，提升了民众从旅游发展中获益的程度。2023 年的指数更是显著增长至 15.876，这表明在过去一年中，贵州省在旅游共享和民众参与方面取得了巨大进展，可能是通过实施更多的惠民政策、发展社区旅游和加强旅游宣传教育等措施实现的。总之，贵州省在旅游惠民共享准则层发展指数的表现呈现先下降后急速上升的趋势，这反映了该省在面对挑战后通过有效策略恢复和提升旅游业对民众生活质量的贡献。

四、总结与讨论

通过对 2018 年至 2023 年贵州省旅游业高质量发展的测度分析，本研究基于创新、协调、绿色、开放、共享五大准则层发展指数的评价体系，运用熵值法对各准则层发展指数进行了定量分析，得出了一些重要结论。第一，根据 THQ 值的区间划分，贵州省 2018 年至 2023 年的旅游业高质量发展总体呈现出波动性变化。2018 年，贵州省旅游业高质量发展指数为 0.446，处于中等质量发展水平，表明该省在旅游资源利用、基础设施建设和创新方面已有一定进展，但尚未达到较高质量发展的标准。2019 年，THQ 值上升至 0.509，仍处于中等质量发展区间，反映出政策支持和旅游产品结构优化带来的积极效果，但整体发展水平尚有提升空间。2020 年，由于全球疫情的冲击，THQ 值骤降至 0.235，旅游业退至较低质量发展区间，各项指标大幅下滑，尤其在游客数量和收入等方面受到严重影响。2021 年，随着疫情逐步缓解，贵州旅游业有所复苏，THQ 值回升至 0.323，但依然处于较低质量发展阶段，显示出尽管恢复措施见效，但整体发展水平仍较弱。2022 年，THQ 值进一步上升至 0.343，虽然复苏势头持续，但发展速度较为缓慢，未能重回中等质量发展水平。至 2023 年，贵州旅游业 THQ 值回升至 0.511，重新进入中等质量发展水平，表明该省通过旅游创新、绿色项目和国际合作的推动，成功实现从疫情冲击中的恢复，并展现出继续向较高质量发展的潜力。整体来看，贵州省旅游业在这六年间经历了从中等质量发展到较低质量发展的波动，再到逐步恢复至中等质量发展的过程，在此期间经历了三个阶段：平稳增长期（2018—2019 年）、波动期（2020 年）、逐步恢复期（2021—2023 年）。这一过程中，贵州旅游业整体水平有所提高，特别是在创新和开放准则层发展指数中的表现较为显著。然而，2020 年受全球疫情的冲击，旅游业发展水平出现了急剧下降，但随着政策调整和经济复苏，2023 年指数再次上升，显示出贵州省旅游业在高质量发展方面的恢复与进步。

第二，五大准则层发展指数的分析显示，各准则层发展指数在不同年份的表现存在显著差异。创新准则层发展指数在 2018—2023 年间呈现逐年上升趋势，尤其在智慧旅游和技术创新方面取得了较大进展；协调准则层发展指数则显示出波动性，反映出旅游业与其他产业之间的协调性存在不稳定因素，尤其在 2020 年疫情影响下表现尤为明显；绿色准则层发展指数呈现波动上升趋势，2022 年达到峰值，显示出贵州在推动绿色旅游和生态保护方面的持续努力；开放准则层发展指数的表现受全球疫情影响较大，但在后疫情时期逐步恢复，国际合作和入境旅游有望进一步提升；共享准则层发展指数表现出较大的波动性，特别是 2023 年共享发展水平显著提升，显示出旅游资源普及和民众参与度的增加。

总之，贵州省 2018—2023 年旅游业高质量发展整体呈现出稳步恢复和提升的态势，尤其是在创新和绿色旅游领域取得了显著进展。然而，外部风险如全球疫情对旅游业造成了较大冲击，未来应进一步深化供给侧结构改革，推动旅游产业与区域经济的深度融合，确保旅游业的可持续发展和抗风险能力的提升。

第四节　贵州高等职业教育与旅游业协调发展水平

耦合效应与耦合协调度是对一个地区或社会发展程度的协调水平与发展水平进行整体均衡发展评价的有效工具。耦合协调度模型是一种直观简便的模型，贵州高等职业教育与旅游产业两个准则层发展指数之间的相互关系可以用该模型的耦合度来衡量，贵州高等职业教育与旅游产业总体的综合评价可以用该模型的协调发展度来衡量。本研究采用黄毓慧等人①的耦合协调度模

---

① 黄毓慧，杨永芳，李爱国. 我国农业农村现代化与职业教育高质量发展的协调机制研究：基于 CCDM-PVAR 模型 [J]. 中国软科学，2024（S1）：131-140，202.

型测量贵州省高等职业教育与旅游产业的耦合协调发展水平，对假设 H3~H4 进行检验。

一、耦合协调度 CCDM

（一）耦合函数

$$C = \sqrt{\frac{VE_i \cdot AG_i}{\left(\dfrac{VE_i + AG_i}{2}\right)^2}} \tag{5-6}$$

C 为两系统间耦合度，$C \in [0, 1]$；AG_i 为贵州省高等职业教育质量发展指数，VE_i 为贵州省旅游业质量发展指数。

（二）耦合协调度函数

耦合度反映了系统之间相互作用的强度，要区分相互作用的好坏，需要加上协调度 T。贵州省高等职业教育系统与贵州省旅游业质量发展系统在相互耦合协调作用过程中是同等重要的，因此引用黄毓慧等人构建的系统耦合协计算，调度模型如下：

$$T = (VE_i + AG_i)/2$$
$$D = \sqrt{C \times T} \tag{5-7}$$

其中，T 为协调指数，D 为协调发展度。参考廖重斌[①]等人所界定的协调等级的划分标准及本研究数据分布，本研究的耦合协调度等级划分如表 5-5 所示。

表 5-5　耦合度及协调发展度等级划分标准

区间	[0, 0.1)	[0.1, 0.2)	[0.2, 0.3)	[0.3, 0.4)	[0.4, 0.5)	[0.5, 0.6)	[0.6, 0.7)	[0.7, 0.8)	[0.8, 0.9)	[0.9, 1]
耦合度 C	极度失调	严重失调	中度失调	轻度失调	濒临失调	勉强耦合	初级耦合	中级耦合	良好耦合	优质耦合
协调发展度 D	极度失调	严重失调	中度失调	轻度失调	濒临失调	勉强协调	初级协调	中级协调	良好协调	优质协调
耦合协调水平	低水平耦合协调				中等水平耦合协调			高水平耦合协调		

根据耦合函数可知，AG_i 为贵州省高等职业教育质量发展指数，VE_i 为贵州省旅游业质量发展指数，这两个值在第五章第二节和第三节已经算出来，直接

① 廖重斌. 环境与经济协调发展的定量评判及其分类体系：以珠江三角洲城市群为例 [J]. 热带地理，1999（2）：76-82.

使用计算它们耦合结果。本次目标是分析 2023 年贵州省各地区高等职业教育与旅游业耦合协调关系。根据公式计算结果如表 5-6 所示。

表 5-6 2023 年贵州省高等职业教育与旅游业耦合协调计算结果

地区	旅游（VE_i）	教育（AG_i）	耦合度 C 值	协调指数 T 值	协调发展度 D 值
贵州省	0.5107	0.1323	0.8085	0.3215	0.5098
安顺市	0.5107	0.0862	0.7030	0.2984	0.4580
毕节市	0.5107	0.0647	0.6317	0.2877	0.4263
贵阳市	0.5107	0.1576	0.8491	0.3342	0.5330
六盘水市	0.5107	0.0662	0.6374	0.2884	0.4280
黔东南州	0.5107	0.1263	0.7974	0.3185	0.5039
黔南州	0.5107	0.1212	0.7874	0.3160	0.4988
黔西南州	0.5107	0.0646	0.6312	0.2876	0.4261
铜仁市	0.5107	0.2488	0.9386	0.3797	0.5970
遵义市	0.5107	0.0916	0.7182	0.3012	0.4650

二、贵州省高等职业教育与旅游业耦合协调发展水平分析

对照表 5-5 耦合度及协调发展度等级划分标准，将划分 2023 年贵州省高等职业教育与旅游业的耦合协调发展水平如表 5-7。

表 5-7 2023 年贵州省高等职业教育与旅游业的耦合协调发展水平划分

地区	耦合度 C 值	耦合水平	协调发展度 D 值	协调发展水平
贵州省	0.8085	良好耦合	0.5098	勉强协调
安顺市	0.7030	中级耦合	0.4580	濒临失调
毕节市	0.6317	初级耦合	0.4263	濒临失调
贵阳市	0.8491	良好耦合	0.5330	勉强协调
六盘水市	0.6374	初级耦合	0.4280	濒临失调
黔东南州	0.7974	中级耦合	0.5039	勉强协调
黔南州	0.7874	中级耦合	0.4988	濒临失调
黔西南州	0.6312	初级耦合	0.4261	濒临失调

地区	耦合度 C 值	耦合水平	协调发展度 D 值	协调发展水平
铜仁市	0.9386	优质耦合	0.5970	勉强协调
遵义市	0.7182	中级耦合	0.4650	濒临失调

根据表 5-7 信息，贵州省 2023 年高等职业教育与旅游业的耦合协调发展水平在不同地区间存在较大差异。从耦合度 C 值来看，大部分地区的 C 值均大于0.6，显示出良好的耦合水平。其中，铜仁市的耦合度最高，达到了 0.9386，显示出优质耦合，反映了该地区教育与旅游产业之间较为紧密的关系；其次是贵阳市（$C=0.8491$）和贵州省整体（$C=0.8085$），这些地区的耦合水平也表现出良好耦合。相比之下，毕节市和六盘水市的 C 值较低，分别为 0.6317 和0.6374，处于初级耦合水平，表明这些地区教育与旅游业的联系相对较弱。在协调发展度 D 值方面，各地区的差异更为显著。贵阳市和铜仁市的 D 值分别为0.5330 和 0.5970，显示出勉强协调的状态，说明这两个地区虽然教育与旅游产业有较为紧密的联系，但其协调发展水平仍有待提高。相比之下，毕节市和六盘水市的 D 值较低，分别为 0.4263 和 0.4280，处于濒临失调状态，表明这些地区的教育与旅游业在实际发展中的协同效果较差。安顺市、黔南州和黔西南州也表现出濒临失调状态，协调发展水平较低。总体来看，贵州省 2023 年高等职业教育与旅游业的耦合度较高，但协调发展度存在明显不足，整体处于中等水平或低水平的耦合协调发展阶段。部分地区虽然表现出良好的耦合水平，但协调发展度的提升仍然是一个需要关注的重要问题。特别是对于濒临失调状态的地区，如安顺市、毕节市等，如何增强教育与旅游产业的协同发展，是实现两者高质量发展的关键。

通过耦合协调度模型对 2023 年贵州省高等职业教育与旅游业的耦合协调发展水平进行了定量分析，结果揭示了两者在不同地区间的耦合与协调关系存在显著差异。首先，从耦合度 C 值来看，大部分地区的 C 值均大于 0.6，表明贵州省高等职业教育与旅游业之间的联系较为紧密，尤其是在铜仁市和贵阳市表现出较高的耦合度（分别为 0.9386 和 0.8491），说明这些地区教育与旅游业在资源匹配与合作方面具有较好的基础。然而，毕节市和六盘水市的耦合度较低，处于初级耦合水平，表明这些地区教育与旅游业的联系相对较弱，未来需加强资源整合与政策支持，促进其耦合度提升。其次，从协调发展度 D 值来看，虽然部分地区的耦合度较高，但协调发展度却不尽理想，整体处于勉强协调或濒临失调的状态。贵阳市和铜仁市虽然具有较好的耦合度，但其协调发展度仍然未能达到理想状态，分别为 0.5330 和 0.5970，表明两者在实际发展过程中协同效应尚未充分发挥。而安顺市、毕节市和六盘水市等地区的协调发展度更低，处于濒临失调状态，这些地区的教育与旅游业在共同发展的过程中面临较大挑战，亟须通过政策引导、产业优化等措施加强两者的协调发展。总之，贵州省 2023 年高等职业教育与旅游业的耦合度较高，但协调发展度存在明显不足，整体处于中等或低水平的耦合协调发展阶段。未来应着重关注各地区特别是濒临失调状态的区域，推动教育与旅游产业的深度融合，提升协同效应，以实现高质量的耦合协调发展。这对于贵州省整体的职业教育和旅游业的可持续发展具有重要意义。

三、贵州省高等职业教育与旅游业的同步发展水平

耦合协调度模型虽然能够测量教育与旅游产业之间的耦合协调发展水平，但并不能反映二者发展的相对状态。因此，本研究进一步分析 2023 年二者的同步性来确定教育对旅游产业发展的相对优先度。本小节对假设 H5 进行检验，加深对相关问题的认识，奠定下一步研究的基础。

（一）贵州省高等职业教育与旅游业的同步发展水平测量

借鉴王宇[①]的计算方式，采用 2023 年贵州省高等职业教育发展指数与旅游产业发展指数的比值进行测量，具体公式为：

$$P = X1/X2 \tag{5-8}$$

其中，$X1$ 为贵州省高等职业教育发展指数，$X2$ 为贵州省旅游产业发展指数，P 为贵州省高等职业教育发展与旅游产业发展的同步性。同步发展水平划分标准参考王宇的同步发展水平规划标准（见表5-8）。当 $P<0.9$ 时，旅游产业发展超过相对比的教育发展水平，视为"教育滞后型"，P 值越小表明教育发展越滞后；当 $0.9 \leqslant P \leqslant 1.1$ 时，相对比的旅游产业发展水平与教育发展水平步调一致，视为"同步发展型"；当 $P>1.1$ 时，相比教育发展水平，旅游产业发展相对滞后，视为"旅游产业滞后型"，P 值越大表明旅游产业发展越滞后。

表5-8　同步发展水平划分标准

同步性 P 值	$P < 0.9$	$0.9 \leqslant P \leqslant 1.1$	$P > 1.1$
同步类型	教育滞后型	同步发展型	旅游产业滞后型

---

① 王宇. 产教融合背景下民族地区教育与旅游产业的耦合协调发展水平研究：以贵州省"三州"为例 [D]. 重庆：西南大学，2023.

（二）贵州省高等职业教育与旅游业的同步发展水平分析

根据公式，把贵州省各地区高等职业教育发展指数和贵州省旅游产业发展指数分别代入，计算结果见表5-9，同时运用 Excel 可视化结果得到2023年贵州省各地区高等职业教育发展和贵州省旅游产业发展同步水平情况（图5-16）。

表5-9 贵州省高等职业教育与旅游产业的同步发展水平划分

地区	贵州省	安顺市	毕节市	贵阳市	六盘水市	黔东南州	黔南州	黔西南州	铜仁市	遵义市
同步性 P 值	0.2591	0.1688	0.1266	0.3087	0.1296	0.2473	0.2373	0.1264	0.4871	0.1794
同步状态	教育滞后型	教育滞后型	教育滞后型	教育滞后型	教育滞后型	教育滞后型	教育滞后型	教育滞后型	教育滞后型	教育滞后型

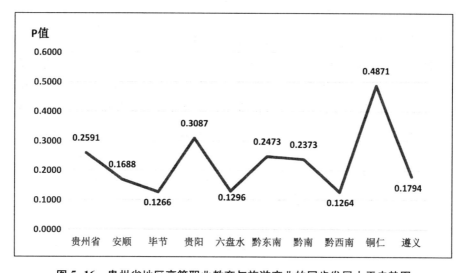

图5-16 贵州省地区高等职业教育与旅游产业的同步发展水平走势图

根据表5-9和图5-16可知，贵州省不同地区的高等职业教育与旅游产业的同步发展水平存在显著差异，大多数地区表现为教育滞后型。首先，从同步性 P 值来看，各地区的 P 值均低于0.9，均处于教育滞后型状态。贵阳市的 P 值为0.2591，表明该地区的教育发展明显滞后于旅游产业，教育与旅游产业发展之间的失衡较为明显。类似地，安顺市、毕节市、六盘水市和黔西南州的 P 值也较低，分别为0.1688、0.1266、0.1296和0.1264，反映出这些地区教育发展的滞后性尤为突出，特别是在毕节市和六盘水市，教育与旅游产业之间的失衡尤为严重。贵阳市和黔南州的情况略有不同。贵阳市的 P 值为0.3087，虽然仍然属于教育滞后型，但滞后程度相对较小，说明贵阳市的教育与旅游产业之间的互动相对协调。黔南州的 P 值为 0.2373，尽管仍然属于教育滞后型，但其发展水平在贵州省的整体框架内相对较好。值得注意的是，铜仁市的 P 值为 0.4871，明显高于其他地区，表明铜仁市的教育与旅游产业之间的互动最为协调。这与铜仁市的优质耦合水平相一致，说明该地区的教育和旅游产业之间的协同效应较强，发展较为均衡。总体而言，贵州省大部分地区的教育与旅游产业发展呈现教育滞后的特征，教育体系的发展速度无法匹配旅游产业的快速扩张。未来，应加大对这些滞后地区教育资源的投入，提升教育体系的灵活性和适应性，促进职业教育与旅游产业的同步发展。

本章小结

根据构建的综合测评指标体系，采集 2023 年贵州省 29 所开设旅游专业的高等职业教育和 2018 年至 2023 年贵州省旅游产业面板数据，使用熵权法、耦合协调度分析和同步性分析等方法检验贵州省高等职业教育与旅游产业耦合协调发展指标体系的科学性，并实证分析贵州省高等职业教育与旅游产业独立发展水平、耦合协调发展水平和同步发展水平。结果表明，本研究构建的指标体系具有科学性和可操作性，适用于测量贵州省及各地区高等职业教育与旅游产业的耦合协调发展水平。同时，对研究假设 H1～H5 进行检验，结果表明：

（1）贵州省高等职业教育整体处于较低水平发展阶段。

（2）贵州旅游产业发展处于中等发展水平。

（3）贵州省高等职业教育与旅游产业的耦合协调发展水平较低：良好耦合、勉强协调。

（4）贵州省高等职业教育与旅游产业的耦合协调发展水平存在地区异质性。

（5）贵州省高等职业教育教育与旅游产业的同步发展水平较低，属于教育滞后型。

研究结果证实了假设 H1～H5。本章的结论为进一步分析贵州省高等职业教育与旅游产业的耦合协调发展水平影响因素奠定了基础。

第六章

贵州职业教育与旅游业耦合协调发展水平的影响因素与对策

通过前面章节的分析和检验，得出贵州省高等职业教育与旅游产业的耦合协调发展水平较低，且存在显著的地区差异。这种不平衡的发展在一定程度上制约了贵州省职业教育与旅游产业的高质量融合。基于前述分析数据结果，本章分别从创新、绿色、协调、共享和开放五个维度，分析影响贵州省高等职业教育与旅游产业高质量发展的原因，并进一步探讨这些因素如何影响两者的耦合协调发展水平。最后，结合各维度的实际情况，提出针对性和可行性的对策建议，助力贵州省职业教育与旅游产业的深度融合与协同发展。

第一节 贵州高等职业教育高质量发展的影响因素与对策

根据第五章第二节数据分析可知，以开办旅游大类专业的高等职业院校为样本，获得旅游高等职业院校高质量发展指数为 0.132，因样本的典型代表性，即平推获得贵州省高等职业教育质量发展指数为 0.132，处于低质量发展阶段，并且存在显著的地区差异性，铜仁市的高等职业教育质量发展指数最高（THQ=0.249），是贵州唯一一个地区的高等职业教育质量发展处于质量相对高的发展阶段。基于前述分析数据结果，本节分别从创新、绿色、协调、共享和开放五个维度结合数据，分析影响贵州省高等职业教育高质量发展的主要因素。

一、创新发展维度的主要因素

创新发展维度在贵州省高等职业教育高质量发展系统中的权重为 0.399，表明创新发展对职业教育高质量发展的关键性作用。基于表 6-1，以下从创新投入和创新产出两方面分析贵州省职业教育质量发展指数低的原因。

（一）创新投入不足

创新投入不足是导致职业教育质量发展滞后的主要原因之一。首先，科研仪器设备的投入严重不均衡。数据显示，虽然贵州水利水电职业技术学院（17102.38元）、六盘水职业技术学院（15174.9元）、贵州交通职业大学（14181.95元）等院校的生均设备投入较为可观，但部分院校如贵州电子商务职业技术学院（5922.04元）的投入远低于平均水平。这种不均衡的科研设备投入直接影响了院校的科研能力，尤其是设备不足的院校难以为师生提供充足的科研技术支持，导致创新能力的提升受到明显限制。其次，科研经费的普遍匮乏进一步削弱了创新发展动力。表中科研经费的平均投入仅为72.09万元，而许多院校的科研经费投入远低于此水平，甚至出现零投入的情况。科研经费不足直接影响科研项目的开展，教师和学生难以进行高质量的科研创新，进而制约了整体的创新发展。最后，虚拟仿真训练基地的匮乏也是限制创新投入的重要因素。虚拟仿真训练基地作为职业教育创新实践的重要载体，能够大幅提升学生的实践操作能力。然而，数据显示，虚拟仿真训练基地的平均数量仅为4.59个，部分院校甚至没有建设任何虚拟仿真设施（如贵州应用技术职业学院），这显著限制了学生的实践创新能力培养，对创新成果的产出产生了直接影响。

（二）创新产出不显著

创新产出方面的表现也不理想，主要体现在专利授权、技术服务效益和学生创业能力三方面。首先，专利授权数量普遍较低。专利授权作为衡量科研成果的重要指标，表中数据显示其平均值仅为11.83项，部分院校如毕节工业职业技术学院和贵州电子商务职业技术学院的专利授权为零。专利产出不足意味着院校科研成果的转化率低，科技创新的潜力未得到有效发挥，直接影响了职业教育创新质量的提升。其次，创新服务的经济效益有限。横向技术服务所产生的经济效益是职业院校科研成果转化能力的重要体现，但表中数据显示，平均效益仅为10947.89万元，绝大多数院校的技术服务收益较低甚至为零。虽然铜仁职业技术学院的技术服务效益高达308889万元，但这是个别现象，大多数院校的技术转化能力相对薄弱，科研成果难以产生实际经济效益，抑制了整体创新产出的有效性。最后，学生自主创业率较低，表中的平均值为1.06%。学生创业能力的欠缺，反映出院校在创新型人才培养上的不足，学生难以将创新想法转化为实际的商业机会。这不仅限制了学生的个人发展潜力，也进一步削弱了职业院校在创新产出方面的贡献。

表 6-1 2023 年贵州省 29 所高职院校创新投入和产出情况

学校	创新投入				创新产出			
	虚拟仿真实训基地数（个）	生均教学科研仪器设备值（元）	横向技术服务到款额（万元）	纵向科研经费到款额（万元）	自主创业率（%）	编写教材数（本）	横向技术服务产生的经济效益(万元)	专利授权数量（项）
安顺职业技术学院	1	12513.56	68	220	0.07	41	10	19
贵州民用航空职业学院	0	9798.8	0	0	0.95	0	0	0
毕节职业技术学院	2	11043	0.2	32	0.46	24	0	4
毕节工业职业技术学院	0	6095.09	0	0	1.1	0	0	0
贵州工贸职业学院	0	5993.92	0	0	1.47	0	0	0
贵州交通职业大学	2	14181.95	540.32	213	0.08	71	4193.8	34
贵州轻工职业技术学院	0	13209.28	92.55	132.5	0.65	54	775.7	51
贵阳职业技术学院	2	14088.98	27.35	74.54	0.6	53	5	25
贵州职业技术学院	1	7543.9	5.3	5	0.87	45	50	11
贵州水利水电职业技术学院	80	17102.38	16.7	22	0.53	1	0	1
贵州电子商务职业技术学院	0	5922.04	0	0.5	0.3	18	0	6
贵州电子科技职业学院	1	9832.94	7	0	0.28	51	0	18
贵州装备制造职业学院	2	9240.8	10	908	0.45	77	0	13

续表

学校	创新投入				创新产出			
	虚拟仿真实训基地数（个）	生均教学科研仪器设备值（元）	横向技术服务到款额（万元）	纵向科研经费到款额（万元）	自主创业率（%）	编写教材数（本）	横向技术服务产生的经济效益（万元）	专利授权数量（项）
贵州食品工程职业学院	4	9569.1	18	12.5	0.57	2	0	1
贵州财经职业学院	18	7918.07	0	0	0.58	4	0	0
贵州文化旅游职业学院	0	4382.65	0	0	0	0	0	0
贵州航空职业技术学院	0	9450.48	4.31	0	0.27	1	4.31	12
贵州城市职业学院	0	7795.35	1.4	2.6	6.14	154	0	4
六盘水职业技术学院	8	15174.9	0	12	0.5	12	0	3
黔东南民族职业技术学院	3	8731.52	43.5	61.5	1.05	55	136.5	18
黔南民族职业技术学院	7	6683.86	10.4	30	1.39	37	1847.6	29
贵州经贸职业技术学院	1	9773.91	1.9	0	1.2	30	0	63
贵州机电职业技术学院	0	9783.15	0	0	6.4	12	0	5
贵州应用技术职业学院	0	4606.24	0	0	0.95	20	0	3
黔西南民族职业技术学院	0	6721.95	0	0	1.12	32	0	1
铜仁职业技术学院	1	9478.17	35.23	164.56	1.43	16	308889	10

续表

学校	创新投入				创新产出			
	虚拟仿真实训基地数（个）	生均教学科研仪器设备值（元）	横向技术服务到款额（万元）	纵向科研经费到款额（万元）	自主创业率（%）	编写教材数（本）	横向技术服务产生的经济效益(万元)	专利授权数量（项）
铜仁幼儿师范高等专科学校	0	4922.175	46.78	50.8	0.21	17	46.78	3
贵州航天职业技术学院	0	5711.84	1.4	0	0.48	3	0	0
遵义职业技术学院	0	11031.42	19.5	149	0.61	18	1530	9
平均值	4.59	7944.61	32.75	72.09	1.06	29.24	10947.89	11.83

二、绿色发展维度的主要因素

绿色发展是职业教育高质量发展体系中的重要组成部分，其涵盖了资源利用、环境保护与可持续发展等关键要素，权重为 0.147。以下结合贵州省职业教育的实际情况，从资源投入、环境管理及绿色技能培养三方面，分析绿色发展维度中影响职业教育高质量发展的主要因素。

（一）资源投入与利用效率低下

资源的有效利用是绿色发展的核心。贵州省职业院校在校园建设和设施维护上，存在资源投入不足和利用效率低的问题。许多院校在节能设施、环保设备上的投资较为有限，导致能源浪费和水资源浪费现象较为严重。能源的低效利用不仅增加了运营成本，还对绿色发展的整体水平产生负面影响。尤其是在水、电、纸等资源的循环利用方面，缺乏系统化的管理机制，无法形成可持续的资源利用模式，从而制约了院校绿色发展能力的提升。

（二）环境管理与基础设施建设不足

环境管理是职业院校推进绿色发展的重要抓手，但目前许多院校在此方面的意识和行动仍显不足。具体体现在校园的绿色基础设施建设方面，大多数职业院校的绿色建筑、清洁能源使用、废弃物回收体系等尚未健全。贵州省部分院校虽有推行垃圾分类、绿化建设等基础性措施，但在环境管理的深度和广度上，仍然存在较大提升空间。基础设施的不足直接影响了院校的绿色发展水平，限制了学生在绿色校园环境中的体验与实践，进而影响了绿色教育的质量。

（三）绿色技能培养滞后

绿色技能培养是推动绿色经济与绿色就业的核心，但贵州省职业院校在这方面的发展仍处于初步阶段。绿色产业的发展离不开具备环境保护、可再生能源技术、低碳经济等专业知识的人才。当前，部分职业院校在课程设计中尚未将绿色发展理念充分融入，尤其是在相关专业的设置和教学内容上，缺乏针对性的绿色技能培训课程。这导致学生在毕业后难以适应绿色产业的需求，院校在服务区域经济绿色转型中的作用未能充分发挥。例如，大部分职业院校开设绿色技能相关专业很少，只有毕节工业职业技术学院开设了3个相关专业，同时在统计各院校的2023年质量报发现，开展绿色发展意识培训较少。影响贵州省职业院校绿色发展维度的主要因素包括资源投入与利用效率不足、环境管理与绿色基础设施建设滞后，以及绿色技能培养的滞后。这些因素共同导致了职业院校在绿色发展方面的成效不显著。

三、协调发展维度的主要因素

在贵州职业教育高质量发展系统中，协调发展维度的权重为 0.124，体现了系统内部各要素之间平衡与互补的重要性。分析数据发现，当前协调发展子系统发展不平衡，影响了整体教育体系的质量提升。本小节从教育资源分配、师资力量建设、课程设置与产业匹配度三方面，分析影响贵州省职业教育高质量发展的主要因素。

表 6-2　2023 年贵州省 29 所高等职业院校师资力量与人才培养

地区	学校	旅游类专业占专业总数比	生师比	双师素质专任教师比例（%）	高级专业技术职务专任教师比例（%）
安顺市	安顺职业技术学院	0.14	17.19	44.13	21.75
	贵州民用航空职业学院	0.11	28.79	7.48	0
毕节市	毕节职业技术学院	0.073	18.47	50.76	17.65
	毕节工业职业技术学院	0.091	18.35	57.04	20.62
	贵州工贸职业学院	0.022	19.35	41.97	10.31

续表

地区	学校	旅游类专业占专业总数比	生师比	双师素质专任教师比例（%）	高级专业技术职务专任教师比例（%）
贵阳市	贵州交通职业大学	0.077	15.22	77.62	34.54
	贵州轻工职业技术学院	0.054	17.33	65.4	30.05
	贵阳职业技术学院	0.054	15.78	58.04	34.85
	贵州职业技术学院（贵州开放大学）	0.02	19.23	66.49	31.06
	贵州水利水电职业技术学院	0.06	16.71	33.57	18.3
	贵州电子商务职业技术学院	0.071	26.66	61.39	15.28
	贵州电子科技职业学院	0.027	18.16	66.87	14.23
	贵州装备制造职业学院	0.029	17.52	80.17	27.33
	贵州食品工程职业学院	0.08	21	44.06	19
	贵州财经职业学院	0.125	21.71	68.63	15.29
	贵州文化旅游职业学院	0.269	23.24	65.97	18.32
	贵州航空职业技术学院	0.111	21.25	26.5	18.52
	贵州城市职业学院	0.02	17.74	45.47	17.28
六盘水市	六盘水职业技术学院	0.048	17.76	64.59	31.67
黔东南州	黔东南民族职业技术学院	0.068	17.52	72.94	32.79
黔南州	黔南民族职业技术学院	0.07	16.61	54.42	20.35
	贵州经贸职业技术学院	0.1	20.82	53.96	13.09
	贵州机电职业技术学院	0.056	17.87	63.96	20.3
	贵州应用技术职业学院	0.043	18.6	7.84	2.89
黔西南州	黔西南民族职业技术学院	0.059	28.86	30.21	24.33
铜仁市	铜仁职业技术学院	0.023	18.18	85.49	47.8
	铜仁幼儿师范高等专科学校	0.043	19.24	68.75	35.19

地区	学校	旅游类专业占专业总数比	生师比	双师素质专任教师比例（%）	高级专业技术职务专任教师比例（%）
遵义市	贵州航天职业技术学院	0.023	21.14	39.29	18.76
	遵义职业技术学院	0.026	19.04	59.29	20

数据来源：贵州省 2023 年《高等职业教育质量报告》。

（一）师资力量不均衡

师资力量是职业教育质量的核心要素，而贵州省职业院校的师资力量分布不均，对整体教育质量产生了直接影响。根据表 6-2 的数据，部分院校双师型教师比例较低，直接影响了教学质量和学生实践能力的提升。例如，贵州民用航空职业学院双师素质专任教师比例仅为 7.48%，远低于全省其他院校的平均水平，表明该校在师资力量建设方面的严重不足。相比之下，铜仁职业技术学院的双师型教师比例高达 85.49%，大大增强了教育与行业的契合度。然而，这种师资力量的不均衡限制了全省职业教育的整体质量提升，尤其是在欠发达地区和特定院校，双师型教师的缺乏导致学生在职业技能培养上的短板显著。

（二）教育资源分布不均

教育资源的分布差异直接影响了职业教育的均衡发展。表 6-2 显示，不同院校的生师比差异较大，资源配置明显不均。例如，黔西南民族职业技术学院的生师比高达 28.86，远超全省其他院校，说明该校教师负担沉重，教学质量难以保障。而贵阳的贵州交通职业大学的生师比仅为 15.22，资源相对充足，能够提供更为优质的教学服务。这种资源分布不均导致了学生学习条件的差异化，进一步加剧了职业教育发展的不平衡。

（三）专业设置与产业需求脱节

旅游产业是贵州省的重要支柱产业之一，但表 6-2 显示，部分院校在旅游类专业设置上仍有不足。例如，铜仁职业技术学院旅游类专业占比仅为 0.023，远低于贵州文化旅游职业学院的 0.269。这种专业设置与产业需求的不匹配，限制了职业院校为地方经济输送专业人才的能力。虽然一些院校在双师型教师建设上有所突破，但由于专业设置偏少，学生无法充分参与到旅游产业相关的职业培训中，导致职业教育对地方经济的支撑作用未能有效发挥。贵州省职业教育在师资力量、教育资源分配和专业设置方面存在显著不均衡，这些因素共同制约了全省职业教育的高质量发展。

四、开放发展维度的主要因素

开放发展维度在贵州省职业教育高质量发展中的作用尤为重要，权重为0.427，是贵州省职业教育高质量发展系统中，权重最高特别是在推动职业教育国际化、提高教育水平和扩大国际影响力方面具有不可或缺的价值。根据表3-5的数据，贵州省各职业院校在国际合作、交流与开放发展方面存在显著差异，且整体发展仍处于初级阶段。影响开放发展维度的关键因素如下。

（一）国际合作与交流不足

贵州省职业院校在国际合作与交流方面普遍存在投入不足的现象。接收外国留学生和访学教师是衡量职业教育国际化水平的重要指标，而大部分院校在这两方面表现较为薄弱。根据表3-5，除了贵州交通职业大学和铜仁职业技术学院外，绝大多数院校接收外国留学生和访学教师的数量为零。这不仅表明贵州职业教育在国际吸引力和知名度上的欠缺，也反映了国际化教育资源共享和跨文化交流的不足。国际合作与交流的缺乏，限制了师生的国际视野和跨文化理解，削弱了职业教育的全球竞争力。

（二）国际课程标准与职业教育资源的开发不足

国际课程标准的开发与应用是提升职业教育国际化水平的核心手段。然而，表3-5显示，贵州省大部分职业院校在国际课程标准开发方面表现不理想。全省平均国际课程标准仅为1.21，且开发并被国外采用的职业教育资源数量更是低至0.93。只有少数院校，如贵阳职业技术学院（8个国际课程标准、13项被国外采用的职业教育资源）和铜仁职业技术学院（6个国际课程标准、6项职业教育资源）表现较为突出。这说明贵州省大多数院校在职业教育资源的国际化开发和推广方面仍处于滞后状态，未能有效参与全球职业教育资源的共享和建设。这一不足阻碍了贵州职业教育与国际接轨，限制了职业教育的创新与发展。

（三）国外办学与国际赛事获奖数量的差距

在国际化办学和参与国际技能大赛方面，贵州省职业院校之间的差距较大。表3-5数据显示，贵州省平均每校国外办学数量仅为0.41，绝大部分院校没有在国外开办学校的经验，只有少数院校，如贵州交通职业大学和贵阳职业技术学院，分别在国外开办了2所和3所学校。这表明贵州职业院校在国外办学方面的实践仍然有限，尚未建立广泛的国际影响力。此外，国际技能大赛获奖数量是衡量院校在全球舞台上竞争力的重要指标，但大多数院校在这方面表现不佳，仅有少数院校如贵州电子科技职业学院（10 项）、黔南民族职业技术学院（10 项）和贵州经贸职业技术学院（13 项）在国际赛事中有所斩获。这种获奖数量的不平衡，反映了部分院校在技能培养、国际赛事参与度以及国际竞争力上的显著差距。贵州省职业教育在开放发展维度上面临的主要问题包括国际合作与交流的不足、国际课程标准的开发与推广滞后、国外办学经验匮乏以及国际技能赛事获奖数量不均。这些因素共同制约了贵州省职业教育在全球化背景下的竞争力与影响力。

五、共享发展维度的主要因素

从共享发展的维度来看，权重为 0.15，对贵州省职业教育高质量发展有一定的重要性。贵州省职业教育高质量发展面临明显的城乡差距和资源不均衡问题，直接影响了整体教育质量的提升和职业教育的公平性。基于表 6-3 数据，各职业院校在教育资源共享和培训共享方面的显著差异，尤其体现在欠发达地区的院校资源相对匮乏，无法与经济较发达地区相比。这种不均衡对职业教育的公平发展和社会共享目标产生了负面影响。

表 6-3 2023 年贵州省职业院校共享指标数据情况

学校	资源共享			培训共享	
	网络教学课程数（门）	教学资源库数（个）	在线精品课程数（门）	非学历培训项目数（项）	公益项目培训学时（学时）
安顺职业技术学院	6	3	9	22	7140
贵州民用航空职业学院	0	0	0	0	0
毕节职业技术学院	50	10	6	29	160
毕节工业职业技术学院	135	0	0	26	0
贵州工贸职业学院	0	0	0	5	0
贵州交通职业大学	355	8	19	79	1530
贵州轻工职业技术学院	40	8	21	107	462
贵阳职业技术学院	27	2	23	65	152
贵州职业技术学院（贵州开放大学）	1	2	35	39	17490

续表

学校	资源共享			培训共享	
	网络教学课程数（门）	教学资源库数（个）	在线精品课程数（门）	非学历培训项目数（项）	公益项目培训学时（学时）
贵州水利水电职业技术学院	28	2	23	17	112
贵州电子商务职业技术学院	28	0	7	10	324
贵州电子科技职业学院	82	6	8	18	96
贵州装备制造职业学院	389	3	3	11	1916
贵州食品工程职业学院	2	2	7	18	30549
贵州财经职业学院	1	589	4	6	0
贵州文化旅游职业学院	103	0	0	33	796
贵州航空职业技术学院	282	1	6	57	0
贵州城市职业学院	80	0	6	4	90
六盘水职业技术学院	17	2	24	9	206
黔东南民族职业技术学院	5	14	19	75	2846
黔南民族职业技术学院	495	6	31	110	5272
贵州经贸职业技术学院	56	22	63	135	2663
贵州机电职业技术学院	0	0	0	20	84
贵州应用技术职业学院	0	0	0	15	1284
黔西南民族职业技术学院	0	0	0	19	556
铜仁职业技术学院	22	3	47	86	2241
铜仁幼儿师范高等专科学校	0	0	6	63	590
贵州航天职业技术学院	0	2	5	27	0
遵义职业技术学院	9	6	18	26	912
平均值	76.31	23.83	13.45	39.00	2671.41

（一）教育资源的区域不均衡

表6-3中的数据显示，贵阳职业技术学院、毕节医学高等专科学校等发达地区的职业院校拥有较为丰富的网络教学资源库和在线课程，而安顺职业技术学院、黔南民族职业技术学院等院校的网络资源则远远落后。例如，贵阳职业技术学院拥有589个在线教学资源库，而六盘水职业技术学院仅有2个。这种资源的不均衡反映出发达地区和欠发达地区在教育基础设施、财政支持上的巨大差异。经济较发达的地区往往能够获得更多的政府和社会投资，开发出更多优质的教学资源，并通过数字化手段实现资源共享。然而，欠发达地区的职业院校由于缺乏财政支持，教育资源获取能力较弱，导致学生难以获得与发达地区学生相同的学习机会。这种差距进一步加剧了城乡之间的教育不公平。

（二）培训共享机制的不足

除了教学资源的不均衡，数据还反映出各职业院校在非学历培训项目和公益培训项目上的巨大差异。尤其在偏远地区，职业院校的培训共享能力显著不足。例如，贵州食品工程职业学院的公益项目培训时数高达30549小时，而毕节职业技术学院仅有160小时。这表明非省会地区的院校在社会技能培训和职业再教育方面的能力相对薄弱，难以为当地社会提供足够的技能提升机会，进而影响劳动力市场的匹配度。

（三）教育资源共享与社会公平

职业教育资源的不均衡不仅影响了教育质量，还加剧了城乡之间的社会不平等。欠发达地区的学生由于缺乏优质教育资源和技能培训，难以在就业市场上与城市学生竞争，导致贫富差距进一步扩大。此外，教育资源不足也限制了欠发达地区产业的发展。例如，贵州省许多农村地区拥有丰富的自然资源和旅游潜力，但由于缺乏具备相关技能的人才，难以将旅游资源转化为经济优势，进一步制约了区域经济的高质量发展。贵州省职业教育发展面临城乡教育资源分布不均、培训共享机制不足等问题，严重制约了职业教育的高质量发展。

六、导致贵州各地区职业教育高质量发展的差异性的因素

贵州省职业教育高质量发展存在地方差异性，目前铜仁市发展最好，THQ为0.249，处于较低质量发展阶段，虽然贵阳市THQ为0.158，黔东南州、黔南州高质量发展指数分别为0.126和0.12，但是发展指数都小于0.2，其他地区甚至小于0.1，说明除了铜仁市，其他地区职业教育发展都处于低发展阶段。基于前面数据分析，现将影响因素具体分析如下。一是经济发展水平不同。贵州各地区的经济发展水平差异明显，直接影响职业教育资源的投入与产出。经济发达地区，如贵阳市，拥有更多财政支持和企业资源，能够为职业教育提供更好的基础设施、师资力量和实践机会。而经济相对落后的地区，教育资源相对匮乏，职业院校难以获得足够的资金投入，导致发展水平低下，区域差距显著。二是师资力量和人才结构。师资力量是决定职业教育质量的关键因素。不同地区职业院校的师资力量存在明显差异。铜仁市地区具备充足"双师型"资质的教师资源库，而其他地区学校教师资源匮乏，缺乏足够的职业技能培训和行业经验，使得教育质量难以提升。三是产业结构的匹配度。职业教育的发展必须与当地产业结构相匹配。然而，贵州各地区的产业结构差异较大。贵阳、遵义等城市的产业结构较为多样化，能够为职业教育毕业生提供多样化的就业机会，推动职业教育的高质量发展。而欠发达地区的产业结构单一，无法为学生提供丰富的实习与就业机会，导致职业教育的吸引力和质量相对较低。四是基础设施和教育资源分配。教育基础设施和资源分配的差异是影响职业教育发展的另一个重要因素。文化基础设施的数量，如图书馆和博物馆等，与职业教育的发展密切相关。贵阳市等地的基础设施建设较为完善，而偏远地区的设施较为落后，限制了学生获取教育资源的机会，影响了职业教育的教学效果和质量。五是政策支持与地方政府的投入。地方政府的政策支持和资金投入直接影响职业教育的发展。经济发达地区通常能够获得更多的政策倾斜和财政支持，从而提升职业教育的教学质量和基础设施建设。而欠发达地区，政府投入不足，职业教育在招生、师资培养、课程设置等方面面临更多困难，无法实现高质量发展。六是社会与文化认同。各地区对职业教育的社会认同和文化观念差异也影响其发展水平。经济发达地区对职业教育的重视程度较高，社会文化认同度强，学生对职业教育的接受度高。而经济欠发达地区，传统观念依然占主导，职业教育的社会认同感较低，影响了职业教育的发展速度和质量。

七、促进贵州省职业教育高质量发展对策

贵州省职业教育的高质量发展是提升全省经济竞争力、培养技能型人才的关键所在。然而，现阶段贵州各地区职业教育发展水平参差不齐，整体仍处于低质量发展阶段。为实现职业教育的高质量发展，以创新、协调、绿色、开放、共享的新发展理念为指引，全面提升职业教育的水平和效能。以下是从新发展理念维度出发，针对贵州省职业教育提出的对策。

（一）创新驱动：推动职业教育模式创新、科技融合与科研发展

创新驱动是职业教育高质量发展的核心力量，贵州省应全面推进教学模式、

课程设置、校企合作和科研能力的提升，特别是要结合科技手段，推动职业教育与科研的深度融合，从而更好地支持产业升级和地方经济发展。

1. 数字化职业教育平台的建设

贵州省应加快建设数字化职业教育平台，推动线上线下相结合的混合教学模式。这一模式能够利用大数据、人工智能等技术手段，提升个性化教育的精度，实现教学资源的最大化共享。通过分析学生的学习习惯与进度，系统可以为学生量身定制个性化的学习路径，优化学习效果。此外，贵州省可以开发覆盖不同领域的在线职业技能教育资源库，尤其是在实训条件不足的情况下，虚拟仿真技术成为弥补实践教学的重要工具。例如，建筑类或机械类专业学生可以通过虚拟仿真平台进行模拟操作，大幅提高实操技能。在复杂设备操作和工程管理中，VR/AR 技术可以提供沉浸式的学习体验，使学生通过虚拟环境获得实际操作的能力，缩短企业适应期。

2. 创新校企合作与科研协同

职业教育的校企合作模式不仅要关注人才培养，还需结合科研创新，将学校与企业的研发资源整合起来，促进职业教育和产业科研同步提升。贵州省应推动职业院校与本地企业、产业园区建立深度合作，形成从人才培养到技术创新的双向互动模式，特别是在高新技术产业领域，构建校企联合科研平台，共同攻克技术难题。校企合作应延伸至联合科研项目开发，推动职业院校在产学研结合的基础上增强科研能力。职业院校应结合本地产业发展需求，围绕地方特色资源、智能制造、大数据等前沿领域与企业开展联合课题研究，提升教师与学生的科研素养。通过推动教师与企业技术团队的合作，教师能够将科研成果应用于课堂教学，提升教学的实用性和创新性。

3. 推动专业课程、科研与产业发展同步

贵州省职业教育应实现课程与科研双向驱动的发展模式，确保人才培养、科技创新与产业需求同步发展。职业院校应根据贵州省的重点产业，如农业科技、生态保护、大数据等领域，结合科研创新推动专业课程的动态调整，让科研成果及时转化为课程内容，保持人才培养的先进性与产业前沿的紧密联系。职业院校应在科研项目的引导下，建立与本地产业发展密切相关的产学研一体化基地，鼓励学生参与科研项目，培养其解决实际问题的能力。与此同时，学校应建立跨学科、跨产业的科研团队，围绕产业技术难题进行深入研究，为地方经济发展提供技术支撑。

4. 提升职业院校的科研水平与创新能力

提升贵州省职业院校的科研能力，是实现高质量发展的重要抓手。职业院校应积极争取地方政府和企业的科研项目资助，设立专门的科研基金，鼓励教师进行科研创新和技术开发。为了实现科研水平的跨越式发展，学校应引进高水平科研人员，搭建跨学科的科研团队，形成从基础研究到应用研究的科研链条，推动科研成果向市场转化。职业院校在推动科研项目的过程中，还应着力培育"双师型"教师队伍，使教师不仅具备扎实的理论知识，还能够参与企业的实际技术研发和项目管理。通过科研与教学的结合，教师可以在教学过程中将科研实践中的技术创新和最新发展趋势传授给学生，提升教育的前沿性与实用性。

贵州省职业教育的创新驱动，不仅体现在教学模式和课程设置上，还需要注重科研能力的提升与科技融合。通过构建数字化平台、深化校企合作、推动科研发展，贵州职业教育将能够为区域经济发展提供强有力的科技和人才支撑。在创新驱动的发展框架下，贵州职业教育应紧密结合地方产业需求，推动科研成果的转化与应用，确保职业教育能够为社会和产业的发展贡献更多的科技与智力资源。

（二）协调发展：推动区域间职业教育资源均衡配置

协调发展是实现全省职业教育高质量发展的重要路径。贵州各地区经济发展水平不一，职业教育资源的分布不均直接影响了整体教育水平。为了缩小区域差距，实现职业教育的协调发展，贵州需要采取系统性措施，确保职业教育资源在全省范围内合理配置，从而促进不同区域间的均衡发展。

1. 构建区域职业教育资源共享平台

贵州应加强区域职业教育资源的共享，通过构建省级职业教育协同发展平台，推动区域间的资源流动。发达地区的职业院校与欠发达地区应建立合作机制，实现资源共享、教师互派、课程共建，弥补欠发达地区的资源短缺问题。这一协同发展平台不仅可以通过线下合作提升教育质量，还可以借助信息化手段，打造跨校、跨地区的教育资源共享系统。通过数字化平台，贵州可以实现远程教学、课程共享和在线培训。例如，发达地区的职业院校可以将优质课程资源通过在线平台向全省开放，特别是为欠发达地区提供课程共享和远程指导。这种模式不仅能够提高欠发达地区学生的学习机会，还能促进各地教师之间的经验交流和教学水平的共同提升。

2. 根据区域经济特点开设特色专业

贵州应鼓励各地区根据自身经济特点和产业需求，开设具有地方特色的专业，避免职业院校在专业设置上的重复建设与资源浪费。通过产业导向的专业设置，职业教育可以为地方经济发展提供更加精准的人才支持，同时避免区域间的恶性竞争。例如，六盘水市作为贵州的能源和矿产大市，可以重点发展与矿业、能源相关的职业教育专业，培养矿产开发、能源管理等领域的人才，满足地方经济对技术工人的需求。而在黔南州和黔东南州，依托其丰富的旅游资源和民族文化，可以开设与文旅服务、文化遗产保护相关的专业，培养一批熟悉地方文化和旅游服务的高素质人才，推动区域经济与职业教育的良性互动发展。通过这种专业设置的差异化发展，不同地区的职业院校可以实现专业互补，避免了资源的浪费，也促进了职业教育与地方产业的深度融合。

3. 推动职业院校的基础设施均衡发展

职业教育的发展离不开基础设施的建设和支持。贵州应加大对欠发达地区职业院校基础设施的投入，确保各地区的教育设施条件基本均衡。政府可以通过专项资金，改善欠发达地区职业院校的实验室、实训基地等基础设施，提升学校的办学条件，为学生提供更好的学习和实训环境。同时，政府应通过资源配置优化，确保师资力量的均衡发展。对于教师资源相对匮乏的欠发达地区，可以通过教师互派、教师培训等方式提升教学水平。例如，贵州可以建立"教师轮岗"机制，鼓励发达地区的优秀教师到欠发达地区支教，帮助提升当地的教育质量，缩小区域差距。此外，贵州还应加大对本地教师的培训力度，提升他们的专业素养和教学能力，尤其是在新技术应用和产业需求对接方面，确保教师能够与时俱进。

4. 加强政府政策支持与资金投入

政府的政策支持与资金投入是实现职业教育协调发展的重要保障。贵州省政府应出台针对欠发达地区的倾斜政策，加大财政支持力度，提供专项资金用于改善教育基础设施和提升师资水平。同时，应建立科学的资金分配机制，确保资源的公平分配与有效利用，避免资金短缺导致教育发展不均衡的问题。此外，政府还应加强与企业的合作，通过税收优惠政策和产业引导基金，鼓励企业参与职业教育发展，特别是在欠发达地区共建实训基地、开展人才培养合作等项目，促进企业与职业院校的深度融合，实现资源的高效配置与共享。

实现贵州省职业教育的协调发展，需要在区域资源共享、特色专业设置、基础设施均衡、政策支持等方面采取一系列创新举措。通过构建全省职业教育协同发展平台、推动各地区根据产业需求设置专业、加大基础设施投入，贵州可以实现职业教育资源的合理配置，缩小区域差距，推动全省职业教育的高质量发展。这种协调发展的模式不仅能够提升欠发达地区的教育水平，还能够为全省经济的可持续发展提供强有力的人才支撑。

（三）绿色发展：推广绿色技能与可持续发展教育

绿色发展是职业教育高质量发展的关键方向之一。贵州省应积极推动绿色技能培训和可持续发展教育，培养符合绿色经济需求的技术人才，为地方经济的可持续发展提供人力资源支持。通过在职业教育中融入绿色理念，贵州省可以引领绿色产业的成长，并通过教育赋能，增强绿色经济的竞争力。

1. 推广绿色职业技能教育

贵州省应充分利用其生态环境优势，推动绿色职业技能教育，尤其在生态保护、清洁能源、绿色建筑等领域开设相关课程，培养具备绿色技能的高素质技术人才，满足日益增长的绿色经济需求。职业院校应加强与地方政府、企业的合作，共同开发符合绿色产业需求的课程，并将其作为基础教育的一部分。在具体实施中，贵州的职业院校应聚焦绿色经济的多个领域。例如，农业相关的职业院校可以推广绿色农业技术课程，传授绿色种植、低碳农业、环保灌溉等现代农业知识，提升学生的环保技能和绿色发展意识。此外，建筑类职业院校可以增设绿色建筑与节能技术课程，教授学生如何设计和建造节能环保的建筑物，以应对未来建筑行业向低碳转型的需求。

2. 强化可持续发展理念渗透

职业院校不仅要教授具体的绿色技能，还应在各类专业课程中融入可持续发展理念，确保学生能够理解和应用环保知识，成为推动可持续发展的积极力量。学校应结合实际行业需求，制订符合可持续发展目标的教学计划，使学生能够在学习过程中了解资源节约、污染防治、碳排放控制等重要议题。贵州应特别重视绿色农业、生态旅游和可再生能源等本地特色产业，推动学生了解如何将可持续发展原则融入实际生产和工作中。例如，在农业职业院校中，可以开展绿色农业技术推广项目，帮助学生掌握有机农业、土壤保护、节水灌溉等现代农业技术，确保他们能够在实践中推动绿色农业的发展。同时，旅游类职业院校也应开设生态旅游管理课程，引导学生在旅游开发过程中注重环保，减少生态破坏。

3. 推动绿色校园建设

除了在课程设置中强调绿色发展，贵州的职业院校还应在校园基础设施建设中践行绿色发展理念，推广绿色校园建设，从而为学生提供直接的绿色发展体验。通过采用节能、低碳的建筑设计和能源系统，学校不仅能够降低自身的碳排放，还能够为学生树立绿色发展的榜样。职业院校应广泛应用可再生能源，如太阳能和风能，来满足校园的供电需求，同时推广节能建筑技术，降低校园的能源消耗。例如，学校可以在校园内安装太阳能发电系统和节能照明系统，减少对传统能源的依赖，推动学校向"零碳排放"目标迈进。此外，校园还可以设置雨水收集和循环利用系统，提升水资源的利用效率。通过绿色校园建设，学校不仅能够为学生提供优质的学习环境，还能够通过实际示范向学生传授节能环保的理念，使学生在学习过程中深刻理解绿色发展的重要性。

4. 绿色技术与产业发展的深度结合

贵州的职业教育应进一步推动绿色技术与产业发展的深度融合，建立以绿色产业需求为导向的技能培训体系。通过与本地绿色产业企业的深度合作，职业院校可以更好地理解市场需求，培养出具备绿色技能的高端技术人才，推动本地绿色产业的发展壮大。贵州可以通过产教融合模式，在职教院校与清洁能源企业、生态农业公司、绿色建筑企业之间搭建长期合作平台，推动校企共建绿色技术实训基地，提升学生的实践能力。校企合作不仅能够为学生提供实际的实训机会，还能让学校根据企业的实际需求调整教学内容，确保毕业生能够快速适应绿色产业的发展需求。贵州职业教育的高质量发展必须紧密围绕绿色发展理念展开，通过绿色技能的培训、可持续发展理念的渗透、绿色校园建设的推广以及绿色技术与产业的深度结合，职业院校可以为贵州的绿色经济提供持续的人才支持。通过教育引领，贵州将能够在全国绿色经济版图中占据重要位置，实现经济与生态的双赢发展。

（四）开放发展：深化国际合作与产教融合

开放发展是推动贵州职业教育迈向国际化的重要途径，同时也是增强职业教育与产业发展紧密联系的关键环节。通过引入国际先进教育资源和深化产教融合，贵州可以有效提升职业教育的质量与全球竞争力，为区域经济发展注入新动力。

1. 加强国际职业教育合作是提升贵州职业教育水平的必要举措

贵州应积极与国际知名职业教育机构建立合作关系，引进全球领先的教育理念、课程标准和教学模式。这不仅能提升贵州职业院校的国际影响力，还能确保学生获得国际认可的技能认证，增强其在全球劳动力市场的竞争力。例如，贵州职业院校可以借鉴德国"双元制"职业教育模式，与德国、瑞士等职业教育领先国家的机构合作，开展联合办学、师资培训和双文凭项目。通过引入国际认证课程，贵州的学生将有机会接受更高水平的职业培训，同时也能促进师资队伍的国际化，提升教育质量。

2. 深化产教融合是提升职业教育开放性和实用性的关键步骤

职业教育的核心目标是培养与市场需求匹配的高素质技能型人才，而产教融合则是实现这一目标的重要途径。贵州职业院校应加大与大型企业、跨国公司和地方龙头企业的合作，构建联合实训基地，为学生提供更多的实践机会。校企合作的深度和广度决定了人才培养的精准度，只有真正将企业的需求融入教育过程中，才能确保学生具备行业前沿技能，满足企业的实际需求。

贵州应通过制定激励政策，吸引更多企业主动参与职业教育的合作办学和人才培养。政府可以出台政策，对参与合作的企业提供税收减免、财政补贴等激励，鼓励企业共建实训基地，并为职业院校提供最新的设备、技术和行业信息。通过这种深度的合作，学生不仅能在学校接触到最前沿的行业技术，还能在毕业时无缝对接企业的需求，提升就业率和岗位适应性。

3. 注重国际教育资源与本地产业发展的结合，形成全球化与本地化的有机融合

在推动国际合作的过程中，贵州职业院校应避免单纯照搬国外模式，而是要根据贵州自身的产业特点和市场需求，灵活调整合作形式。尤其是在文化旅游、生态旅游等具有本地特色的产业中，贵州应将国际先进的管理经验与本地资源相结合，开发具有地域特色的专业课程，提升学生在本地产业中的竞争力。

4. 加强国际化人才培养，通过与国际企业的深度合作，为学生提供更多的国际化实践机会

政府可以鼓励跨国公司在贵州设立分支机构，并通过校企合作为职业院校的学生提供国际化的实习机会。通过这些实践机会，学生能够在实际工作中掌握跨文化沟通、国际项目管理等技能，提升在全球市场中的适应能力。

（五）共享发展：确保职业教育成果惠及全体社会成员

共享发展的核心理念是确保职业教育的成果能够惠及全体社会成员，尤其是弱势群体和农村地区。贵州省的职业教育应以教育扶贫为切入点，确保教育公平，并通过推动城乡协调发展，提升农村劳动力的技能，促进社会的整体共享发展。

1. 加大对贫困地区职业教育的政策扶持

为了实现教育公平，贵州省应继续加大对贫困和农村地区职业教育的政策支持，确保这些地区的学生获得与城市地区学生同等的教育资源和发展机会。政府可以通过设立专项资金、优化教育政策、加大财政投入等措施，推动职业教育资源向欠发达地区倾斜，缩小区域差距。首先，贵州省政府应设立专项资金，专门用于资助贫困学生接受职业教育。例如，扩大助学金和奖学金的覆盖面，降低贫困家庭学生的经济负担，帮助他们完成职业教育学业。这种方式不

仅能够解决贫困学生的就学问题，还能够通过教育改变家庭的经济状况，实现脱贫目标。同时，政府应推动职业教育政策改革，增加对欠发达地区职业院校的财政支持，用于改善教学设施、提升师资力量，确保贫困和农村地区的学生能够接受高质量的职业教育。

2. 职业教育与乡村振兴的有机结合

贵州省的职业教育发展应与乡村振兴战略紧密结合，通过教育引导农村劳动力的转型升级，实现城乡资源的共享与均衡发展。职业教育不仅是提高农村居民就业能力的途径，也是推动农村经济可持续发展的重要支撑。首先，贵州省应大力推动职业教育与农村产业需求的对接，开设符合农村经济发展的特色专业，帮助农民掌握现代农业技术、生态种植、畜牧养殖等技能。例如，贵州可以在农业职业院校中开展现代农业技术培训，让农村青年通过学习先进的农业技术，提升生产效率，实现农业现代化。其次，贵州应开展创业教育，激发农村居民的创业潜力，帮助他们通过创业实现自我发展。通过提供政策扶持、创业指导和资金支持，政府可以帮助农村青年通过创办小型企业、合作社等方式，带动当地经济发展。例如，针对电子商务的发展，职业院校可以设置相关课程，帮助农村居民学会如何利用互联网销售农产品，实现产品增值和市场扩展。

3. 推动职业教育成果共享与社会公平

职业教育的共享发展不仅要求资源的公平分配，还应确保职业教育的成果能够惠及全社会。贵州省职业教育应加强与各类企业的合作，推动职业教育成果向产业转化，实现社会资源的共同利用和共享。首先，贵州省应建立职业教育与企业合作的长效机制，让企业参与职业教育的人才培养和课程设计，确保职业教育培养的人才符合产业需求。这种合作不仅能提升学生的就业率，也能够为企业提供更多高素质的技术人才，实现教育资源和企业需求的精准对接。其次，贵州省应通过校企合作建立实训基地，确保学生能够在实训中获得实际的操作经验，提升职业技能。例如，在工业和制造业发达的地区，职业院校可以与当地企业合作，共同开发实训课程，帮助学生掌握与实际岗位要求相匹配的技术技能。

4. 创新教育扶贫模式，增强教育扶贫效果

为了确保职业教育扶贫的深入开展，贵州省应不断创新教育扶贫模式，增强扶贫效果。通过引入德国"双元制教育"理念，将理论学习与企业实践相结合，确保贫困学生不仅能掌握书本知识，还能在实际工作中积累经验。政府和学校应为贫困学生提供更多的实践机会，帮助他们在实习和工作中提高就业竞

争力，实现职业技能与市场需求的无缝衔接。此外，政府还应建立一整套的跟踪扶持机制，确保毕业生能够顺利进入工作岗位，并通过持续的职业技能提升，实现长期就业和发展。这种跟踪支持机制不仅能够帮助贫困学生顺利走上职业发展道路，还能进一步增强职业教育扶贫的长期效果。通过共享发展的理念，贵州省的职业教育可以实现教育资源和成果的全社会共享，确保职业教育不仅能够惠及弱势群体，还能推动城乡协调发展。通过加大对贫困地区的政策扶持、推动职业教育与乡村振兴结合、加强校企合作和创新教育扶贫模式，贵州将能够实现教育公平与社会发展的双赢目标，为区域经济和社会的可持续发展提供有力支撑。

基于新发展理念，贵州省职业教育的高质量发展应在创新、协调、绿色、开放、共享的框架下全方位推进。通过创新驱动、区域协调、绿色教育、国际合作以及成果共享，贵州可以进一步提升职业教育的整体水平，培养出更多符合现代经济需求的高素质技术人才，助力地方经济的转型升级和可持续发展。

第二节　贵州旅游业高质量发展的影响因素与对策

根据第五章第三节数据分析，2018 年至 2023 年，贵州省旅游业高质量发展指数呈现三个阶段性变化。首先是平稳增长期（2018—2019 年），指数从 0.446 上升至 0.509，处于中等质量发展阶段。2020 年受全球疫情冲击，指数急剧下降至 0.235，进入低质量发展阶段。2021 年至 2022 年，旅游业进入逐步恢复期，指数从 0.323 缓慢上升至 0.343，仍处于较低质量发展阶段。到 2023 年，指数达到 0.511，重新进入中等质量发展水平。基于前面分析的数据，本节从创新、协调、绿色、开放、共享五个维度，系统分析影响贵州省旅游业高质量发展的关键因素。

一、创新发展维度的主要因素

在贵州省旅游业高质量发展系统中，创新发展维度的权重为 0.235，是所有维度中权重最高的因素，表明创新对于推动旅游业高质量发展的关键性作用。创新不仅是提升产业竞争力的核心动力，也是推动旅游业可持续发展、产业升级和区域经济结构优化的重要手段。从数据分析看，2016 年到 2023 年，虽然创新发展指数大致上是增长趋势，但是，每年的指数很小，都小于 0.2，说明贵州省旅游创新发展方面处于低质量发展阶段，严重制约贵州省旅游业高质量发展。

现从创新发展维度的角度，分析贵州省旅游业高质量发展影响因素，结合表6-4中的数据，具体分析如下。

（一）创新投入的逐年增加

表中的数据反映了贵州省在创新投入方面的逐年增加。尤其是 R&D 经费投入强度从2018年的0.79%上升到2023年的0.99%。这一增长表明贵州在研发方面的投入逐步加大，有助于推动旅游产业的技术创新和产品升级。然而，整体的研发投入强度仍然偏低，与发达地区相比还有较大差距，这可能限制了旅游业创新成果的广泛应用。

（二）基础设施建设的不断完善

长途光缆线路长度从2018年的96.90万公里增至2023年的197.40万公里，体现了通信基础设施的显著提升。这对于促进智慧旅游、信息化管理等创新领域的发展至关重要。现代旅游业的高质量发展离不开高效的通信网络，完善的基础设施为旅游业的智能化管理、在线服务以及游客体验的提升提供了有力支持。

（三）创新产出的波动性

虽然贵州在创新投入上有明显提升，但百度资讯指数的波动性显示出创新产出的不稳定性。2018年该指数达到54951次，但随后几年有所下降，尤其是2019年和2021年，指数分别降至19211次和17713次，表明贵州省旅游创新成果在市场宣传和受关注度上不够稳定。这种波动可能影响旅游业的品牌塑造和市场推广，不利于长期的创新驱动发展。

（四）旅游专利授权的提升

旅游专利授权数从2018年的43项逐步增加到2021年的68项，表明贵州省在旅游创新产品、服务和技术方面取得了一定进展。然而，2022年授权数下降至36项，反映出创新成果的持续性和保护机制可能存在不足。这种不连续的创新产出会影响旅游产业链的整体创新能力。贵州省旅游业在创新发展维度上有显著进步，特别是在研发投入和基础设施建设方面表现突出，但创新产出的波动性和专利授权的持续性仍是制约旅游业高质量发展的关键问题。

表6-4 贵州省旅游创新发展指数数据情况

年份	创新投入					创新产出	
	国内及入境旅游旅行社总数（个）	星级饭店个数（个）	R&D经费投入强度（%）	长途光缆线路长度（万公里）	开设旅游专业高职院占高等职业院校比例	百度当年资讯指数最高值（次）	旅游专利授权数（项）
2018年	311	203	0.79	96.90	0.58	54951	43
2019年	467	239	0.86	114.14	0.58	19211	52
2020年	634	231	0.91	123.05	0.61	22477	52
2021年	662	232	0.93	134.63	0.63	17713	68
2022年	734	242	0.99	167.00	0.60	25739	36
2023年	1197	230	0.99	197.4	0.58	75340	50

二、协调发展维度的主要因素

图5-12展示了2018年至2023年贵州省旅游协调发展指数的变化趋势，表现出明显的波动性。2018年指数为0.13，至2019年迅速攀升至0.17，表明这一时期贵州在旅游协调发展方面取得了一定成果。然而，2020年指数急剧下降至0.03，至2023年协调发展指数小于0.1，反映出疫情对旅游协调发展的持续影响。整体来看，贵州的协调发展仍处于低质量发展阶段（THQ值小于0.2），制约贵州省旅游业的长期健康发展。现结合表6-5的数据，从协调发展维度分析影响贵州省旅游业高质量发展的关键因素。

表6-5 贵州省旅游协调发展指数数据情况

产业结构	2018年	2019年	2020年	2021年	2022年	2023年
旅游收入占GDP比重	0.62	0.73	0.32	0.34	0.26	0.35
旅游收入占第一产业比重	4.39	5.40	2.28	2.43	1.83	2.56
旅游收入占第二产业比重	1.72	2.06	0.92	0.97	0.74	1.01

续表

产业结构	2018 年	2019 年	2020 年	2021 年	2022 年	2023 年
旅游收入占第三产业比重	1.23	1.45	0.64	0.67	0.51	0.69
入境旅游人数（万人次）	146.55	161.31	4.36	5.56	4.87	21.00
国际旅游外汇收入（万美元）	31762.59	34503.00	2110.80	1949.00	1708.07	2758.00
进出口总额（亿元）	5028661.00	4531977.00	5465225.00	6539382.00	7922802.00	7597000.00
旅游总收入（亿元）	9471.03	12318.86	5785.09	6642.16	5245.64	7404.56
城乡常住居民人均可支配收入比	3.25	3.20	3.10	3.05	3.00	2.89

（一）旅游收入占 GDP 比重的波动

表 6-5 数据显示，旅游收入占 GDP 的比重从 2019 年的 0.73 下降至 2020 年的 0.32，凸显了疫情对贵州省旅游业的严重冲击。尽管到 2023 年这一比重回升至 0.35，但仍处于低水平。这种波动反映出旅游业对贵州整体经济的贡献缺乏稳定性，且与其他产业的协调发展较为薄弱，制约了贵州省旅游业的高质量发展。

（二）入境游客数量的显著下降

入境游客数量从 2019 年的 161.31 万人次骤降至 2020 年的 4.36 万人次，尽管在 2021 年和 2022 年有所回升，但增幅较小，至 2023 年仅恢复至 21 万人次。这一趋势表明国际旅游市场恢复缓慢，疫情及其后续影响对贵州旅游业的国际化进程造成了显著限制，阻碍了其与国际市场的协调发展，进而影响了贵州旅游业的高质量发展进程。

（三）旅游收入结构的失衡

旅游收入在第一、第二、第三产业中的比重波动明显，尤其是第一产业和第三产业的比重经历了大幅变化。2019 年，旅游收入占第一产业比重为 5.40，但到 2020 年骤降至 2.28；第三产业的比重也从 2019 年的 1.45 下降至 2020 年的 0.64。这种结构性失衡表明，贵州旅游业与其他产业尚未形成有效联动，难以通过产业融合实现高质量发展。

（四）国际旅游外汇收入的波动

疫情前，国际旅游外汇收入在 2019 年达到 34503 万美元，但 2020 年锐减至 2110.80 万美元，尽管 2023 年回升至 2758 万美元，但仍未恢复至疫情前水平。这表明贵州旅游业在国际市场的吸引力和竞争力有待提升，国际市场的低复苏率限制了旅游业的协调发展，尤其是其与全球旅游市场的融合仍不充分，进一步影响了贵州旅游业的高质量发展潜力。

三、绿色发展维度的主要因素

在贵州省旅游业高质量发展系统中，绿色发展维度的权重为 0.188，凸显了其在推动旅游业高质量发展中的重要性。绿色发展不仅关乎生态环境保护，也直接影响旅游业的可持续性和竞争力。根据 2018 年至 2023 年的数据，贵州省旅游绿色发展指数呈现波动趋势，经历了三个阶段的变化。首先，2018 年指数为 0.09，2019 年下降至 0.06，显示绿色发展初期推进不足。自 2020 年起，指数逐渐回升，2020 年为 0.07，2021 年回到 0.09，并在 2022 年达到最高值 0.13，反映出这一时期绿色发展取得了一定成效。然而，2023 年指数回落至 0.09，表明绿色发展速度放缓，未能维持之前的上升势头。整体来看，贵州的绿色发展仍处于低质量发展阶段（THQ 值小于 0.2），限制了旅游业的可持续发展和生态竞争力。接下来，将结合表 6-6 的数据，从绿色发展维度分析影响贵州省旅游业高质量发展的关键因素。

表 6-6　贵州省旅游绿色发展指数数据情况

年份	生态环境			绿色能源		环境治理	
	森林覆盖率（%）	自然保护区面积占全省面积（%）	森林公园面积约占全省面积（%）	人均公园绿地面积（平方米）	水电、风电、太阳能发电等（亿千瓦时）	城市生活垃圾无害化处理率（%）	城市污水处理率（%）
2018 年	57.0	5.03	1.6	13.54	854.31	92.0	93.8
2019 年	60.0	4.88	1.6	14.72	867.00	93.1	94.6
2020 年	61.5	4.83	1.6	15.38	973.34	94.7	96.0
2021 年	62.1	4.82	1.6	15.29	921.82	98.4	97.48
2022 年	62.8	4.81	1.6	15.93	897.05	99.56	98.41
2023 年	63.0	4.81	1.6	15.33	593.19	99.68	98.63

（一）生态环境的增长不均衡

虽然贵州省森林覆盖率从 2018 年的 57%稳步上升至 2023 年的 63%，为生态旅游奠定了良好的基础，但自然保护区和森林公园面积占比在这几年间保持稳定，几乎没有变化。这种增长的不均衡反映出生态保护扩展的有限性，限制了生态旅游潜力的全面释放。若不进一步扩大自然保护区的覆盖范围并加强资源保护力度，贵州旅游业的生态竞争力将难以持续提升。

（二）绿色能源使用的波动性

贵州省的水电、风电、太阳能等绿色能源发电量在 2022 年达到峰值 897.05 亿千瓦时，但 2023 年回落至 593.19 亿千瓦时，这种波动性凸显了绿色能源使用的不稳定性。虽然绿色能源为旅游业的可持续发展提供了基础支持，但其波动对旅游行业的长期稳定发展构成了挑战。

（三）环境治理成效的显著提升

贵州省的环境治理成效显著提升，城市生活垃圾无害化处理率和城市污水处理率从 2018 年的 92%和 93.8%逐步提升至 2023 年的 99.68%和 98.63%。这一趋势表明环境治理方面的持续改善有助于提升旅游目的地的环境质量。然而，保持这一高水平的治理成效是未来绿色发展过程中不可忽视的挑战。贵州省旅游业的绿色发展仍处于低质量发展阶段，尽管在森林覆盖率、绿色能源应用和环境治理方面有所进展，但整体发展仍存在波动和不稳定性，影响贵州省旅游产业高质量发展。

四、开放发展维度的主要因素

图 5-14 展示了 2018 年至 2023 年贵州省旅游开放发展指数的变化趋势，呈现出明显的波动。2018 年指数为 0.15，2019 年上升至 0.16，反映出这一时期贵州在旅游开放发展方面取得了积极进展。然而，2020 年受全球疫情冲击，指数骤降至 0.01，显示出旅游业的国际化和对外开放几乎陷入停滞。2021 年至 2023 年，指数缓慢回升，分别为 0.02、0.03 和 0.04，尽管逐步恢复，但增速较为缓慢。整体来看，贵州旅游的开放发展仍处于低质量发展阶段（THQ 值小于 0.2）对旅游业的国际化和经济拉动效应产生了明显限制。现结合表 6-7 的数据，从开放发展维度分析影响贵州省旅游业高质量发展的关键因素。

表 6-7 贵州省旅游开放发展指数数据情况

指　标	2018 年	2019 年	2020 年	2021 年	2022 年	2023 年
入境旅游人数（万人次）	146.55	161.31	4.36	5.56	4.87	21
国际旅游外汇收入（万美元）	31762.59	34503.00	2110.80	1949.00	1708.07	2758.00
进出口总额（亿元）	5028661	4531977	5465225	6539382	7922802	7597000

（一）入境旅游人数的急剧下降

入境旅游人数从 2019 年的 161.31 万人次骤降至 2020 年的 4.36 万人次，尽管 2021 年至 2023 年有所恢复，2023 年恢复至 21 万人次，但仍远低于疫情前的水平。这表明贵州旅游业在疫情后期恢复国际游客方面进展缓慢，入境游客数量的低迷削弱了贵州旅游业的国际化进程，限制了其在全球旅游市场中的竞争力。

（二）国际旅游外汇收入大幅减少

国际旅游外汇收入在疫情前（2019 年）为 34503 万美元，但到 2020 年骤减至 2110.8 万美元，2023 年虽回升至 2758 万美元，但仍然无法恢复至疫情前的水平。这一变化表明贵州旅游业的国际吸引力不足，国际游客的消费贡献减少，直接影响了旅游业对贵州经济的外汇收入贡献。同时，国际市场的低复苏率也进一步限制了贵州旅游业的开放性和全球参与度。

（三）进出口总额的波动

进出口总额在 2020 年略有上升，但 2022 年达到最高点 7922802 亿元后，2023 年回落至 7597000 亿元。这种波动反映出贵州在全球经济体系中的整合度有限，开放度不高导致其难以维持长期的国际市场优势。进出口总额的波动不仅反映出国际贸易的不稳定性，也间接反映了旅游业开放发展不充分的问题。贵州的开放发展低质量阶段，尤其在入境旅游人数和国际旅游外汇收入方面，严重限制了其国际化步伐和对外经济拉动效应。

五、共享发展维度的主要因素

图 5-15 展示了 2018 年至 2023 年贵州省旅游共享发展指数的变化趋势，呈现先降后升的波动。2019 年指数上升至 0.07 后，2020 年因疫情降至 0.02，反映出共享发展受阻。2021 年至 2022 年逐步恢复，2023 年大幅跃升至 0.16，但

总体而言，贵州的共享发展仍处于低质量发展阶段（THQ 值小于 0.2），导致旅游业收益分配不均、社会参与度低、基础设施建设不足等问题，严重制约了旅游业的可持续发展。现结合表 6-8 的数据，从协调发展维度分析影响贵州省旅游业高质量发展的因素。

表 6-8　贵州省旅游共享发展指数数据情况

指　标	2018 年	2019 年	2020 年	2021 年	2022 年	2023 年
国内及入境旅游旅行社职工人数（人）	3367	4043	3436	3424	2824	4024
旅游总收入（亿元）	9471.03	12318.86	5785.09	6642.16	5245.64	7404.56
博物馆、图书馆数量（个）	189	189	192	199	232	256
65 岁及以上人口数（万人）	415.45	432.13	445.98	453.00	468.00	660

（一）旅游业就业人数波动

国内及入境旅游旅行社职工人数在 2020 年大幅下降至 3436 人，虽然 2023 年恢复至 4024 人，但相比 2019 年的 4043 人，增长有限。这表明旅游业就业机会增长缓慢，未能为当地居民提供足够的就业支持，导致社会参与度低，制约了共享发展水平的提升，从而影响贵州省旅游产业高质量发展。

（二）旅游收入波动显著

旅游总收入从 2019 年的 12318.86 亿元大幅下降至 2020 年的 5785.09 亿元，虽在 2023 年回升至 7404.56 亿元，但与疫情前相比，仍有较大差距。这种收入波动影响了旅游业收益的稳定分配，导致旅游资源和经济效益未能惠及更广大人群，削弱了旅游业的共享性和可持续发展，从而影响贵州省旅游产业高质量发展。

（三）文化基础设施不足

虽然博物馆和图书馆的数量从 2018 年的 189 个上升至 2023 年的 256 个，但增长相对缓慢。这表明贵州在文化基础设施建设方面的投入有限，难以满足游客和当地居民对文化服务的需求，进而影响了旅游业的整体体验和共享机制的健全，从而影响贵州省旅游产业高质量发展。

（四）老龄人口增加

65 岁及以上人口从 2018 年的 415.45 万人增长至 2023 年的 660 万人，这一快速增长的老龄化趋势增加了社会保障和公共服务的压力，旅游业在为老龄群体提供服务和共享发展红利方面尚需加强，进一步完善面向老年游客的设施和服务将有助于提升旅游业的共享发展水平。

六、促进贵州省旅游产业高质量发展的对策

贵州省作为中国西南地区重要的旅游目的地，拥有丰富的自然资源和独特的文化背景，旅游产业的高质量发展对地方经济的拉动作用至关重要。为实现可持续的高质量发展，必须从"创新、协调、绿色、开放、共享"五大新发展理念出发，构建符合新时代要求的旅游产业发展路径。以下对策基于新发展理念的维度，旨在全面推动贵州旅游产业的高质量发展。

（一）创新驱动：推动贵州省旅游产业的科技与模式创新

创新是高质量发展的核心动力。贵州省旅游产业要实现可持续发展，必须依托科技创新和模式创新，推进数字化、智能化和信息化建设，以提升旅游产业的现代化水平，增强市场竞争力。

1. 数字化转型与智慧旅游

贵州省应全面加速智慧旅游的建设，推动景区、酒店、交通等各个旅游环节的数字化升级，通过技术创新提升游客体验。依托大数据、人工智能、物联网等先进技术，可以实现旅游服务的智能化管理。例如，利用大数据分析游客偏好和行为习惯，精准推送个性化旅游服务，提升游客满意度和参与感。同时，贵州省可以推出智能导览系统，游客通过手机或智能设备即可获取实时景区信息、路线规划、历史介绍等，极大提升了游客的便利性和自主性。此外，在线预约系统的建设能够有效缓解高峰期旅游景区的压力，减少排队和拥堵现象，提高景区的运营效率和游客的旅游体验。虚拟现实（VR）和增强现实（AR）技术的应用也为旅游产品提供了更丰富的互动方式。例如，游客可以通过 VR 设备"预览"景区，提前规划旅游路线和体验项目，这不仅吸引了更多的游客，还为景区的宣传和营销开辟了新路径。

2. 创新旅游产品与业态

近年来，贵州省的乡村体育活动"村 BA"和"村超"迅速走红，成为全国乃至全球范围内备受关注的文化体育现象。这些乡村体育活动不仅展现了贵州独特的民间体育文化魅力，也为当地带来了巨大的旅游发展潜力。如何将

"村BA"和"村超"这类独具地方特色的乡村体育活动融入旅游业，开发创新的旅游产品与业态，将成为贵州旅游产业高质量发展的重要抓手。

（1）结合"村BA"和"村超"的体育旅游产品创新

体育旅游是一种新兴的旅游形式，贵州可以借助"村BA"和"村超"的影响力，开发以乡村体育为主题的旅游产品，吸引国内外游客参与和体验这类独特的乡村体育文化。首先，贵州应充分利用"村BA"和"村超"的品牌效应，打造体育赛事主题旅游线路。例如，组织游客在"村BA"比赛期间，参与观赛、体验民俗活动的旅游套餐，让游客不仅能享受原汁原味的篮球赛事氛围，还能深入体验贵州的民风民俗和乡村文化。赛事期间，游客可以参观当地的村庄，品尝当地美食，参与当地的传统节庆活动，形成独特的"体育+文化"的旅游体验。其次，可以通过乡村体育赛事吸引更多的体育爱好者与旅游者，将赛事活动与乡村体验旅游相结合，打造"体育+旅游"的复合业态。例如，在"村超"比赛期间，游客不仅可以欣赏到精彩的足球赛事，还可以参加周边的乡村骑行、徒步旅行、山地运动等户外活动。这种将体育活动与生态旅游相结合的模式，不仅提升了旅游产品的多样性，也吸引了更多不同类型的游客群体。

（2）推动乡村体育赛事的文创产品与旅游纪念品开发

"村BA"和"村超"的火爆为贵州的文创产品开发带来了新机遇。贵州可以将赛事文化与本土元素相结合，设计和推广一系列文创产品和旅游纪念品。这些产品可以包括具有地方特色的运动装备、赛事纪念品、与"村BA"或"村超"相关的手工艺品等。例如，可以推出限量版的"村BA"篮球或"村超"足球，融入苗族、侗族等贵州少数民族的传统图案，既具有纪念意义，也具备文化内涵。此外，结合赛事文化推出运动服装、运动配件等产品，吸引年轻游客群体。这些文创产品不仅能够作为赛事的纪念品售卖，还能作为贵州旅游品牌的重要组成部分，扩大赛事的影响力和游客的消费体验。

（3）打造"体育+文化"的旅游节庆活动

"村BA"和"村超"可以通过打造旅游节庆活动的形式，吸引更多游客前来贵州参与体育赛事和文化体验。这类节庆活动可以将体育比赛、地方传统文化表演、旅游观光相结合，形成以赛事为核心的旅游节庆品牌。例如，每年可以举办以"村BA"为核心的体育旅游节，节日期间不仅有篮球比赛，还有贵州传统舞蹈、音乐表演、民族服饰展览等文化活动，增加赛事的娱乐性和文化深度。此外，还可以组织游客与当地居民进行互动，比如，参加村庄传统的体育活动、体验当地的手工艺制作等，打造沉浸式的旅游体验。通过体育赛事与文化旅游的结合，贵州的"村BA"和"村超"不仅可以进一步提升其品牌影响力，还能够吸引更多游客长期关注和参与贵州的乡村旅游活动。

（4）推动"村 BA"和"村超"的国际化，吸引海外游客

随着"村 BA"和"村超"赛事的知名度不断提升，贵州可以借此机会推动赛事的国际化发展，吸引海外游客前来贵州观赛、旅游。这一策略不仅可以扩展贵州的国际旅游市场，也为当地的体育和文化产业带来更多的国际交流与合作机会。贵州可以与国际体育机构合作，邀请海外运动员、体育爱好者前来参加"村 BA"和"村超"赛事，通过比赛展示贵州的体育文化魅力。同时，配合赛事推广贵州的自然风光和民族文化，开发适合海外游客的专项旅游产品和服务，提升贵州在国际市场的旅游竞争力。

3. 数字内容与创意经济的结合

贵州还可以推动数字内容与旅游产业的深度融合，借助创意经济为旅游产业赋能。通过数字技术与贵州本土文化的融合，开发出具有独特视觉体验和文化内涵的数字文创产品，不仅可以作为旅游纪念品，还可以成为景区的延展品牌。例如，基于贵州少数民族传统手工艺品，开发数字化的艺术品或服饰设计，吸引年轻消费者的关注。此外，通过线上线下结合的形式，将虚拟展览、数字艺术馆与实际的景区结合，使游客能够通过移动设备或虚拟现实技术"远程游览"贵州的自然和文化遗产。这种创新形式既能提升游客的文化体验，也为景区创造了更多的经济收入。例如贵州的黔东南苗寨通过数字技术开发了虚拟苗族村落体验，游客可以通过 VR 设备在线参观苗族村庄、了解传统建筑和风俗习惯，还能参与虚拟苗族节日庆典。这一创新极大拓展了旅游的覆盖面，使得不能亲临贵州的游客也能够通过数字技术感受到贵州的魅力。贵州省要实现旅游产业的高质量发展，必须通过科技创新与模式创新不断优化产业结构，提升竞争力。数字化转型与智慧旅游为贵州旅游产业提供了现代化发展的新路径，而旅游产品与业态的创新则为产业注入了新的活力和多样性。通过深度挖掘贵州的文化和生态资源，结合现代技术手段，贵州有望在全国旅游市场中占据独特的位置，成为以创新驱动发展的典范。

（二）协调发展：推动区域旅游一体化与城乡联动发展

协调发展旨在实现区域间和城乡之间的均衡发展，贵州旅游产业要实现高质量发展，必须打破城乡、区域之间的壁垒，统筹城乡资源，推进区域旅游协调发展，以全域旅游战略为核心，推动旅游资源的整合与共享，促进城乡联动发展。

1. 区域联动与全域旅游

贵州应充分发挥区域联动的作用，整合全省的旅游资源，推进全域旅游发

展战略，构建跨区域的旅游协作机制，提升整体旅游产业的竞争力和可持续性。首先，贵州省应打破行政区划的限制，整合各地的特色旅游资源，形成"互补型"旅游板块。通过跨区域的资源共享与合作，打造综合性长线旅游线路。例如，黔东南、黔南和安顺等地的旅游资源各具特色，黔东南拥有浓厚的民族文化和传统村落，黔南以自然风光和生态旅游闻名，安顺则以黄果树瀑布等世界级景区著称。将这些资源有效整合，可以形成从文化到生态、从传统村落到自然奇观的长线旅游产品，吸引游客深度参与多元化旅游活动，延长游客的停留时间，促进区域经济增长。其次，贵州应通过数字化手段提升区域联动的效能。依托大数据平台，各地旅游管理部门和企业可以实现信息互通，建立跨区域、跨景区的票务联动和旅游数据共享系统，增强游客的体验感。例如，游客可以通过一个平台订购不同景区的门票和交通服务，同时获取全省各大景区的实时信息，提升旅游的便捷性与服务质量。

2. 城乡旅游协调发展

贵州省拥有丰富的乡村旅游资源，在旅游业的推动下，乡村经济发展潜力巨大。城乡联动发展是实现乡村振兴的重要手段，未来贵州应进一步加强城乡联动，推动乡村旅游与城市旅游的协同发展，提升城乡资源的协调配置与共享发展水平。首先，贵州应大力推动乡村旅游扶贫，通过旅游产业的发展带动农村经济发展，帮助农村地区的居民增收致富。乡村旅游具有低门槛、就业广的特点，能够直接为乡村居民提供大量就业机会。例如，通过发展农家乐、乡村民宿等旅游服务产业，吸引城市游客下乡体验乡村生活，促进乡村经济的可持续发展。政府应鼓励乡村居民参与旅游服务，通过培训提高其接待能力和服务质量，实现农民增收与旅游业发展的双赢。其次，城乡旅游的联动发展有助于打破城乡经济发展的不平衡格局。贵州应通过旅游资源的共享机制，将城市游客的流量导入乡村，促进城乡资源的均衡分配。城市游客可以通过短途旅行的方式，前往乡村体验当地的特色文化和自然风光，带动乡村消费市场的繁荣。与此同时，乡村地区可以将农业资源与旅游业相结合，发展生态农业旅游、农业体验旅游等新型旅游业态，为城市游客提供多样化的体验项目，提升乡村的旅游吸引力。

3. 城乡基础设施协调提升

实现城乡旅游协调发展，还需要依托城乡基础设施的同步提升。贵州省在推动乡村旅游的过程中，应加大对乡村基础设施的投资与建设，特别是交通、通信、住宿等方面的设施完善。通过建设便捷的交通网络，实现乡村与城市的无缝对接，让游客更方便地进入乡村，享受旅游服务。例如，可以通过开通城乡旅游专线、改善乡村道路等方式，解决乡村旅游交通不便的问题。同时，通信基础设施的提升也是推动乡村旅游发展的重要一环。在互联网时代，游客对网络服务的需求越来越高，贵州应在乡村旅游目的地铺设高速互联网网络，提升游客的体验感，增强乡村旅游的吸引力。推动区域旅游一体化与城乡联动发展是贵州旅游产业高质量发展的关键路径。通过加强区域间的旅游资源整合，贵州省可以打造具有多样性和互补性的长线旅游产品，提升游客的旅游体验；通过城乡联动发展，可以实现乡村振兴目标，提升农村经济活力。同时，贵州应加大对城乡基础设施的投入，确保城乡旅游的协调发展，推动贵州旅游产业进入全域旅游的新时代。

（三）绿色发展：构建生态旅游与可持续发展模式

绿色发展是实现可持续发展的关键所在，尤其对于拥有独特生态环境和自然资源的贵州省，绿色发展不仅是旅游产业高质量发展的必然要求，更是维护生态环境平衡的重要责任。在旅游产业快速发展的过程中，贵州必须始终将生态环境保护放在首位，推动旅游业低碳化、环保化和可持续化发展，构建与自然和谐共生的生态旅游模式。

1. 生态旅游与环境保护

贵州的旅游产业发展，应牢牢遵循绿色发展的理念，把生态环境保护作为一切旅游项目的前提条件。贵州拥有丰富的生态资源，如森林、高山、河流、湿地等，这些自然景观不仅是旅游产业的核心吸引力，更是维持生态平衡的关键。因此，在开发旅游项目时，必须建立严格的环境保护制度，确保旅游开发与生态保护相协调。首先，贵州应进一步加强生态旅游项目的规划和建设，确保旅游资源的可持续利用。在规划过程中，必须进行科学的环境影响评估，避免过度开发造成的生态破坏。同时，要加大对环境保护设施的投入，强化景区内的垃圾处理、水资源保护和野生动植物的栖息地维护，确保生态系统的稳定性。例如，在黔南州的荔波樟江风景区，得益于严格的生态保护措施，当地通过控制游客数量、限制开发区域、推行环保旅游政策，成功实现了生态旅游与自然保护的有机结合。荔波的成功经验不仅提升了景区的旅游吸引力，也为贵州其他景区的绿色发展提供了可复制的模板。其次，生态旅游还可以通过引导游客参与环境保护活动，提升社会公众的环保意识。贵州的各大景区可以组织环保教育项目，让游客在游览自然景观的同时，了解当地的生态系统和环境保护的重要性。通过这种互动教育，不仅可以增强游客的环保意识，还能为景区的长期生态保护提供更多的社会支持。

2. 低碳旅游与可持续发展

低碳化发展是绿色旅游的重要组成部分，贵州应积极推动旅游产业的低碳转型，减少旅游活动对环境的负面影响，促进可持续发展。首先，贵州应推广绿色交通工具，减少碳排放。例如，在景区和城市之间开通电动巴士或氢能源公交车，取代传统的燃油车，减少交通环节的碳排放。同时，在景区内推广步行、骑行、观光电车等低碳旅游方式，既能减少对环境的影响，也能让游客更好地体验自然之美。例如，贵阳到黄果树瀑布的旅游线路上可以推广全电动观光车，游客不仅能够方便、快捷地抵达景区，还能在旅游过程中为环境保护贡献力量。其次，贵州的各大景区应积极引入节能环保设施，实现资源的可持续利用。可以推广太阳能、风能等可再生能源为景区的供电系统提供支持，减少景区的能源消耗和碳排放。例如，在贵州的乡村民宿中可以推广太阳能热水器和环保厕所等设备，减少对自然环境的依赖，增强可持续性。与此同时，低碳旅游还需要通过环保教育与宣传活动，增强游客的环保意识。贵州的各大景区可以设置环保教育站，向游客宣传低碳旅行的理念，鼓励游客在旅游过程中减少废弃物的产生、避免使用一次性用品等。通过这种教育方式，贵州可以让每一位游客在旅行过程中积极参与环境保护，成为绿色旅游的践行者和推动者。

3. 绿色技术与绿色旅游的深度融合

随着科技的发展，绿色技术正在成为推动旅游产业低碳化、可持续化的重要力量。贵州省应积极引入和推广绿色技术，推动旅游产业与绿色技术的深度融合。通过智能化的管理和绿色技术的应用，贵州可以大幅提升旅游产业的环保效能。例如，智能垃圾分类系统、节能建筑技术和空气质量监测系统等都可以在景区推广使用，优化景区的资源管理。此外，贵州还可以依托大数据技术，对景区的环境数据进行实时监控和分析，及时发现和解决环境问题。例如，通过大数据平台实时监测游客流量、水质、空气质量等关键环境指标，确保景区的环境始终处于可控范围内。这不仅有助于生态保护，也能够增强游客对绿色旅游的信心。

贵州要实现旅游产业的绿色发展，必须牢固树立生态保护与可持续发展的理念。通过加强生态旅游与环境保护，推动低碳旅游模式的创新，结合绿色技术的应用，贵州省不仅可以提升旅游产业的可持续发展水平，还能为全国其他地区提供绿色发展的示范。通过这一系列的举措，贵州将能够实现旅游产业与生态环境的共赢，真正做到在保护中发展，在发展中保护。

（四）开放发展：推动贵州旅游的国际化与对外合作

开放发展是提升旅游产业国际竞争力的关键。贵州旅游产业若要在全球化的背景下脱颖而出，必须拓展国际合作渠道，积极融入全球旅游市场，借此推动旅游业的可持续高质量发展。

1. 提升贵州旅游的国际影响力

要推动贵州旅游的国际化，首先需要加强对外宣传，提升贵州的全球知名度。贵州可以通过参与国际旅游展会、文化交流活动等多渠道推广，展示其丰富的自然和文化资源，吸引国际游客。例如，依托贵阳的国际会议中心，贵州可以定期举办高规格的国际旅游论坛和文化节，邀请各国的旅游业者、媒体和意见领袖参与，通过这种高端平台展示贵州的旅游资源，增加国际市场的曝光度和影响力。与此同时，贵州还可以通过与知名国际旅游媒体、网络平台合作，利用全球范围的媒体资源和社交网络，推广其独特的自然景观、民族文化及生态旅游等特色产品。例如：贵阳近年来成功举办了中国-东盟旅游论坛，该论坛通过探讨东盟国家与中国的旅游合作，极大提升了贵州在东南亚国家的知名度。论坛期间，贵州展示了丰富的生态旅游、民族文化旅游资源，吸引了大批东盟国家的旅游从业者、游客前来贵州实地考察和合作洽谈。通过这一国际旅游论坛，贵州不仅扩大了国际市场的影响力，还促成了多项国际旅游合作项目。此外，贵州应积极推动"文化出海"战略，将其独特的民族文化、非物质文化遗产与国际旅游结合，开展海外文化展示活动。例如，可以与驻外使领馆及国际文化机构合作，在欧洲、北美和东南亚等地开展"贵州文化月"活动，展示贵州的少数民族舞蹈、传统手工艺品和美食等，吸引更多海外游客对贵州文化的兴趣，从而推动他们前往贵州旅游。

2. 引入国际资本与合作

国际资本和跨国旅游企业的参与将为贵州旅游产业的开放发展注入新动力。贵州应积极吸引国际投资，推动旅游基础设施、景区开发及配套服务等方面的建设，提升旅游产业的国际化水平。同时，通过与国际旅游企业的合作，引进先进的管理经验和运营模式，提升贵州旅游服务的质量和标准，进而增强国际竞争力。首先，贵州可以通过打造开放型经济示范区，推出一系列优惠政策吸引国际资本投资于高端酒店、生态度假村和特色景区的开发与运营。国际资本的注入不仅能够加快旅游设施建设，还能提高景区的管理和服务水平，打造符合国际标准的旅游产品。贵州应鼓励本地旅游企业与国际旅游集团建立战略合作关系，形成合资企业或合作项目，引进国际先进的旅游运营理念和服务标准。例如：贵州在黄果树瀑布景区引入了国际知名酒店集团的合作，通过国际资本的注入，景区不仅提升了酒店设施的品质，还引进了国际化的服务管理模式。游客在享受黄果树自然美景的同时，也能体验到世界一流的住宿和服务水平。

通过这种合作，黄果树景区的国际化程度得到了显著提升，吸引了更多的国际游客，带动了整个景区及周边区域的经济发展。其次，贵州还可以通过旅游特许经营模式，引进国际旅游运营公司参与景区开发和运营。例如，引入全球知名的生态旅游运营商，参与贵州的生态保护区及自然景区的开发和管理，利用其先进的生态保护理念和技术，打造具备国际竞争力的生态旅游目的地。

3. 打造多元化的国际合作平台

贵州应推动旅游产业与国际合作的深度融合，通过搭建多元化的国际合作平台，进一步拓展国际市场。除了与传统的国际旅游企业合作，贵州还应与国际航空公司、旅游媒体、在线旅游平台和知名旅行社建立合作，开发专门针对国际游客的旅游产品和服务，确保国际游客能够便捷地抵达贵州、享受国际化的旅游服务体验。通过与国际航空公司的合作，贵州可以推动更多国际航班直飞贵阳和其他主要旅游城市，缩短游客前往贵州的旅程时间，提升游客的便利性。此外，贵州可以与国际旅行社合作，推出专门的"贵州游"旅游套餐，将贵州的民族文化、自然景观和特色美食打包成一站式的旅游体验，向国际市场推广。

（五）共享发展：实现旅游发展的成果共享与全民受益

共享发展是高质量发展的核心理念之一，要求旅游产业的增长成果能够惠及全社会成员，特别是农村居民、低收入群体和地方社区，从而促进社会公平与共同富裕。在贵州，推进旅游业的共享发展，不仅能够增强地方经济的活力，还可以推动乡村振兴，实现社会资源的合理分配。

1. 旅游扶贫与乡村振兴

贵州应继续深化"旅游+扶贫"模式，通过发展乡村旅游来带动贫困地区的经济增长，帮助农民增加收入，实现脱贫致富。乡村旅游不仅能够为农村居民提供新的就业机会，还能够通过旅游业的产业链延伸，带动农业、手工艺等相关产业的发展，从而实现乡村的可持续振兴。在此过程中，贵州可以依托其丰富的自然资源和文化资源，发展以生态旅游、文化体验旅游为主的乡村旅游项目。例如，黔西南州的万峰林景区是一个成功的典范。通过旅游扶贫项目，当地政府和企业将旅游业与农户的生产生活紧密结合，带动了周边农村的经济发展。周边村民通过开办农家乐、民宿、销售农产品等方式直接参与旅游服务产业，收入水平显著提高。政府还通过政策扶持，帮助当地村民进行旅游服务培训，提升其接待能力和服务水平，使农户不仅能够参与旅游业，而且能够通过学习新技能进一步提升个人发展能力。

2. 旅游红利的公平分配

共享发展要求旅游产业发展的经济利益能够公平分配，确保旅游发展的成果惠及当地居民，特别是偏远和贫困地区的居民。贵州省政府应在旅游发展过程中建立健全的利益分配机制，确保旅游收益能够公平地分配给参与旅游开发的社区和个人，避免旅游资源的过度开发和本地居民利益受损。一个有效的途径是通过建立社区旅游合作社模式，鼓励地方社区直接参与旅游资源的开发与管理，确保当地居民能够通过参与旅游产业分享其经济红利。在这种模式下，社区成员不仅可以作为旅游项目的受益者，也能够参与景区的运营和管理，增强其对旅游产业的主人翁意识。同时，政府应通过制定合理的税收和收益分配政策，确保景区的经济利益能够反哺社区建设，用于改善当地的基础设施、教育和医疗等民生项目，提升社区的整体发展水平。

3. 促进多元化的旅游就业机会

共享发展还要求旅游业能够为更多的社会成员提供就业机会，特别是农村地区和低收入群体。贵州省应通过多元化的旅游发展模式，创造更多直接或间接的就业机会，帮助地方居民通过参与旅游业增加收入。例如，除了传统的旅游服务行业外，贵州可以通过发展旅游相关的手工艺产业、文化创意产业等，带动地方居民就业。政府可以通过技能培训，让农民和低收入人群掌握相关的技能，帮助他们在旅游产业链中找到合适的就业岗位。同时，贵州应大力发展生态旅游、农业旅游等可持续旅游业态，充分发挥地方资源的优势，帮助农民参与旅游产业的同时保留其传统的农业生产方式。例如，通过发展"农旅结合"的模式，地方农民可以继续从事农业生产，但同时也能通过接待游客、提供农产品体验等增加收入，促进农村经济的多元化发展。共享发展是贵州旅游产业高质量发展的核心路径之一。通过旅游扶贫、旅游红利的公平分配、多元化就业机会的创造，贵州能够实现旅游产业成果的全民共享，提升社会的整体福利水平。政府和企业在推动旅游业发展的过程中，必须始终关注弱势群体的利益，通过建立合理的利益分配机制和培训体系，确保全社会成员能够从旅游产业的发展中受益，真正实现社会公平与共享发展。

贵州省旅游产业的高质量发展必须在"创新、协调、绿色、开放、共享"五大新发展理念的引导下，全面提升旅游产业的可持续发展能力。从创新推动旅游业态变革，到协调各区域资源实现全域旅游，再到绿色发展确保生态环境保护和开放合作推动国际化进程，贵州省应在多方位采取措施，确保旅游产业走上高质量、可持续的发展轨道。通过共享发展的模式，让旅游业发展的红利惠及全体社会成员，尤其是贫困地区和农村居民，真正实现旅游产业带动经济增长和社会进步的双重目标。

第三节　贵州职业教育与旅游业耦合协调发展水平的影响因素

贵州省作为中国西南地区的重要旅游目的地，拥有丰富的自然与人文资源，吸引了大量国内外游客。然而，尽管旅游业快速发展，贵州省职业教育与旅游产业的耦合协调发展水平却存在明显差异。前面数据分析显示，少数地区（如铜仁市、贵阳市和黔东南州）在这一耦合过程中取得了一定的成效，达到"勉强协调"水平；而大部分地区，如毕节市、六盘水市、安顺市、遵义市等地，仍处于"濒临失调"阶段，显示出职业教育与旅游业之间的结合度和协同发展水平较低。根据二者同步发展水平分析，贵州省职业教育与旅游产业的耦合模式呈现出"教育滞后型"（$P<0.9$）的特征，即职业教育的发展速度和质量无法跟上旅游产业的需求，导致两者之间的结合度较差，阻碍了旅游产业的可持续发展。以下基于"新发展理念"的创新、协调、绿色、开放、共享五大维度，对导致这种现象的主要原因进行分类和分析。

一、创新驱动不足，教育内容与产业需求脱节

在创新发展的维度下，贵州省职业教育的创新驱动力不足，尤其体现在专业设置与产业需求的匹配度上。当前，贵州的旅游产业正在迅速扩展，特别是在文化旅游、生态旅游和智慧旅游等新兴领域的崛起过程中，市场对复合型、创新型人才的需求日益增加。然而，职业院校的课程设置未能紧跟行业发展趋势，缺乏与新兴旅游产业相适应的专业课程，导致人才培养与实际产业需求脱节。

（一）专业设置滞后与创新人才匮乏

贵州的职业院校在课程设计上依然停留在传统的旅游管理与服务层面，课程内容多以基础的服务技能、酒店管理等为主，未能引入创新型内容，如智能旅游管理、生态旅游开发、文化创意旅游等新兴领域。这种课程设置滞后性直接影响了学生的知识结构和技能水平，难以满足旅游产业不断扩大的需求。旅游产业的快速发展要求学生具备跨学科的思维方式与创新能力，尤其在应对现代旅游中的数字化管理、智慧化服务及可持续发展等方面，学生需要更为先进的知识储备。然而，贵州大多数职业院校尚未将这些新兴领域的创新技能纳入

常规教学体系中,导致学生的综合能力较弱,无法在旅游产业的转型升级中发挥积极作用。例如,黔东南州的旅游产业依托丰富的民族文化和自然资源蓬勃发展,特别是在文化旅游领域,市场对具有创新思维的专业人才需求旺盛。然而,当地职业院校的课程设计主要围绕传统的旅游服务,缺乏对文化创意与智慧旅游技术的深入培养,导致学生在毕业后难以适应新兴旅游市场的要求。这不仅限制了学生的职业发展,也制约了当地旅游业的创新与多样化发展。

(二)校企合作创新不足,行业实践资源有限

创新不仅体现在课程内容的改革,还应包括校企合作模式的创新。贵州省职业教育体系内的校企合作普遍存在合作深度不足的问题,企业对人才培养的参与度较低,尤其是在新兴领域中的实践机会和资源相对匮乏。许多职业院校与旅游企业的合作仅限于基础的实习实践,缺乏共同开发创新型课程的合作模式,无法推动学生创新能力的全面发展。校企合作是提升学生实践能力、加强理论与实际结合的重要方式。旅游企业可以为学校提供前沿的行业信息和真实的市场需求,帮助职业院校及时调整课程内容。然而,贵州大多数旅游企业对参与职业教育缺乏积极性,导致学生的实践资源不足,无法深入参与创新型项目的开发和实施。

(三)课程内容更新滞后,难以适应市场动态

贵州职业院校的课程内容更新速度滞后,无法适应旅游产业的快速变化。随着全球旅游业向数字化、智能化方向转型,越来越多的行业需求集中在大数据分析、智慧旅游平台运营和生态保护等领域。然而,贵州省职业院校的教学内容更新机制较为缓慢,未能及时融入这些新兴技术和管理模式。职业教育的创新应当紧跟市场需求的变化,通过实时的课程更新,帮助学生掌握最新的行业技术和管理模式。然而,贵州省大多数职业院校在课程内容更新方面依赖传统的教学大纲,缺乏与产业变化同步的灵活性,导致学生在毕业时无法适应行业的新要求,限制了其职业发展空间。

(四)教师队伍创新能力不足,限制学生创新思维培养

教师队伍的创新能力直接影响职业教育的质量。然而,贵州省职业院校的"双师型"教师比例较低,尤其是具备行业前沿实践经验的教师较为匮乏。这种情况使得教师在教授过程中,更多依赖于传统教材和理论知识,缺乏对最新行业动向的敏锐洞察,无法有效引导学生在创新实践中的突破。创新型人才的培养不仅依赖于课程内容,还需要教师具备引领创新思维的能力。当前,贵州职业院校教师的培训和更新机制较为滞后,缺少针对新兴旅游产业技术和理念的

培训机会，使得教师无法及时将行业前沿的技术引入课堂。贵州省职业教育在创新维度上的不足，特别是专业设置滞后、校企合作创新不足、课程内容更新滞后以及教师创新能力不足，严重制约了职业教育对旅游产业的支撑。通过加强校企合作、加快课程改革以及提升教师的创新能力，贵州职业教育能够更好地适应产业需求，推动旅游产业的创新升级，为地区经济发展提供更强有力的人才支撑。

二、区域协调发展不足，教育资源分布不均

区域协调发展不足是贵州省职业教育与旅游产业协调发展滞后的核心问题之一。通过从区域协调与资源分配两个角度分析，可以发现教育资源的区域分布不均直接限制了欠发达地区的旅游业发展，进一步影响了全省的区域经济协调。

（一）区域协调发展不足

贵州省各地区的经济发展水平存在显著差异，直接影响了职业教育的资源分布和发展模式。贵阳、遵义等经济较发达地区拥有更多的财政支持和社会资源，职业教育基础设施完善，师资力量雄厚，能够为学生提供更多实践机会和更高水平的教育服务。而在毕节、黔西南州、六盘水等经济相对落后的地区，职业教育的基础设施建设滞后，缺乏足够的师资力量和行业经验，导致这些地区的职业教育发展水平与当地旅游业的需求脱节。例如：贵州交通职业技术学院在智慧旅游与文化旅游课程建设方面拥有丰富的师资和教学资源，能够培养出符合现代旅游业需求的高素质人才。而黔西南州虽然有丰富的生态旅游资源，但由于职业教育资源不足，无法培养足够的旅游管理人才，导致旅游资源未能有效开发，经济效益较低。

（二）职业教育资源分布不均

职业教育资源的区域分布不均是导致职业教育与旅游产业协调发展不平衡的主要原因之一。贵阳等发达地区职业教育资源相对集中，学校设备先进、师资力量雄厚、课程设置与产业紧密结合，能够满足旅游业快速发展的需求。相反，欠发达地区职业教育基础设施薄弱，课程内容陈旧，未能根据当地旅游业的发展需求及时调整专业设置和教学内容。教育资源的这种不均衡分布使得欠发达地区难以培养出符合本地旅游产业需求的人才，导致旅游业的扩展受到限制。欠发达地区虽然拥有丰富的旅游资源，如自然景观、民族文化等，但由于缺乏专业人才支持，无法将这些资源有效转化为经济优势，导致经济发展滞后。

（三）旅游产业反哺职业教育力度不足

旅游产业未能有效反哺职业教育也是区域协调发展不足的重要原因之一。旅游企业对职业教育的支持力度不足，特别是在提供实践机会、行业指导和课程开发合作方面，企业与院校的联系较弱。大多数企业仅仅提供短期的实习机会，缺乏深入的校企合作机制，未能将行业需求及时反馈给学校，以帮助院校调整课程设置和培养方向。此外，旅游企业对职业教育的资金和资源投入有限，特别是在欠发达地区，企业对职业教育的重视程度较低，导致当地职业院校难以获得企业的支持与反哺，进一步限制了教育资源的有效配置与更新。

三、绿色技能滞后，生态旅游与职业教育融合不足

在绿色发展的背景下，贵州省职业教育在绿色技能教育和生态旅游与教育的融合方面仍存在明显不足。虽然贵州拥有丰富的生态旅游资源，职业教育尚未在培养绿色旅游管理、生态保护和可持续发展技能上形成系统化的课程和教学体系。此种滞后不仅限制了学生的职业发展，也阻碍了贵州旅游产业的可持续发展。

（一）绿色旅游技能教育滞后，专业知识匮乏

贵州省的职业院校虽然设有与旅游管理相关的专业，但在课程设置上对绿色技能的教育仍然不足。绿色旅游需要具备生态保护、可持续发展和低碳经济等理念的专业人才。然而，许多职业院校的课程内容仍局限于传统的旅游管理和服务，未能与绿色发展相适应，导致学生在毕业后缺乏应对绿色旅游市场需求的能力。绿色旅游作为旅游业未来发展的关键趋势，要求学生掌握有关环境保护、生态旅游规划以及可持续发展实践等技能。然而，贵州大部分职业院校的学生在这些方面的专业知识相对匮乏，职业院校未能通过系统的课程和实践项目，培养出适应绿色旅游产业需求的高技能人才。这种教育滞后不仅影响学生就业能力，也在一定程度上制约了贵州省生态旅游的进一步发展。

（二）课程设置滞后，难以融入绿色发展理念

贵州省职业院校在课程设计中未能有效融入绿色发展理念，这直接导致学生无法掌握绿色旅游所需的专业知识和技能。绿色发展强调的是环境与经济的协调发展，在旅游产业中，尤其是生态旅游领域，绿色发展要求不仅体现在资源保护，还需要在景区开发、游客管理和社区参与等多方面有所体现。然而，贵州大部分职业院校的课程内容未能体现这些关键理念。职业教育应当注重培养学生对绿色旅游管理的系统化理解，并提供实践机会，帮助学生通过实际项

目了解如何在保护环境的同时推动旅游业发展。然而，目前贵州职业教育的课程设置滞后，学生不仅缺乏绿色技能的系统培训，也很少有机会参与绿色项目的实践，从而无法在未来的工作中有效应用这些理念。

四、国际化合作不足，旅游教育未能跟上全球化需求

贵州省的职业教育在国际化合作和开放发展方面存在明显不足。随着全球旅游业的迅速发展，国际化的旅游市场对职业教育提出了更高的要求。然而，贵州职业教育与国际旅游业的联系较弱，未能有效利用国际资源，推动职业教育的国际化和现代化。这种局限性限制了学生在全球旅游市场中的竞争力，同时也阻碍了旅游业对职业教育的有效反哺。

（一）国际化合作与交流不足

国际化是提升职业教育质量的重要途径。然而，贵州省职业教育的国际化合作与交流仍然十分有限。贵州省大多数职业院校合作的国家局限于东南亚国家，缺乏与国外知名旅游院校和企业的深度合作，难以为学生提供国际化视野和实践机会。许多职业院校的课程仍主要针对国内市场，忽视了跨文化交流、国际旅游管理等全球化市场所需的专业技能和知识。这种国际化水平的不足直接导致学生在面对国际旅游市场需求时准备不足，难以胜任涉及国际游客服务、跨文化管理、全球旅游运营等岗位。全球旅游市场的发展要求从业人员具备跨文化沟通能力、国际服务标准以及全球视野，但贵州职业教育体系未能及时调整课程内容以适应这些新需求。尤其是在外语培训、跨文化服务与国际旅游管理等关键领域，课程的设计和教学质量还存在较大提升空间。

（二）开放视野不足，教育创新滞后

开放发展不仅体现在国际化合作的广度上，还应体现在教育创新和课程设计的灵活性上。贵州的职业教育体系在课程更新与教学创新方面相对滞后，未能及时引入国际化的教育资源和先进教学理念。学生对国际旅游市场的理解较为局限，尤其是在全球旅游行业迅速变化的背景下，教育创新的滞后直接影响了学生的国际竞争力。在全球化背景下，旅游业的管理与运营模式正在发生深刻变化，国际化服务标准、智能旅游管理、全球客户关系管理等成为行业发展的新趋势。然而，贵州职业院校的课程设置缺乏与这些新趋势的结合，仍以传统旅游服务管理为主，难以培养出能够应对全球旅游业变革的复合型人才。

五、成果共享不均，城乡差距扩大

在新发展理念的共享维度下，贵州省职业教育的共享发展存在明显的不均

衡，特别是城乡之间的差距逐渐扩大。共享发展要求教育成果能够惠及全体社会成员，尤其是欠发达的农村地区。然而，贵州省的职业教育资源更多集中在经济发达的城市，农村地区的学生难以获得优质教育资源。这种教育资源分布的不均衡，直接影响了农村地区职业教育对当地旅游产业发展的支撑，阻碍了城乡之间的协调发展。

（一）城乡共享发展不平衡，教育资源集中在城市

贵州省职业教育资源的集中化现象十分明显。城市地区的职业院校往往拥有更为丰富的教育资源，包括完善的基础设施、雄厚的师资力量以及多样化的课程设置。相反，农村地区的职业院校由于经济发展水平相对落后，教育资源匮乏，基础设施不完善，教学条件较差，课程设置单一，难以为学生提供优质的职业教育。这种资源分配的不均衡导致农村地区的学生在职业教育中处于明显劣势，无法享受到与城市学生同等质量的教育机会。农村学生往往面临课程内容落后、教学设施不足、师资力量匮乏等问题，导致他们在就业市场中的竞争力较弱，尤其是旅游产业所需的高技能人才严重短缺。

（二）农村旅游业因人才匮乏发展受限

贵州省的农村地区拥有丰富的旅游资源，特别是在生态旅游和文化旅游方面具备很大的发展潜力。然而，由于农村职业教育资源的不足，无法为当地旅游业提供足够的高素质人才支持，导致这些地区的旅游资源未能得到充分开发和利用。农村旅游业的基础设施建设、管理水平以及服务质量等方面也因为人才短缺而受到制约，进而影响了当地经济的可持续发展。旅游产业的发展需要大量具备专业技能的管理人员和服务人员，而这些岗位需要依赖职业教育系统培养合格的毕业生。然而，贵州农村职业教育的滞后性，使得许多农村地区缺乏必要的人才，无法推动当地旅游资源的有效开发，进而阻碍了旅游业对地方经济的反哺和城乡均衡发展。

（三）共享成果不均，城乡收入差距扩大

职业教育成果未能在城乡之间实现有效共享，直接影响了城乡居民的收入水平和生活质量。城市地区由于教育资源丰富，职业教育体系更为完善，学生能够接受更高质量的教育，毕业后获得更高薪酬的机会也相应增加。与之相比，农村地区的职业教育质量较低，学生毕业后往往只能从事低技术含量的工作，收入水平也较为有限。这种教育资源分配不均导致的城乡收入差距，进一步加剧了社会的不公平，特别是在旅游产业发达的地区，教育不均衡带来的收入差距尤为明显。职业教育未能有效推动农村劳动力的转型升级，导致农村居民无

法通过高质量就业提升生活水平，进而影响了整个社会的和谐与稳定。

总之，通过基于新发展理念的创新、协调、绿色、开放、共享五大维度分析，贵州省职业教育与旅游产业耦合协调发展水平较低的原因可以归纳为以下几点：创新驱动不足导致教育内容滞后于产业需求，协调发展不均衡限制了区域间资源共享，绿色技能培训缺乏导致生态旅游与教育融合不深，国际化合作不力影响了学生的全球视野，旅游企业对职业教育反哺不足阻碍了产教融合。要提升贵州省职业教育与旅游产业的耦合度，必须在这五个维度上采取有效的对策，实现产业与教育的深度融合与共同发展。

第四节　贵州职业教育与旅游业协调发展的对策

目前贵州省高等职业教育与旅游产业的发展耦合协调发展水平不高，地区之间存在异质性、同步发展水平较低。基于系统分析原因，要实现二者的深度融合与高质量发展，必须从创新、协调、绿色、开放、共享等多个维度综合施策，以应对当前发展中的问题，并最大限度释放区域经济与旅游资源的潜力。以下将从五个新发展理念维度提出切实可行的对策。

一、推动专业创新与技术升级

（一）课程设置与产业需求的紧密对接

职业教育与旅游产业的耦合发展不仅需要紧密的产业需求分析，还必须通过创新型课程设置培养适应未来需求的高素质人才。贵州作为一个以文化、生态和智慧旅游为主的地区，职业院校的课程设置必须灵活应对新兴产业需求。文化旅游、生态旅游和智慧旅游等新业态在贵州发展迅速，旅游产业的转型升级要求学生具备全新的技能，这些技能包括大数据分析、人工智能应用、区块链技术管理、数字营销等方面。职业院校应通过与旅游企业的合作，确保课程的开发与调整能够紧跟产业前沿发展。例如，在文化旅游方面，学校应结合贵州丰富的民族文化资源，开发民族文化旅游管理课程，提升学生在文化旅游中的管理能力和市场推广能力。而在智慧旅游领域，学校应开设相关技术课程，使学生能够熟练掌握智慧景区管理系统、智能旅游服务平台、游客数据管理系统等前沿技术工具。这种课程设置的更新将确保学生毕业时具备适应产业需求的能力，推动贵州旅游产业的升级发展。例如，贵阳职业技术学院与贵州大数据公司合作，专门为智慧旅游设计了一门名为"智慧旅游管理与运营"的课程。通过该课程，学生不仅可以学习到智慧旅游的基本原理，还能参与到真实的旅游数据分析中。课程内容涵盖了游客流量预测、数字营销策划、智能旅游服务管理等方面，帮助学生掌握大数据与人工智能在旅游管理中的应用。这类课程的设置确保了学生在毕业后能够直接参与到贵州智慧旅游产业的发展中，推动产业与教育的深度融合。

（二）推动校企合作的深度创新

创新不仅体现在课程内容上，还应体现在校企合作的深度和广度上。贵州的职业教育必须摆脱传统校企合作中浅层次的合作模式，推动企业更深层次地参与到教育过程中。当前，大多数职业院校与企业的合作仅局限于学生实习与短期实践，这种模式无法为学生提供足够的实训经验，难以满足旅游产业日益复杂的技能需求。因此，贵州应推动企业参与到课程设计、教学内容更新、实训基地建设等方面的工作中，形成更紧密的产教融合模式。深化合作的具体途径有三。一是课程共建与技术输入。企业应深度参与到课程设计中，将实际的产业需求、技术标准和岗位要求融入教学内容中，确保学生学习到的是最前沿的技术与管理知识。例如，在智慧旅游和生态旅游方面，企业可以为学校提供实时的行业案例和实际项目，帮助学生将理论与实践相结合，提升其技术创新和解决问题的能力。二是实训基地的共建共用。贵州的职业院校可以与当地旅游企业合作，共同建设实训基地，提供真实的工作环境供学生实训。例如，智慧旅游企业可以提供景区管理平台或游客数据分析系统，让学生在校期间参与到实际项目中。这种模式不仅能够提升学生的实践能力，还能有效减少企业对新员工的再培训成本，实现学校与企业的双赢。三是技术创新项目合作。校企合作不应仅停留在基础实训层面，还应推动科研合作。职业院校的学生和教师可以参与到企业的技术创新项目中，例如，开发智慧旅游的新应用系统，或设计更加环保的生态旅游服务方案。通过这种形式，学校不仅能够为学生提供创新实践的平台，还可以推动旅游产业的技术进步。例如，黔东南州民族职业技术学院与一家当地的智慧旅游公司合作，共同开发了一套智能化景区管理系统，学生参与到系统的设计与测试中。这不仅让学生在校时就掌握了实用的管理工具，还为铜仁智慧旅游的发展贡献了新技术成果。该系统在铜仁多个景区推广使用，提升了景区的服务效率和游客体验，企业也因此减少了开发成本，实现了经济效益与社会效益的双赢。

（三）推动产教融合的创新模式

为了进一步提升职业教育与产业需求的契合度，贵州需要积极探索产教融合的创新模式。通过建立"教育—产业—政府"三方联动的机制，可以确保教育能够始终围绕产业发展需求进行调整，同时产业也能通过教育反哺自身的人才需求。这种产教深度融合模式有助于弥补当前职业教育与市场需求脱节的短板。一是产业反馈推动教育更新。企业在旅游市场中的实际运营经验应当反馈至职业院校，帮助院校根据市场需求及时调整课程。例如，旅游企业可以定期向学校提供市场动态和技能需求报告，确保职业院校培养的人才能够快速适应市场的变化。二是职业教育反哺产业发展。职业教育不仅应满足产业当前的需求，还应为产业提供创新人才，推动产业升级。例如，职业院校可以通过与旅游企业的合作，培养具备前瞻性技术和管理技能的人才，如智慧旅游中的 AI 应用开发、生态旅游中的可持续管理技术等，帮助旅游产业向更加智能化、环保化的方向发展。

创新驱动是推动贵州职业教育与旅游产业协调发展的关键。通过紧密对接产业需求、深化校企合作、推动产教融合创新，贵州的职业院校将能够更好地培养符合市场需求的高素质人才，推动旅游产业的技术升级与创新发展。这不仅为贵州的职业教育提供了前所未有的发展机遇，也将进一步提升贵州旅游产业的国际竞争力，推动区域经济的全面发展。

二、区域协调与资源优化配置

（一）平衡区域职业教育资源分配

职业教育资源在贵州省内分布不均，尤其是经济发达的贵阳与经济欠发达的六盘水、毕节等地区存在显著的教育资源差距。为了推动职业教育与旅游产业的协同发展，贵州省政府必须通过区域协调政策，优化资源分配，确保职业教育资源的公平分布。特别是在欠发达地区，教育资源不足成为阻碍当地旅游产业发展的重要因素。因此，推动资源向欠发达地区倾斜是实现全省职业教育与产业协调发展的关键。首先，贵州省政府应设立专项基金，用于扶持欠发达地区职业教育的基础设施建设、师资培训和课程开发。通过财政转移支付，确保这些地区的职业院校能够获得必要的资源，提升教育质量。例如，在六盘水市，职业院校可以通过政府支持改善校园设施，购置先进的教学设备，并为教师提供更多的专业培训机会，确保学生在旅游管理和服务领域掌握实用技能。

（二）区域间校企合作的深入推进

为了实现职业教育与产业发展的深度融合，贵州省还需要通过区域间的校企合作，促进教育资源的共享与互补。发达地区的职业院校往往拥有更丰富的教学资源和更先进的技术设备，而欠发达地区则在人才培养和技能培训方面相对滞后。通过推动区域间的校企合作，可以有效弥补欠发达地区职业教育资源不足的问题，提升全省的教育与产业协同发展水平。政府应积极搭建区域间校企合作平台，鼓励发达地区的职业院校与欠发达地区的旅游企业开展跨区域合作。例如，贵阳的职业院校可以与黔南、黔东南等地的旅游企业合作，共同开发旅游管理和智慧旅游相关的课程，分享教学资源，并通过共建实训基地为欠发达地区学生提供实践机会。这种合作不仅能提升欠发达地区的职业教育水平，还能帮助当地旅游企业获得高素质人才，从而推动区域经济的发展。此外，政府还应制定政策，鼓励企业与职业院校共同参与课程设计、技术创新和人才培养。例如，六盘水地区的旅游企业可以通过与贵阳职业院校的合作，引入更先进的智慧旅游管理系统，并在此基础上开发出适合本地区旅游业态的课程和实训项目。通过这种区域合作，企业能够获得更加贴合自身需求的高技能人才，职业院校也能通过企业的反馈及时调整课程设置，提升教学质量。

（三）跨区域职业教育联盟的构建

在推动区域协调发展和资源优化配置的过程中，构建跨区域职业教育联盟也是一项重要举措。职业教育联盟的建立可以打破区域间的壁垒，实现资源的最大化利用，并为各地区职业院校提供合作交流的平台。通过联盟，贵州省各地的职业院校可以在课程共建、师资培训、技术研发等方面开展更加深入的合作，弥补欠发达地区职业教育资源不足的问题。跨区域职业教育联盟还可以帮助欠发达地区的职业院校快速提升教学质量。例如，通过联盟，黔西南地区的职业院校可以与贵阳、遵义等发达地区的院校共享教学资源、课程内容和师资队伍，联合开展师资培训和课程研发，提升教育质量和教学水平。同时，联盟内的各职业院校还可以通过交换生项目，为学生提供跨区域学习和实践的机会，拓展学生的视野，提升他们的职业技能。

（四）政府引导与企业参与的多元化合作模式

在实现区域协调发展的过程中，政府的引导与企业的积极参与至关重要。贵州省应通过政策引导，激励企业参与到职业教育的资源配置与合作中，尤其是在欠发达地区，企业可以通过技术、资金和管理经验的投入，帮助职业院校提升教育质量。同时，政府应出台激励政策，鼓励企业与学校共建实训基地、合作开展科研项目和创新人才培养模式，形成多元化的合作模式。政府可以通过税收优惠、财政补贴等方式，鼓励企业在欠发达地区投入资源，并通过与职业院校的合作，共同推动当地职业教育与旅游产业的协调发展。例如，政府可以设立专项资金，支持企业与职业院校联合建设生态旅游管理培训基地，提升当地的职业教育水平，并为企业提供高素质的本地人才。

贵州省的职业教育与旅游产业要实现协调发展，必须通过资源的优化配置与区域合作的深化来实现。在政府的引导下，通过平衡区域职业教育资源分配、推动区域间的校企合作、构建职业教育联盟以及多元化合作模式，贵州可以有效提升欠发达地区的职业教育质量，推动全省旅游产业的高质量发展。这种协同发展模式不仅有助于缩小区域发展差距，也将为贵州的旅游产业提供源源不断的高素质人才，促进经济的持续增长。

三、推动生态旅游与职业教育的融合

贵州省拥有丰富的生态旅游资源，绿色发展理念已经成为推动经济与旅游产业可持续发展的关键。为了实现职业教育与生态旅游的深度融合，职业院校需要积极推广绿色技能教育，并推动绿色校园建设。这不仅有助于培养能够适应未来绿色经济需求的高素质人才，还将促进生态旅游的持续发展。

（一）推广绿色技能与可持续发展教育

绿色技能是生态旅游发展的核心，职业教育应成为培养绿色技能人才的主力。贵州的职业院校需要结合当地生态旅游资源优势，开设绿色旅游管理、生态保护、环境监测与评估、可持续发展等相关课程，帮助学生掌握绿色技能，推动生态旅游产业的可持续发展。这类课程不仅可以提高学生对环境保护的意识，还能使他们具备从事生态旅游相关岗位的专业知识和技术能力。职业院校应与生态旅游企业、环保组织和政府部门密切合作，共同开发符合市场需求的绿色技能培训课程，确保学生的培养方向与生态旅游产业的需求无缝对接。例如，针对贵州地区特有的生态旅游形式，如森林公园、自然保护区和文化旅游，职业院校可以专门开设与生物多样性保护、自然资源管理、低碳旅游运营等相关的课程，为当地旅游企业培养一批懂得生态管理的专业人才。

（二）推动绿色校园与可持续发展理念的实施

绿色发展不仅应体现在课程设置中，还应通过绿色校园建设，实践可持续发展理念。职业院校可以通过实施节能建筑、可再生能源利用、资源循环利用等措施，将校园打造为生态环保的示范基地，为学生提供一个结合学习与实践的绿色教育环境。建设绿色校园不仅能够减少学校的碳排放和能源消耗，还可以为学生树立环保榜样，培养他们的环保意识与行动能力。例如，学校可以通过安装太阳能板、风能发电系统等可再生能源设施，减少对传统能源的依赖。

同时，推广垃圾分类、废水回收利用等措施，促进资源的高效利用，使校园成为绿色发展的典范。此外，绿色校园建设还可以与学校的教育内容相结合，作为学生进行环保实践的实验平台。例如，学校的可再生能源设施不仅可以作为校园的能源来源，还能为学生提供实践学习的机会。在可持续发展和绿色技术相关课程中，学生可以参与校园的环保项目，学习如何操作和管理这些绿色设施，将理论与实践相结合。

（三）校企合作推动绿色技能实践

为了更好地推动生态旅游与职业教育的融合，贵州的职业院校应加强与本地生态旅游企业的合作，通过校企合作机制，共同培养绿色技能人才。这种合作可以体现在多个方面，例如企业为职业院校提供绿色技能培训支持，校企共同开发绿色旅游项目，或企业为学生提供实习机会，帮助他们将所学理论应用于实际工作场景中。通过校企合作，不仅能够帮助企业解决绿色技能人才短缺的问题，还可以提升学生的就业能力，推动职业教育与产业的深度融合。此外，生态旅游企业也可以利用其行业经验，参与职业院校课程设计和教学实践，确保学生所学技能符合实际工作需求。例如，企业可以为职业院校提供最新的环保技术和生态管理方法，并参与课程讲座和学生项目评估，帮助学生更好地掌握前沿技术。

（四）加强政策引导与政府支持

为了更好地推动绿色发展理念融入职业教育，贵州省政府应出台相关政策，为生态旅游与职业教育的融合提供指导和支持。通过政策引导，政府可以鼓励职业院校加大绿色技能教育的投入，推动校企合作的落地实施，并为学生提供更多的实训和就业机会。同时，政府应设立专项资金，支持职业院校进行绿色校园建设和绿色技能课程开发，确保绿色发展理念在教育体系中的广泛应用。此外，政府还应鼓励旅游企业在绿色技能培训和人才培养方面承担更多责任，通过税收优惠、财政补贴等激励措施，推动企业与职业院校的深度合作。例如，贵州省政府通过设立"绿色教育专项基金"，为全省的职业院校提供支持，推动绿色技能教育与生态旅游的融合。通过专项资金的支持，许多职业院校得以引进先进的环保设备，建设绿色校园，并开设了与生态旅游相关的课程。这一举措不仅提升了职业教育质量，也为贵州省的生态旅游发展培养了大批高素质的绿色技能人才。

绿色发展是贵州省生态旅游可持续发展的核心，职业教育在培养绿色技能人才方面具有重要作用。通过推动课程设置与产业需求的紧密对接、建设绿色校园、深化校企合作以及加强政策引导，贵州省的职业院校可以在生态旅游领域发挥更加积极的作用，培养出一批具有绿色技能的高素质人才，推动旅游产业的可持续发展。同时，职业教育与生态旅游产业的深度融合，也将为贵州省的绿色经济发展注入新的动力。

四、加强国际化与对外合作

随着全球化进程的加速，贵州省的职业教育和旅游产业必须积极加强国际化合作，通过对外合作与引进国际资源，提升自身的教育质量与产业竞争力。国际合作不仅可以为职业院校引入先进的教学理念和课程设置，还可以通过跨国企业的参与为学生提供更多的实践机会和就业路径，助力贵州省在全球旅游市场中的竞争力提升。

（一）国际合作与旅游教育的融合

国际化合作是提升职业教育质量的重要途径之一。贵州省的职业院校可以通过与国际知名高校和旅游企业合作，吸取先进的管理经验和教学内容，将国际视野引入本地旅游管理、跨文化交流等课程中。通过与国际院校合作，职业院校能够引进国际认证的课程体系，提升学生的全球适应力和跨文化沟通能力，为他们在未来参与国际旅游市场奠定基础。贵州拥有丰富的民族文化和自然资源，这为文化旅游和生态旅游的发展提供了良好的基础。通过与国际院校合作，职业院校可以引进具有国际标准的旅游管理课程，培养学生的国际化视野。例如，可以邀请国际旅游专家来校授课或开展在线讲座，向学生传授全球领先的管理理念和操作方法。同时，职业院校还可以借鉴国际经验，优化现有课程体系，使之更加符合国际标准。例如，文化旅游的课程设计可以借鉴全球其他具有丰富文化遗产地区的经验，加入更多关于跨文化沟通、国际市场开拓和全球旅游管理的内容，帮助学生掌握国际化技能。

（二）推动国际旅游企业参与与教育反哺

国际旅游企业的参与是推动职业教育国际化和提升旅游产业竞争力的重要力量。贵州省可以通过吸引国际旅游企业投资当地旅游项目，促使其深度参与职业教育，推动本地教育与产业的国际化进程。贵州应积极与国际知名旅游企业合作，邀请它们参与职业院校的课程开发、实训基地建设和教师培训项目。例如，国际企业可以在贵州的职业院校设立联合培训基地，提供最新的技术设备和实操场地，为学生提供一手的国际化职业技能培训。这种合作不仅能够帮助学生了解最新的国际行业标准，还能够提升学生的就业竞争力，使他们具备进入国际旅游市场的能力。此外，国际旅游企业还可以通过设立奖学金、提供国际实习机会等方式，直接支持职业院校学生的国际化发展。例如，企业可以在学生中开展全球人才选拔计划，选拔优秀学生前往其海外分支机构进行实习，帮助学生积累国际工作经验，提升他们的跨文化适应能力。这种国际化实践机会不仅能够拓展学生的视野，还能增强他们的全球竞争力，为贵州省的旅游产业培养出一批具备国际化视野的高素质人才。

（三）加强国际认证与跨文化培训

为了进一步推动贵州职业教育的国际化进程，职业院校还应积极寻求国际认证。这不仅能够提高学生的全球认可度，还能帮助学校建立更高的教育标准。国际认证的引入有助于职业院校在全球教育体系中占据一席之地，使其培养出的学生能够在全球范围内拥有更强的竞争力。此外，跨文化交流能力是国际旅游业中不可或缺的技能。贵州的职业院校应加强对学生跨文化沟通和管理技能的培养，使其能够在面对来自不同国家和文化背景的游客时，能够灵活应对并提供高质量的服务。为此，职业院校可以引入跨文化交流与管理的课程，并通过国际交换项目、海外实习等方式，帮助学生积累跨文化交流经验。

（四）政府与企业共同推动国际化发展

推动职业教育与旅游产业的国际化发展，不仅需要企业的积极参与，也离不开政府的政策支持与引导。贵州省政府应出台相关政策，吸引国际企业投资本地旅游项目，并鼓励它们参与职业教育的国际化进程。同时，政府还应设立专项基金，支持职业院校与国际院校和企业的合作，推动国际实习、交换项目和课程引进。政府应通过与国际教育和旅游组织的合作，搭建国际交流平台，为本地职业院校和旅游企业提供更多的国际合作机会。例如，政府可以通过参与国际旅游展会、教育博览会等活动，向全球展示贵州的职业教育和旅游资源，吸引国际教育机构和企业来黔合作，共同推动贵州省职业教育的国际化进程。通过加强国际化合作与对外开放，贵州省职业教育与旅游产业能够获得更多的国际资源与发展机遇。在政府的引导下，职业院校应积极与国际院校、企业合作，推动课程的国际化，并为学生提供更多的国际化实践机会。通过企业的反哺与国际化发展，职业教育将培养出具备全球视野和跨文化技能的高素质人才，进一步提升贵州省旅游产业在国际市场中的竞争力。

通过创新驱动、区域协调、绿色发展、国际化开放、共享发展等维度的综合施策，贵州高等职业教育与旅游产业的耦合协调发展将取得长足进步。这不仅能够为贵州旅游产业提供高素质的技能型人才，还能有效促进职业教育质量的提升，实现二者的深度融合和可持续发展。

五、缩小城乡差距与促进公平发展

共享发展是推动职业教育与旅游产业高质量发展的关键理念，尤其在贵州这样经济发展不平衡的地区，城乡差距在资源配置和教育质量上的差异显著。为了实现职业教育与旅游产业的协调发展，必须加大职业教育资源在城乡之间的共享力度，确保农村地区的学生同样能够获得优质的教育资源，并通过职业教育提升其参与和推动乡村旅游的能力，最终实现城乡平衡发展与社会公平。

（一）职业教育资源的城乡共享

在贵州，职业教育资源更多集中在经济较发达的城市地区，而农村地区的职业教育资源较为匮乏。农村学生难以享受到与城市学生同等的教育质量，导致城乡职业教育水平差距不断扩大。这种差距不仅影响了农村学生的学习机会，也制约了农村地区旅游产业的发展。为了促进城乡职业教育资源的共享，政府应采取有效措施，推动城市职业教育资源向农村延伸，缩小城乡教育差距。首先，政府应通过政策扶持和财政拨款，鼓励城市职业院校与农村地区的学校建立合作关系。通过"对口支援"或"校际合作"等方式，城市职业院校可以向农村学校提供师资、课程资源和教学设备，帮助农村地区提升职业教育水平。农村职业院校在拥有优质教育资源的支持下，可以开设更多与当地旅游产业相关的课程，帮助学生掌握适应本地市场需求的技能，特别是在乡村旅游和生态旅游等方面。其次，政府应积极推动"互联网+职业教育"模式，将现代信息技术与教育资源结合起来，实现教育资源的跨区域共享。通过远程教育、在线课程平台等方式，农村地区的学生能够通过网络学习到与城市学生同等质量的课程内容，接触到更多先进的教育资源。这不仅为农村学生提供了更广泛的学习机会，还能够打破城乡教育的时空限制，促进职业教育资源的公平分配。

（二）促进农村地区旅游产业发展

职业教育在农村地区的实施不仅是缩小城乡差距的重要手段，也是推动乡村振兴、提升农村劳动力技能水平的重要举措。贵州的乡村旅游和生态旅游资源丰富，但由于农村地区的劳动力普遍缺乏专业技能，难以有效利用这些资源推动产业发展。通过推动职业教育与乡村振兴的结合，可以大力提升农村地区的劳动力素质，帮助其通过职业技能培训参与到乡村旅游产业中，实现就业增收，带动区域经济发展。首先，职业教育应根据农村地区的实际需求，设计与乡村旅游相关的专业课程，培养当地学生和农民掌握现代化的旅游管理、农家乐经营、民宿管理、生态保护等技能。通过开展短期培训班或职业技能提升项目，职业院校可以帮助农村居民掌握实用的旅游服务技能，提升他们的就业能力和收入水平。其次，职业院校还可以与乡村企业合作，推动农旅结合，提升农村产业的融合度。通过"产教融合"的模式，职业院校可以帮助农村地区的农户将传统农业与旅游业结合起来，开发具有本地特色的农产品旅游项目，如农业观光、生态农庄等。这种"农旅结合"模式不仅能够吸引更多的游客，还能为农户创造更多的增值机会，推动农村经济的可持续发展。

（三）建立城乡互动发展机制

为了推动职业教育资源在城乡之间的有效共享，政府应建立城乡互动发展机制，鼓励城市与农村职业教育机构之间的常态化合作交流。通过建立城乡教育互动平台，城市职业院校可以定期派遣优秀教师和专家到农村授课，并接收农村教师到城市院校进行培训和交流，提升农村教师的专业素质和教学能力。城乡互动的发展机制不仅可以提升农村职业教育的整体水平，还能够促进城乡教育资源的双向流动，推动城乡教育的均衡发展。缩小城乡差距，促进职业教育资源的共享，是实现贵州省职业教育与旅游产业协调发展的关键。通过推动城乡职业教育资源的共享，提升农村劳动力的技能水平，职业教育可以为贵州省的乡村振兴和旅游产业发展提供重要支撑。政府和职业院校应积极推动城乡合作、校企融合，确保职业教育的公平与共享，最终实现城乡旅游产业的同步发展与社会的共同进步。

本章小结

本章基于前文的数据分析结果，以新发展理念为指导，深入探讨了贵州职业教育与旅游产业高质量发展以及二者耦合协调发展的原因，并提出了针对性的对策。通过从创新、协调、绿色、开放、共享五大维度入手，系统分析了职业教育和旅游业在发展过程中面临的挑战与障碍，明确了二者协同发展的关键影响因素。

在创新发展维度，探讨了贵州职业教育在课程设置和产业需求对接方面的创新不足，特别是在文化旅游、智慧旅游等新兴领域，职业院校未能及时更新教育内容，导致人才培养滞后于产业发展需求。通过引入大数据、人工智能、区块链等新兴技术，职业院校可以更好地培养符合现代旅游产业需求的创新型人才。同时，企业的参与也是推动创新的重要动力，校企合作不仅应停留在实训环节，还应深入课程开发、技术研发等方面，以确保教育内容与产业前沿的紧密对接。

在协调发展维度，分析了贵州职业教育资源分配不均导致的区域发展失衡。贵阳等经济发达地区职业教育资源丰富，而毕节、六盘水等欠发达地区基础设施薄弱、师资力量不足，限制了这些地区的职业教育与旅游产业协同发展的潜力。为了缓解这一不均衡现象，应通过区域协调政策，整合和优化资源配置，并推动区域间的校企合作。发达地区职业院校可以与欠发达地区学校共享教育资源，促进欠发达地区的职业教育质量提升，推动区域旅游产业均衡发展。

在绿色发展维度，探讨了贵州职业教育在生态旅游领域的绿色技能培训不足，学生在绿色旅游管理、生态保护和可持续发展方面的知识和技能储备较为薄弱。贵州作为一个以生态旅游资源丰富著称的省份，绿色发展理念应成为职业教育的重要组成部分。职业院校不仅要在课程设置中融入绿色发展理念，还应建设绿色校园，推广节能建筑和可再生能源的应用，减少学校的碳足迹，并通过实践教学让学生掌握绿色技能。

在开放发展维度，分析了贵州职业教育国际化合作的不足，尤其是在引进国际先进管理经验和教学内容方面，贵州职业教育与国际接轨的力度较弱，制约了其在国际旅游市场中的竞争力。贵州应通过与国际旅游院校和企业的合作，引入先进的管理经验和教学资源，推动课程的国际化。同时，贵州应鼓励国际旅游企业在本地投资，并积极参与职业教育的发展，通过共建实训基地和提供国际化实习机会，提升学生的全球化视野和竞争力。

在共享发展维度，重点探讨了贵州职业教育资源在城乡之间的分布不均，农村地区职业教育资源匮乏，导致城乡教育差距不断扩大。应通过城乡教育资源的共享，推动职业教育的均衡发展。政府可以通过政策扶持，鼓励城市职业院校向农村延伸教育资源，帮助农村学生获得更多学习机会，并通过职业教育推动农村劳动力的技能提升，促进乡村旅游和生态旅游的高质量发展。

本章通过系统分析贵州职业教育与旅游产业的协同发展，从创新、协调、绿色、开放、共享五大维度揭示了影响职业教育与旅游产业耦合协调发展的关键因素。在此基础上，本章提出了针对性的政策建议，旨在推动贵州职业教育与旅游产业的深度融合，实现高质量发展。通过加强政策支持、优化资源配置、深化校企合作、提升绿色技能和国际化水平，贵州有望进一步提高职业教育与旅游产业的耦合协调发展水平，推动全省经济与社会的可持续发展。

第七章

结论与展望

第一节　结论

在贵州省高等职业教育与旅游业的发展中，产教融合已成为推动高质量发展和经济转型的重要路径。通过有效耦合职业教育与旅游产业的发展，不仅能够提升贵州省的教育质量，还能为旅游业提供高素质的人才支撑，实现教育与产业的互促共进。本书基于贵州省高等职业教育与旅游产业的耦合协调发展分析，研究贵州职业教育高质量发展。首先，对国内外相关文献进行梳理，明确了职业教育与旅游业融合的发展背景与理论基础；其次，构建了贵州省职业教育与旅游业的高质量发展测评指标体系；再次，选取贵州省的典型地区进行实证分析，探讨了贵州高等职业教育高质量发展、贵州旅游业高质量发展、贵州旅游业的产教融合发展水平；最后，分析了影响贵州高等职业教育发展、贵州旅游业发展、贵州职业教育与旅游业耦合协调发展的主要因素，并从创新、协调、绿色、开放、共享这五大方面提出对策建议。

接受假设 H1：贵州省高等职业教育高质量发展属于低等发展水平。

根据图 5-2，2023 年贵州省各地区高等职业教育的高质量发展指数（THQ）普遍较低，进一步验证了假设 H1：贵州省高等职业教育高质量发展属于低等发展水平。图中各地区的 THQ 值大部分处于 0.06~0.16 之间，最高值为铜仁市的 0.249，而毕节市和黔西南州为 0.065，说明这些地区的高质量教育发展指数处于较低水平，区域之间差异显著。

从具体数据来看，贵阳市的 THQ 值为 0.132，居于全省中等水平，但相较于铜仁市的高峰值 0.249，仍存在一定的差距。同时，安顺市（0.086）、毕节市（0.065）、六盘水市（0.066）等地的教育高质量发展水平尤为低下，显示出教育资源的分配不均衡与发展滞后问题较为突出。

结合以上分析，贵州省整体的高等职业教育发展水平相对较低，区域之间发展不平衡。提升教育发展质量，优化资源配置，缩小地区差异是未来贵州省高等职业教育高质量发展的关键挑战和任务。

修正假设 H2：贵州省旅游产业高质量发展属于中等发展水平。

根据图 5-9 中贵州省 2018 年至 2023 年旅游产业高质量发展指数变化趋势，假设 H2 即"贵州省旅游产业高质量发展属于中等发展水平"得到了修正和验证。图中显示贵州省的旅游产业高质量发展指数从 2018 年的 0.446 上升至 2019 年的 0.509，接近中等水平，随后在 2020 年下降至 0.235，反映了该年度的旅游产业发展受到重大影响。此后，贵州省旅游业逐渐复苏，2021 年指数上升至 0.323，2022 年为 0.343，并在 2023 年达到 0.511，显著提升至中等水平。

这一数据表明，虽然贵州省旅游产业在 2020 年受到了较大冲击，但随着时间推移，特别是后疫情时期，贵州旅游产业得到了有效恢复，并逐步趋向稳定增长。指数的持续上升反映了贵州省旅游产业高质量发展的良好势头，但整体发展仍处于中等水平。

因此，修正假设 H2 成立，贵州省的旅游产业高质量发展水平在近年来取得了明显进展，但仍需进一步优化资源配置和提升产业效率，确保持续高质量发展。

接受假设 H3：贵州省高等职业教育与旅游产业耦合协调发展水平较低。

根据对贵州省 9 个地区（包括贵阳市、遵义市、安顺市、毕节市、铜仁市、六盘水市、黔南州、黔东南州、黔西南州）高等职业教育与旅游产业的耦合协调发展水平的分析结果，本研究接受假设 H3，即贵州省高等职业教育与旅游产业的耦合协调发展水平总体较低。尽管部分地区的耦合度（C 值）较高，反映了教育与旅游产业之间的紧密联系，但协调发展度（D 值）普遍较低，说明两者的协同发展水平不理想。例如，铜仁市和贵阳市的耦合度较高，分别达到了 0.9386 和 0.8491，显示出两地教育与旅游产业的紧密关系，但其协调发展度分别为 0.5970 和 0.5330，仅处于勉强协调状态。这表明，尽管两地的教育与产业具有较为紧密的耦合关系，但在实际发展中，双方的协同效应并未充分发挥。

然而，部分地区如毕节市和六盘水市的耦合度较低，分别为 0.6317 和 0.6374，处于初级耦合水平，表明这些地区的高等职业教育与旅游产业的关联性较弱。此外，这两个城市的协调发展度分别为 0.4263 和 0.4280，处于濒临失调状态，显示出教育与旅游产业在共同发展中存在较大的阻力和挑战。因此，贵州省 9 个地区整体上虽然耦合度较高，但协调发展度较低，亟须加强两者之间的资源整合和政策引导，推动高等职业教育与旅游产业的协同发展，实现两者的高质量耦合协调发展。

接受假设 H4：贵州省高等职业教育与旅游产业的耦合协调发展水平存在地区异质性。

从贵州省 9 个地区的耦合协调发展水平来看，不同地区之间存在显著的差异。本研究接受假设 H4，即贵州省高等职业教育与旅游产业的耦合协调发展水平存在地区异质性。例如，铜仁市的耦合度最高，达到了 0.9386，显示出优质耦合状态，而毕节市和六盘水市的耦合度较低，处于初级耦合水平。这种差异反映了各地区在资源配置、产业发展和教育水平方面的不同。

进一步分析发现，贵阳市和铜仁市的耦合度虽然较高，但其协调发展度分别为 0.5330 和 0.5970，表明两地在教育与旅游产业的发展过程中，协同效应尚未充分发挥。相比之下，安顺市、毕节市和六盘水市的协调发展度较低，处于濒临失调状态，这表明这些地区在推动高等职业教育与旅游产业的共同发展过程中面临更大的挑战，需要通过加强政策引导、提升教育水平和产业发展水平，促进两者的协调发展。

为了提升这些地区的耦合协调发展水平，特别是针对濒临失调状态的地区，应着重关注如何通过优化资源配置、加强校企合作等措施，提升高等职业教育与旅游产业的协同效应，确保两者共同实现可持续发展。

修正假设 H5：贵州省高等职业教育与旅游产业的同步发展水平较低。

根据表 5-9，本研究修正假设 H5，认为贵州省 9 个地区的高等职业教育与旅游产业的同步发展水平总体较低。表 5-9 显示，各地区的 P 值大多低于 0.3，表明教育与旅游产业的发展并未实现高度同步。具体分析如下。

首先，从同步性 P 值来看，除铜仁市（P 值为 0.4871）外，其他地区的 P 值均较低，尤其是毕节市、六盘水市、黔西南州的 P 值分别为 0.1266、0.1296、0.1264，表明这些地区的教育与旅游产业处于明显不同步的发展状态。其次，贵阳市、安顺市、黔东南州、黔南州等地区的 P 值虽然相对较高，但仍处于低水平，同步性发展仍不理想。

根据同步状态的分类，贵州省 9 个地区均呈现出"教育滞后型"，即高等职业教育的发展滞后于旅游产业的发展。尤其在毕节市、黔东南州、黔南州等地，教育滞后现象较为显著。即使部分地区如贵阳市、贵阳市和铜仁市显示出较高的 P 值，但与其他地区相比，教育与旅游产业的同步性仍存在较大的区域差异和不均衡。

综合来看，贵州省 9 个地区的教育与旅游产业在同步发展上整体呈现出较低水平。为实现两者的耦合协调发展，需要加强对各地区职业教育与旅游产业的联动机制，尤其是应优先改善教育滞后地区的职业教育质量，以缩小与旅游产业发展的差距，提升同步发展水平。

第二节　研究展望

尽管本研究揭示了贵州省高等职业教育与旅游业耦合协调发展的现状与问题，反映了产教融合背景下贵州职业教育高质量发展的路径，但仍存在一些不足之处。首先，实证研究部分集中在开设旅游专业的高等职业院校和旅游产业内。随着贵州省职业教育体系的完善和"四化"推进的不断升级，产教融合将迎来更多发展机遇。未来的研究可以扩展到其他产业领域、其他职业院校类别，考虑不同产业领域（如大健康、大数据、"农业现代化""新型工业化"等）对职业教育的具体需求，进一步优化职业教育的人才培养模式。其次，可借鉴国内外成功的产教融合模式，如德国的"双元制"或新加坡的"双师制"，以获得更广泛的对比和启示。最后，本研究的时间跨度有限，未来的研究应增加更长时间维度的数据，跟踪职业教育与"四化"建设的长期互动及其影响。通过强化政府政策支持、提升教育资源分配、深化校企合作以及加大智能化与信息化技术在产教融合中的应用，贵州省职业教育高质量发展水平与产业融合协调发展将有望进一步提升，产教融合进一步推动地区教育与产业协调发展和高质量发展。

参考文献

一、中文文献

（一）著作

［1］［德］克里斯塔勒．德国南部中心地原理［M］．常正文，王兴中，等译．北京：商务印书馆，2010：22-38.

［2］［德］勒施．经济空间秩序：经济财货与地理间的关系［M］．王守礼，译．北京：商务印书馆，2010：12-14.

［3］［德］韦伯．工业区位论［M］．李刚剑，陈志人，张英保，译．北京：商务印书馆，1997：115-123.

［4］［法］桑顿，［加］奥卡西突，［加］龙思博．制度逻辑：制度如何塑造人和组织［M］．汪少卿，杜运周，翟慎霄，等译．杭州：浙江大学出版社，2020：99.

［5］［美］贝克尔．人力资本［M］．陈耿宣，等译．北京：机械工业出版社，2016：12-13.

［6］［美］胡佛．区域经济学导论［M］．王翼龙，译．北京：商务印书馆，1990：7-8.

［7］［美］明塞尔．人力资本研究［M］．张凤林，译．北京：中国经济出版社，2001：132-135.

［8］［美］舒尔茨．对人进行投资：人口质量经济学［M］．吴珠华，译．北京：商务印书馆，2017：31.

［9］［美］舒尔茨．人力资本投资：教育和研究的作用［M］．蒋斌，张蘅，译．北京：商务印书馆，1990：62.

［10］［美］威廉姆森．治理机制［M］．石烁，译．北京：机械工业出版社，2016：3.

［11］［英］亚当·斯密. 国民财富的性质和原因的研究（上卷）［M］. 郭大力，王亚南，译. 北京：商务印书馆，2004：258-259.

（二）期刊

［1］蔡瑞林，李玉倩. 新时代产教融合高质量发展的新旧动力转换［J］. 现代教育管理，2020（8）：115-121.

［2］蔡文伯，曹元洁，赵志强. 民族地区教育现代化发展水平的测度与评价：基于2011—2019年教育发展指数分析［J］. 青海民族研究，2022，33（3）：186-193.

［3］蔡文伯，徐晓晶. 中国职业教育高质量发展水平测度、区域差异及空间效应［J］. 职业技术教育，2024，45（15）：8-17.

［4］蔡文伯，赵志强，禹雪. 成渝地区双城经济圈高等教育—科技创新—经济发展动态耦合协同研究［J］. 西南大学学报（社会科学版），2022，48（1）：130-143.

［5］曹芳东，黄震方，黄睿，等. 江苏省高速公路流与景区旅游流的空间关联及其耦合路径［J］. 经济地理，2021，41（1）：232-240.

［6］曹翔，张双龙，余升国. 入境旅游免签政策的游客吸引效应及其异质性［J］. 人文地理，2021，36（4）：177-184.

［7］崔凤军，徐鹏，陈旭峰. 文旅融合高质量发展研究：基于机构改革视角的分析［J］. 治理研究，2020，36（6）：98-104.

［8］崔奎勇，蔡云，史娟. 职业本科教育质量指数构建研究［J］. 中国高教研究，2022（3）：94-98.

［9］戴斌. 高质量发展是旅游业振兴的主基调［J］. 人民论坛，2020（22）：66-69.

［10］戴斌，李鹏鹏，马晓芬. 论旅游业高质量发展的形势、动能与任务［J］. 华中师范大学学报（自然科学版），2022，56（1）：1-8，42.

［11］戴斌，阳玉平. 新质生产力视域下我国旅游的理论建构与实践研究：中国旅游研究院院长、博士生导师戴斌教授访谈［J］. 社会科学家，2024（3）：3-9.

［12］戴学锋，杨明月. 全域旅游带动旅游业高质量发展［J］. 旅游学刊，2022，37（2）：6-8.

［13］董文静，王昌森，张震. 中国文化产业与旅游产业耦合发展的时空演化及空间关联格局［J］. 西南民族大学学报（人文社会科学版），2022，43

（3）：23-33.

［14］方创琳，崔学刚，梁龙武．城镇化与生态环境耦合圈理论及耦合器调控［J］．地理学报，2019，74（12）：2529-2546.

［15］方世敏，黄琰．长江经济带旅游效率与规模的时空演化及耦合协调［J］．地理学报，2020，75（8）：1757-1772.

［16］高楠，马耀峰，李天顺，等．基于耦合模型的旅游产业与城市化协调发展研究：以西安市为例［J］．旅游学刊，2013，28（1）：62-68.

［17］高楠，马耀峰，张春晖．中国丝绸之路经济带旅游产业与区域经济的时空耦合分异：基于九省区市1993—2012年面板数据［J］．经济管理，2015，37（9）：111-120.

［18］耿松涛，谢彦君．副省级城市旅游经济与生态环境的耦合关系研究［J］．城市发展研究，2013，20（1）：91-97.

［19］郭向阳，穆学青，丁正山，等．"交旅"融合下旅游效率与高速交通协调格局研究：以长三角41市为例［J］．地理研究，2021，40（4）：1042-1063.

［20］郭向阳，穆学青，明庆忠，等．旅游地快速交通优势度与旅游流强度的空间耦合分析［J］．地理研究，2019，38（5）：1119-1135.

［21］郭芸，范柏乃，龙剑．我国区域高质量发展的实际测度与时空演变特征研究［J］．数量经济技术经济研究，2020，37（10）：118-132.

［22］何建民．新时代我国旅游业高质量发展系统与战略研究［J］．旅游学刊，2018，33（10）：9-11.

［23］洪学婷，黄震方，于逢荷，等．长三角城市文化资源与旅游产业耦合协调及补偿机制［J］．经济地理，2020，40（9）：222-232.

［24］侯兵，杨君，余凤龙．面向高质量发展的文化和旅游深度融合：内涵、动因与机制［J］．商业经济与管理，2020（10）：86-96.

［25］胡德鑫，逄丹丹．新质生产力视域下高职教育与产业发展的耦合协调水平测度［J］．教育学术月刊，2024（5）：27-36.

［26］胡静，贾垚焱，谢鸿璟．旅游业高质量发展的核心要义与推进方向［J］．华中师范大学学报（自然科学版），2022，56（1）：9-15.

［27］胡微，石伟平．从高适应到高质量：新时代职业教育改革的定位、挑战与路径［J］．教育发展研究，2022，42（9）：30-37.

［28］黄顺春，邓文德．高质量发展评价指标体系研究述评［J］．统计与决策，2020，36（13）：26-29.

［29］黄细嘉.鄂湘赣文化和旅游高质量协同发展突破点与机制构建［J］.中国旅游评论，2021（4）：13-15.

［30］黄毓慧，杨永芳，李爱国.我国农业农村现代化与职业教育高质量发展的协调机制研究：基于 CCDM-PVAR 模型［J］.中国软科学，2024（S1）：131-140，202.

［31］黄震方，储少莹，张梦佳.新时代全域旅游的理论认知及其高质量发展［J］.中国名城，2022，36（1）：23-31.

［32］黄震方，陆林，肖飞，等."双循环"新格局与旅游高质量发展：理论思考与创新实践［J］.中国名城，2021，35（2）：7-18.

［33］蒋焕洲.贵州民族村寨旅游发展与新农村建设互动关系及实现路径研究［J］.安徽农业科学，2010，38（22）：12096-12098.

［34］李刚，赵佳琦，王嘉琦.以新质课程建设赋能新质生产力发展：理论剖析与设计思路［J］.天津师范大学学报（基础教育版），2024，25（4）：7-12.

［35］李凌雁，翁钢民.我国旅游与文化产业融合发展水平测度及时空差异分析［J］.地理与地理信息科学，2015，31（6）：94-99.

［36］李梦欣，任保平.新时代中国高质量发展的综合评价及其路径选择［J］.财经科学，2019（5）：26-40.

［37］李鹏，朱德全.监测评估："互联网+"时代职业教育质量评估体系创新［J］.中国电化教育，2018（6）：45-51.

［38］李玉静.国际职业教育质量评估指标体系比较分析：以 UNESCO、欧盟和澳大利亚为样本［J］.职业技术教育，2012（28）：76-82.

［39］李志龙.乡村振兴：乡村旅游系统耦合机制与协调发展研究：以湖南凤凰县为例［J］.地理研究，2019，38（3）：643-654.

［40］李志远，夏赞才.长江经济带旅游业高质量发展水平测度及失配度时空格局探究［J］.南京师大学报（自然科学版），2021，44（4）：33-42.

［41］厉新建，宋昌耀，殷婷婷.高质量文旅融合发展的学术再思考：难点和路径［J］.旅游学刊，2022，37（2）：5-6.

［42］厉新建，曾博伟，张辉，等.新质生产力与旅游业高质量发展［J］.旅游学刊，2024，39（5）：15-29.

［43］廖重斌.环境与经济协调发展的定量评判及其分类体系：以珠江三角洲城市群为例［J］.热带地理，1999（2）：76-82.

［44］刘佳，王娟，奚一丹.中国旅游经济增长质量的空间格局演化［J］.

经济管理，2016，38（8）：160-173.

［45］刘军，边志强．资源型城市经济高质量发展水平测度研究：基于新发展理念［J］．经济问题探索，2022（1）：92-111.

［46］刘军胜，马耀峰．基于发生学与系统论的旅游流与目的地供需耦合成长演化与驱动机制研究：以西安市为例［J］．地理研究，2017，36（8）：1583-1600.

［47］刘军胜，马耀峰．中国主要旅游城市与入境客源国匹配度及演化格局［J］．经济地理，2021，41（4）：158-165.

［48］刘来兵，陈港．建设高质量职业教育体系：动因、框架与路向［J］．现代教育管理，2021（11）：106-112.

［49］刘英基，韩元军．要素结构变动、制度环境与旅游经济高质量发展［J］．旅游学刊，2020，35（3）：28-38.

［50］罗兹柏．人在旅途，行者无疆：感悟地旅人生［J］．地理教育，2017（2）：1.

［51］麻学锋，刘玉林，谭佳欣．旅游驱动的乡村振兴实践及发展路径：以张家界市武陵源区为例［J］．地理科学，2020，40（12）：2019-2026.

［52］马波，张越．文旅融合四象限模型及其应用［J］．旅游学刊，2020，35（5）：15-21.

［53］欧进锋，许抄军，刘雨骐．基于"五大发展理念"的经济高质量发展水平测度：广东省21个地级市的实证分析［J］．经济地理，2020，40（6）：77-86.

［54］彭张林，张爱萍，王素凤，等．综合评价指标体系的设计原则与构建流程［J］．科研管理，2017，38（S1）：209-215.

［55］秦凤梅，莫堃．基于CIPP模型的职业教育产教融合质量评价研究［J］．西南大学学报（社会科学版），2022，48（3）：194-203.

［56］申文缙，周志刚．德国职业教育质量指标体系及启示［J］．外国教育研究，2015，42（6）：109-118.

［57］沈丹，潘和平．安徽省红色景区与旅游业的耦合发展研究［J］．滁州学院学报，2022，24（5）：77-82.

［58］盛朝迅．"十四五"时期推进新旧动能转换的思路与策略［J］．改革，2020（2）：5-19.

［59］石伟平，范栖银，黄松洁．我国高等职业教育与区域经济耦合协调的机理、评价与启示［J］．现代教育管理，2024（4）：106-118.

[60] 舒伯阳，蒋月华，刘娟．新时代乡村旅游高质量发展的理论思考及实践路径 [J]．华中师范大学学报（自然科学版），2022，56（1）：73-82.

[61] 宋瑞．"十四五"时期我国旅游业的发展环境与核心命题 [J]．旅游学刊，2020，35（6）：1-3.

[62] 宋子千．科技引领"十四五"旅游业高质量发展 [J]．旅游学刊，2020，35（6）：10-12.

[63] 孙晓，刘力钢，陈金．中国旅游经济高质量发展的测度 [J]．统计与决策，2021，37（17）：126-130.

[64] 孙晓，刘力钢，演克武，等．旅游产业高质量发展水平测度和区域差异分析 [J]．统计与决策，2022，38（19）：92-97.

[65] 唐业喜，左鑫，伍招妃，等．旅游经济高质量发展评价指标体系构建与实证：以湖南省为例 [J]．资源开发与市场，2021，37（6）：641-647.

[66] 田鹏颖．论新时代新发展理念的理论创新 [J]．理论探讨，2021（5）：27-32.

[67] 田千山．生态环境多元共治模式：概念与建构 [J]．行政论坛，2013，20（3）：94-99.

[68] 田应仟．贵州凯里市南花村旅游开发调查研究 [J]．贵州民族研究，2011，32（3）：115-117.

[69] 汪德根，沙梦雨，朱梅．国家级贫困县旅游资源优势度与脱贫力耦合分析：以433个脱贫县为例 [J]．人文地理，2020，35（5）：111-119，149.

[70] 汪永臻，曾刚．西北地区文化产业和旅游产业耦合发展的实证研究 [J]．经济地理，2020，40（3）：234-240.

[71] 王瑞峰．乡村产业高质量发展的内涵特征、影响因素及实现路径：基于全国乡村产业高质量发展"十大典型"案例研究 [J]．经济体制改革，2022（1）：73-81.

[72] 王伟．中国经济高质量发展的测度与评估 [J]．华东经济管理，2020，34（6）：1-9.

[73] 王学峰，张辉．新时代旅游经济高质量发展的理论问题 [J]．旅游学刊，2022，37（2）：3-5.

[74] 王学，刘艳．职业教育高质量发展的基础与方向 [J]．教育科学，2021，37（5）：21-28.

[75] 王雨．部省共建"技能贵州"职教改革开创新局 [J]．当代贵州，2022（1）：20-21.

［76］王兆峰，霍菲菲，徐赛．湘鄂渝黔旅游产业与旅游环境耦合协调度变化［J］．经济地理，2018，38（8）：204-213.

［77］王兆峰．"双循环"背景下旅游业高质量发展的实现路径［J］．企业经济，2022，41（2）：41-47，2.

［78］王兆峰，谢佳亮．中国文化和旅游融合发展效率时空动态演化及其驱动机制［J］．旅游学刊，2024，39（1）：34-51.

［79］吴建国．民族院校旅游高等教育发展现状［J］．旅游学刊，2008（3）：9-10.

［80］吴儒练．我国省域旅游业高质量发展时空演变、影响因素及空间溢出效应［J］．国土资源科技管理，2024，41（4）：124-134.

［81］夏杰长，顾方哲．习近平关于旅游业重要论述的理论内涵与实践指引［J］．学习与探索，2020（4）：122-129.

［82］肖黎明，王彦君，郭瑞雅．乡愁视域下乡村旅游高质量发展的空间差异及演变：基于黄河流域的检验［J］．旅游学刊，2021，36（11）：13-25.

［83］徐翠蓉，赵玉宗，高洁．国内外文旅融合研究进展与启示：一个文献综述［J］．旅游学刊，2020，35（8）：94-104.

［84］徐冬，黄震方，洪学婷，等．乡村旅游地文化胁迫类型、格局与机理研究：以苏州东山镇为例［J］．地理研究，2020，39（10）：2249-2267.

［85］徐维祥，李露，周建平，等．乡村振兴与新型城镇化耦合协调的动态演进及其驱动机制［J］．自然资源学报，2020，35（9）：2044-2062.

［86］徐紫嫣．旅游业融入"双循环"新发展格局：实施路径与政策思路［J］．企业经济，2021，40（10）：143-150.

［87］于法稳，黄鑫，岳会．乡村旅游高质量发展：内涵特征、关键问题及对策建议［J］．中国农村经济，2020（8）：27-39.

［88］余超，李泉宏，刘英基．新质生产力、消费结构与旅游业高质量发展［J］．河南师范大学学报（自然科学版），2024，52（5）：19-29，2.

［89］詹黔江．为部省共建"技能贵州"贡献方案［J］．中国民族教育，2022（2）：28-31.

［90］张洪昌．新时代旅游业高质量发展的治理逻辑与制度创新［J］．当代经济管理，2019，41（9）：60-66.

［91］张辉，吴尚．新发展理念引领高质量发展：成效、问题及推进方向［J］．学习与探索，2021（12）：93-102.

［92］张新成，梁学成，宋晓，等．黄河流域旅游产业高质量发展的失配度

时空格局及成因分析［J］. 干旱区资源与环境, 2020, 34（12）: 201-208.

［93］赵磊, 潘婷婷, 方成, 等. 旅游业与新型城镇化: 基于系统耦合协调视角［J］. 旅游学刊, 2020, 35（1）: 14-31.

［94］赵敏. 黄河流域城市高质量发展系统耦合协调度时空演变及驱动力研究［J］. 统计与信息论坛, 2021, 36（10）: 33-40.

［95］钟漪萍, 李颖. 旅游业高质量发展水平测度与地区差异及收敛特征分析［J］. 统计与决策, 2022, 38（21）: 107-112.

［96］朱德全, 彭洪莉. 中国职业教育高质量发展指数与水平测度［J］. 西南大学学报（社会科学版）, 2023, 49（1）: 138-152.

［97］朱德全, 沈家乐. 职业教育"1+X"证书制度执行的分析框架与理论模型［J］. 教育研究, 2022, 43（3）: 110-126.

［98］朱德全, 熊晴. 职业教育现代化发展的逻辑理路: 价值与路向［J］. 云南师范大学学报（哲学社会科学版）, 2021, 53（5）: 103-112.

［99］朱德全, 杨磊. 职业本科教育服务高质量发展的新格局与新使命［J］. 中国电化教育, 2022（1）: 50-58, 65.

［100］朱媛媛, 周笑琦, 罗静, 等. 长江中游城市群乡村人居环境质量评价及其时空分异［J］. 经济地理, 2021, 41（4）: 127-136.

（三）论文

［1］麦思超. 长江经济带绿色发展水平的时空演变轨迹与影响因素研究［D］. 南昌: 江西财经大学, 2019.

［2］王宇. 产教融合背景下民族地区教育与旅游产业的耦合协调发展水平研究: 以贵州省"三州"为例［D］. 重庆: 西南大学, 2023.

［3］吴儒练. 旅游业高质量发展与乡村振兴耦合协调测度、演化及空间效应研究［D］. 南昌: 江西财经大学, 2022.

［4］徐爱萍. 我国旅游业高质量发展评价及影响因素研究［D］. 上海: 华东师范大学, 2021.

［5］张鑫. 我国区域旅游高质量发展水平评价与实现路径研究［D］. 秦皇岛: 燕山大学, 2022.

（四）报纸

［1］曹雯. 打造旅游产业发展"强引擎"［N］. 贵州日报, 2024-08-18（2）.

［2］曹雯. 以文塑旅大提质［N］. 贵州日报, 2022-11-10（4）.

［3］梁书霞.贵州"四大行动"推进"旅游产业化"［N］.中国旅游报，2021-12-24（2）.

［4］彭芳蓉.文化旅游结硕果多彩贵州添新彩［N］.贵州日报，2019-09-17（3）.

［5］史广峰.全域旅游助推城乡融合发展［N］.中国社会科学报，2020-09-30（11）.

［6］王涛.去年贵州经济呈现逐季向好、结构优化、质效提升态势［N］.贵阳日报，2024-01-23（1）.

［7］习近平.决胜全面建成小康社会，夺取新时代中国特色社会主义伟大胜利：在中国共产党第十九次全国代表大会上的报告［N］.人民日报，2017-10-28（1）.

［8］夏杰长.高质量发展是实现现代旅游强国的唯一选择［N］.中国经济时报，2018-03-22（5）.

［9］张发扬，蒙莎莎.红绿交响谱写荔波发展新乐章［N］.贵州日报，2021-01-04（1）.

二、英文文献

［1］EMERSON K, NABATCHI T, BALOGH S. An Integrative Framework for Collaborative Governance ［J］. Journal of Public Administration Research and Theory, 2012, 22（1）：1-29.

［2］GAL Y, GAL A, HADAS E. Coupling tourism development and agricultural processes in a dynamic environment ［J］. Current Issues in Tourism, 2010, 13（3）：279-295.

［3］LIU L, CHEN J. Strategic coupling of urban tourism and regional development in Liaoning Province, China ［J］. Asia Pacific Journal of Tourism Research, 2020, 25（12）：1251-1268.

［4］OSTROM E. Background on the Institutional Analysis and Development Framework ［J］. Policy Studies Journal, 2011, 39（1）：7-27.

［5］PAN Y, WENG G, LI C, et al. Coupling coordination and influencing factors among tourism carbon emission, tourism economic and tourism innovation ［J］. International Journal of Environmental Research and Public Health, 2021, 18（4）：1601.

［6］WEICK K E. Educational Organizations as Loosely Coupled System ［J］.

Administrative Science Quarterly, 1976 (1).

[7] ZHANG F, SUN C, AN Y, et al. Coupling coordination and obstacle factors between tourism and the ecological environment in Chongqing, China: aulti-model comparison [J]. Asia Pacific Journal of Tourism Research, 2021, 26 (7): 811-828.

[8] ZHANG T, LI L. Research on temporal and spatial variations in the degree of coupling coordination of tourism-urbanization-ecological environment: A case study of Heilongjiang, China [J]. Environment, Development and Sustainability, 2021, 23 (6): 8474-8491.

附　录

附录一：国内旅游业研究进展关键词单元频次
大于等于 3 的网络指标

表附 1-1　关键词单元频次大于等于 3 的网络指标

关键词	所属聚类	中间中心性	接近中心性	特征向量中心性	聚集系数	权重	标准化点度中心性
高质量发展	C0	0.6192	0.9172	0.4365	0.0629	131.0000	0.9097
旅游业	C0	0.0426	0.5975	0.2227	0.1619	47.0000	0.3264
文旅融合	C0	0.0230	0.5714	0.2031	0.2078	39.0000	0.2708
黄河流域	C0	0.0313	0.5669	0.1771	0.2034	35.0000	0.2431
文化产业	C0	0.0171	0.5538	0.1534	0.2291	29.0000	0.2014
体育产业	C0	0.0124	0.5434	0.1339	0.2090	28.0000	0.1944
中国式现代化	C0	0.0058	0.5275	0.1268	0.2684	22.0000	0.1528
新质生产力	C0	0.0081	0.5333	0.1281	0.2857	22.0000	0.1528
路径	C0	0.0021	0.5125	0.0871	0.4176	14.0000	0.0972
新发展格局	C0	0.0060	0.5161	0.0744	0.2637	14.0000	0.0972
实践路径	C0	0.0010	0.5143	0.0969	0.5256	13.0000	0.0903
产业融合	C0	0.0028	0.5070	0.0786	0.3485	12.0000	0.0833
路径选择	C0	0.0011	0.5053	0.0832	0.5152	12.0000	0.0833
新时代	C0	0.0010	0.5053	0.0756	0.4909	11.0000	0.0764
体育经济	C0	0.0015	0.5017	0.0528	0.3273	11.0000	0.0764

关键词	所属聚类	中间中心性	接近中心性	特征向量中心性	聚集系数	权重	标准化点度中心性
理论逻辑	C0	0.0006	0.5053	0.0842	0.5455	11.0000	0.0764
产业链	C0	0.0006	0.5053	0.0666	0.5000	8.0000	0.0556
边疆民族地区	C0	0.0005	0.4983	0.0652	0.6071	8.0000	0.0556
新疆	C0	0.0009	0.5000	0.0521	0.4286	8.0000	0.0556
文化旅游	C0	0.0004	0.5017	0.0609	0.5357	8.0000	0.0556
评价体系	C0	0.0004	0.5000	0.0631	0.5000	8.0000	0.0556
生态旅游	C0	0.0005	0.5000	0.0563	0.5000	8.0000	0.0556
体育旅游产业	C0	0.0004	0.5000	0.0548	0.5000	8.0000	0.0556
生态保护	C0	0.0004	0.5017	0.0519	0.4286	7.0000	0.0486
民族地区	C0	0.0014	0.4983	0.0533	0.3810	7.0000	0.0486
双循环	C0	0.0007	0.5017	0.0542	0.4286	7.0000	0.0486
体育旅游	C0	0.0005	0.4983	0.0462	0.4286	7.0000	0.0486
市场机制	C0	0.0003	0.4915	0.0383	0.4667	6.0000	0.0417
协同发展	C0	0.0002	0.4932	0.0549	0.6000	6.0000	0.0417
旅游景区	C0	0.0001	0.5017	0.0629	0.8000	6.0000	0.0417
实现路径	C0	0.0011	0.5000	0.0390	0.5333	6.0000	0.0417
"十四五"	C0	0.0003	0.4915	0.0390	0.6000	6.0000	0.0417
动力机制	C0	0.0003	0.4932	0.0432	0.6000	6.0000	0.0417
冰雪体育产业	C0	0.0003	0.4915	0.0356	0.4667	6.0000	0.0417
深度融合	C0	0.0001	0.4966	0.0506	0.7000	5.0000	0.0347
现实困境	C0	0.0001	0.4932	0.0441	0.7000	5.0000	0.0347
乡村体育	C0	0.0001	0.4966	0.0526	0.7000	5.0000	0.0347
生态环境	C0	0.0011	0.4966	0.0464	0.5000	5.0000	0.0347
发展质量	C0	0.0001	0.4932	0.0534	0.8000	5.0000	0.0347
场景	C0	0.0001	0.4898	0.0416	0.7000	5.0000	0.0347
对策建议	C0	0.0002	0.4881	0.0391	0.5000	5.0000	0.0347
战略定位	C0	0.0002	0.4898	0.0370	0.7000	5.0000	0.0347

关键词	所属聚类	中间中心性	接近中心性	特征向量中心性	聚集系数	权重	标准化点度中心性
服务业	C0	0.0001	0.4881	0.0296	0.6667	4.0000	0.0278
长三角地区	C0	0.0000	0.4915	0.0434	0.6667	4.0000	0.0278
旅游	C0	0.0001	0.4966	0.0371	0.6667	4.0000	0.0278
数字时代	C0	0.0000	0.4881	0.0468	1.0000	4.0000	0.0278
公共文化服务	C0	0.0000	0.4898	0.0496	1.0000	4.0000	0.0278
全民健身	C0	0.0001	0.4932	0.0430	0.6667	4.0000	0.0278
生态文明	C0	0.0001	0.4932	0.0358	0.6667	4.0000	0.0278
推进路径	C0	0.0000	0.4832	0.0259	0.6667	3.0000	0.0208
旅游政策	C0	0.0000	0.4865	0.0294	0.6667	3.0000	0.0208
旅游强国	C0	0.0000	0.4865	0.0394	1.0000	3.0000	0.0208
旅游目的地	C0	0.0000	0.4848	0.0331	1.0000	2.0000	0.0139
交旅融合	C0	0.0000	0.4816	0.0239	1.0000	2.0000	0.0139
滑雪产业	C0	0.0000	0.4800	0.0219	0.0000	1.0000	0.0069
乡村振兴	C1	0.0299	0.5760	0.1847	0.1633	39.0000	0.2708
乡村旅游	C1	0.0161	0.5603	0.1690	0.2238	32.0000	0.2222
高质量	C1	0.0037	0.4848	0.1065	0.3216	19.0000	0.1319
红色旅游	C1	0.0032	0.5180	0.0961	0.3500	16.0000	0.1111
驱动机制	C1	0.0021	0.5017	0.0526	0.3571	8.0000	0.0556
文化自信	C1	0.0002	0.4983	0.0521	0.6190	7.0000	0.0486
乡村旅游高质量发展	C1	0.0020	0.4022	0.0296	0.2857	7.0000	0.0486
湖南省	C1	0.0002	0.4983	0.0535	0.6190	7.0000	0.0486
休闲农业	C1	0.0003	0.4948	0.0507	0.5714	7.0000	0.0486
文化强国	C1	0.0001	0.4932	0.0527	0.6667	6.0000	0.0417
融合发展	C1	0.0001	0.4898	0.0498	0.9000	5.0000	0.0347
生态文明建设	C1	0.0001	0.4932	0.0479	0.7000	5.0000	0.0347
湖北省	C1	0.0000	0.4881	0.0366	1.0000	3.0000	0.0208
乡村振兴战略	C1	0.0000	0.4848	0.0328	1.0000	3.0000	0.0208

续表

关键词	所属聚类	中间中心性	接近中心性	特征向量中心性	聚集系数	权重	标准化点度中心性
新发展理念	C2	0.0202	0.5560	0.1644	0.2237	31.0000	0.2153
旅游业高质量发展	C2	0.0148	0.5538	0.1530	0.2512	29.0000	0.2014
数字经济	C2	0.0147	0.5475	0.1553	0.2619	28.0000	0.1944
经济高质量发展	C2	0.0130	0.4983	0.1020	0.1522	24.0000	0.1667
时空演化	C2	0.0070	0.5333	0.1236	0.3368	20.0000	0.1389
共同富裕	C2	0.0068	0.5333	0.1091	0.3041	19.0000	0.1319
影响因素	C2	0.0165	0.5314	0.0928	0.2810	18.0000	0.1250
耦合协调	C2	0.0028	0.5236	0.1156	0.3603	17.0000	0.1181
时空演变	C2	0.0115	0.5236	0.0848	0.3238	15.0000	0.1042
耦合协调度	C2	0.0059	0.5217	0.0872	0.3205	13.0000	0.0903
科技创新	C2	0.0007	0.5125	0.1049	0.6026	13.0000	0.0903
空间杜宾模型	C2	0.0027	0.5143	0.0839	0.5606	12.0000	0.0833
障碍因子	C2	0.0011	0.5199	0.0825	0.5152	12.0000	0.0833
消费升级	C2	0.0026	0.5088	0.0755	0.3636	12.0000	0.0833
可持续发展	C2	0.0010	0.5088	0.0763	0.4364	11.0000	0.0764
熵值法	C2	0.0033	0.5106	0.0722	0.4364	11.0000	0.0764
旅游高质量发展	C2	0.0069	0.4056	0.0345	0.1273	11.0000	0.0764
文旅产业	C2	0.0012	0.5088	0.0680	0.4000	10.0000	0.0694
旅游经济高质量发展	C2	0.0015	0.4162	0.0446	0.1778	10.0000	0.0694
空间分异	C2	0.0011	0.5088	0.0657	0.6389	9.0000	0.0625
空间效应	C2	0.0002	0.5053	0.0689	0.7222	9.0000	0.0625
地区差异	C2	0.0031	0.5106	0.0647	0.4444	9.0000	0.0625
区域差异	C2	0.0014	0.5070	0.0615	0.5000	9.0000	0.0625
Dagum 基尼系数	C2	0.0028	0.5088	0.0556	0.5000	9.0000	0.0625
产业结构	C2	0.0003	0.5000	0.0607	0.6429	8.0000	0.0556
创新驱动	C2	0.0004	0.5017	0.0604	0.6429	8.0000	0.0556
指标体系	C2	0.0006	0.5035	0.0604	0.4286	8.0000	0.0556

关键词	所属聚类	中间中心性	接近中心性	特征向量中心性	聚集系数	权重	标准化点度中心性
旅游体验	C2	0.0003	0.5017	0.0618	0.6667	7.0000	0.0486
评价指标体系	C2	0.0005	0.5035	0.0569	0.5714	7.0000	0.0486
西藏	C2	0.0021	0.4966	0.0442	0.4286	7.0000	0.0486
中介效应	C2	0.0002	0.4045	0.0386	0.5333	6.0000	0.0417
空间溢出效应	C2	0.0004	0.3956	0.0323	0.6000	6.0000	0.0417
空间自相关	C2	0.0001	0.4983	0.0536	0.6667	6.0000	0.0417
人口老龄化	C2	0.0001	0.4966	0.0517	0.7333	6.0000	0.0417
驱动因素	C2	0.0002	0.4932	0.0490	0.6000	5.0000	0.0347
空间错位	C2	0.0003	0.3646	0.0121	0.5000	4.0000	0.0278
长三角	C2	0.0000	0.4915	0.0443	0.8333	4.0000	0.0278
测度体系	C2	0.0001	0.3799	0.0192	0.6667	4.0000	0.0278
旅游经济高质量	C2	0.0000	0.3731	0.0180	0.8333	4.0000	0.0278
旅游城镇化	C2	0.0001	0.4865	0.0298	0.6667	3.0000	0.0208
扎根理论	C2	0.0001	0.4932	0.0294	0.6667	3.0000	0.0208
旅游效率	C2	0.0006	0.4881	0.0236	0.0000	2.0000	0.0139
知识图谱	C2	0.0001	0.3470	0.0038	0.0000	2.0000	0.0139
旅游产业	C3	0.0114	0.5496	0.1663	0.2734	29.0000	0.2014
旅游经济	C3	0.0048	0.5314	0.1207	0.3526	20.0000	0.1389
空间溢出	C3	0.0006	0.5106	0.0786	0.6364	11.0000	0.0764
中国	C3	0.0003	0.5035	0.0783	0.6667	10.0000	0.0694
长江经济带	C3	0.0021	0.5053	0.0607	0.3333	9.0000	0.0625
数字技术	C3	0.0002	0.5017	0.0667	0.7500	8.0000	0.0556
失配度	C3	0.0007	0.5088	0.0582	0.5357	8.0000	0.0556
门槛效应	C3	0.0001	0.4966	0.0543	0.7143	7.0000	0.0486
转型升级	C3	0.0000	0.4948	0.0542	1.0000	6.0000	0.0417
韧性	C3	0.0002	0.4948	0.0485	0.6000	6.0000	0.0417
文化旅游产业	C3	0.0002	0.4983	0.0357	0.7000	5.0000	0.0347

关键词	所属聚类	中间中心性	接近中心性	特征向量中心性	聚集系数	权重	标准化点度中心性
发展路径	C3	0.0003	0.4932	0.0398	0.5000	5.0000	0.0347
西部地区	C3	0.0000	0.4816	0.0239	1.0000	2.0000	0.0139
冰雪旅游	C4	0.0023	0.5088	0.0652	0.3030	12.0000	0.0833
冰雪产业	C4	0.0008	0.5035	0.0741	0.4909	11.0000	0.0764
旅游资源	C4	0.0005	0.4966	0.0586	0.5714	8.0000	0.0556
冰雪运动	C4	0.0004	0.4932	0.0457	0.5714	7.0000	0.0486
北京冬奥会	C4	0.0001	0.4915	0.0368	0.7333	6.0000	0.0417
县域经济	C4	0.0000	0.4948	0.0603	0.8667	6.0000	0.0417
体旅融合	C5	0.0006	0.4983	0.0585	0.5714	8.0000	0.0556
全域旅游	C5	0.0103	0.4966	0.0411	0.3333	6.0000	0.0417
体育管理	C5	0.0001	0.4898	0.0362	0.8333	4.0000	0.0278
智慧旅游	C6	0.0009	0.5035	0.0610	0.4444	9.0000	0.0625
旅游发展	C6	0.0006	0.4000	0.0244	0.2000	6.0000	0.0417
双重差分模型	C6	0.0016	0.4948	0.0340	0.3333	6.0000	0.0417
全要素生产率	C6	0.0008	0.4915	0.0308	0.4000	5.0000	0.0347
入境旅游	C6	0.0001	0.4898	0.0376	0.5000	4.0000	0.0278
"一带一路"	C6	0.0000	0.4848	0.0236	1.0000	2.0000	0.0139
动力	C7	0.0005	0.4948	0.0463	0.5238	7.0000	0.0486
内涵	C7	0.0002	0.4932	0.0453	0.6000	6.0000	0.0417
动态演进	C7	0.0004	0.3789	0.0163	0.3333	4.0000	0.0278
云南省	C7	0.0018	0.4881	0.0263	0.5000	4.0000	0.0278
RCEP	C7	0.0000	0.4848	0.0255	1.0000	3.0000	0.0208

附录二：贵州职业教育与旅游业高质量发展测评
指标体系专家咨询问卷

尊敬的专家：

您好！我是一名高校教师，正在进行"产教融合背景下贵州职业教育高质量发展研究"的课题研究。此次咨询的目的是了解您对贵州职业教育与旅游业高质量发展测评指标的看法，您的宝贵意见和建议对本研究具有十分重要的意义。衷心感谢您的参与和支持！

请在您认为合适的选项中打"√"，并将您的意见和建议填写在表格下方。

表附 2-1　贵州高等职业教育高质量发展测评指标体系

一级指标	二级指标	三级指标	指标单位	非常重要	重要	一般重要	不重要	非常不重要	是否需要修改/删除
创新	创新投入	虚拟仿真实训基地数	个						修改/删除
		生均教学科研仪器设备值	元						修改/删除
		横向技术服务到款额	万元						修改/删除
		纵向科研经费到款额	万元						修改/删除
	创新产出	自主创业率	%						修改/删除
		编写教材数	本						修改/删除
		横向技术服务产生的经济效益	万元						修改/删除
		专利授权数量	项						修改/删除
协调	专业与产业需求	旅游类专业占专业总数比							修改/删除
		留在当地就业数占毕业生就业总人数比	%						修改/删除
		毕业生就业率	%						修改/删除
		毕业生满意度	%						修改/删除
		用人单位满意度	%						修改/删除

续表

一级指标	二级指标	三级指标	指标单位	非常重要	重要	一般重要	不重要	非常不重要	是否需要修改/删除
协调	资源配置	在校生满意度	%						修改/删除
		教职工满意度	%						修改/删除
		家长满意度	%						修改/删除
		生师比	%						修改/删除
		双师素质专任教师比例	%						修改/删除
		高级专业技术职务专任教师比例	%						修改/删除
绿色	绿色资源	新形态教材数量	本						修改/删除
	绿色环境	生均校内实践教学工位数	个						修改/删除
		绿色校园建设面积占比	%						修改/删除
	绿色意识	绿色技能人才专业个数	个						修改/删除
开放	国际交流	接收国外留学生人数	人						修改/删除
		接收国外访学教师人数	人						修改/删除
	国际认可	国际课程标准	个						修改/删除
		开发并被国外采用的职业教育资源数量	个						修改/删除
	国际竞合	在国外开办学校数	所						修改/删除
		国外技能大赛获奖数量	项						修改/删除
共享	资源共享	网络教学课程数	门						修改/删除
		教学资源库数	个						修改/删除
		在线精品课程数	门						修改/删除
		含旅游的专业群占总专业群数比例	%						修改/删除
	培训共享	非学历培训项目数	项						修改/删除
		公益项目培训学时	学时						修改/删除

对于贵州高等职业教育评价指标体系，您的意见和建议：_____

_____

_____

_____

_____

_____

_____

_____

_____

_____

表附 2-2 贵州旅游业高质量发展测评指标体系

一级指标	二级指标	三级指标	非常重要	重要	一般重要	不重要	非常不重要	是否需要修改/删除
创新	创新投入	国内及入境旅游旅行社总数（个）						修改/删除
		星级饭店个数（个）						修改/删除
		R&D 经费投入强度（%）						修改/删除
		长途光缆线路长度（万公里）						修改/删除
		开设旅游专业高职院占高等职业院校比例						修改/删除
	创新产出	百度当年资讯指数最高值（次）						修改/删除
		旅游专利授权数（项）						修改/删除
协调	城乡协调	城乡常住居民人均可支配收入比						修改/删除
	产业协调	旅游收入占 GDP 比重						修改/删除
		旅游收入占第一产业比重						修改/删除
		旅游收入占第二产业比重						修改/删除
		旅游收入占第三产业比重						修改/删除
绿色	生态环境	森林覆盖率（%）						修改/删除
		自然保护区面积占全省面积（%）						修改/删除
		森林公园面积约占全省面积（%）						修改/删除
		人均公园绿地面积（平方米）						修改/删除
	环境治理	城市生活垃圾无害化处理率（%）						修改/删除
		城市污水处理率（%）						修改/删除
	绿色能源	水电、风电、太阳能发电等（亿千瓦时）						修改/删除
开放	入境游客	入境旅游人数（万人次）						修改/删除
	对外贸易	国际旅游外汇收入（万美元）						修改/删除
		进出口总额（亿元）						修改/删除

一级指标	二级指标	三级指标	非常重要	重要	一般重要	不重要	非常不重要	是否需要修改/删除
共享	社会保障	国内及入境旅游旅行社职工人数（人）						修改/删除
		旅游总收入（亿元）						修改/删除
	公共文化	博物馆、图书馆数量（个）						修改/删除
	平均寿命	65 岁及以上人口数（万人）						修改/删除

对于贵州省旅游业高质量发展测评指标体系，您的意见和建议：_____

_____

_____

_____

_____

_____

_____

对于贵州职业教育与旅游产业耦合协调发展测评指标体系，您的意见和建议：_____

_____

_____

_____

_____

_____

再次感谢您的支持和参与！

附录三：原始样本数据

表附 3-1 2023年贵州省职业教育高质量发展测评指标原始样本数据（开办旅游类专业高等院校-贵阳市）

指标含义	指标单位	贵州交通职业大学	贵州经工职业技术学院	贵阳职业技术学院	贵州职业技术学院（贵州开放大学）	贵州水利水电职业技术学院	贵州电子商务职业技术学院	贵州电子科技职业学院	贵州装备制造职业学院	贵州食品工程职业学院	贵州财经职业学院	贵州文化旅游职业学院	贵州航空职业技术学院	贵州城市职业学院
		贵阳市												
虚拟仿真实训基地数	个	2	0	2	1	80	0	1	2	4	18	0	0	0
生均教学科研仪器设备值	元	14181.95	13209.28	14088.98	7543.9	17102.38	5922.04	9832.94	9240.8	9569.1	7918.07	4382.65	9450.48	7795.35
横向技术服务到款额	万元	540.32	92.55	27.35	5.3	16.7	0	7	10	18	0	0	4.31	1.4
纵向科研经费到款额	万元	213	132.5	74.54	5	22	0.5	0	908	12.5	0	0	0	2.6
自主创业率	%	0.08	0.65	0.6	0.87	0.53	0.3	0.28	0.45	0.57	0.58	—	0.27	6.14
编写教材数	本	71	54	53	45	1	18	51	77	2	4	0	1	154
横向技术服务产生的经济效益	万元	4193.8	775.7	5	50	0	0	0	0	0	0	0	4.31	0

续表

指标含义	指标单位	贵阳市												
		贵州交通职业大学	贵州轻工职业技术学院	贵阳职业技术学院	贵州职业技术学院（贵州开放大学）	贵州水利水电职业技术学院	贵州电子商务职业技术学院	贵州电子科技职业学院	贵州装备制造职业学院	贵州食品工程职业学院	贵州财经职业学院	贵州文化旅游职业学院	贵州航空职业技术学院	贵州城市职业学院
专利授权数量	项	34	51	25	11	1	6	18	13	1	0	0	12	4
网络教学课程数	门	355	40	27	1	28	28	82	389	2	1	103	282	80
教学资源库数	个	8	8	2	2	2	0	6	3	2	589	0	1	0
在线精品课程数	门	19	21	23	35	23	7	8	3	7	4	0	6	6
含旅游的专业群占总专业群数比例		1/5	1/6	1/5	1/6	1/5	0	0	0	0	1/3	1	1/5	0
非学历培训项目数	项	79	107	65	39	17	10	18	11	18	6	33	57	4
公益项目培训学时	学时	1530	462.00	152.00	17490	112	324	96	1916.00	30549	0	796	0	90
新形态教材数量	本	21	19	10	9	0	7	7	4	0	1	0	0	5
生均校内实践教学工位数	个	0.82	0.81	0.66	0.23	0.53	0.52	0.42	0.61	0.45	0.43	0.29	0.37	0.66
绿色校园建设面积占比	%	70	22.26	25	12.50	20	7.02	26.07	13.94	18.05	25	27.22	16.45	24.61

续表

| 指标 | | 贵阳市 | | | | | | | | | | | | | |
指标含义	指标单位	贵州交通职业大学	贵州轻工职业技术学院	贵阳职业技术学院	贵州职业技术学院（贵州开放大学）	贵州水利职业技术学院	贵州电子商务职业技术学院	贵州电子科技职业学院	贵州装备制造职业学院	贵州食品工程职业学院	贵州财经职业学院	贵州文化旅游职业学院	贵州航空职业技术学院	贵州城市职业学院
绿色技能人才专业个数	个	1	1	2	0	0	0	1	1	1	0	0	1	1
旅游类专业占专业总数比		3/39	3/55	2/37	1/51	2/33	3/42	1/37	1/34	2/25	2/16	7/26	3/27	1/50
留在当地就业数占毕业生就业总人数比	%	38.63	95.29	58.75	71.19	69.66	84.79	65.64	61.91	74.74	50.88	87.44	37.71	26.59
毕业生就业率	%	98.21	97.19	100.00	88.12	91.50	93.76	94.59	96.23	91.86	93.08	—	91.02	90.21
毕业生满意度	%	96.76	95.35	92.19	96.9	93.48	91.32	86.54	95.69	93.75	97.34	—	91.46	91.25
用人单位满意度	%	100	100	97.5	98.81	98.36	100	98.48	97.93	100	100	—	98.51	96.77
在校生满意度	%	94.52	84.32	84.08	80.36	81.44	71.65	80.9	82.19	79.95	83.8	68.7	70.69	82.94
教职工满意度	%	99.1	97.47	98	91.5	91.82	98.34	90.28	99	72.74	83.63	98.21	82.61	95
家长满意度	%	97.26	98.5	90.61	94	94.77	92.86	91.5	98	83.11	86.96	93	88.62	96.99
生师比	%	15.22	17.33	15.78	19.23	16.71	26.66	18.16	17.52	21	21.71	23.24	21.25	17.74
双师素质专任教师比例	%	77.62	65.4	58.04	66.49	33.57	61.39	66.87	80.17	44.06	68.63	65.97	26.5	45.47

续表

<<< 附 录

| 指标 | | 贵阳市 | | | | | | | | | | | | | |
指标含义	指标单位	贵州交通职业大学	贵州轻工职业技术学院	贵阳职业技术学院	贵州职业技术学院（贵州开放大学）	贵州水利水电职业技术学院	贵州电子商务职业技术学院	贵州电子科技职业学院	贵州装备制造职业学院	贵州食品工程职业学院	贵州财经职业学院	贵州文化旅游职业学院	贵州航空职业技术学院	贵州城市职业学院
高级专业技术职务专任教师比例	%	34.54	30.05	34.85	31.06	18.3	15.28	14.23	27.33	19	15.29	18.32	18.52	17.28
接收国外留学生人数	人	21	32	1	9	59	0	0	0	0	0	0	0	5
接收国外访学教师人数	人	148	8	28	0	0	0	0	0	0	0	0	0	0
国际课程标准	个	—	2	8	2	0	0	0	4	0	0	0	0	0
开发并被国外采用的职业教育资源数量	个	—	1	13	0	0	0	0	2	0	0	0	0	0
在国外开办学校数	所	2	1	3	0	3	0	1	0	0	0	0	0	0
国外技能大赛获奖数量	项	—	0	11	4	1	3	10	3	0	0	0	0	0

335

表附3-2 2023年贵州省职业教育高质量发展测评指标原始样本数据（开办旅游类专业高等院校—贵阳市外其他州市）

指标含义	指标单位	安顺市 安顺职业技术学院	安顺市 贵州民用航空职业学院	毕节市 毕节职业技术学院	毕节市 毕节工业职业技术学院	毕节市 贵州工贸职业学院	六盘水市 六盘水职业技术学院	黔东南州 黔东南民族职业技术学院	黔南州 黔南民族职业技术学院	黔南州 贵州经贸职业技术学院	黔南州 贵州机电职业技术学院	黔南州 贵州应用技术职业学院	黔西南州 黔西南民族职业技术学院	铜仁市 铜仁职业技术学院	铜仁市 铜仁幼儿师范高等专科学校	遵义市 贵州航天职业技术学院	遵义市 遵义职业技术学院
虚拟仿真实训基地数	个	1	0	2	0	0	8	3	7	1	0	0	0	1	0	0	0
生均教学科研仪器设备值	元	12513.56	9798.8	11043	6095.09	5993.92	15174.9	8731.52	6683.86	9773.91	9783.15	4606.24	6721.95	9478.17	4922.175	5711.84	11031.42
横向技术服务到款额	万元	68	0	0.2	0	0	0	43.5	10.4	1.9	0	0	0	35.23	46.78	1.4	19.5
纵向科研经费到款额	万元	220	0	32	0	0	12	61.5	30	0	0	0	0	164.56	50.8	0	149
自主创业率	%	0.07	0.95	0.46	1.1	1.47	0.5	1.05	1.39	1.2	6.4	0.95	1.12	1.43	0.21	0.48	0.61
编写教材数	本	41	0	24	0	0	12	55	37	30	12	20	32	16	17	3	18
横向技术服务产生的经济效益	万元	10	0	—	0	0	0	136.5	1847.6	0	0	0	0	308889	46.78	0	1530
专利授权数量	项	19	0	4	0	0	3	18	29	63	5	3	1	10	3	0	9
网络教学课程数	门	6	0	50	135	0	17	5	495	56	0	0	0	22	0	0	9
教学资源库数	个	3	0	10	0	0	2	14	6	22	0	0	0	3	0	2	6

续表

指标含义	指标单位	安顺职业技术学院	贵州民用航空职业学院	毕节职业技术学院	毕节工业职业技术学院	贵州工贸职业学院	六盘水职业技术学院	黔东南民族职业技术学院	黔南民族职业技术学院	贵州经贸职业技术学院	贵州机电职业技术学院	贵州应用技术职业学院	黔西南民族职业技术学院	铜仁职业技术学院	铜仁幼儿师范高等专科学校	贵州航天职业技术学院	遵义职业技术学院
在线精品课程数	门	9	0	6	0	0	24	19	31	63	0	0	0	47	6	5	18
含旅游的专业群占总专业群数比例		1/5	0	1/5	1/6	1/5	1/5	1/4	1/5	1/4	0	1/5	1/5	0	1/5	0	1/5
非学历培训项目数	项	22	0	29	26	5	9	75	110	135	20	15	19	86	63	27	26
公益项目培训学时	学时	7140	0	160	0	0	206	2846	5272	2663	84	1284	556	2241	590	0	912
新形态教材数量	本	7	0	4	0	0	4	47	19	8	0	0	17	9	1	0	15
生均校内实践教学工位数	个	0.74	0.31	0.5	0.45	0.27	0.54	0.97	0.57	0.59	0.41	0.33	0.17	0.69	0.59	0.34	0.41
绿色校园建设面积占比	%	23.70	18.67	21.25	16.81	26.31	32.43	21.56	70	20	23.86	18.75	17.54	1.40	35	31.23	18.73
绿色技能人才专业个数	个	1	0	1	3	0	0	0	1	1	1	1	0	0	0	1	1
旅游类专业占专业总数比		5/35	3/27	3/41	3/33	1/45	2/42	3/44	3/43	4/40	1/18	1/23	2/34	1/44	3/23	1/44	1/38

337

续表

指标含义	指标单位	安顺市 安顺职业技术学院	安顺市 贵州民用航空职业学院	毕节市 毕节职业技术学院	毕节市 毕节工业职业技术学院	毕节市 贵州工贸职业学院	六盘水市 六盘水职业技术学院	黔东南州 黔东南民族职业技术学院	黔南州 黔南民族职业技术学院	黔南州 贵州经贸职业技术学院	黔南州 贵州机电职业技术学院	黔南州 贵州应用技术职业学院	黔西南州 黔西南民族职业技术学院	铜仁市 铜仁职业技术学院	铜仁市 铜仁幼儿师范高等专科学校	遵义市 贵州航天职业技术学院	遵义市 遵义职业技术学院
留在当地就业人数占毕业生就业总人数比	%	25.05	6.62	36.78	39.95	20.28	22.99	30.58	18.39	73.66	67.06	12.66	25.28	27.62	32.42	26.30	29.81
毕业生就业率	%	86.25	90.48	88.43	88.93	82.77	92.37	91.35	89.07	96.67	92	96.85	93.81	88.27	99.75	95.94	97.05
毕业生满意度	—	93.94	61.73	—	91.42	91.52	83.29	—	98.74	—	98.17	94.58	95.65	95.95	96	94.04	92.64
用人单位满意度	%	98.03	100	98.53	91.96	96.3	97.53	99.2	99.87	—	100	95.92	95.73	100	95.8	96.34	85
在校生满意度	%	87.49	68.68	84.01	76.41	69.34	90.06	90.44	90.02	—	83.93	85.17	92.56	86.33	78.39	87.27	77.9
教职工满意度	%	100	95	96.23	97.85	96.8	96	98.18	99.67	—	99	86.30	98.21	99.57	97.8	85.38	90
家长满意度		99.8	74.25	79.13	90.3	94.23	90.99	96.35	98.69	—	93.94	81	95.51	98.53	89.90	93.18	96.6
生师比	%	17.19	28.79	18.47	18.35	19.35	17.76	17.52	16.61	20.82	17.87	18.6	28.86	18.18	19.24	21.14	19.04
双师素质专任教师比例	%	44.13	7.48	50.76	57.04	41.97	64.59	72.94	54.42	53.96	63.96	7.84	30.21	85.49	68.75	39.29	59.29
高级专业技术职务专任教师比例	%	21.75	0	17.65	20.62	10.31	31.67	32.79	20.35	13.09	20.3	2.89	24.33	47.8	35.19	18.76	20

续表

指标含义	指标单位	安顺市		毕节市		六盘水市		黔东南州	黔南州				黔西南州	铜仁市		遵义市	
		安顺职业技术学院	贵州民用航空职业学院	毕节职业技术学院	毕节工业职业技术学院	贵州工贸职业学院	六盘水职业技术学院	黔东南民族职业技术学院	黔南民族职业技术学院	贵州经贸职业技术学院	贵州机电职业技术学院	贵州应用技术职业学院	黔西南民族职业技术学院	铜仁职业技术学院	铜仁幼儿师范高等专科学校	贵州航天职业技术学院	遵义职业技术学院
接收国外留学生人数	人	0	0	—	0	0	0	0	0	0	0	0	0	195	0	0	2
接收国外访学教师人数	人	0	0	—	0	0	0	10	0	0	0	0	0	0	0	0	0
国际课程标准	个	5	0	—	0	0	0	0	3	5	0	0	0	6	0	0	0
开发并被国外采用的职业教育资源数量	个	0	0	—	0	0	0	0	0	5	0	0	0	6	0	0	0
在国外开办学校数	所	0	0	—	0	0	0	0	0	0	0	0	0	1	0	0	1
国外技能大赛获奖数量	项	2	0	—	0	0	0	1	10	13	0	0	0	3	0	0	8

表附 3-3 贵州省 2018—2023 年旅游业高质量发展测评指标原始样本数据

指标层	指标含义	2018年	2019年	2020年	2021年	2022年	2023年
创新投入	国内及入境旅游旅行社总数（个）	311	467	634	662	734	1197
	星级饭店个数（个）	203	239	231	232	242	230
	R&D经费投入强度（%）	0.79	0.86	0.91	0.93	0.99	0.99
	长途光缆线路长度（万公里）	96.90	114.14	123.05	134.63	167.00	197.4
	开设旅游专业高职院校占高等职业院校比例	0.58	0.58	0.61	0.63	0.60	0.58
创新产出	百度当年资讯指数最高值（次）	54951	19211	22477	17713	25739	75340
	旅游专利授权数（项）	43	52	52	68	36	50
城乡协调	城乡常住居民人均可支配收入比例	3.25	3.20	3.10	3.05	3.00	2.89
	旅游收入占GDP比重	0.62	0.73	0.32	0.34	0.26	0.35
产业协调	旅游收入占第一产业比重	4.39	5.40	2.28	2.43	1.83	2.56
	旅游收入占第二产业比重	1.72	2.06	0.92	0.97	0.74	1.01
	旅游收入占第三产业比重	1.23	1.45	0.64	0.67	0.51	0.69
生态环境	森林覆盖率（%）	57.0	60.0	61.5	62.1	62.8	63.0
	自然保护区面积占全省面积（%）	5.03	4.88	4.83	4.82	4.81	4.81
	森林公园面积约占全省面积（%）	1.6	1.6	1.6	1.6	1.6	1.6
	人均公园绿地面积（平方米）	13.54	14.72	15.38	15.29	15.93	15.33
环境治理	城市生活垃圾无害化处理率（%）	92.0	93.1	94.7	98.4	99.56	99.68%
	城市污水处理率（%）	93.8	94.6	96.0	97.48	98.41	98.63%

续表

指标层	指标含义	2018 年	2019 年	2020 年	2021 年	2022 年	2023 年
绿色能源	水电、风电、太阳能发电等（亿千瓦时）	854.31	867.00	973.34	921.82	897.05	593.19
入境游客	入境旅游人数（万人次）	146.55	161.31	4.36	5.56	4.87	21
对外贸易	国际旅游外汇收入（万美元）	31762.59	34503.00	2110.80	1949.00	1708.07	2758.00
	进出口总额（亿元）	5028661	4531977	5465225	6539382	7922802	7597000
社会保障	国内及入境旅游行社职工人数（人）	3367	4043	3436	3424	2824	4024
	旅游总收入（亿元）	9471.03	12318.86	5785.09	6642.16	5245.64	7404.56
公共文化	博物馆、图书馆数量（个）	189	189	192	199	232	256
平均寿命	65 岁及以上人口数（万人）	415.45	432.13	445.98	453.00	468.00	660

附录四：无量纲化后的样本数据

表附 4-1　贵州各地 2023 年旅游类职业教育无量纲化后的数据（贵阳市）

指标	贵阳市												
	贵州交通职业大学	贵州轻工职业技术学院	贵阳职业技术学院	贵州职业技术学院（贵州开放大学）	贵州水利水电职业技术学院	贵州电子商务职业技术学院	贵州电子科技职业学院	贵州装备制造职业学院	贵州食品工程职业学院	贵州财经职业学院	贵州文化旅游职业学院	贵州航空职业技术学院	贵州城市职业学院
虚拟仿真实训基地数	2.00	0.00	2.00	1.00	80.00	0.00	1.00	2.00	4.00	18.00	0.00	0.00	0.00
生均教学科研仪器设备值	14181.95	13209.28	14088.98	7543.90	17102.38	5922.04	9832.94	9240.80	9569.10	7918.07	4382.65	9450.48	7795.35
横向技术服务到款额	540.32	92.55	27.35	5.30	16.70	0.00	7.00	10.00	18.00	0.00	0.00	4.31	1.40
纵向科研经费到款额	213.00	132.50	74.54	5.00	22.00	0.50	0.00	908.00	12.50	0.00	0.00	0.00	2.60
自主创业率	0.08	0.65	0.60	0.87	0.53	0.30	0.28	0.45	0.57	0.58	0.00	0.27	6.14
编写教材数	71.00	54.00	53.00	45.00	1.00	18.00	51.00	77.00	2.00	4.00	0.00	1.00	154.00

续表

贵阳市

指标	贵州交通职业大学	贵州轻工职业技术学院	贵阳职业技术学院	贵州职业技术学院（贵州开放大学）	贵州水利水电职业技术学院	贵州电子商务职业技术学院	贵州电子科技职业学院	贵州装备制造职业学院	贵州食品工程职业学院	贵州财经职业学院	贵州文化旅游职业学院	贵州航空职业技术学院	贵州城市职业学院
横向技术服务产生的经济效益	4193.80	775.70	5.00	50.00	0.00	0.00	0.00	0.00	0.00	0.00	0.00	4.31	0.00
专利授权数量	34.00	51.00	25.00	11.00	1.00	6.00	18.00	13.00	1.00	0.00	0.00	12.00	4.00
网络教学课程数	355.00	40.00	27.00	1.00	28.00	28.00	82.00	389.00	2.00	1.00	103.00	282.00	80.00
教学资源库数	8.00	8.00	2.00	2.00	2.00	0.00	6.00	3.00	2.00	589.00	0.00	1.00	0.00
在线精品课程数	19.00	21.00	23.00	35.00	23.00	7.00	8.00	3.00	7.00	4.00	0.00	6.00	6.00
非学历培训项目数	79.00	107.00	65.00	39.00	17.00	10.00	18.00	11.00	18.00	6.00	33.00	57.00	4.00
公益项目培训学时	1530.00	462.00	152.00	17490.00	112.00	324.00	96.00	1916.00	30549.00	0.00	796.00	0.00	90.00
新形态教材数量	21.00	19.00	10.00	9.00	0.00	7.00	7.00	4.00	0.00	1.00	0.00	0.00	5.00
生均校内实践教学工位数	0.82	0.81	0.66	0.23	0.53	0.52	0.42	0.61	0.45	0.43	0.29	0.37	0.66
绿色校园建设面积占比	0.70	0.22	0.25	0.13	0.20	0.07	0.26	0.14	0.18	0.25	0.27	0.16	0.25

续表

指标	贵阳市												
	贵州交通职业大学	贵州轻工职业技术学院	贵阳职业技术学院	贵州职业技术学院（贵州开放大学）	贵州水利水电职业技术学院	贵州电子商务职业技术学院	贵州电子科技职业学院	贵州装备制造职业学院	贵州食品工程职业学院	贵州财经职业学院	贵州文化旅游职业学院	贵州航空职业技术学院	贵州城市职业学院
绿色技能人才专业个数	1.00	1.00	2.00	0.00	0.00	0.00	1.00	1.00	1.00	0.00	0.00	1.00	1.00
旅游类专业占专业总数比	0.08	0.05	0.05	0.02	0.06	0.07	0.03	0.03	0.08	0.13	0.27	0.11	0.02
留在当地就业数占毕业生就业总人数比	38.63	95.29	58.75	71.19	69.66	84.79	65.64	61.91	74.74	50.88	87.44	37.71	26.59
毕业生就业率	98.21	97.19	100.00	88.12	91.50	93.76	94.59	96.23	91.86	93.08	0.00	91.02	90.21
毕业生满意度	96.76	95.35	92.19	96.90	93.48	91.32	86.54	95.69	93.75	97.34	0.00	91.46	91.25
用人单位满意度	100.00	100.00	97.50	98.81	98.36	100.00	98.48	97.93	100.00	100.00	0.00	98.51	96.77
在校生满意度	94.52	84.32	84.08	80.36	81.44	71.65	80.90	82.19	79.95	83.80	68.70	70.69	82.94
教职工满意度	99.10	97.47	98.00	91.50	91.82	98.34	90.28	99.00	72.74	83.63	98.21	82.61	95.00
家长满意度	97.26	98.50	90.61	94.00	94.77	92.86	91.50	98.00	83.11	86.96	93.00	88.62	96.99
生师比	15.22	17.33	15.78	19.23	16.71	26.66	18.16	17.52	21.00	21.71	23.24	21.25	17.74
双师素质专任教师比例	77.62	65.40	58.04	66.49	33.57	61.39	66.87	80.17	44.06	68.63	65.97	26.50	45.47

续表

贵阳市

指标	贵州交通职业大学	贵州轻工职业技术学院	贵阳职业技术学院	贵州职业技术学院（贵州开放大学）	贵州水利水电职业技术学院	贵州电子商务职业技术学院	贵州电子科技职业学院	贵州装备制造职业学院	贵州食品工程职业学院	贵州财经职业学院	贵州文化旅游职业学院	贵州航空职业技术学院	贵州城市职业学院
高级专业技术职务专任教师比例	34.54	30.05	34.85	31.06	18.30	15.28	14.23	27.33	19.00	15.29	18.32	18.52	17.28
接收国外留学生人数	21.00	32.00	1.00	9.00	59.00	0.00	0.00	0.00	0.00	0.00	0.00	0.00	5.00
接收国外访学教师人数	148.00	8.00	28.00	0.00	0.00	0.00	0.00	0.00	0.00	0.00	0.00	0.00	0.00
国际课程标准	0.00	2.00	8.00	2.00	0.00	0.00	0.00	4.00	0.00	0.00	0.00	0.00	0.00
开发并被国外采用的职业教育资源数量	0.00	1.00	13.00	0.00	0.00	0.00	0.00	2.00	0.00	0.00	0.00	0.00	0.00
在国外开办学校数	2.00	1.00	3.00	0.00	3.00	0.00	1.00	0.00	0.00	0.00	0.00	0.00	0.00
国外技能大赛获奖数量	0.00	0.00	11.00	4.00	1.00	3.00	10.00	3.00	0.00	0.00	0.00	0.00	0.00

表附4-2 贵州各地2023年旅游类职业教育无量纲化后的数据（贵阳市外其他州市）

指标	安顺市 安顺职业技术学院	安顺市 贵州民用航空职业学院	毕节市 毕节职业技术学院	毕节市 毕节工业职业技术学院	毕节市 贵州工贸职业学院	六盘水市 六盘水职业技术学院	黔东南州 黔东南民族职业技术学院	黔南州 黔南民族职业技术学院	黔南州 贵州经贸职业技术学院	黔南州 贵州机电职业技术学院	黔南州 贵州应用技术职业学院	黔西南州 黔西南民族职业技术学院	铜仁市 铜仁职业技术学院	铜仁市 铜仁幼儿师范高等专科学校	遵义市 贵州航天职业技术学院	遵义市 遵义职业技术学院	求和
虚拟仿真实训基地数	1.00	0.00	2.00	0.00	0.00	8.00	3.00	7.00	1.00	0.00	0.00	0.00	1.00	0.00	0.00	0.00	133.00
生均教学科研仪器设备值	12513.56	9798.80	11043.00	6095.09	5993.92	15174.90	8731.52	6683.86	9773.91	9783.15	4606.24	6721.95	9478.17	4922.18	5711.84	11031.42	268301.43
横向技术服务到款额	68.00	0.00	0.20	0.00	0.00	0.00	43.50	10.40	1.90	0.00	0.00	0.00	35.23	46.78	1.40	19.50	949.84
纵向科研经费到款额	220.00	0.00	32.00	0.00	0.00	12.00	61.50	30.00	0.00	0.00	0.00	0.00	164.56	50.80	0.00	149.00	2090.50
自主创业率	0.07	0.95	0.46	1.10	1.47	0.50	1.05	1.39	1.20	6.40	0.95	1.12	1.43	0.21	0.48	0.61	30.71
编写教材数	41.00	0.00	24.00	0.00	0.00	12.00	55.00	37.00	30.00	12.00	20.00	32.00	16.00	17.00	3.00	18.00	848.00
横向技术服务产生的经济效益	10.00	0.00	0.00	0.00	0.00	0.00	136.50	1847.60	0.00	0.00	0.00	0.00	308889.00	46.78	0.00	1530.00	317488.69
专利授权数量	19.00	0.00	4.00	0.00	0.00	3.00	18.00	29.00	63.00	5.00	3.00	1.00	10.00	3.00	0.00	9.00	343.00
网络教学课程数	6.00	0.00	50.00	135.00	0.00	17.00	5.00	495.00	56.00	0.00	0.00	0.00	22.00	0.00	0.00	9.00	2213.00
教学资源库数	3.00	0.00	10.00	0.00	0.00	2.00	14.00	6.00	22.00	0.00	0.00	0.00	3.00	0.00	2.00	6.00	691.00
在线精品课程数	9.00	0.00	6.00	0.00	0.00	24.00	19.00	31.00	63.00	0.00	0.00	0.00	47.00	6.00	5.00	18.00	390.00

续表

指标	安顺市		毕节市			六盘水市	黔东南州	黔南州				黔西南州	铜仁市		遵义市		求和
	安顺职业技术学院	贵州民用航空职业学院	毕节职业技术学院	毕节工业职业技术学院	贵州工贸职业学院	六盘水职业技术学院	黔东南民族职业技术学院	黔南民族职业技术学院	贵州经贸职业技术学院	贵州机电职业技术学院	贵州应用技术职业学院	黔西南民族职业技术学院	铜仁职业技术学院	铜仁幼儿师范高等专科学校	贵州航天职业技术学院	遵义职业技术学院	
非学历培训项目数	22.00	0.00	29.00	26.00	5.00	9.00	75.00	110.00	135.00	20.00	15.00	19.00	86.00	63.00	27.00	26.00	1131.00
公益项目培训学时	7140.00	0.00	160.00	0.00	0.00	206.00	2846.00	5272.00	2663.00	84.00	1284.00	556.00	2241.00	590.00	0.00	912.00	77471.00
新形态教材数量	7.00	0.00	4.00	0.00	0.00	4.00	47.00	19.00	8.00	0.00	0.00	17.00	9.00	1.00	0.00	15.00	214.00
生均校内实践教学工位数	0.74	0.31	0.50	0.45	0.27	0.54	0.97	0.57	0.59	0.41	0.33	0.17	0.69	0.59	0.34	0.41	14.68
绿色校园建设面积占比	0.24	0.19	0.21	0.17	0.26	0.32	0.22	0.70	0.20	0.24	0.19	0.18	0.01	0.35	0.31	0.19	7.05
绿色技能人才专业个数	1.00	0.00	1.00	3.00	0.00	0.00	0.00	1.00	1.00	1.00	1.00	0.00	0.00	0.00	1.00	1.00	20.00
旅游类专业占专业总数比	0.14	0.11	0.07	0.09	0.02	0.05	0.07	0.07	0.10	0.06	0.04	0.06	0.02	0.04	0.02	0.03	1.99
留在当地就业数占人数比	25.05	6.62	36.78	39.95	20.28	22.99	30.58	18.39	73.66	67.06	12.66	25.28	27.62	32.42	26.30	29.81	1318.67
毕业生就业率	86.25	90.48	88.43	88.93	82.77	92.37	91.35	89.07	96.67	92.00	96.85	93.81	88.27	99.75	95.94	97.05	2595.76
毕业生满意度	93.94	61.73	0.00	91.42	91.52	83.29	0.00	98.74	0.00	98.17	94.58	95.65	95.95	96.00	94.04	92.64	2309.70

续表

指标	安顺市		毕节市			六盘水市	黔东南州	黔南州				黔西南州	铜仁市		遵义市		求和
	安顺职业技术学院	贵州民用航空职业学院	毕节职业技术学院	毕节工业职业技术学院	贵州工贸职业学院	六盘水职业技术学院	黔东南民族职业技术学院	黔南民族职业技术学院	贵州经贸职业技术学院	贵州机电职业技术学院	贵州应用技术职业学院	黔西南民族职业技术学院	铜仁职业技术学院	铜仁幼儿师范高等专科学校	贵州航天职业技术学院	遵义职业技术学院	
用人单位满意度	98.03	100.00	98.53	91.96	96.30	97.53	99.20	99.87	0.00	100.00	95.92	95.73	100.00	95.80	96.34	85.00	2636.57
在校生满意度	87.49	68.68	84.01	76.41	69.34	90.06	90.44	90.02	0.00	83.93	85.17	92.56	86.33	78.39	87.27	77.90	2293.54
教职工满意度	100.00	95.00	96.23	97.85	96.80	96.00	98.18	99.67	0.00	99.00	86.30	98.21	99.57	97.80	85.38	90.00	2633.69
家长满意度	99.80	74.25	79.13	90.30	94.23	90.99	96.35	98.69	0.00	93.94	81.00	95.51	98.53	89.90	93.18	96.60	2578.58
生师比	17.19	28.79	18.47	18.35	19.35	17.76	17.52	16.61	20.82	17.87	18.60	28.86	18.18	19.24	21.14	19.04	569.34
双师素质专任教师比例	44.13	7.48	50.76	57.04	41.97	64.59	72.94	54.42	53.96	63.96	7.84	30.21	85.49	68.75	39.29	59.29	1562.30
高级专业技术职务专任教师比例	21.75	0.00	17.65	20.62	10.31	31.67	32.79	20.35	13.09	20.30	2.89	24.33	47.80	35.19	18.76	20.00	631.55
接收国外留学生人数	0.00	0.00	0.00	0.00	0.00	0.00	0.00	0.00	0.00	0.00	0.00	0.00	195.00	0.00	0.00	2.00	324.00
接收国外访学教师人数	0.00	0.00	0.00	0.00	0.00	0.00	0.00	0.00	0.00	0.00	0.00	0.00	0.00	0.00	0.00	0.00	194.00
国际课程标准	5.00	0.00	0.00	0.00	0.00	0.00	10.00	3.00	5.00	0.00	0.00	0.00	6.00	0.00	0.00	0.00	35.00

续表

指标	安顺市		毕节市			六盘水市	黔东南州	黔南州				黔西南州	铜仁市		遵义市		求和
	安顺职业技术学院	贵州民用航空职业学院	毕节职业技术学院	毕节工业职业技术学院	贵州工贸职业学院	六盘水职业技术学院	黔东南民族职业技术学院	黔南民族职业技术学院	贵州经贸职业技术学院	贵州机电职业技术学院	贵州应用技术职业学院	黔西南民族职业技术学院	铜仁职业技术学院	铜仁幼儿师范高等专科学校	贵州航天职业技术学院	遵义职业技术学院	
开发并教国外采用的职业教育资源数量	0.00	0.00	0.00	0.00	0.00	0.00	0.00	0.00	5.00	0.00	0.00	0.00	6.00	0.00	0.00	0.00	27.00
在国外办学校数	0.00	0.00	0.00	0.00	0.00	0.00	0.00	0.00	0.00	0.00	0.00	0.00	1.00	0.00	0.00	1.00	12.00
国外技能大赛获奖数量	2.00	0.00	0.00	0.00	0.00	0.00	1.00	10.00	13.00	0.00	0.00	0.00	3.00	0.00	0.00	8.00	69.00

表附 4-3　贵州 2018—2023 年旅游业无量纲化后的数据

指标	2018年	2019年	2020年	2021年	2022年	2023年	指标方向	最大值	最小值	极差
城乡常住居民人均可支配收入比	3.25	3.20	3.10	3.05	3.00	2.89	负向	3.25	2.89	0.36
旅游收入占 GDP 比重	0.62	0.73	0.32	0.34	0.26	0.35	正向	0.73	0.26	0.47
旅游收入占第一产业比重	4.39	5.40	2.28	2.43	1.83	2.56	正向	5.40	1.83	3.57
旅游收入占第二产业比重	1.72	2.06	0.92	0.97	0.74	1.01	正向	2.06	0.74	1.32
旅游收入占第三产业比重	1.23	1.45	0.64	0.67	0.51	0.69	正向	1.45	0.51	0.94
森林覆盖率（%）	57.0	60.0	61.5	62.1	62.8	63.0	正向	63.0	57.0	6
自然保护区面积占全省面积（%）	5.03	4.88	4.83	4.82	4.81	4.81	正向	5.03	4.81	0.22
森林公园面积约占全省面积（%）	1.6	1.6	1.6	1.6	1.6	1.6	正向	1.6	1.6	0
水电、风电、太阳能发电等（亿千瓦时）	854.31	867.00	973.34	921.82	897.05	593.19	正向	973.34	593.19	380.1516
城市生活垃圾无害化处理率（%）	92.0	93.1	94.7	98.4	99.56	99.68	正向	99.68	92.0	7.64
城市污水处理率（%）	93.8	94.6	96.0	97.48	98.41	98.63	正向	98.63	93.8	4.83
人均公园绿地面积（平方米）	13.54	14.72	15.38	15.29	15.93	15.33	正向	15.93	13.54	2.388880844
入境旅游人数（万人次）	146.55	161.31	4.36	5.56	4.87	21	正向	161.31	4.36	156.95
国际旅游外汇收入（万美元）	31762.59	34503.00	2110.80	1949.00	1708.07	2758.00	正向	34503.00	1708.07	32794.93
进出口总额（亿元）	5028661	4531977	5465225	6539382	7922802	7597000	正向	7922802	4531977	3390825
国内及入境旅游旅行社职工人数（人）	3367	4043	3436	3424	2824	4024	正向	4043	2824	1219

续表

指　标	2018 年	2019 年	2020 年	2021 年	2022 年	2023 年	指标方向	最大值	最小值	极差
旅游总收入（亿元）	9471.03	12318.86	5785.09	6642.16	5245.64	7404.56	正向	12318.86	5245.64	7073.22
博物馆、图书馆数量（个）	189	189	192	199	232	256	正向	256	189	67
65 岁及以上人口数（万人）	415.45	432.13	445.98	453.00	468.00	660	正向	660	415.45	244.5486
国内及入境旅游旅行社总数（个）	311	467	634	662	734	1197	正向	1197	311	886
星级饭店个数（个）	203	239	231	232	242	230	正向	242	203	39
R&D 经费投入强度（%）	0.79	0.86	0.91	0.93	0.99	0.99	正向	0.99	0.79	0.2
长途光缆线路长度（万公里）	96.90	114.14	123.05	134.63	167.00	197.4	正向	197.4	96.90	100.5
开设旅游专业高职院占高等职业院校比例	0.58	0.58	0.61	0.63	0.60	0.58	正向	0.63	0.58	0.05
百度当年资讯指数最高值（次）	54951	19211	22477	17713	25739	75340	正向	75340	17713	57627
旅游专利授权数（个）	43	52	52	68	36	50	正向	68	36	32

附录五：耦合协调样本数据

表附 5-1 贵州各地 2023 年旅游类高等职业教育发展指数

地区	贵州省	安顺	毕节	贵阳	六盘水	黔东南	黔南	黔西南	铜仁	遵义
THQ	0.132306997	0.086184965	0.064667085	0.157637717	0.066193228	0.12631393	0.121209244	0.064550017	0.248752291	0.091605517

表附 5-2 贵州 2018—2023 年旅游业高质量发展指数

年份	2018	2019	2020	2021	2022	2023
THQ	0.445521449	0.509003035	0.234553279	0.323393122	0.343284822	0.510696538

表附 5-3 2023 年职业教育与旅游业耦合指数

地区	旅游	教育	$VE_i \cdot AG_i$	平均值	平均值的 2 次方	C_1（未求根值）	C	$D_1 = C * T$	D
贵州省	0.510696538	0.132306997	0.067568725	0.321501768	0.103363387	0.65370077	0.80852	0.259940609	0.5098
安顺	0.510696538	0.086184965	0.044014363	0.298440752	0.089066882	0.494172045	0.70297	0.209794895	0.458
毕节	0.510696538	0.064667085	0.033025256	0.28768812	0.082760825	0.399044555	0.6317	0.1817286	0.4263
贵阳	0.510696538	0.157637717	0.080505036	0.334167128	0.111667669	0.720934152	0.84907	0.283731283	0.533
六盘水	0.510696538	0.066193228	0.033804652	0.288444883	0.083200451	0.406303718	0.6374	0.183854768	0.428
黔东南	0.510696538	0.12631393	0.064508087	0.318505234	0.101445584	0.635888564	0.7974	0.253976074	0.5039

续表

地区	旅游	教育	$VE_i \cdot AG_i$	平均值	平均值的2次方	C_1（未求根值）	C	$D_1 = C * T$	D
黔南	0.510696538	0.121209244	0.061901141	0.315952891	0.099826229	0.620088946	0.7874	0.248781306	0.4988
黔西南	0.510696538	0.064550017	0.03296547	0.287623278	0.08272715	0.39848298	0.6312	0.181547813	0.4261
铜仁	0.510696538	0.248752291	0.127036934	0.379724415	0.144190631	0.881034593	0.9386	0.356409335	0.597
遵义	0.510696538	0.091605517	0.04678262	0.301151028	0.090691941	0.515840985	0.7182	0.216286668	0.465

后　记

　　历经数载的研究与积淀，这部《职业教育高质量发展研究——以贵州旅游业的产教融合发展为例》终于付梓。回顾成书之路，既有探索的艰辛，亦有发现的欣喜，更饱含对贵州这片土地的热爱与期待。在此，谨以寥寥数语，总结研究历程，并表达由衷的谢意与展望。

　　贵州，这片山川秀美、文化多元的土地，既是旅游资源的"聚宝盆"，也是省部共建"技能贵州"推动职业教育高质量发展的"试验田"。然而，作为长期扎根黔东南的职业教育工作者，我深刻感受到，旅游产业的蓬勃发展与职业教育的滞后之间，仍存在难以弥合的鸿沟。如何以产教融合为纽带，将"绿水青山"转化为"金山银山"，同时为职业教育注入新动能，始终是我研究的核心关切点。本书的诞生，始于对贵州职业教育与旅游产业"两张皮"现象的反思。从最初的田野调查到数据的反复验证，从理论框架的搭建到案例的深度剖析，每一步都充满挑战。尤其是在旅游职业教育高质量发展、旅游高质量发展、耦合协调度模型的构建中，如何平衡定量分析与质性研究、如何将抽象的理论转化为可操作的指标，曾让我几度陷入困境。所幸，巨人的肩膀、公开的贵州高职院校高质量发展年度报告、旅游企业的从业者，以及地方政府部门的大力支持，为研究提供了丰富的一手资料与实践视角。

　　首先，感谢贵州省高校人文社会科学研究项目（课题编号：2024RW250）的资助，为研究提供了坚实的资金保障。其次，衷心感谢黔东南民族职业技术学院的领导和同事，他们的信任与包容让我得以在教学与科研之间找到平衡。在研究过程中，多位专家学者的指导令我受益匪浅。特别感谢参与德尔菲法咨询的行业产业和高校的专家，他们的真知灼见为测评指标体系的科学性与实用性奠定了基础。在咨询与访谈调研中，他们的坦诚反馈让我更清晰地认识到职业教育的痛点与突破点。最后，谨以此书献给我的家人，他们的理解与支持，是我在无数个挑灯夜战的日子里最大的慰藉。

　　尽管本书力求理论与实践相结合，但仍存遗憾。例如，受限于数据可得性，部分地区的案例分析未能充分展开；对新质生产力赋能旅游产业化的路径探索，尚需更前沿的技术视角。此外，职业教育与产业的耦合协调是一个动态过程，如何建立长效跟踪机制、及时捕捉政策与市场的双向互动，仍是未来研究的重要方向。展望未来，我期待本书的成果能为贵州乃至全国职业教育与旅游产业的融合发展提供些许启示。若书中提出的产教融合对策能推动一所学校的课程改革、助力一个景区的服务升级，或激发一项政策的优化调整，便不负此番心血。

教育是点燃希望的星火，产业是承载梦想的沃土。在贵州这片充满潜力的土地上，职业教育高质量发展与"四化"推进的深度融合，不仅是"技能贵州"推动职业教育高质量发展的创新实践，更是全域高质量发展的必由之路。愿本书成为一块引玉之砖，唤起更多学者、政策制定者与实践者的关注，共同书写贵州职业教育高质量发展的新篇章。

笔者

2025 年春于凯里